사도행전
속로

제3권 하나님이 그와 함께

사도행전 속으로
Into the Acts
3. God was with Him

지은이 이재철
펴낸곳 주식회사 홍성사
펴낸이 정애주
국효숙 김의연 박혜란 손상범
송민규 오민택 임영주 차길환

2011. 3. 11. 초판 발행   2024. 6. 17. 7쇄 발행

등록번호 제1-499호 1977. 8. 1.
주소 (04084) 서울시 마포구 양화진4길 3 전화 02) 333-5161 팩스 02) 333-5165
홈페이지 hongsungsa.com 이메일 hsbooks@hongsungsa.com
페이스북 facebook.com/hongsungsa
양화진책방 02) 333-5161

ⓒ 이재철, 2011
• 잘못된 책은 바꿔 드립니다. • 책값은 뒤표지에 있습니다.

ISBN 978-89-365-0847-0 (04230)
ISBN 978-89-365-0531-8 (세트)

3 하나님이 그와 함께

사도행전 6, 7장

이재철

서문
참된 교회를 그리며

저는 주일예배 시간에 늘 '순서설교'를 합니다. 순서설교는 제가 만든 용어로, 문자 그대로 성경을 순서대로 설교하는 것입니다. 강해설교도 성경의 순서를 따르지만 일반적으로 본문을 넓게 잡기에 각 구절에 대한 비중이 떨어지기 쉽습니다. 그러나 순서설교는 본문을 한두 구절씩 짧게 잡는 것이 특징입니다. 그러다 보니 성경 가운데 책 한 권의 설교를 끝내기 위해서는 상당한 햇수가 필요합니다. 그런데도 제가 목회를 시작한 이래 20여 년 동안 계속 순서설교를 해온 까닭이 있습니다. 1년에 주일은 52일밖에 없습니다. 그러므로 목회자가 한 교회에서 평생 목회해도 주일예배 시간에 성경 66권의 내용을 모두 심도 있게 설교하는 것은 물리적으로 불가능합니다. 주일예배는 물론이고 새벽 기도회, 수요 성경 공부, 구역 성경 공부 등에 빠짐없이 참석하는 교인은 예외겠지만, 주일예배에만 참석하는 대다수 교인은 결국 일주일에 한 번 설교자가 선호하거나 의도하는 구절에 대한 설교만 듣게 됩니다. 그렇게 해서는 하나님의 말씀이신 성경 전체를 바르게 이해하고 세상에서 하나님의 말씀을 좇아 사는 것은 지극히 어려운 일입니다. 그와 같은 단점을 보완하기 위해 매주일 본문 구절의 깊이와 성경 전체의 넓이를 동시에 추구하자는 것이 순서설교입니다. 다시 말해 주일마다 각 구절을 깊이 있게 다루면서, 그 깊이만큼 해당 구절을 창으로 삼아 성경 전체를 들여다보고, 예배가 끝난 뒤에는 그 구절을 안경으로 쓰고 일주일 동안 세상에서 살자는 것입니다.

성경은 창세기부터 요한계시록까지 거미줄보다 더 정교하고 치밀하게 얽혀 있습니다. 그리고 성경 각 구절은 그 전체를 들여다보는 신비로운 창입니다. 똑같은 풍경도 창의 모양과 색깔에 따라 다르게 보이듯이, 성경을 들여다보는 창이 많고 다양할수록 성경 전체에 대한 이해가 더 깊어지고 넓어지기 마련입니다. 제가 순서설교를 선호하는 까닭이 여기에 있습니다. 구약성경의 초점이 '오실 예수'에, 신약성경의 초점이 '오신 예수'에 맞추어져 있기에, 즉 성경 전체의 초점이 '오직 예수' 한 분이시기에 순서설교와 절기설교는 상충하지 않습니다. 성경의 모든 구절이 예수님을 들여다보기 위한 창이기 때문입니다. 특정 절기와는 무관해 보이는 구절로 그 절기를 묵상함으로써 오히려 성경의 오묘함을 더 깊이 확인할 수 있습니다.

100주년기념교회 주일예배 설교 텍스트로 사도행전을 선택한 데엔 두 가지 이유가 있습니다. 저의 첫 목회지였던 '주님의교회'에서 요한복음 순서설교를 끝으로 10년 임기를 마친 것이 첫 번째 이유입니다. 목회의 장소와 형태 그리고 목적은 달라져도 목회의 영속성이 단절되는 것은 아니기에 요한복음에 이어 사도행전을 선택하였습니다. 두 번째 이유는 100주년기념교회로 저를 불러내신 주님께서 제게 부여하신 소명이 한국 교회의 출발점인 양화진외국인선교사묘원 묘지기이기 때문입니다. 이미 출판된 요한복음 설교집 〈요한과 더불어〉의 주제가 '주님과 동행'이라면 〈사도행전 속으로〉의 주제는 복음의 결과인 '교회 되기'이므로, 한국 교회의 출발점인 양화진에서 사도행전을 통해 참된 교회의 의미를 되새기기 위함입니다. 2005년 7월 10일 100주년기념교회 창립과 동시에 사도행전 1장 1절부터 순서설교를 시작한 이래 만 5년을 맞는 현재에도 사도행전을 계속 설교하고 있습니다. 주님께서 제 건강과 여건을 허락하신다면, 100주년기념교회에서 목회하는 동안 사도행전 순서설교를 끝내는 것이 제 소박한 바람입니다.

부족하기 짝이 없는 사람을 늘 변함없이 당신의 도구로 사용해 주시는 주님께 감사드릴 뿐입니다.

2010년 7월 양화진에서

이재철

차례

서문_ 참된 교회를 그리며 5

사도행전 6장

1. 헬라파와 히브리파 (행 6:1-7) 종교개혁 주일 13
2. 그들에게 맡기고 25
3. 천사의 얼굴 (행 6:8-15) 40

사도행전 7장

4. 약속하셨으며 (행 7:1-10) 감사 주일 55
5. 하나님이 그와 함께 67
6. 사람을 청하였더니 (행 7:9-16) 대림절 첫째 주일 79
7. 값 주고 산 무덤에 대림절 둘째 주일 91
8. 때가 가까우매 (행 7:17-22) 대림절 셋째 주일 103
9. 그때에 모세가 대림절 넷째 주일 114
10. 버려진 후에 송년 주일 126
11. 바로의 딸이 신년 주일 138
12. 나그네 되어 (행 7:23-32) 149
13. 사십 년이 차매 162
14. 모세가 무서워 (행 7:30-32) 175
15. 거룩한 땅 (행 7:30-33) 188

16. 너를 보내리라 (행 7:30-34) 사순절 첫째 주일 199
17. 그 모세를 (행 7:30-38) 사순절 둘째 주일 210
18. 사십 년간 표적을 I (행 7:35-38) 사순절 셋째 주일 222
19. 사십 년간 표적을 II 사순절 넷째 주일 234
20. 사십 년간 표적을 III 사순절 다섯째 주일 245
21. 나와 같은 선지자를 고난 주일 258
22. 광야 교회 부활 주일 271
23. 신들을 만들라 (행 7:39-43) 285
24. 증거의 장막 I (행 7:44-53) 298
25. 증거의 장막 II 310
26. 다윗이, 솔로몬이 가정 주일 324
27. 지키지 아니하였도다 336
28. 그들이 그에게 (행 7:54-60) 348
29. 사울이라 하는 청년 (행 7:54-8:3) 성령강림 주일 360

부록

야긴과 보아스 신년 0시 예배 373
말씀대로 이루어지이다 성탄 축하 예배 381

일러두기

*〈사도행전 속으로〉 제3권은 2006년 10월 29일부터 2007년 5월 27일까지 100주년기념교회 이재철 목사가 주일예배에서 설교한 내용을 묶어 낸 것입니다.
*본문에 인용한 성경 구절은 개역개정판 성경을 기본으로 하였고, 그 외의 역본을 따랐을 경우 별도 표기 하였습니다.
*본문에 인용한 찬송가는 새찬송가를 기본으로 하였습니다.

사도행전 6장

다수파인 국내파는 소수파인 해외파에게 표를 몰아주었습니다.
그것은 초대교회의 중심이 다수파인 히브리파에서 소수파인
헬라파에게로 옮겨 가는 일대 사건이었습니다.
인간 집단 속성상 그것은 거의 불가능한 일이었음에도,
초대교회에서 그런 이변이 실제로 일어난 것이었습니다.

1. 헬라파와 히브리파 _{종교개혁 주일}

사도행전 6장 1-7절

그때에 제자가 더 많아졌는데 **헬라파** 유대인들이 자기의 과부들이 매일의 구제에 빠지므로 **히브리파** 사람을 원망하니 열두 사도가 모든 제자를 불러 이르되 우리가 하나님의 말씀을 제쳐 놓고 접대를 일삼는 것이 마땅하지 아니하니 형제들아 너희 가운데서 성령과 지혜가 충만하여 칭찬받는 사람 일곱을 택하라 우리가 이 일을 그들에게 맡기고 우리는 오로지 기도하는 일과 말씀 사역에 힘쓰리라 하니 온 무리가 이 말을 기뻐하여 믿음과 성령이 충만한 사람 스데반과 또 빌립과 브로고로와 니가노르와 디몬과 바메나와 유대교에 입교했던 안디옥 사람 니골라를 택하여 사도들 앞에 세우니 사도들이 기도하고 그들에게 안수하니라 하나님의 말씀이 점점 왕성하여 예루살렘에 있는 제자의 수가 더 심히 많아지고 허다한 제사장의 무리도 이 도에 복종하니라

오늘의 본문은 초대교회가 최초로 일곱 명의 집사를 세운 동기와 과정을 전해 주고 있습니다. 그래서 집사 직분의 중요성이 거론될 때마다 본문이 단골로 인용되곤 합니다. 그러나 본문은 단순히 초대교회가 최초로 집사를 세

웠다는 제도적인 의미보다 훨씬 더 큰 의미를 지니고 있습니다. 오늘 본문에 의해 교회 역사에 새로운 막이 올랐기 때문입니다.

본문 1절이 이렇게 시작되고 있습니다.

그때에 제자가 더 많아졌는데(1절 상).

우리는 본문이 말하는 "그때"가 언제인지 잘 알고 있습니다. 유대교 최고 지도자들이 사도들을 채찍질하며 다시는 예수의 이름으로 말하지 말라고 협박하였음에도, 사도들은 전혀 개의치 않고 언제 어디서나 예수는 그리스도라고 가르치기와 전도하기를 그치지 않았을 때였습니다. 그 결과 주님을 믿는 그리스도인의 수가 더욱 많아지게 되었습니다.

바로 그 상황에서 일어난 일을 1절 하반절이 전해 주고 있습니다.

헬라파 유대인들이 자기의 과부들이 매일의 구제에 빠지므로 히브리파 사람을 원망하니.

본문에 "헬라파 유대인"과 "히브리파 사람"이란 말이 등장하고 있습니다. 초대교회를 이루고 있던 유대인들이 모두 유대인으로 불린다고 해서 다 같은 유대인인 것은 아니었습니다.

다윗 왕 때 하나의 왕국이었던 이스라엘은, 2주 전에 말씀드린 것처럼, 솔로몬 왕을 거쳐 르호보암 왕 때에 남과 북으로 분열되었습니다. 그 이후 북왕국은 주전 722년 아시리아 제국에 의해, 그리고 남왕국은 주전 586년 바빌로니아제국에 의해 각각 멸망당했습니다. 그때 많은 유대인들이 정복자인 아시리아와 바빌로니아제국에 포로로 끌려가거나, 혹은 화를 피해 자발적으로 이스라엘을 떠나 세계 각처로 흩어졌습니다. 소위 '디아스포라diaspora'로 불리는 사람들이었습니다. 이처럼 해외에 정착한 유대인들은 세월의 경과와 더불어, 기원전 300년경부터 국제 통용어로 사용되던 헬라어, 즉 그리스어를 자연스럽게 모국어로 사용하게 되었습니다. 반면에 이스라엘의 멸망에도 불구하고 이스라엘을 떠나지 않았던 유대인의 자손들은 그들의 고유어인 히브리어, 더 정확하게 말해 아람어를 당연하게 모국어로 사용하였습니다. 그런데 해외에 살던 유대인 가운데 이런저런 이유로 이스라엘에 돌아와 사는 유대인들이 있었습니다. 이를테면 헬라어를 모국어로 사용하는 유대인과 히브리어를 모국어로 사용하는 유대인들이 함께 어울려 살게 된 것이었습니다. 그래서 그들은 헬라어를 모국어로 삼는 해외파를 헬라파 유대인으로, 그리고 히브리어를 모국어로 사용하는 국내파를 히브리파 유대인으로 구별하여 불렀습니다. 이와 같은 연유로 초대교회 역시 헬라파 유대인과 히브리파 유대인으로 구성되어 있었습니다. 물론 교회 안팎에서 히브리파 유대인이 절대다수를 차지하고 있었음은 두말할 나위도 없었습니다.

그런데 초대교회 내에서 헬라파 유대인 사이에 히브리파 유대인에 대한 원망이 일기 시작했습니다. 이유인즉, 교회가 매일 행하는 구제의 대상에서 헬라파 유대인 과부들이 제외되기 때문이었습니다. 우리말 '구제'로 번역된 단어가 원문에는 '섬김'과 '봉사'를 뜻하는 '디아코니아$\delta\iota\alpha\kappa o\nu\iota\alpha$'로 표기되어 있습니다. 디아스포라 출신의 헬라파 유대인 가운데에는 일가친척 없이 홀로 사는 과부들이 있었습니다. 그들은 누군가의 도움으로 살 수밖에 없었는데, 교회가 매일 구제와 봉사를 행하면서도 헬라파 과부들에게는 관심을 갖지 않았던 것입니다. 바꾸어 말하면, 교회의 구제와 봉사가 가난한 히브리파 유대인들에게만 국한되어 있었습니다. 그로 인해 헬라파 유대인들이 히브리파 유대인들을 원망하게 되었습니다. 교회에서 구제와 봉사를 전담하는 사람들이 모두 히브리파 유대인들이었기 때문입니다.

우리말 '원망하다'로 번역된 헬라어 '공귀스모스γογγυσμός'는 드러내 놓고 공개적으로 원망한다는 말이 아닙니다. 그 단어는 '나지막하게 이야기하다'라는 의미입니다. 즉 헬라파 유대인들은 히브리파의 일방적인 처사에 대해 조용히 항의하였던 것입니다.

이처럼 헬라파 유대인들의 항의를 유발한 히브리파 유대인들이 구체적으로 누구인지, 그리고 그에 대한 히브리파 유대인들의 대책은 무엇이었는지에 대해 본문 2-4절이 밝혀 주고 있습니다.

> 열두 사도가 모든 제자를 불러 이르되, 우리가 하나님의 말씀을 제쳐 놓고 접대를 일삼는 것이 마땅하지 아니하니 형제들아, 너희 가운데서 성령과 지혜가 충만하여 칭찬받는 사람 일곱을 택하라. 우리가 이 일을 그들에게 맡기고 우리는 오로지 기도하는 일과 말씀 사역에 힘쓰리라 하니.

매일의 구제와 봉사에서 헬라파 과부들을 제외시켰던 히브리파 유대인들은, 놀랍게도 다른 사람 아닌 사도들이었습니다. 그들은 교회에 많은 사람들이 운집하자 구제와 봉사를 위해 그들의 시간 대부분을 할애했습니다. 당시 예루살렘에는 가난한 사람도 많았으려니와, 교인들의 헌금 또한 구제와 봉사를 행하기에 넉넉했던 것입니다. 이처럼 사도들이 하나님의 말씀을 제쳐 놓고 구제와 봉사에 전념하면서도, 그들은 히브리파 유대인만을 그 대상으로 삼았을 뿐, 해외에서 돌아온 헬라파 유대인 역시 구제의 대상임을 미처 생각하지 못했습니다. 사도들 자신들이 히브리파 유대인들이다 보니, 자신들도 모르게 히브리파 유대인에게만 관심이 국한되었던 것입니다. 교회의 지도자인 사도들이 그러했으니, 다른 히브리파 유대인들이야 말할 것도 없었습니다.

그 와중에서 헬라파 유대인들이 이의를 제기하자 사도들은, 히브리파 유대인에게만 관심을 가져 온 자신들의 행위가 옳지 못함을 즉각 깨달았습니다. 그래서 사도들은 자신들은 기도와 복음 증거에만 전념하기로 하고, 구제와 봉사를 전담할 일곱 명의 집사를 따로 세우기로 하였습니다. 그리고 자신들이 집사를 임명하는 대신, 교인들로 하여금 직접 선출케 하였습니다. 사도들 자신들이 특정 부류나 특정 개인에게 편향되는 잘못을 다시는 범치 않기 위함이었습니다.

본문 5-6절이 그 결과를 전해 주고 있습니다.

> 온 무리가 이 말을 기뻐하여 믿음과 성령이 충만한 사람 스데반과 또 빌립과 브로고로와 니가노르와 디몬과 바메나와 유대교에 입교했던 안디옥 사람 니골라를 택하여 사도들 앞에 세우니 사도들이 기도하고 그들에게 안수하니라.

교인들은 사도들의 제의를 받아들여 기쁜 마음으로 스데반을 비롯한 일곱 명의 집사를 선출하였고, 사도들은 그들에게 안수함으로 구제와 봉사의 직무를 감당케 했습니다. 바로 여기에 놀라운 사실이 있습니다. 교인들이 선출한 집사 일곱 명이 예외 없이 헬라식 이름을 지니고 있다는 점입니다.

요즈음은 영어가 명실공히 세계 공용어입니다. 어느 나라에서나 영어의 중요성이 강조되고 있습니다. 그렇다고 업무 수행상 영어를 사용하는 사람이 모두 호적상 영어 이름을 가지고 있는 것은 아닙니다. 그러나 미국에 이민 간 사람들의 경우는 다릅니다. 그들은 본래 자신의 국적과는 상관없이 미국 현지에 잘 적응하기 위해 미국식 이름을 공식적으로 지닐 뿐 아니라, 자식들에게도 호적상 미국식 이름을 지어 줍니다. 2천 년 전 본문 속의 사람들도 마찬가지였습니다. 조상 대대로 이스라엘 땅에서 히브리어를 모국어로 사용하던 히브리파 유대인은 당연히 히브리식 이름을 지녔던 데 반해, 해외에서 살던 헬라파 유대인들은 헬라식 이름을 갖고 있었습니다. 따라서 초대교회에서 최초로 세운 일곱 명의 집사가 모두 헬라식 이름을 지녔다는 것은, 헬라파 유대인만 집사로 선출되는 일대 이변이 일어났음을 의미했습니다.

초대교회의 인적 구성 비율상, 히브리파 유대인이 절대다수를 차지하고 있었습니다. 헬라파 유대인은 소수집단에 지나지 않았습니다. 그럼에도 헬라파 유대인들만 집사로 선출된 것은, 절대다수를 차지하고 있던 히브리파 유대인들이 헬라파 유대인들에게 표를 몰아주었기에 가능한 일이었습니다.

히브리파 유대인들은 전통적으로 이스라엘에서 살아온 국내파라고 했습니다. 그들은 남북왕국이 멸망한 뒤 최소한 600여 년 동안 이스라엘 땅과 전통을 지켜 온 사람들이었습니다. 바빌로니아제국, 페르시아제국, 헬라제국, 로마제국으로 이어지는 강대국의 지배 속에서 땅과 전통을 지키기 위해 그들이 받아야 했던 수모와 고통은 이루 말할 수조차 없었습니다. 이에 비해 해외파인 헬라파 유대인들은, 이유야 어떠하든지 간에, 나라가 가장 어려울 때 나라를 등졌던 사람들이었습니다. 이런 관점에서 본다면, 국내파가 해외파를 거리낌 없이 받아 주기란 결코 쉬운 일이 아니었습니다. 국내파 스스로 해외파를 그들의 대표로 선출한다는 것은 더더욱 어려운 일이었습니다. 그런데도 다수파인 국내파는 소수파인 해외파에게 표를 몰아주었습니다. 그것은 초대교회의 중심이 다수파인 히브리파에서 소수파인 헬라파에게로 옮겨 가는 일대 사건이었습니다. 인간 집단 속성상 그것은 거의 불가능한 일이었음에도, 초대교회에서 그런 이변이 실제로 일어난 것이었습니다.

사도행전에 의하면 이 이후, 헬라파 유대인들의 활약은 눈부실 정도였습니다. 먼저 본문 7절이 다음과 같이 증언하고 있습니다.

> 하나님의 말씀이 점점 왕성하여 예루살렘에 있는 제자의 수가 더 심히 많아지고, 허다한 제사장의 무리도 이 도에 복종하니라.

헬라파 유대인 집사들이 활동을 시작한 이래, 이제까지는 볼 수 없는 경이로운 일이 일어났습니다. 허다한 제사장의 무리, 다시 말해 한두 명의 제사장이 아니라 제사장들이 집단적으로 주님을 영접하였습니다. 제사장은 유대교의 성직자로서 신학자 예레미아스Jeremias에 의하면, 당시 이스라엘에는 무려 8천 명에 달하는 제사장들이 살고 있었습니다. 그들 중 허다한 무리가 그리스도인이 된 것입니다. 히브리파 유대인들이 초대교회 전면에 나서 있는 동안에는 유대교 교인만 주님을 영접했을 뿐, 제사장이 그것도 집단적으로 복음을 받아들인다는 것은 상상할 수도 없는 일이었습니다.

사도행전 7장에는 일곱 집사 중의 한 명인 스데반 집사의 설교가 소개되고 있습니다. 하나님께서는 오직 예루살렘성전 안에만 계신다고 굳게 믿던 유대인들에게 그가 행한 설교의 요지는, 하나님께서는 예루살렘성전에 갇혀 계시는 분이 아니라 이 세상 어디에나 계시는 무소부재하신 분이라는 것이었습니다. 그가 이스라엘 땅을 떠나 해외에서 살던 헬라파 유대인이었기에 가능한 설교였습니다.

그런가 하면 사도행전 8장에는 사마리아인에게 전도한 헬라파 유대인 빌립 집사의 활약상이 나타나 있습니다. 옛날 북왕국의 수도였던 사마리아는 아시리아 제국에 패망한 뒤, 아시리아 제국의 혼혈정책에 따라 사마리아인들의 피가 아시리아인들의 피와 섞이게 되었습니다. 그로 인해 정통파 유대인들은 이방인의 피가 섞인 사마리아인을 짐승처럼 취급하며 아예 상종조차 하지 않았습니다. 그러나 빌립 집사는 정통 유대인이 짐승으로 여기는 그 사마리아인들을 찾아가 복음을 전했습니다. 나아가 기독교 역사상 이방인 최초로 세례를 받은 에티오피아 내시에게 세례를 직접 베풀어 준 사람 역시 빌립이었습니다. 빌립이 히브리파 유대인이었던들 그 모든 일은 불가능했을 것입니다.

그리고 사도행전 9장에 이르면, 헬라파 유대인의 거두 사도 바울의 회심과 활약이 시작됩니다. 땅끝까지 이르러 내 증인이 되라고 주님께서 명령하셨음에도 히브리파 유대인들이 감히 이스라엘 경계를 넘어갈 꿈도 꾸지 못할 때, 복음을 들고 가장 먼저 세계 속으로 뛰어든 사람은 헬라파 유대인인 바울과 바나바였습니다. 그리고 사도행전 13장에서부터 히브리파 유대인은 아예 자취를 감추고, 사도행전은 바울을 비롯한 헬라파 유대인들의 독무대가 됩니다. 그러므로 사도행전은, 히브리파 유대인들에 의해 시작된 사도행전의 역사가 헬라파 유대인들을 거쳐 헬라파 유대인들에 의해 완결되었음을 보여 주고 있습니다.

왜 초대교회의 중심과 사도행전의 중심 추가 히브리파 유대인으로부터 헬라파 유대인에게로 옮겨 갔습니까? 이 물음에 대한 해답은 그들의 명칭 자체가 답해 주고 있습니다. 앞서 말했듯이 히브리파 유대인들은 전통적으로 이스라엘 땅에서 히브리어를 모국어 삼고 살아온 사람들입니다. 그래서 그들은 자신들과 다른 사람을 받아들이는 데 인색했습니다. 오죽했으면 자신들만 선민의식選民意識에 사로잡혀 다른 모든 민족을 자신들보다 열등하게 여겼겠습니까?

그러나 조상 대대로 이방 땅에서 살아온 헬라파 유대인들은 자신들과 다른 사람을 받아들이고 한데 어울려 사는 것이 전혀 힘들지 않았습니다. 그들은 태어나면서부터 이방 땅에서 태어나, 이방인 틈에 섞여 살면서, 이방 언어를 모국어로 사용하던 사람들이었습니다. 이를테면 헬라파 유대인들에게는 자신들과 다른 사람들과 어울려 사는 것이 그들의 삶 자체였습니다. 그래서 히브리파 유대인들이 매일의 구제와 봉사에서 자신들과 같은 히브리파 유대인이 아니라는 이유만으로 헬라파 과부들을 제쳐 놓았던 것과는 달리, 헬라파 유대인들은 초대교회와 견원지간일 수밖에 없었던 유대교 제사장의 무리를 교회로 인도하는 가교가 되었고, 예루살렘성전을 뛰어넘어 무소부재하신 하나님을 설교하였으며, 정통 유대인들이 짐승으로 취급하는 사마리아인들을 아무 거리낌 없이 찾아가 복음을 전하고, 이방인에게 세례를 주었을 뿐 아니라, 이스라엘 경계를 넘어서 온 지중해 세계를 누비고 다니며 복음을 전할 수 있었습니다.

만약 헬라파 유대인들이 아니었더라면 우리에게 전해진 사도행전이 완결될 수 없었다고 해도 과언이 아닙니다. 이런 의미에서 헬라파 유대인들의 중요성은 아무리 강조해도 지나침이 없을 것입니다.

그러나 여기에서 절대로 간과해서는 안 될 사실이 있습니다. 사도행전에서 헬라파 유대인들의 존재가 중요하면 중요할수록, 그 헬라파 유대인들이 있을 수 있게끔 그들을 밀어준 히브리파 유대인들 역시 똑같이 중요한 존재라는 사실입니다. 초대교회가 최초로 일곱 명의 집사를 선출할 때 절대다수를 점하고 있던 히브리파가 소수파인 헬라파에게 자신들의 표를 몰아주지 않았더라면, 만약 히브리파가 자신들과 같은 히브리파만을 교회의 전면에 내세우려 했더라면, 오늘날 우리에게 전해진 것과 같은 사도행전은 불가능하였을 것입니다.

그러나 그들은 자신들과 다른 헬라파라는 이유만으로 헬라파 과부들을 구제와 봉사의 대상에서 제쳐 놓은 자신들의 편협성을 깨닫는 즉시, 대인관계에 관한 한 자신들보다 훨씬 그릇이 큰 헬라파 유대인들을 전폭적으로 밀어주었고, 그 결과로 사도행전이 완성될 수 있었습니다. 이처럼 초대교회는 헬라파와 히브리파의 완벽한 협조 속에서 하나님께로부터 부여받은 사명을 완수할 수 있었고, 바로 그것이 초대교회의 위대성이었습니다. 그것은 철저한 자기 부인의 토대 위에서 자신보다 하나님을 먼저 생각할 때에만 가능한 일이기 때문입니다. 다시 말해 하나님의 일을 이루는 데 자신보다 더 적합한 사람이 있는 것은 아닌지, 겸손하게 하나님 앞에서 먼저 생각할 때에만 가능한 일입니다.

오늘 본문을 축구 경기에 비유할 경우 헬라파 유대인들이 멋지게 골을 터뜨린 스트라이커라면, 히브리파 유대인들은 헬라파 유대인들이 골을 작렬시킬 수 있도록 성실하게 그들을 도와준 어시스터들이었습니다. 본문이 우리에게 말할 수 없이 큰 감동으로 와 닿는 것은, 수적으로나 기득권에서나 히브리파 유대인들이 얼마든지 자신들이 스트라이커가 되겠다고 나설 수도 있었지만, 그들은 자신들보다 나은 헬라파 유대인들을 위한 어시스터가 되는 것으로 만족했기 때문입니다. 그 이유는 오직 하나, 그것이 주님을 위하는 길이요, 또한 주님께서 원하시는 일이라 그들이 믿었기 때문입니다. 그래서 그들은 모두 위대한 그리스도인들이었고, 그들을 통해 사도행전이 완성되었음은 당연한 결과였습니다.

사람들은 축구 경기에서 어시스터보다 스트라이커에 더 열광합니다. 스트라이커가 더 멋져 보이기 때문입니다. 그러나 주님의 평가는 언제나 절대적 평가이기에, 사도행전을 완결한 헬라파 유대인이나 그들을 밀어준 히브리파 유대인이나 주님으로부터 똑같은 상급을 받았을 것입니다. 그 어느 쪽이 없어도 지금과 같은 사도행전이 완성되지는 못했을 것이기 때문입니다.

그렇다면 우리는 오늘 종교개혁 주일을 맞아 본문이 주는 귀한 교훈을 얻을 수 있습니다. 우리 각자가 헬라파 유대인이 될 때와 히브리파 유대인이 되어야 할 때를 그리스도 안에서 바르게 구별하는 것이 믿음이요, 개혁이라는 교훈입니다. 복음을 사유화하고 인간의 도구로 전락시킨 거대한 로마 가톨릭에 맞서 말씀의 회복을 위해 개혁가들이 자신들의 생명을 걸었다는 것은, 그들이 하나님께서 명령하신 진리의 골을 터뜨리기 위해 죽음마저 불사한 헬라파 유대인들이었음을 스스로 입증해 주고 있습니다. 그러나 당시 개혁가는 단 한 명이 아니었습니다. 지역별로 여러 명의 개혁가들이 있었습니다. 그렇다면 부패한 로마 가톨릭에 대해서는 헬라파 유대인이 될지라도, 자신들끼리는 서로서로 밀어주고 도와주는 히브리파 유대인이 되어야만 했습니다. 하지만 불행하게도 그들은 서로 분열하고 대립함으로, 개신교 초기부터 사분오열四分五裂되고 말았습니다. 그들은 타락한 로마 가톨릭에 죽음을 두려워하지 않고 맞서 헬라파 유대인이 되는 신앙의 용기는 있었지만, 서로가 서로에게 히브리파 유대인이 되어 주는 신앙의 겸손은 결여하고 있었습니다. 생각하면 할수록 안타깝고 아쉬운 일이 아닐 수 없습니다.

가정의 문제든, 국가의 문제든, 교회의 문제든, 다시 말해 인간관계에서 일어나는 모든 문제의 근원을 거슬러 올라가면, 그 원인은 사람들이 헬라파 유대인이 되어야 할 때와 히브리파 유대인이 되어야 할 때를 구별하지 못하는 데 있음을 알게 됩니다. 가정의 행복은 남편과 아내가, 부모와 자식이, 형제와 형제가, 각자 자신이 스트라이커가 될 때와 어시스터가 될 때를 구별하는 데 있습니다. 대통령의 개혁은 자신이 나설 때와 국민의 뜻을 겸손하게 밀어줄 때를 구별하는 것입니다. 참된 교회는 그 교회를 구성하고 있는 교인들이 헬라파 유대인이 될 때와 히브리파 유대인이 될 때를 구별하는 교회입니다. 그 구별이 바르게 이루어지는 한, 가정도, 국가도, 교회도, 예수 그리스도 안에서 늘 새로워질 수밖에 없기에 오늘날 그것보다 더 절실하게 요구되는 개혁은 없습니다.

사랑하는 교우 여러분!

주님께서 우리에게 헬라파 유대인이 되라 명령하실 때에는, 진리의 골을 터뜨리기 위해 우리의 신명을 바치십시다. 그러나 주님께서 히브리파 유대인이 되라 하시면, 우리가 도와야 할 그 누군가를 위해 우리의 총력을 집중하는 어시스터가 되십시다. 그때 헬라파 유대인과 히브리파 유대인을 들어 사도행전을 완성시킨 주님께서 우리를 통해 이 시대의 사도행전을 완성하실 것입니다.

> 헬라파 유대인이 되어야 할 때와 히브리파 유대인이 되어야 할 때를 주님 안에서 바르게 분별하는 것이 믿음이요, 개혁임을 잊지 말게 하옵소서. 헬라파 유대인이 되어야 할 때 진리의 골을 넣기 위해 우리의 생명을 걸게 하시고, 히브리파 유대인이 되어야 할 때 우리가 도와야 할 그 누군가를 위해 우리의 겸손과 성실과 수고와 땀을 다 바치게 하옵소서. 그리하여 우리의 삶을 통해 이 시대의 사도행전이 주님에 의해 완성되게 하시고, 우리로 인해 우리의 가정과 이 사회 그리고 이 땅의 교회가 날로 새로워지고 개혁되게 하옵소서. 아멘.

2. 그들에게 맡기고

사도행전 6장 1-7절

그때에 제자가 더 많아졌는데 헬라파 유대인들이 자기의 과부들이 매일의 구제에 빠지므로 히브리파 사람을 원망하니 열두 사도가 모든 제자를 불러 이르되 우리가 하나님의 말씀을 제쳐 놓고 접대를 일삼는 것이 마땅하지 아니하니 형제들아 너희 가운데서 성령과 지혜가 충만하여 칭찬받는 사람 일곱을 택하라 우리가 이 일을 **그들에게 맡기고** 우리는 오로지 기도하는 일과 말씀 사역에 힘쓰리라 하니 온 무리가 이 말을 기뻐하여 믿음과 성령이 충만한 사람 스데반과 또 빌립과 브로고로와 니가노르와 디몬과 바메나와 유대교에 입교했던 안디옥 사람 니골라를 택하여 사도들 앞에 세우니 사도들이 기도하고 그들에게 안수하니라 하나님의 말씀이 점점 왕성하여 예루살렘에 있는 제자의 수가 더 심히 많아지고 허다한 제사장의 무리도 이 도에 복종하니라

오늘 본문은 초대교회가 최초로 일곱 명의 집사를 세운 내용을 전해 주고 있습니다. 우리는 지난 시간에 왜 초대교회가 집사를 세우게 되었는지, 그리고 히브리파 유대인이 절대다수를 차지하고 있던 교인 총회가 선출한 일곱

명의 집사 전원이 헬라파 유대인이었다는 사실이 우리에게 던져 주는 교훈은 무엇인지에 대하여 상세하게 생각해 보았습니다.

일반적으로 그리스도인들은 '집사'라고 하면 교회 제도적인 측면에서 직분 혹은 직책을 연상합니다. 이를테면 집사를 일종의 서열 혹은 계급으로 이해하는 것입니다. 그러나 신약성경에 기록된 헬라어 '디아코노스διάκονος'는 본래 그런 의미가 아닙니다. 신약성경에 '디아코노스'란 단어가 총 29회 등장하는데 한글 성경이 그 단어를 '집사'라고 번역한 것은 단 세 곳뿐입니다. 그 이외에는 '일꾼', '수종자'(개역개정판 성경에는 '추종자'로 번역됨—편집자 주), '섬기는 자', '사환', '하인' 등으로 번역되었습니다. '디아코노스'란 단어 자체가 본래 계급이나 직책의 명칭이 아니라, 일꾼이나 하인처럼 누군가를 섬기는 사람을 일컫는 말이기 때문입니다. 이 '디아코노스'에서 파생된 명사가 우리말 '봉사' 혹은 '섬김'으로 번역되는 '디아코니아'이고, 동사는 '디아코네오 διακονέω'입니다. 따라서 봉사한다는 것은 봉사하는 당사자가 봉사의 주체가 되는 것을 의미하지 않습니다. 봉사한다는 것은 디아코노스, 즉 누군가를 위한 하인이 되는 것이기 때문입니다. 봉사자가 봉사의 주체가 될 때 그는 자신의 싫고 좋음에 따라, 또는 자신에게 유리하거나 불리함에 따라 봉사를 선택의 대상으로 삼게 됩니다. 하지만 성경이 말하는 봉사는 누군가를 위한 하인이 되는 것이기에, 봉사자에게 봉사는 선택의 대상이 아니라 누군가를 위해 반드시 행하여야 할 의무 사항이 됩니다.

초대교회가 집사를 세우게 된 동기는 본문 1절이 밝혀 주고 있습니다.

> 그때에 제자가 더 많아졌는데 헬라파 유대인들이 자기의 과부들이 매일의 구제에 빠지므로 히브리파 사람을 원망하니.

히브리파 유대인인 사도들이 매일 행하는 구제에서 헬라파 과부들이 제외되는 것에 대해 헬라파 유대인들이 조용히 이의를 제기한 것이 집사 선출의 동기였습니다. 그런데 본문 1절을 자세히 보면 '구제'라는 단어 앞에 각주 번호가 붙어 있습니다. 그래서 아래쪽 주註란의 해당 내용을 보면 '헬, 봉사'라고 표기되어 있습니다. 지난 시간에 말씀드린 바와 같이, 이 단어가 헬라어 원문에는 우리말 '봉사'로 번역되는 '디아코니아'로 명기되어 있다는 의미입니다. 즉 사도들은 가난한 사람들을 위해 하인처럼 그들을 구제로 섬기면서도, 막상 섬김의 대상에서 헬라파 과부들을 제외하는 실수를 범하고 말았던 것입니다.

본문 2절을 주목하시겠습니다.

열두 사도가 모든 제자를 불러 이르되 우리가 하나님의 말씀을 제쳐 놓고 접대를 일삼는 것이 마땅하지 아니하니.

헬라파 유대인들의 이의 제기에 사도들은 자신들의 잘못을 즉각 인정했습니다. 그들은 자신들이 그처럼 어처구니없는 실수를 범한 것은 '하나님의 말씀을 제쳐 놓고 접대를 일삼았기' 때문이라고 자가 진단하였습니다. 그런데 본문의 '접대'란 단어에도 각주 번호가 붙어 있고, 주란의 해당 내용을 보면 '또는 재정 출납을'이라고 표기되어 있습니다. '접대'로 번역된 헬라어 '트라페자τράπεζα'가 '음식' 혹은 '금전'을 의미하기 때문입니다. 또한 본문에 '일삼다'라고 번역된 헬라어 동사가 우리말 '봉사하다'로 번역되는 '디아코네오'입니다. 디아코네오는 누군가를 위해 하인처럼 섬기는 것이라고 했습니다. 따라서 사도들은 그동안 하나님의 말씀을 제쳐 놓고 식량과 돈으로만 가난한 사람들을 하인처럼 섬겨 온 것이 옳지 않았음을 깨달았던 것입니다.

이 말의 의미는 본문 4절을 통해 더욱 명확해집니다.

우리는 오로지 기도하는 일과 말씀 사역에 힘쓰리라 하니.

본문의 '말씀 사역'이라는 단어 앞에도 각주 번호가 붙어 있고, 주란에는 '헬, 말씀의 봉사에'라고 명기되어 있습니다. 우리말 '사역'으로 번역된 헬라어 단어 역시 '디아코니아'이기 때문입니다. 원래 사도들은 기도와 말씀으로 사람을 섬기는 하인들이었습니다. 그런데도 기도와 말씀을 제쳐 놓고 단지 식량과 금전으로만 사람을 섬기려다 보니 헬라파 과부를 섬김의 대상에서 제외하는 잘못을 범하고 말았습니다. 자신들의 잘못을 깨달은 사도들은 기도와 말씀으로 사람들을 섬기는 하인의 임무에 충실하기 위해, 식량과 금전으로 사람을 섬기는 하인을 따로 세운 것이 오늘날 우리가 집사라고 부르는 '디아코노스'였습니다.

그러나 이것이, 말씀과 기도를 통한 봉사가 봉사 중에서 가장 우월하고 가치 있는 봉사를 의미하는 것은 결코 아닙니다. 이것은 봉사는 다 똑같은 봉사이되, 단지 사람마다 맡은 역할이 다르다는 의미입니다. 어떤 사람은 말씀을 통해, 어떤 사람은 기도로, 어떤 사람은 물질로, 어떤 사람은 재능으로, 어떤 사람은 자신의 손과 발로 누군가를 하인처럼 섬기는 것이 그리스도인의 삶입니다. 실제로 본문에서 식량과 금전으로 사람을 섬기는 하인으로 선출된 일곱 명의 집사 가운데, 이제 다음 시간부터 살펴보겠지만, 스데반과 빌립은 말씀으로 사람을 섬기는 하인의 역할을 감당했습니다. 그뿐만 아니라 성경에서 '7'이란 수는 완전수를 의미합니다. 모든 수의 상징이 7이란 의미입니다. 따라서 초대교회가 일곱 명의 '디아코노스'—하인을 뽑았고, 또 그 내용을 전하는 본문 속에 하인과 관련된 '디아코노스', '디아코니아', '디아코네오'란 단어가 강조되고 있는 것은, 무릇 모든 그리스도인은 그리스도 안에서 누군가를 위한 하인이 되어야 함을 일깨워 주고 있습니다.

대체 그리스도인이 누군가를 위해 하인이 되어 주어야 할 이유가 무엇입니까? 예수 그리스도께서 친히 그 해답을 제시해 주셨습니다.

> 인자가 온 것은 섬김을 받으려 함이 아니라 도리어 섬기려 하고 자기 목숨을 많은 사람의 대속물로 주려 함이니라(마 20:28).

여기에서 '섬기다'로 번역된 헬라어 동사가 바로 '디아코네오'입니다. 예수님께서 이 땅에 오신 것은 인간 위에 군림하기 위함이 아니라, 죄와 사망에 빠진 인간을 살리시는 하인이 되어 주시기 위함이었습니다. 주님께서 인간을 위한 하인이 되려 하시지 않았던들, 어찌 더러운 죄인에 지나지 않은 인간을 위해 당신의 생명을 대속물로 내어놓으실 수 있었겠습니까? 그분이 인간을 위한 십자가의 제물이 되어 주셨다는 사실 자체가, 그분 스스로 인간을 위한 하인이셨음을 증명해 주고 있습니다.

그리스도인이란 바로 그 주님을 주인으로 모시고, 그 주님을 본받아 사는 사람들입니다. 그렇기에 우리를 위해 하인이 되어 주신 예수 그리스도 안에서 누군가를 위한 하인이 되어 주는 것은, 그리스도인 된 사람의 당연한 의무가 아닐 수 없습니다. 그리스도인이 말씀으로, 기도로, 물질로, 재능으로, 손발로 누군가의 하인이 되어 주는 것은, 바로 그것이 자신의 하인이 되어 주신 주님의 하인이 되어 주님을 온전히 섬기는 유일한 길이기 때문입니다.

바로 여기에 절대로 잊어서는 안 될 중요한 사실이 있습니다. 그리스도인이 누군가를 하인처럼 섬기는 것이 곧 주님의 하인이 되어 주님을 섬기는 길이기에, 그리스도 안에서 누군가를 섬기는 사람은 자신을 섬겨 주시는 주님과의 인격적인 관계가 날로 깊어진다는 것입니다. 다시 말해 주님을 믿는다면서도 누군가를 섬기고 봉사하지 않는 사람은, 자신을 하인처럼 섬겨 주시는 주님과의 인격적인 관계가 깊어질 수 없다는 말입니다. 바로 이것이 사도들이 일곱 명의 하인을 선출하는 기준을 다음과 같이 설정한 이유입니다.

> 형제들아 너희 가운데서 성령과 지혜가 충만하여 칭찬받는 사람 일곱을 택하라 우리가 이 일을 그들에게 맡기고(3절).

주님의 일을 맡는 주님의 하인으로 선택될 수 있는 조건은 "성령과 지혜가 충만하여 칭찬받는 사람"이어야 한다는 것이었습니다. 헬라어 원문을 우리말로 그대로 옮기면, '성령과 지혜가 충만한 사람으로 인정받는 자'란 의미입니다. '성령 충만한 사람'이란 영이신 주님과 함께하는 사람입니다. '지혜가 충만한 사람' 역시 주님의 말씀에 깨어 있는 사람입니다. 그런 사람이라면 자신을 위해 하인이 되어 주신 주님을 본받아 어찌 누군가를 위한 주님의 하인으로 살지 않겠습니까? 그런 삶을 사는 사람이 어찌 사람들로부터 성령과 지혜가 충만한 사람이라고 인정받지 않겠습니까? 이것을 바꾸어 말하면 누구든지 주님 때문에 말씀으로, 기도로, 물질로, 재능으로, 자신의 손발로 누군가를 하인처럼 섬기는 사람은 성령과 지혜가 충만한 사람으로 인정받지 않을 수 없다는 말입니다. 자신을 위해 하인이 되어 주신 주님의 하인이 되어 주님과 동행하지 않고서는 그런 삶이 아예 불가능하기 때문입니다.

100주년기념교회가 창립 1년 4개월 만에 이렇듯 은혜로운 신앙 공동체로 뿌리내린 것은 말할 것도 없이 주님의 은총입니다. 그와 동시에 교회와 교우님들을 위해, 주님께서 우리에게 맡기신 양화진과 양화진을 찾는 참배객들 그리고 양화진의 미래를 위해 주님의 하인이 되어 섬김과 수고를 아끼지 않는 수많은 봉사자들이 있었기 때문입니다. 그분들이 마치 사람의 하인인 것처럼, 양화진의 일꾼인 것처럼 온갖 봉사를 마다하지 않는 것은, 그와 같은 봉사를 통해 자신들을 하인처럼 섬겨 주시는 주님의 은혜를 더욱 깊이 체험하기 때문입니다. 그 많은 분들 가운데 몇 분의 이야기를 직접 들어 보기로 하겠습니다.

안녕하십니까? 35구역 이봉우 집사입니다. 개인적으로는 저 자신의 이야기를 공개적으로 밝히는 것을 원치 않았습니다만, 교우님들과 함께 은혜를 나누기 위해 십자가를 지라는 목사님의 말씀에 순종하기 위해 나왔기에 무척 송구스럽습니다.

본래 저는 군포시 산본에 살았습니다. 40여 년의 공직생활을 마치고 받은 퇴직금으로 화성 인근의 작은 농장을 구입하여, 집과 농장을 오가며 농사일로 모처럼 여유로운 시간을 즐기던 제게 100주년기념교회 창립 소식이 들려왔습니다. 교회 창립을 위한 준비 예배부터 참석하면서, 저는 먼저 산본에서 합정동으로 거처를 옮겼습니다. 새로 창립되는 교회니만치, 많은 일손이 필요할 것이란 생각 때문이었습니다. 농장에 가는 시간은 30분에서 3시간으로 늘어났지만, 덕분에 교회 봉사 시간은 충분히 확보할 수 있었습니다.

지난 1년간 우리 교회는 급격한 교인 증가로, 교역자들을 포함하여 많은 분들의 헌신적인 땀 흘림이 있었습니다. 옆에서 그런 상황을 지켜보면서, 저도 닥치는 대로 일을 거들며 많은 은혜를 맛보았습니다. 새벽 기도가 끝난 뒤 예배당과 묘역 주위의 쓰레기를 줍고, 주차장에 있는 간이 화장실을 청소하였습니다. 하루에 수십 명에서 수백 명에 이르는 참배객들을 위한 화장실은 그곳 한 곳뿐이어서 불결하기 이를 데 없었습니다. 목사님과 협의하여 교회에서 화장지를 무제한 공급하기로 하고, 매일 아침 30분 내지 1시간씩 물청소를 하였습니다. 처음엔 얼굴과 옷에 청소 물이 튀는 것이 무척 견디기 어려웠지만, 지금은 가장 낮고 천한 일 속에 하나님의 더 크신 은혜가 있음을 깨달으며, 이재철 목사님께서 주님의교회 초창기에 화장실 청소를 즐겨 하시던 이유를 조금은 알게 되었습니다. 낮이면 참배객들의 질서유지를 위해 하루에도 몇 번씩 묘역을 순찰하고, 비가 오지 않으면 묘역 잔디에 물을 주었습니다. 토요일 오후에 시간이 있을 때는 관리부의 교회 청소를 돕기도 했습니다.

지난겨울, 눈이 무척 많이 내린 토요일이었습니다. 눈은 사람이나 차량이 밟기 전에 치워야 하므로, 새벽 6시부터 두 분과 힘을 합쳐 예배당 주위의 제설을 끝내고 나니 10시였습니다. 힘들긴 했지만, 그래도 그날 방문할 참배객들을 위해 혼자 묘역 길의 눈까지 다 치우고 나니 12시가 넘어 있었습니다. 평소처럼 예배당에 있는 분들과 함께 점심 식사를 하려고 왔더니 예배당 문이 잠겨 있었습니다. 제가 묘역에 있는 것을 알지 못하고 모두 식사하러 나간 것이었습니다. 순간적으로 온몸의 힘이 풀리며, 갑자기 허기와 허탈한 마음이 들었지만 곧 회개했습니다. 봉사하되 사람을 의식하지 않고, 오직 주님과 대화하고 동행하는 즐거움으로 봉사하지 못한 저 자신을 깨달았기 때문이었습니다.

주일에는 재정부에서 헌금을 계수하며 큰 은혜를 받고 있습니다. 새 지폐만으로 헌금하는 분, 주화까지 정확히 챙겨서 십일조하는 분, 몇천만 원의 수표를 헌금하는 분, 100원짜리 주화 하나를 정성껏 헌금하는 분들을 보면서 그 나름대로 은혜를 받습니다. 예전 교회에서 경험한 일이지만, 가끔 빈 봉투를 헌금함에 넣는 분도 있었습니다. 그런 때는 빈 봉투를 헌금함에 넣을 수밖에 없는 분의 간절함을 느끼며, 그분을 위해 기도하곤 했습니다. 그러나 재정부 일은 조심스럽기도 합니다. 가룟 유다, 아나니아와 삽비라 등과 같이 돈을 만지는 사람이 쉽게 시험에 빠졌음을 생각하며, 헌금을 취급할 때에는 꼭 두 사람 이상 함께 행동하며 정성을 다하고 있습니다.

이제 제 나이 칠십이 다 되었습니다. 그런데도 주님과 교회를 위해 봉사할 수 있는 여건을 주신 주님께 늘 감사드리고 있습니다. 환경부에서 공직생활을 할 때에는 정책의 최종 목표를 하나님께서 베푸신 환경을 보전하는 데 두었으나, 이제는 제 속에 있는 세상 때를 씻어 내는 마음으로 건강과 시간이 허락하는 한, 제게 새 생명을 주신 주님과 교회를 위해 계속 봉사할 생각입니다. 감사합니다.

안녕하세요? 저는 청년부 안창범입니다. 현재 차량부에서 봉사하고 있습니다. 정확히 말씀드리면 주일예배 전, 성도님들의 주차 안내를 위해 봉사하고 있습니다. 제게는 매 주일 차량 봉사를 통해 누리는 기쁨이 있습니다.

현재 많은 집사님들께서 차량부에서 수고하고 계십니다. 부끄러운 말씀이지만, 청년들은 극소수에 지나지 않고 대부분 중장년 집사님들이십니다. 집사님들께서는 예배 시작 두 시간 전인 1시 이전에 교회에 오셔서 사전 준비를 끝낸 다음, 성도님들의 차가 오기 시작하면 허리를 굽혀 인사하며 분주히 움직이십니다. 여집사님들께서는 김밥과 다과로 봉사해 주십니다. 일주일 동안 일터에서 누적된 피곤함이 분명히 있을 텐데도, 항상 기쁜 마음으로 봉사하시는 집사님들의 모습이 제게 크나큰 감동으로

다가오곤 합니다. 그래서 저는 집사님들의 헌신 속에서 늘 그분들과 함께 계시는 주님을 확인하곤 하는데, 그 확인은 또한 제 속에 계시는 주님께서 제게 주시는 기쁨으로 승화됩니다. 보잘것없는 저의 지체가 주님의 은혜 속에서 주님과 사람을 위한 봉사의 도구로 쓰임 받고 있다는 기쁨입니다.

날씨의 영향을 받지 않을 수 없는 차량 봉사는, 겨울이면 손끝과 발끝이 얼어 마비되기도 합니다. 또 여름에는 폭염 속에서 비 오듯 흐르는 땀과의 전쟁을 치러야 합니다. 하지만 그때마다 주님과 사람을 위한 봉사의 도구로 쓰임 받고 있다는 기쁨이, 날씨와 주변 상황으로 인한 어려움을 하찮은 것으로 만들어 버립니다. 하나님께서 인간을 지으신 목적의 하나가 하나님의 영광을 위함이었기에, 차량 봉사를 통해 하나님의 영광을 드러내고 있다는 믿음이, 주위 여건의 어려움을 초월하는 기쁨으로 다가오는 것은 당연한 일이라 하겠습니다. 바로 이 기쁨이, 제가 매 주일 차량 봉사를 계속하는 원동력이 되고 있습니다.

차량 봉사를 통해 말로 표현할 수 없는 신비로운 은혜를 체험했다거나, 갑자기 제 앞길이 잘 풀리는 것과 같은 경험을 한 적은 없습니다. 하지만 차량 봉사는 제게 그리스도인이라면 꼭 경험해야 하는, 그리고 그리스도인에게만 주어지는 봉사의 기쁨을 저의 것이 되게 해주었습니다. 이 소중한 은혜를 허락하신 하나님께 영광을 올립니다. 감사합니다.

안녕하세요? 저는 경기도 의왕시에 살고 있는 최예진입니다. 초등학교 4학년이고요, 부모님은 최해경, 엄현주 집사님입니다.

처음 봉사를 시작하게 된 것은, 아빠가 교회에 봉사하러 가신다고 하셔서 "아빠, 나도 가면 안 돼?" 하고 여쭈었더니 흔쾌히 허락해 주셨기 때문입니다. 그래서 지금도 토요일, 주일에 아빠와 함께 주보 접기, 청소 돕기를 하고 있습니다. 늘 교회에 가면 예쁘다고 안아 주시고 쓰다듬어 주시는 할머니 할아버지 집사님, 맛있는 간식도 준비해 주시는 아줌마 아저씨 집사님, 언니들과 전도사님, 그리고 목사님들, 이분들과 함께하는 교회에서의 시간이 즐겁고 신나고 재미있습니다. 봉사하시는 분들의 얼굴이 항상 천사의 모습 같다는 생각이 듭니다. 무언가를 바라지 않고 밝게 웃으시며, 내가 땀 흘리고 하나 더 수고하면 여러 사람이 하나님 말씀을 들으러 오시는 이곳이 더 청결하고 은혜롭지 않겠느냐는 말씀 속에서 천사의 얼굴과도 같은 평온이 느껴집니다. 이분들의 밝은 인자함 속에서 제가 성장하고 있음을 감사드립니다.

저는 공부를 할 때도 뭔가 부모님께 바라고 한 것을 깨닫습니다. 마치 저를 위해서가 아니라 부모님을 위해서인 것처럼 말입니다. 이제 그것이 큰 억지인 것을 알고 깨달았습니다. 부모님을 위해서가 아니라 저 자신을 위하여 공부한다는 것을 말입니다. 땀 흘리며 봉사하시는 집사님들을 보며 저는 많은 것을 배우고 알았습니다. 집사님들은 대가를 바라지 않으셨습니다. 상도 바라지 않으셨습니다. 칭찬도 바라지 않으셨습니다. 하지만 가장 큰 기쁨 속에서 하나님의 사랑을 전하시며, 겸손함 속에서 은혜 받으시는 모습을 저의 작은 마음속에 가득 담아 주십니다. 저는 집사님들에게서 하나님의 사랑도 배웁니다. 저도 잘 자라서 하나님의 사랑을 전하며 예쁜 모습으로 봉사하는 어른이 되고 싶습니다.

어느 날 강은수 목사님께서 제게 질문하셨습니다. "예진이는 왜 매주 교회에 와서 봉사를 하니?" 저는 "교회에 오는 것이 좋아서요"라고 말씀드렸는데, 그것이 제 마음입니다. 또 저와 집사님들이 접은 주보를 주일에 교인들이 주고받으시는 모습을 보면 굉장히 뿌듯하답니다. 토요일 교회 봉사를 위해 오고가는 차 속에서 아빠와 평일에 하지 못했던 이야기도 하고, 필요한 것을 사달라고 하기도 하고, 또 제가 알고 있는 재미있는 유머나 퀴즈를 말하기도 합니다.

저는 하나님을 사랑합니다. 하나님께서도 저를 사랑해 주심을 믿습니다. 그래서 앞으로 더욱더 하나님을 섬기고 사랑할 것입니다. 감사합니다.

안녕하세요? 저는 20구역에 소속되어 있는 정성희 집사입니다.
2005년 5월 어느 날이었습니다. 아침잠에서 깨어난 남편이 아주 환한 얼굴로 신기하다는 듯 꿈 이야기를 해주었습니다. 지난밤 꿈속에 양화진에서 이재철 목사님과 너무너무 반갑게 악수를 나누었다는 것이었습니다. 그때까지만 해도 저희 부부는 목사님을 뵌 적도 없었습니다. 다만 저희가 목사님을 신앙의 모델로 삼고 목사님의 책을 닳도록 읽고 있으니, 아마 하나님도 감동하셔서 꿈속에서나마 그런 만남을 허락하셨나 보다 하고 둘이서 유쾌하게 웃었던 기억이 있습니다. 그로부터 두 달여 후, 2005년 7월 10일 주일 오후 1시, 그러니까 100주년기념교회 창립 예배 불과 두 시간 전, 저와 친한 한 자매로부터 한 통의 전화를 받고 달려와 본 곳이 바로 이곳 양화진이었습니다. 그리고 두 달 전 '남편의 꿈'이 하나님의 계획임을 안 것은 그리 오랜 시간이 지나지 않아서였습니다. 그즈음 저희 부부에게 몰아닥친 타는 듯한 영적 목마름을 하나님께서는 그렇게 적셔주기 시작하셨습니다.

올해 초, 교회에서 자원봉사자를 구한다는 소식이 있어 이런저런 일을 돕기 시작했는데, 교인 사진 수첩을 만드는 일은 오랜 시간을 요하여 자연히 교회에 머무는 시간이 길어졌고, 일을 하다 보면 점심이나 저녁 식사까지도 하게 되는 경우가 잦아졌습니다. 적지 않은 사람들이 매일 사먹는 식사는 여러모로 불편한 점이 많아, 궁리 끝에 교회 부엌에서 직접 만들어 먹는 것이 좋겠다는 의견을 모았습니다. 그렇게 시작된 주방 봉사는 몇몇 사람들의 수고로, 교역자와 나날이 늘어 가는 자원봉사자들의 식사를 원만히 해결하는 데 도움이 되었습니다. 그렇게 감사함과 즐거움으로 최선을 다해 봉사하고 있을 즈음인 지난 9월 초, 저는 예기치 않게 난소암 종양 수술을 받았고, 지금은 항암 치료로 더 이상 봉사를 할 수 없게 되었습니다.

작은 섬김을 통해 어느덧 교회생활도 익숙해지고 안정을 되찾아 가고 있는 저와 가족들에게 갑자기 몰아닥친 시련은, 저희 가정을 송두리째 두려움과 공포로 넘어뜨릴 만한 것이었습니다. 그러나 주님은 저를 그저 그렇게 내버려 두시지 않았습니다. 저보다 먼저 병실로 찾아오신 성령님은 저를 친히 위로하고 격려해 주시며, '네가 건강한 육체로 일할 수 없을 때에 더욱 기도에 힘쓰라, 쉬지 말고 기도하라'고 조용히 일러 주셨습니다. 그래서 잠깐 퇴원했을 때 저는 예배당에 들렀습니다. 혼자 조용히 저의 고통을 주님께 아뢰고 있는데 저의 아픔에는 별로 관심이 없으신 듯, 왠지 우리 교회의 무수히 많은 기도해야 할 것들에 대해 자꾸만 생각나게 하셨습니다. 그리고 다음과 같은 약속을 주셨습니다.

"하나님이 이르시되 그가 나를 사랑한즉 내가 그를 건지리라 그가 내 이름을 안즉 내가 그를 높이리라 그가 내게 간구하리니 내가 그에게 응답하리라 그들이 환난 당할 때에 내가 그와 함께하여 그를 건지고 영화롭게 하리라 내가 그를 장수하게 함으로 그를 만족하게 하며 나의 구원을 그에게 보이리라 하시도다"(시 91:14-16).

"그런즉 너희는 먼저 그의 나라와 그의 의를 구하라 그리하면 이 모든 것을 너희에게 더하시리라"(마 6:33).

"기도는 노동이요, 노동은 기도"라는 대천덕 신부님의 말씀을 다시 한 번 마음에 새기며, 저는 이제 이전보다 더욱 교회를 위해 더 구체적이고 세밀하게 성령님의 인도를 따라 기도함으로 봉사할 것입니다. 제게 봉사는, 주님께서 먼저 목숨을 내어 주셔서 저를 살리신 것처럼 주님을 향한 제 사랑의 표현입니다. 또한 주님께 제 몸을 거룩한 산제사로 드리는 영적 예배입니다. 봉사는, 단순한 일이 아니라 매 순간 정결한 영의 거듭남으로 맺어지는 삶의 열매입니다. 목숨이 다하는 날까지 마음을 다해, 뜻을 다해, 정성을 다해 주님을 사랑하고 싶습니다. 감사합니다.

참으로 은혜로운 고백이었습니다. 우리는 이분들이야말로 성령과 지혜가 충만한 '디아코노스', 주님의 영광스러운 하인들이라고 인정하지 않을 수 없습니다.

주님께서 말씀하셨습니다.

너희 중에 누구든지 크고자 하는 자는 너희를 섬기는 자가 되고 너희 중에 누구든지 으뜸이 되고자 하는 자는 너희의 종이 되어야 하리라 인자가 온 것은 섬김을 받으려 함이 아니라 도리어 섬기려 하고 자기 목숨을 많은 사람의 대속물로 주려 함이니라(마 20:26-28).

사랑하는 교우 여러분!
성령 충만한 사람으로 살기 원하십니까? 지혜 충만한 사람으로 인정받기 원하십니까? 그렇다면 말씀으로, 기도로, 물질로, 재능으로, 자신의 손과 발로, 사람과 교회와 양화진과 사회를 섬기는 봉사자가 되십시오. 주님께서 당신의 일을 맡기기에 합당한 주님의 하인이 되십시오. 주님의 하인이 되어 사람을 섬기고, 주님께서 맡기신 일을 위한 하인이 되는 것보다 더 자신을 위하는 길은 없습니다. 그것은 자신의 가치를 인간의 하인이 되어 주신 주님의 수준으로 승화시키는 것이기에, 그것이야말로 예수 그리스도 안에서 자신의 존재를 으뜸으로 세우는 은총의 길입니다.

주님께서 나의 주님이신 것은, 주님께서 나를 섬기기 위한 하인이 되어 주셨기 때문입니다. 주님께서 나의 구원자이신 것은, 죄와 사망의 덫으로부터 나를 살리시기 위해 주님께서 나의 하인이 되어 나의 죗값을 대신 치러 주셨기 때문입니다. 주님께서 하찮은 인간을 위한 하인이 되심으로 만인류의 그리스도가 되셨다면, 우리가 주님의 일을 맡은 주님의 하인으로 살아갈 때 우리의 삶은 또 얼마나 존귀하게 되겠습니까?
주님을 위한 하인이 되어 성령 충만한 사람으로 살아가게 하여 주옵소서. 주님 때문에 사람을 섬기는 봉사자가 되어 지혜 충만한 삶의 기쁨을 누리게 하옵소서. 말씀으로, 기도로, 물질로, 재능으로, 손과 발로, 주님의 몸 된 교회와 교우들, 이곳 양화진과 양화진을 찾는 분들, 그리고 양화진의 미래와 우리 사회의 미래를 위한 주님의 하인이 되게 하옵소서. 그리스도 안에서 누군가를 위한 주님의 하인으로 살아가는 것은 나 자신의 가치를 극대화시키는 길이요, 나의 존재를 예수 그리스도 안에서 으뜸으로 세우는 은총의 길임을 잊지 말게 하옵소서. 참된 섬김과 봉사의 하인들로 뭉쳐진 100주년기념교회가 어둠과 혼란의 이 사회를 새롭게 하는, 이 시대의 초대교회로 쓰임 받게 하옵소서. 아멘.

3. 천사의 얼굴

사도행전 6장 8-15절

스데반이 은혜와 권능이 충만하여 큰 기사와 표적을 민간에 행하니 이른바 자유민들 즉 구레네인, 알렉산드리아인, 길리기아와 아시아에서 온 사람들의 회당에서 어떤 자들이 일어나 스데반과 더불어 논쟁할새 스데반이 지혜와 성령으로 말함을 그들이 능히 당하지 못하여 사람들을 매수하여 말하게 하되 이 사람이 모세와 하나님을 모독하는 말을 하는 것을 우리가 들었노라 하게 하고 백성과 장로와 서기관들을 충동시켜 와서 잡아 가지고 공회에 이르러 거짓 증인들을 세우니 이르되 이 사람이 이 거룩한 곳과 율법을 거슬러 말하기를 마지 아니하는도다 그의 말에 이 나사렛 예수가 이곳을 헐고 또 모세가 우리에게 전하여 준 규례를 고치겠다 함을 우리가 들었노라 하거늘 공회 중에 앉은 사람들이 다 스데반을 주목하여 보니 그 얼굴이 **천사의 얼굴**과 같더라

우리는 지난 2주 동안 초대교회가 일곱 명의 집사를 선출한 것과 관련하여 생각해 보았습니다. 우리말 '집사'로 번역된 헬라어 '디아코노스'는 본래 '하인', '일꾼'을 의미한다고 했습니다. 초대교회는 집사로 선출된 일곱 명을

포함하여 온 사도와 교인들이 기꺼이 주님의 하인이 되어 말씀으로, 기도로, 물질로, 자신의 재능으로, 손과 발로 사람을 섬기는 봉사의 삶을 살았습니다. 오늘 본문은 초대교회가 주님의 은혜 속에서 그렇듯 봉사의 기쁨을 누리고 있을 때 교회 밖에서는 얼마나 어처구니없는 짓이 벌어졌는지를 전해 주고 있습니다.

본문 8절이 이렇게 시작되고 있습니다.

스데반이 은혜와 권능이 충만하여 큰 기사와 표적을 민간에 행하니.

초대교회가 선출한 일곱 집사 중의 한 명인 스데반이 큰 기사와 표적을 행하였다는 본문의 증언은 우리에게 놀라움을 안겨 주고 있습니다. 사도행전 1장 1절부터 시작하여 본문에 이르기까지, 이런 내용의 표현이 누구에게 국한되어 사용되었는지를 확인하면 본문이 얼마나 놀라운 증언인지 알게 됩니다.

먼저 사도행전 2장 22절을 통해 베드로는 다음과 같이 증언하였습니다.

이스라엘 사람들아 이 말을 들으라 너희도 아는 바와 같이 하나님께서 나사렛 예수로 큰 권능과 기사와 표적을 너희 가운데서 베푸사 너희 앞에서 그를 증언하셨느니라.

다음은 사도행전 2장 43절의 증언입니다.

사람마다 두려워하는데 사도들로 말미암아 기사와 표적이 많이 나타나니.

오늘의 본문에 이르기까지 기사와 표적—즉 놀라운 일과 기적을 행한 분은 하나님과 예수 그리스도, 그리고 예수 그리스도의 제자였던 사도들뿐이었습니다. 전능하신 성부 하나님과 성자 하나님이신 예수 그리스도께서 기사와 표적을 행하셨다는 것은 전혀 놀랄 일이 아닙니다. 또 사도들은 인류 역사상 이 땅에 오신 예수 그리스도와 3년간이나 밤낮으로 동거한 유일한 존재들이었습니다. 따라서 그들을 통해 주님의 표적과 기사가 드러난 것 역시 조금도 놀랄 일이 아니었습니다.

그러나 스데반은 달랐습니다. 스데반은 갈릴리 사람이 아니었습니다. 주님께서 갈릴리에서 사역을 시작하신 초기부터 주님을 믿은 사람이 아니라, 예루살렘에 초대교회가 태동하면서 주님을 영접한 사람이었습니다. 본문의 시기는 초대교회 태동 이후 오래지 않아서였습니다. 다시 말해 스데반이 그리스도인이 된 것은 오래전의 일이 아니었습니다. 그는 요즈음 용어로 표현하면 초신자와 다름없었습니다. 그런데도 전능하신 하나님과 예수 그리스도께서 행하셨던 기사와 표적, 사도들을 통하여 나타났던 기사와 표적이 놀랍게도 일천한 신앙 경력밖에 없는 스데반을 통해서도 똑같이 드러났습니다. 그뿐만이 아닙니다. 이제 다음 주일부터 살펴볼 사도행전 7장은 스데반의 설교를 전해 주고 있는데, 그 내용이 사도행전 2장과 3장에 나타나 있는 베드로의 설교보다 모든 면에서 월등합니다. 신앙의 연륜으로는 사도들과 비교할 바가 아니었지만, 그러나 수준에 관한 한 스데반은 이미 사도와 대등하거나 더 우위에 있었습니다.

이것은 우리로 하여금 누구든지 예수 그리스도의 참된 '디아코노스', 즉 주님의 참된 하인으로 살기만 하면 주님께서는 반드시 당신의 능력을 그를 통해 드러내신다는 사실을 깨닫게 해줍니다. 일천한 신앙의 경력밖에 없는 스데반이 큰 기사와 표적을 행할 수 있었던 것은 그가 온 중심을 다해 주님의

'디아코노스'로 살았기 때문입니다. 신앙의 연륜은 대단히 중요합니다. 그러나 믿은 지 오래되었다고 반드시 믿음이 출중한 것도 아니요, 초신자라고 믿음의 경지가 얕기만 한 것은 아닙니다. 참된 신앙은 얼마나 오래 믿었느냐가 아니라, 얼마나 주님의 하인으로 살아가느냐에 의해 판가름 납니다.

주님의 참된 하인으로 살면서 큰 기사와 표적을 행하던 스데반에게 무슨 일이 일어났는지는 본문 9-10절이 밝혀 주고 있습니다.

> 이른바 자유민들 즉 구레네인, 알렉산드리아인, 길리기아와 아시아에서 온 사람들의 회당에서 어떤 자들이 일어나 스데반과 더불어 논쟁할새 스데반이 지혜와 성령으로 말함을 그들이 능히 당하지 못하여.

로마제국의 침략과 함께 구레네, 알렉산드리아, 길리기아와 아시아와 같은 로마제국 각처에 노예로 끌려갔던 유대인 가운데 자유의 몸이 되어 예루살렘에 귀환하여 사는 유대인들이 있었습니다. 그들이 출신 지역별로 모이는 각 회당에 소속된 사람들과 스데반 사이에 논쟁이 일었습니다. 우리는 본문이 언급하는 논쟁의 의미를 능히 짐작할 수 있습니다. 스데반이 그들에게 먼저 예수 그리스도의 복음을 전했고, 예수 그리스도를 못박아 죽인 유대교 신봉자들이 스데반을 반박하자 스데반의 변증과 그들의 재반박이 계속 이어졌습니다. 그러나 그들이 스데반을 이길 수는 없었습니다. 그들은 억지를 부리고 있었고, 스데반은 성령님의 도우심으로 진리를 증언하고 있었기 때문입니다.

> 사람들을 매수하여 말하게 하되 이 사람이 모세와 하나님을 모독하는 말

을 하는 것을 우리가 들었노라 하게 하고, 백성과 장로와 서기관들을 충동시켜 와서 잡아 가지고 공회에 이르러 거짓 증인들을 세우니 이르되, 이 사람이 이 거룩한 곳과 율법을 거슬러 말하기를 마지 아니하는도다 그의 말에 이 나사렛 예수가 이곳을 헐고 또 모세가 우리에게 전하여 준 규례를 고치겠다 함을 우리가 들었노라 하거늘(11–14절).

정상적인 방법으로는 스데반을 제압할 수 없자, 그들은 사람을 매수하여 스데반이 모세와 하나님을 모독하였다고 모함하였습니다. 신성모독죄로 판정되기만 하면 합법적으로 스데반을 제거해 버릴 수 있었기 때문입니다. 그래서 그들은 백성과 장로, 서기관들을 충동하여 스데반을 끌어다가 산헤드린 공회에 세웠습니다. 우리는 장로와 서기관들을 포함한 유대교 지도자들이, 자신들이 못박아 죽인 예수가 다시 살아난 메시아라고 증언하는 초대교회의 출현으로 자신들의 기득권이 타격을 입지나 않을까 염려하여 사도들을 얼마나 집요하게 핍박해 왔는지 익히 알고 있습니다. 그런데 이번에는 백성들까지 가담하여 스데반을 산헤드린 공회로 끌어갔습니다. 스데반을 모함한 사람들이 백성들을 충동질했기 때문입니다. 대체 그들이 어떻게 충동질 했기에 백성까지 가담케 되었는지는, 그들이 산헤드린 공회에 세운 거짓 증인들의 거짓 증언 내용으로 알 수 있습니다. 거짓 증인들은 스데반이, 예수님께서 모세가 전해 준 규례를 폐하고 "이곳"을 헐어 버릴 것이라 설교했다고 위증하였습니다. '이곳'이란 예루살렘성전이었습니다. 그 말에 백성들은 스데반을 죽이려 할 정도로 충동당하고 말았습니다.

백성이란 익명의 절대다수를 의미합니다. 왜 절대다수인 그들이 성전을 헐려 한다는 거짓 증언에 그토록 분개하고 흥분했겠습니까? 그들이 모두 깊은 신앙의 소유자이기에 하나님에 대한 충성심을 드러낸 것이었겠습니까? 물론 그들은 명목상으로는 모두 하나님을 믿는 유대인들이었습니다. 그러므로 그들 가운데는 자신들의 행위가 정말 하나님에 대한 충성심 때문이라고 착각하는 사람도 적지 않았을 것입니다. 그러나 그들은 성자 하나님이신 예수 그리스도를 집단적으로 못박아 죽일 정도로 실은 하나님과 무관한 사람들이었습니다. 그러므로 그들이 성전 수호의 미명하에 주님의 신실한 하인인 스데반을 제거하려 한 근본적인 이유는 전혀 다른 데 있었습니다. 이 이유는 오늘날의 예루살렘을 생각해 보면 쉽게 해답을 얻을 수 있습니다.

소위 성지순례차 예루살렘을 찾으면 예수님과 관련된 유적지는 대부분, 오래전부터 그곳에서 살아온 아랍인 가게가 독점하고 있습니다. 겟세마네동산처럼 가게가 자리 잡을 수 없는 곳에서조차 아랍인 행상들의 호객 행위가 기승을 부리고 있습니다. 유대교를 신봉하면서 예수님의 구세주 되심을 여전히 부정하는 이스라엘 정부가 예루살렘에 있는 예수님 관련 유적지를 모두 폐쇄하거나 헐어 버리려 한다고 가정해 보십시다. 전 세계적으로 격렬하게 반대하고 나설 기독교인들을 제외하고, 예루살렘에 살고 있는 사람 가운데 이스라엘 정부의 그 같은 결정에 가장 크게 반발할 사람들은 대체 누구이겠습니까? 두말할 것도 없이 아랍 상인들일 것입니다. 그렇다면 그 이유는 과연 무엇이겠습니까? 그들이 예수 그리스도가 하나님의 아들이시요 만인의 구원자이심을 믿어서이겠습니까? 결코 아닙니다. 그들은 예수님을 믿지 않습니다. 예수님이 누구신지는 그들의 안중에도 없습니다. 그들은 단지 자신들의 돈주머니를 위해 반발할 것입니다. 기독교 유적지가 폐쇄되면 매년 예루살렘을 찾는 수백만 명에 달하는 성지순례객의 발길이 끊어질 것이고, 그로 인해 심각하게 타격받을 자신들의 돈주머니를 지키기 위해 그들은 누구보다도 격렬하게 이스라엘 정부에 맞설 것입니다.

2천 년 전 예루살렘의 상황도 똑같았습니다. 이스라엘 전역에 퍼져 사는 남자들은 1년에 세 번씩 의무적으로 예루살렘성전을 찾아 참배하고 제사를 드려야 했습니다. 세계 각처에 흩어져 살던 디아스포라 유대인에게도 예루살렘성전 순례는 신성한 의무였습니다. 따라서 매년 수백만 명에 달하는 유대인들이 예루살렘을 찾아 그곳에 머물면서, 소나 양을 잡아 제사를 드리기 위해 지출하는 경비는 실로 엄청난 금액이었고, 그것은 고스란히 유대교 최고 지도자들을 포함한 예루살렘 사람들의 수입이었습니다. 한마디로 예루살렘 사람치고 성전 덕에 먹고살지 않는 사람이 없다고 해도 과언이 아닐 정도였습니다.

　이것이, 예수님이 성전을 헐어 버릴 것이라고 스데반이 설교했다는 거짓 증인들의 모함에 절대다수의 백성들이 그토록 쉽게 충동당한 까닭이었습니다. 하나님을 위해서가 아니라, 그들의 돈주머니로 인함이었습니다. 정작 예루살렘성전이 없어질 경우, 그동안 자신들이 누려 온 경제적 이득이 날아가 버릴 것이 불을 보듯 뻔했기 때문입니다.

　10여 년 전 네 가정이 함께 설악산을 여행한 적이 있습니다. 어른 아이 구별 없이 모두 한마음이 되어 즐거운 시간을 만끽하였습니다. 남의 자식 남의 부모가 따로 없었습니다. 그런데 하루 저녁 식사 후에 탁구장에서 아빠들이 돌아가며 탁구 경기를 하게 되었습니다. 그 순간부터 아이들이 마치 약속이라도 한 듯, 기를 쓰고 자기 아빠만을 응원하였습니다. 남의 아빠는 전혀 안중에도 없었습니다. 조금 전까지만 해도 모두 하나였는데, 결정적인 순간이 되자 아이들은 자기 아빠 편만 들었습니다. 그것은 생명을 나눈 부모 자식 간이고 보면 당연한 일이었습니다. 만약 그 순간, 어느 아이든 남의 부모를 진심으로 응원한다면 도리어 그 아이가 이상한 아이일 것입니다.

　예루살렘 백성들은 소수의 무리가 거짓 증언으로 그들을 충동질할 때, 그것이 사실인지 아닌지 단 한 번도 확인해 보려 하지 않았습니다. 산헤드린 공회의 이름을 빌려 합법적으로 스데반을 제거하려는 자신들의 행위를 과연 하나님께서 기뻐하시겠는지 한 번쯤 생각해 보려 하지도 않았습니다. 그들의 관심은 오직 자신들의 돈주머니뿐이었습니다. 자신들의 돈주머니가 타격받을지도 모른다는 생각과 동시에 그들은 무조건 자기 아빠만을 응원하는 아이들처럼, 마치 한 피붙이인 것처럼, 모두 한통속이 되어 스데반을 죽이려 하였습니다. 그들은 자칭 하나님을 믿는 사람들이었지만, 하나님이 아니라 자신의 돈주머니를 자기 아버지로 삼은 사람들이었습니다.

바로 그 상황 속에서 스데반이 보인 반응을 본문 15절은 놀랍게도 다음과 같이 증언하고 있습니다.

> 공회 중에 앉은 사람들이 다 스데반을 주목하여 보니 그 얼굴이 천사의 얼굴과 같더라.

소수의 무리들이 백성을 충동질하고 신성모독죄로 스데반을 죽이기 위해 거짓 증인까지 동원하여 그를 산헤드린 법정에 세웠습니다. 스데반 편이라고는 단 한 사람도 없습니다. 모두 스데반을 죽이려는 사람들뿐입니다. 스데반으로서는 절체절명 위기의 순간이요, 억울하기 짝이 없는 상황입니다. 그렇다면 스데반은 죽음의 공포에 질린 얼굴이거나, 목숨을 구걸하는 비굴한 표정이거나, 자포자기의 절망적 모습이거나, 그것도 아니라면 자신을 모함하는 사람들을 향해 분노로 이지러진 얼굴을 하고 있어야 마땅할 것입니다. 그러나 그 절대 위기에 처한 스데반의 얼굴이 마치 "천사의 얼굴"과도 같았음을 본문이 밝혀 주고 있습니다. 우리는 그 의미를 두 가지 측면에서 생각할 수 있습니다.

첫째, 스데반의 얼굴이 천사와 같았다는 것은, 흔히 우리가 상상 속에서 연상하는 천사나 성화 속의 천사처럼 그저 해맑고 아름답기만 한 얼굴이었다는 의미가 아닙니다. 성경에 하나님의 사자로 등장하는 천사는 항상 밝은 소식이나 좋은 일만 담당하는 것은 아니었습니다. 천사는 하나님의 지엄하신 심판을 전하는 역할도 담당했습니다. 그러므로 천사의 얼굴은 시도 때도 없이 해맑고 아름답기만 한 얼굴이 아니라, 하나님께서 무엇을 명하시든 반드시 수행하겠다는 결연한 표정의 얼굴을 의미합니다. 즉 모든 사람들이 거짓 모함으로 자신을 죽이려는 그 절체절명의 위기 속에서도 예수 그리스도의 복음, 예수가 그리스도시라는 진리를 반드시 지켜 내고야 말겠다는 스데반의 결연한 표정을 본문은 천사의 얼굴과 같았다고 표현한 것입니다. 그렇다면 우리는 이런 표정을 성경 안팎에서 쉽게 만날 수 있습니다.

오직 하나님의 명령에 순종하기 위해 아브라함이 고향과 친척과 아버지의 집을 떠나 미지의 가나안을 향해 결연히 나아갈 때, 그의 얼굴이 천사의 얼굴 같지 않았겠습니까? 모세가 '내 백성을 구하라'는 하나님의 명령을 좇아 당시 세계 초강대국이었던 이집트의 파라오와 단신으로 맞설 때, 그의 결연한 얼굴이 천사와 같지 않았겠습니까? 처녀 마리아가 처녀의 몸으로 죽음을 무릅쓰고 아기 예수를 잉태할 때, 그녀의 결연한 얼굴이 천사의 얼굴 아니었겠습니까? 마르틴 루터가 거대한 권력 집단인 부패한 로마 가톨릭에 대항하여 종교개혁의 기치를 결연히 올릴 때, 그의 얼굴이 천사 같지 않았겠습니까? 주기철 목사님이 신사참배를 강요하는 일제의 온갖 회유와 협박을 거부하고 결연하게 순교로 신앙의 정절을 지킬 때, 비록 그의 얼굴이 잔혹한 고문으로 이지러졌을망정 하나님께는 천사의 얼굴로 비치지 않았겠습니까? 온 중심을 다해 결연히 진리를 지키려는 얼굴보다 더 눈부신 얼굴은 없습니다. 하나님 보시기에 바로 그 얼굴이 곧 천사의 얼굴이기 때문입니다.

본문이 스데반의 얼굴을 천사의 얼굴로 묘사한 두 번째 의미는, 스데반을 제외한 나머지 사람들의 얼굴은 상대적으로 악마와 같았다는 말입니다. 스데반 이외의 사람, 즉 스데반을 모함하고 죽이려는 사람들은 모두 하나님이 아니라 자신들의 돈주머니, 세상의 것을 하나님으로 섬기던 사람들이었습니다. 악마가 광야에서 예수님을 어떻게 유혹했습니까? 40일 동안 금식하신 예수님께 돌덩이로 떡을 만들어 먹으라 했는가 하면, 자신에게 경배하면 천하만국의 권세를 다 주겠노라고 유혹하지 않았습니까? 따라서 세상의 것을 하나님으로 섬기느라 스데반을 죽이려 한 사람들은 모두 악마의 덫에 빠진 악마의 노예들이요, 그들이 아무리 그럴듯한 표정을 짓고 있다 한들 하나님 보시기에는 가증한 악마의 얼굴일 뿐이지 않았겠습니까?

우리는 오늘 본문을 통해, 참된 그리스도인은 천사의 얼굴을 지닌 사람이라고 정의할 수 있습니다. 비록 세상적으로는 볼품없다 할지라도, 하나님 보시기에 천사의 얼굴을 지닌 사람이 참된 그리스도인입니다. 참된 그리스도인은 어떤 경우에도 악마의 얼굴을 지닐 수 없습니다. 그리스도인은 자신의 돈주머니나 세상의 것을 섬기는 사람이 아니라 오직 하나님을 아버지로 모신 사람이기에, 언제 어디서나 결연히 진리를 지키려 하기 때문입니다.

그렇다면 우리는 대체 어떤 얼굴을 지니고 있습니까? 교회에서는 천사의 얼굴인데, 세상의 작은 이득 앞에서는 악마의 얼굴로 돌변하는 것은 아닙니까? 아침에는 천사의 얼굴로 집을 나서지만, 밤이면 악마의 얼굴로 돌아오는 것은 아닙니까? 상황과 여건에 따라 천사와 악마의 경계를 끝도 없이 넘나들면서, 그로 인한 양심의 가책과 신앙 갈등으로 괴로워하고 있는 것은 아닙니까?

그렇다면 사랑하는 교우 여러분!

그럼에도 불구하고 오늘도 우리를 불러 주신 예수 그리스도 안에서 우리 모두 악마의 얼굴을 내던지십시다. 예수 그리스도 안에서 천사의 얼굴을 회복하십시다. 아니, 예수 그리스도 안에서, 당신은 원치 않으셨지만 하나님의 뜻에 순종하기 위해 결연히 십자가로 향하시던 예수 그리스도의 얼굴을 지니십시다. 진리를 짓밟는 세상의 불의에 맞서, 세상의 것과 자신의 돈주머니를 섬기느라 하나님을 부정하고 진리를 모독하는 모든 세력에 맞서, 우리의 가정과 일터 그리고 교회와 사회 속에서 결연히 진리를 지켜 내는 이 시대의 스데반들이 되십시오. 그때 하나님 보시기에 우리의 얼굴은 천사의 얼굴, 예수 그리스도의 얼굴 같을 것입니다. 결연히 진리를 지키려는 우리를 통해 주님께서 친히 역사하실 것이기 때문입니다.

중요한 사실은 우리가 결연히 진리를 지키는 동안에만 진리의 빛일 수 있기에, 우리 생애에서 오직 그 시간만 영원 속에 살아남는다는 것입니다.

우리는 모두 하나님을 믿는다면서도, 본문 속의 어리석은 인간들처럼 우리의 돈주머니를 우리의 아버지로 모셔 왔습니다. 주님을 사랑한다면서도 실은, 세상 것에 대한 애착이 더 컸습니다. 그래서 우리는 천사의 얼굴이기보다 악마의 얼굴일 때가 더 많았고, 그와 같은 우리의 모습이 하나님 보시기에는, 스데반을 죽이려는 무리와 다를 바 없었음을 고백드립니다.

그럼에도 이 시간에 우리를 다시 불러 주시고, 예수 그리스도 안에서 천사의 얼굴을, 예수 그리스도의 얼굴을 회복할 수 있는 은총의 기회를 새로이 주심을 진심으로 감사드립니다.

이 어둠과 혼란의 세상 속에서, 결연히 진리를 고수하는 참된 그리스도인이 되게 하여 주옵소서. 자신의 이득을 위해 진리를 왜곡하고, 하나님을 모독하고, 예수 그리스도를 이용하는 사람들에게 결연히 맞서, 우리의 가정과 일터 그리고 교회와 사회를 진리로 지켜 내게 하옵소서.

우리가 예수 그리스도의 얼굴로 살아가는 시간 동안에만 이 세상을 밝히는 빛일 수 있기에, 우리의 생애에서 오직 그 시간만 영원 속에 살아남게 됨을 잊지 말게 하옵소서. 아멘.

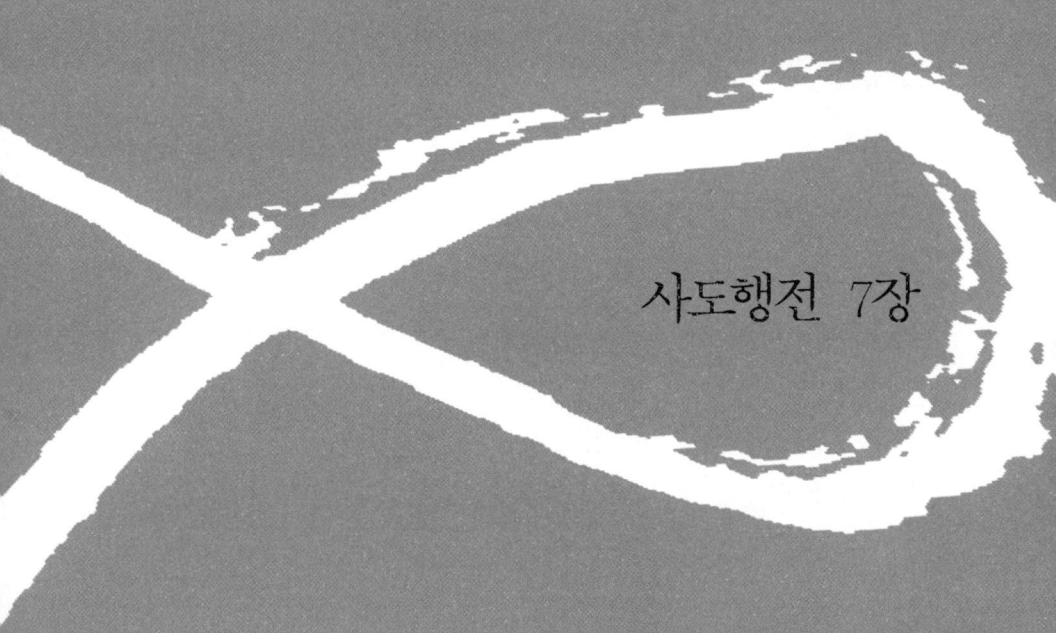

사도행전 7장

예루살렘성전을 헐려 한 것이 사실이냐는 대제사장의 질문에,
왜 스데반은 이처럼 신앙 선조들에 대해 언급했겠습니까?
스데반이 언급한 아홉 명 가운데 가장 마지막 인물인 솔로몬에 의하여
예루살렘성전이 건축되었습니다.
나머지 여덟 명은 예루살렘성전을 본 적도 없었습니다.
그들이 세상을 떠난 뒤에 예루살렘성전이 건축되었기 때문입니다.
스데반 설교의 핵심이 바로 거기에 있었습니다.

4. 약속하셨으며 _{감사 주일}

사도행전 7장 1-10절

대제사장이 이르되 이것이 사실이냐 스데반이 이르되 여러분 부형들이여 들으소서 우리 조상 아브라함이 하란에 있기 전 메소보다미아에 있을 때에 영광의 하나님이 그에게 보여 이르시되 네 고향과 친척을 떠나 내가 네게 보일 땅으로 가라 하시니 아브라함이 갈대아 사람의 땅을 떠나 하란에 거하다가 그의 아버지가 죽으매 하나님이 그를 거기서 너희 지금 사는 이 땅으로 옮기셨느니라 그러나 여기서 발붙일 만한 땅도 유업으로 주지 아니하시고 다만 이 땅을 아직 자식도 없는 그와 그의 후손에게 소유로 주신다고 **약속하셨으며** 하나님이 또 이같이 말씀하시되 그 후손이 다른 땅에서 나그네가 되리니 그 땅 사람들이 종으로 삼아 사백 년 동안을 괴롭게 하리라 하시고 또 이르시되 종 삼는 나라를 내가 심판하리니 그 후에 그들이 나와서 이곳에서 나를 섬기리라 하시고 할례의 언약을 아브라함에게 주셨더니 그가 이삭을 낳아 여드레 만에 할례를 행하고 이삭이 야곱을, 야곱이 우리 열두 조상을 낳으니라 여러 조상이 요셉을 시기하여 애굽에 팔았더니 하나님이 그와 함께 계셔 그 모든 환난에서 건져 내사 애굽 왕 바로 앞에서 은총과 지혜를 주시매 바로가 그를 애굽과 자기 온 집의 통치자로 세웠느니라 주님께서 가르쳐 주신 '주님의기도'는 인간이 하나님께 드릴 수 있는 최상의 기도문이요, 가장 이상적인 기도의 모본模本입니다. 주님의기도는 기도의 방향과 틀 그리고 수준을 교정해 주는 기도의 거울인 동시에, 신앙의 성숙을 위한 결단의 내용으로 이루어져 있습니다. 그래서 초기 기독교회사에서 라틴 신학의 아버지로 불리는 테르툴리아누스Tertullianus는 주님의기도를 "복음 전체의 개요이자, 기도의 정수이며, 기도를 가르쳐 주는 기도"라고 정의했습니다.

그러나 대부분의 그리스도인들은 주님의기도를 드릴 때 그 깊은 의미를 생각하거나 되새기지는 않습니다. 타 종교인들이 주문을 외우듯, 단지 습관적으로 주님의기도를 반복합니다. 오늘날 그리스도인에게 주님의기도는, 행사가 끝났음을 알리는 신호에 지나지 않는다고 해도 과언이 아닐 정도입니다. 우리 교회가 주일예배 서두에 주님의기도를 다 함께 드리는 것은, 기도 중의 기도인 그 기도를 통해 하나님께 예배드리는 우리의 심령을 새롭게 곧추세움으로 우리의 예배가 진정한 예배가 되게 하기 위함입니다. 그리고 예배 참석자들이 생각 없이 습관적인 주문처럼 주님의기도를 외우는 것을 피하기 위해, "이제 우리 모두 주님께서 가르쳐 주신 기도를 감히 주님의 이름으로 담대히 드리오니"라는 인도자의 선창에 따라 주님의기도를 드리고 있습니다. 그 선창문 가운데 '감히'와 '담대히'라는 두 단어가 중요합니다. 그 두 단어는, 참된 그리스도인으로 살기 원하는 사람이라면 반드시 가슴속에 새겨 두어야 할 단어입니다.

기도는 하나님에 대한 인간의 일방적인 통보나 선언이 아니라, 하나님과 인간 사이의 대화입니다. 더러운 죄인인 인간에게는 애당초 거룩하신 하나님과 대화할 자격이 없었습니다. 그러나 하나님께서는 더러운 죄인인 우리에게, 우리의 죄를 씻어 주신 예수 그리스도의 이름으로 하나님과 대화할 수 있는 특권을 베풀어 주셨습니다. 세상에서 흉측한 범죄를 저지른 흉악범이 우리의 이름을 팔아 누군가에게 접근하려 한다면, 과연 우리가 그것을 용납하겠습니까? 결코 그런 일은 없을 것입니다. 그런데도 성자 하나님이신 예수 그리스도께서는 흉악한 죄인인 우리가 당신의 이름으로 하나님께 나아가 하나님과 대화할 수 있도록 당신의 이름을, 당신의 전 존재와 인격을 송두리째 우리에게 내어 주셨습니다. 그래서 우리 같은 죄인이 감히 하나님께 기도드릴 수 있게 되었습니다. 기도는 인간이 타고난 인간의 천부적인 권리가 아닙니다. 인간의 능력이나 의지가 기도의 동기나 시발점인 것도 아닙니다. 인간은 전적으로 삼위일체 하나님의 일방적인 자비와 은총으로 인해 감히 하나님께 기도드릴 수 있게 되었습니다. 그러므로 우리가 기도드릴 때마다 하나님의 은혜로 감히 기도드릴 수 있게 되었음을 상기한다면, 주님의기도를 포함하여 우리의 기도는 무의미한 주문의 수준을 탈피하여, 자신을 정결케 하고 하나님과의 바른 관계를 심화시키는 성숙한 기도로 승화되지 않겠습니까? 더욱이 우리 같은 죄인이 주님의 은혜로 감히 하나님과 대화할 수 있는 존재가 되었음을 기도할 때마다 자각한다면, 우리의 기도는 반드시 감사의 삶으로 이어지지 않겠습니까?

우리는 주님의기도를 통해 하나님을 "하늘에 계신 우리 아버지"라고 부릅니다. 더러운 죄인인 우리가 어찌 거룩하신 하나님을 아버지라 부를 수 있겠습니까? 하나님께서 우리를 예수 그리스도 안에서 당신의 자녀로 구별해 주셨기 때문입니다. 그래서 우리는 우리의 모든 허물과 한계에도 불구하고 하나님을 담대히 아버지라 부르고, 또 예수 그리스도 안에서 하나님의 자녀답게 담대히 이 세상을 살 수 있습니다. 또 우리는 "이름이 거룩히 여김을 받으시오며, 나라가 임하시오며, 뜻이 하늘에서 이루어진 것같이 땅에서도 이루어지이다" 하고 담대히 기도드림으로, 예수 그리스도 안에서 담대하게 하나님의 거룩하심을 드러내는 삶을 살며, 하나님의 나라와 뜻을 이 땅에 구현하는 담대한 그리스도인으로 살아갈 수 있는 힘과 능력을 공급받습니다. 이처럼 우리가 이 세상의 불의와 악 그리고 어둠에 굴복하지 않고 그리스도 안에서 세상을 맑히고 밝히는 빛과 소금의 역할을 담대하게 감당할 수 있는 원천이 전능하신 하나님과의 대화인 기도임을 깨닫는다면, 우리가 드리는 기도의 내용과 수준이 달라지지 않겠습니까? 그리고 단 한 번밖에 없는 인생을 물거품처럼 허망한 욕망을 위해 탕진함이 없이, 우리로 하여금 오직 담대하게 진리의 삶을 살게 하신 하나님께 어찌 감사하지 않을 수 있겠습니까?

생각하면 할수록 하나님께서 추악한 죄인인 우리에게 감히 예수 그리스도의 이름으로 기도할 수 있는 특권을 주시고, 이 땅에서 하나님의 자녀로 담대하게 살 수 있는 은총을 베풀어 주신 것만으로도 감사의 삶으로 보답하지 않을 수 없습니다. "여호와께 감사하라 그는 선하시며 그 인자하심이 영원함이로다"(시 107:1)라는 시인의 고백처럼, 그리스도인의 기도와 신앙 훈련은 하나님께서 베풀어 주신 은혜를 확인하고 그 은혜에 감사의 삶으로 응답하기 위함입니다. 오늘 본문 역시 우리가 하나님께 감사드리지 않을 수 없는 이유를 재확인시켜 주고 있습니다.

본문 1절이 이렇게 시작되고 있습니다.

대제사장이 이르되 이것이 사실이냐.

우리는 지난 시간에 일단의 유대인들이 스데반 집사를 모함한 사건을 살펴보았습니다. 예수 그리스도를 십자가에 못박아 죽인 유대교 신봉자인 그들은, 예수 부활을 전하는 스데반을 아예 제거하려 하였습니다. 그들은 거짓 증인을 내세워 백성을 선동하여 스데반을 산헤드린 법정으로 끌고 갔습니다. 거짓 증인들은, 예수님이 성전을 헐어 버릴 것이라고 스데반이 설교했다는 거짓 증언을 하였습니다. 유대인들이 하나님과 동일시하는 성전을 허물려 했다는 것만으로도 당사자와 동조자를 신성모독죄로 처단할 수 있기 때문이었습니다. 그래서 산헤드린 법정의 의장인 대제사장이 스데반에게 그것이 사실인지를 물었습니다.

이에 대한 스데반의 진술이, 아니 설교가 본문 2절에서 53절까지 이어지고 있습니다. 스데반은 그 설교를 통해 유대인의 믿음의 조상인 아브라함에서부터 시작하여 솔로몬에 이르기까지, 약 1천 년에 걸쳐 하나님께서 베풀어 주신 구원의 역사를 간략하면서도 명쾌하게 설명하였습니다. 그런데 스데반은 본문 10절까지 아브라함, 이삭, 야곱, 요셉을, 그리고 10절 이후에 모세, 아론, 여호수아, 다윗, 솔로몬—이렇게 총 아홉 명의 신앙 선조의 이름을 거명하였습니다. 예루살렘성전을 헐려 한 것이 사실이냐는 대제사장의 질문에, 왜 스데반은 이처럼 신앙 선조들에 대해 언급했겠습니까? 스데반이 언급한 아홉 명 가운데 가장 마지막 인물인 솔로몬에 의하여 예루살렘성전이 건축되었습니다. 나머지 여덟 명은 예루살렘성전을 본 적도 없었습니다. 그들이 세상을 떠난 뒤에 예루살렘성전이 건축되었기 때문입니다. 스데반 설교의 핵심이 바로 거기에 있었습니다.

즉, 하나님께서는 인간이 하나님을 위해 성전을 건축하기 이전부터 구원의 역사를 베푸신 분이시라는 것입니다. 하나님께서는 아브라함을 하란에서 구원해 내셨다는 것입니다. 형제들의 시기심으로 이집트에 종으로 팔려 간 요셉을 이집트의 국무총리로 세우셨다는 것입니다. 팔십 노인의 나이에 양치기에 불과하던 모세를 미디안 광야에서 출애굽의 대지도자로 불러내셨다는 것입니다. 400년 동안 노예살이하던 이스라엘 백성을 이집트에서 해방시키시고, 40년간 시내 광야에서 그들과 함께하셨다는 것입니다. 요단강을 건너 약속의 땅인 가나안 땅으로 입성하는 여호수아와 동행해 주셨다는 것입니다. 베들레헴의 목동이었던 다윗을 그곳에서 왕으로 세우셨다는 것입니다. 그 모든 일은 예루살렘성전이 건축되기 전의 일이었습니다.

한마디로 말해 예루살렘성전이 세워지기도 전에 메소포타미아에서, 이집트에서, 미디안 광야에서, 시내 광야에서, 가나안에서, 이스라엘 백성에게 구원의 역사를 베풀어 주신 하나님께서는 예루살렘성전에 갇혀 계시는 분이 아니라, 이 세상 어디에나 계신 무소부재하신 분이라는 것입니다. 다시 말해 유대인들이 절대시하는 성전이 중요한 것이 아니라, 정작 중요한 분은 무소부재하신 여호와 하나님이시라는 것입니다.

참으로 정곡을 찌르는 스데반의 답변이었습니다. 이 세상에서 아무리 중요한 것이라 해도, 아니 이 세상의 모든 것을 다 합쳐도 하나님보다 더 중요할 수는 없습니다. 이 세상에 속한 것은 모두 피조물임에 반해, 하나님께서는 그 모든 것을 창조하신 창조주이십니다. 참된 생명도, 영원한 구원도, 오직 창조주이신 하나님께만 있습니다. 그 창조주 하나님께서 또한 무소부재하신 분이시기에, 하찮은 우리가 어디에 있든 우리와 동행해 주시고, 심지어 우리가 하나님을 망각하고 있을 때에도 우리 곁에 계셔 주신다는 것은 얼마나 큰 감사의 조건입니까?

그러나 그것이 전부인 것은 아닙니다.

스데반이 이르되, 여러분 부형들이여 들으소서 우리 조상 아브라함이 하란에 있기 전 메소보다미아에 있을 때에 영광의 하나님이 그에게 보여 이르시되 네 고향과 친척을 떠나 내가 네게 보일 땅으로 가라 하시니, 아브라함이 갈대아 사람의 땅을 떠나 하란에 거하다가 그의 아버지가 죽으매 하나님이 그를 거기서 너희 지금 사는 이 땅으로 옮기셨느니라(2-4절).

아브라함으로 하여금 고향과 친척과 아버지의 집을 떠나 미지의 땅 가나안으로 향하게 하신 분은 하나님이셨습니다. 하나님께서 친히 인도하신 곳이라면 뭔가 깜짝 놀랄 만한 것들이 아브라함을 기다리고 있음이 마땅하지 않겠습니까? 그러나 현실은 전혀 달랐음을 본문 5절이 전해 줍니다.

그러나 여기서 발붙일 만한 땅도 유업으로 주지 아니하시고 다만 이 땅을 아직 자식도 없는 그와 그의 후손에게 소유로 주신다고 약속하셨으며.

하나님께서는 당신이 친히 인도하신 가나안에서, 당장 단 한 평의 땅도 아브라함에게 주지 않으셨습니다. 그 대신 나이 75세에도 불구하고 그때까지 자식이 없던 아브라함과 그의 후손에게 가나안을 그들의 소유로 주신다고 약속해 주셨습니다.

당장 눈에 보이는 것을 주시기보다 당신의 약속을 주시는 하나님의 사랑은 참으로 깊고도 오묘합니다. 인간은 하나님께 언제나 현금을 요구하는 반면, 하나님께서는 항상 현금 대신 약속어음을 주십니다. 현금은 단순 거래의 수단에 지나지 않지만, 약속어음은 믿음의 관계에서만 유효하기 때문입니다. 상인이 물건을 팔 때 구입자의 인격이나 성실성을 따지지 않습니다. 물건 값만 내면 아무것도 묻거나 따지지 않고 그냥 물건을 내어 줍니다. 그리고 현금과 물건을 맞바꾸는 것으로 거래는 끝납니다. 그러나 약속어음의 경우는 전혀 다릅니다. 누구든지 아무 약속어음이나 받고 물건을 내어 주는 사람은 없습니다. 어음을 발행한 사람의 신용도와 신뢰도를 믿을 수 있을 때에만 어음과 물건을 교환할 것입니다. 어음을 주고받는 것 자체가 믿음의 행위이기 때문입니다.

하나님께서 당신의 사랑하는 자녀에게 현금 아닌 약속어음을 주시는 이유가 여기에 있습니다. 인간은 자신에게 무엇이 필요할 때에만 하나님과 거래하려 하지만, 하나님께서는 인간과 깊은 믿음의 관계를 맺기 원하십니다. 하나님께서는 버튼만 누르면 현금이 나오는 비인격적인 현금지급기가 아닙니다. 하나님께서는 죄와 사망의 덫에 걸려 죽음의 나락으로 떨어지던 우리를 예수 그리스도 안에서 건져 주시고, 감히 예수 그리스도의 이름으로 하나님께 기도하며 하나님의 자녀답게 담대히 살아갈 수 있도록 은혜 베푸시는 살아 계신 인격자이십니다. 그래서 하나님께서는 인간과 거래가 아니라, 믿음의 관계 속에서 인간을 지속적으로 바로 세워 주시기 위해 당신의 사랑하는 자녀에게 언제나 약속어음을 주십니다. 하나님의 이 깊은 사랑을 깨달은 사람은, 하나님의 약속이 이루어질 때를 인내하며 기다립니다. 그러나 그 기다림은 단순히 기다림 그 자체를 위한 무위도식의 기다림이 아닙니다. 하나님에 의해 더욱 성숙한 믿음의 사람으로 빚어지는, 재창조를 위한 기다림입니다.

시인은 이렇게 고백하고 있습니다.

> 하나님이여 주께서 우리를 시험하시되 우리를 단련하시기를 은을 단련함 같이 하셨으며, 우리를 끌어 그물에 걸리게 하시며, 어려운 짐을 우리 허리에 매어 두셨으며, 사람들이 우리 머리를 타고 가게 하셨나이다 우리가 불과 물을 통과하였더니 (시 66:10-12상).

은을 다루는 사람이 은을 완전히 녹여 불순물을 제거하듯, 하나님께서는 때로 우리의 인격이 해체되는 아픔을 통해 우리의 영혼을 정결케 하십니다. 그물에 걸린 여러 종류의 물고기들 가운데 살아남는 물고기는 그물코의 구멍보다 작은 물고기입니다. 하나님께서는 때로 우리를 시련의 그물 속으로 몰아넣으셔서, 헛된 욕망을 스스로 버려 우리 자신을 감량하지 않을 수 없게 하십니다. 인생의 어려운 짐을 허리에 맨 사람은 나쁜 짓을 생각할 겨를이 없습니다. 하나님께서는 때로 우리 허리에 무거운 짐을 얹으심으로, 우리로 하여금 한눈팔지 않고 오직 주어진 삶에만 충실하게 하십니다. 하나님께서는 때로 사람들이 우리의 머리를 짓밟게 하심으로, 우리가 오직 하나님께만 소망을 두는 겸손한 사람이 되게 하십니다. 대장장이는 풀무불에 달군 쇠를 찬물에 넣었다가 망치질하는 과정을 되풀이하며 단단한 연장을 만듭니다. 하나님께서도 때로 고난의 물과 불을 통해 우리를 당신의 강인한 도구로 단련시키십니다.

그 모든 과정이 끝난 결과를 시인은 다음과 같이 노래하고 있습니다.

주께서 우리를 끌어내사 풍부한 곳에 들이셨나이다(시 66:12하).

시인은 그 모든 과정이 지난 뒤에, 하나님께서 자신을 이끌어 내어 풍부한 곳으로 인도하셨다고 하나님을 찬양하였습니다. 마침내 하나님의 약속어음이 결제된 것입니다. 하나님께서 시인에게 현금을 주시지 않고 약속어음을 주신 것은, 하나님께서 작정하신 때에 그가 하나님의 약속을 받기에 합당한 그릇이 되도록 그를 새로이 빚어 주시기 위함이었습니다.

그래서 스데반의 설교 역시 본문 6-10절에서 이렇게 이어지고 있습니다.

하나님이 또 이같이 말씀하시되, 그 후손이 다른 땅에서 나그네가 되리니 그 땅 사람들이 종으로 삼아 사백 년 동안을 괴롭게 하리라 하시고 또 이르시되, 종 삼는 나라를 내가 심판하리니 그 후에 그들이 나와서 이곳에서 나를 섬기리라 하시고 할례의 언약을 아브라함에게 주셨더니, 그가 이삭을 낳아 여드레 만에 할례를 행하고 이삭이 야곱을, 야곱이 우리 열두 조상을 낳으니라 여러 조상이 요셉을 시기하여 애굽에 팔았더니, 하나님이 그와 함께 계셔서 그 모든 환난에서 건져 내사 애굽 왕 바로 앞에서 은총과 지혜를 주시매, 바로가 그를 애굽과 자기 온 집의 통치자로 세웠느니라.

아브라함의 나이 75세에 하나님께서 약속하신 그의 후손, 즉 아들 이삭을 보는 데는 25년, 손자 야곱을 보는 데는 85년이 걸렸습니다. 그의 증손자인 요셉이 하나님의 뜻에 의해 이집트의 국무총리가 되기 위해서는 이집트에서 13년 동안 종살이와 옥살이를 거쳐야만 했습니다. 요셉의 초청으로 이집트에 이주한 아브라함의 후손들은 400년간의 노예살이를 거친 뒤에야 하나님의 약속대로 가나안 땅의 주인이 되었습니다. 하나님께서는 이스라엘 백성이 약속의 땅인 가나안을 유업으로 이어받는 하나님의 선민이 될 수 있게끔 그들을 새로이 빚어 주시기 위해, 그들에게 현금이 아닌 믿음의 약속 어음을 주셨던 것입니다. 그래서 스데반은 사도행전 7장을 통해 성전보다 하나님이 더 중요하고, 성전의 제사보다 하나님의 약속의 말씀이 더 중요하고, 성전을 지키는 것보다 하나님과 믿음의 관계를 지키는 것이 더 중요함을 역설하였습니다. 하나님의 약속을 믿고 기다리는 믿음 속에서 우리 영혼의 때가 벗겨지고, 우리 자신이 비로소 하나님의 약속을 받을 만한 하나님의 거룩한 성전으로 일구어지기 때문입니다.

그렇다면 하나님께서 우리에게 현금 대신 약속어음을 주시는 것은 얼마나 감사한 일입니까? 만약 하나님께서 우리가 요구하는 대로 우리에게 현금을 주시는 분이라면, 우리는 하나님을 단지 거래 대상으로만 간주할 것입니다. 그러나 우리를 사랑하시는 하나님께서 우리에게 약속어음을 주시기에, 우리가 그 약속을 믿고 기다리는 가운데 우리는 하나님에 의해 영육 간에 새로이 빚어질 수 있습니다. 사람이 발행하는 약속어음은 부도나는 경우가 허다합니다. 그러나 전능하신 하나님의 약속어음에는 부도가 없습니다. 느헤미야는, 하나님께서 아브라함의 후손에게 가나안 땅을 주시겠다는 약속을 지키셨으므로 하나님께서 의로우시다고 증언했습니다(느 9:8). 하나님께서 의로우신 것은 당신의 약속을 반드시 지키시기 때문입니다. 그렇다면 하나님의 약속을 믿는 우리에게 감사의 의미는 달라질 수밖에 없습니다.

오늘은 지난 1년 동안 하나님께서 베풀어 주신 은혜를 감사하는 '감사 주일'입니다. 우리는 자칫 우리의 계획대로 이루어진 일에 대해서만 감사하기 쉽습니다. 물론 그것이 감사의 조건임에는 틀림없습니다. 그러나 우리가 하나님의 약속의 말씀을 믿는 한, 때로 은이 해체되는 것과 같은 실패의 아픔을 겪는 것도 감사의 조건입니다. 때로 우리의 육체가 질병의 그물 속에 갇히는 것도 감사의 조건입니다. 때로 무거운 인생 짐을 허리에 매고 사는 것도 감사의 조건입니다. 때로 사람들에게 짓밟히는 것과 같은 수모를 당하며, 연거푸 고난의 물과 불을 통과하는 것도 감사의 조건이 아닐 수 없습니다. 그 모든 과정이야말로 하나님의 약속이 이루어질 때가 가까웠기에, 하나님께서 당신의 약속을 받기에 합당한 그릇으로 우리를 재창조하고 계신다는 증거이기 때문입니다.

그러므로 하나님의 약속을 믿는 사람에게는 모든 것이 감사의 조건입니다. 하나님과 믿음의 관계 속에서 하나님에 의해 날로 새롭게 빚어지는 그는, 낮은 낮이어서 감사하고, 밤은 밤이어서 감사하고, 깊은 밤은 아침이 가까이 다가왔음으로 인해 감사합니다. 그래서 하나님의 약속의 말씀 위에 굳게 서 있는 그에게는 오늘 하루만이 아니라, 1년 열두 달 365일 매일매일이 감사절로 엮어질 것입니다. 죽을 수밖에 없는 죄인인 우리로 하여금 감히, 그리고 담대히, 그리스도인으로 살게 해주신 하나님께 감사의 삶으로 보답하는 것보다 더 향기로운 감사의 예물은 없습니다.

더러운 죄인에 지나지 않는 우리를 십자가의 보혈로 살려 주시고, 감히 주님의 이름으로 하나님과 인격적인 대화를 나누며, 주님 안에서 하나님의 자녀로 담대히 살아갈 수 있는 은혜를 베풀어 주심을 감사합니다. 이 세상의 그 무엇보다 더 소중하고 귀중한 분이신 하나님께서, 하찮은 미물인 우리와 언제 어디서나 함께해 주심을 감사드립니다. 필요할 때에만 하나님과 거래하려 하고, 거룩하신 하나님을 비인격적인 현금지급기로 대하는 우리를 외면하지 않으시고, 도리어 우리에게 당신의 약속을 주심으로 우리 같은 죄인과 믿음의 관계를 맺어 주심을 감사합니다. 무엇보다도 하나님의 약속이 이루어질 때까지, 우리가 하나님의 약속을 받기에 합당한 그릇이 되게끔 우리를 영육 간에 새로이 빚어 주심을 감사합니다. 하나님의 약속의 말씀을 믿는 한, 그 어떤 상황도 감사의 조건임을 알게 하시니 감사합니다. 나의 계획이 이루어졌음도 감사의 조건이지만, 나의 계획이 무산된 것 또한 감사의 조건임을 깨닫게 해주심을 감사드립니다. 날마다 하나님의 약속의 말씀 위에 굳게 섬으로, 오늘 하루만이 아니라, 우리의 1년 열두 달 365일 매일매일이 감사절로 엮어지게 하여 주옵소서. 아멘.

5. 하나님이 그와 함께

사도행전 7장 1-10절

대제사장이 이르되 이것이 사실이냐 스데반이 이르되 여러분 부형들이여 들으소서 우리 조상 아브라함이 하란에 있기 전 메소보다미아에 있을 때에 영광의 하나님이 그에게 보여 이르시되 네 고향과 친척을 떠나 내가 네게 보일 땅으로 가라 하시니 아브라함이 갈대아 사람의 땅을 떠나 하란에 거하다가 그의 아버지가 죽으매 하나님이 그를 거기서 너희 지금 사는 이 땅으로 옮기셨느니라 그러나 여기서 발붙일 만한 땅도 유업으로 주지 아니하시고 다만 이 땅을 아직 자식도 없는 그와 그의 후손에게 소유로 주신다고 약속하셨으며 하나님이 또 이같이 말씀하시되 그 후손이 다른 땅에서 나그네가 되리니 그 땅 사람들이 종으로 삼아 사백 년 동안을 괴롭게 하리라 하시고 또 이르시되 종 삼는 나라를 내가 심판하리니 그 후에 그들이 나와서 이곳에서 나를 섬기리라 하시고 할례의 언약을 아브라함에게 주셨더니 그가 이삭을 낳아 여드레 만에 할례를 행하고 이삭이 야곱을, 야곱이 우리 열두 조상을 낳으니라 여러 조상이 요셉을 시기하여 애굽에 팔았더니 **하나님이 그와 함께** 계셔 그 모든 환난에서 건져 내사 애굽 왕 바로 앞에서 은총과 지혜를 주시매 바로가 그를 애굽과 자기 온 집의 통치자로 세웠느니라

보도에 의하면, 지난 9월 21일 포항에서 개장수가 개에게 물려 중상을 입는 사고가 있었습니다. 개를 팔겠다는 사람의 집 마당으로 개장수가 들어서는 순간 개가 달려들어 개장수의 손과 다리, 발목 등을 무차별적으로 공격하여 개장수는 순식간에 피투성이가 되었습니다. 그로 인해 한 달간이나 병원 치료를 받아야만 했던 개장수는 개 주인에게 치료비 외에, 한 달 동안 일을 하지 못한 데 대한 위자료를 요구하였습니다. 하지만 개 주인이 치료비 이외에는 줄 수 없다고 거절하자 개장수는 경찰서에 개 주인을 고소하였습니다. 그런데 고소장을 접수한 경찰 관계자의 코멘트가 인상적이었습니다.

"일반적으로 개장수가 나타나면 개는 으레 개장수의 위세에 눌려 숨거나 꼬리를 내리기 마련인데, 이번 사건은 극히 이례적인 경우라 황당할 뿐이다."

그 경찰관을 황당하게 만든 개장수는 경력 1~2년의 아마추어가 아니라, 무려 20년의 경력을 지닌 베테랑 개장수였습니다. 그 노련한 개장수가 호랑이나 독사도 아닌, 개에게 물려 중상을 입었다는 것은 우리로 하여금 중요한 사실을 깨닫게 해줍니다. 아무리 뛰어난 인간의 능력이나 경력도 가장 결정적인 순간에 인간을 지켜 줄 수 없고, 도리어 그것이 자신을 해치는 흉기가 될 수도 있다는 것입니다.

한국에서 베테랑 개장수가 개에게 물려 중상을 입기 이틀 전인 9월 19일에는, 유엔총회 참석차 뉴욕을 방문 중이던 탁신 치나왓 태국 총리가 본국에서 일어난 군사 쿠데타로 졸지에 권좌에서 밀려나고 말았습니다. 그동안 권력형 부패와 비리 혐의로 국민적 저항을 받아 오던 탁신 총리는 쿠데타 직후 자신이 투숙한 뉴욕 그랜드하얏트 호텔에서 국내 텔레비전망을 연결하여 비상사태를 선포하고, 병력의 불법 이동을 금지하는 동시에 쿠데타 주역인 손티 총사령관을 해임하는 등 발 빠르게 긴급조치를 취했습니다. 그러나 쿠데타 군이 정부 청사와 총리 관저를 접수하자, 탁신 총리는 속수무책이 되고 말았습니다. 정부 청사와 총리 관저에 집중된 국내 통신망을 쿠데타군이 장악하면서, 본국과 교신 수단을 빼앗긴 탁신 총리는 본국에 대한 통제력을 완전 상실해 버렸기 때문입니다. 역설적인 것은 탁신 총리가 태국 최대의 통신 재벌이었다는 사실입니다. 태국 정부와 태국 군대에서 사용하는 통신 장비와 시설 대부분은 자신이 납품한 것이었습니다. 그 통신 재벌이 가장 결정적인 순간에 통신수단이 없어서, 그리고 자신이 개발하고 납품한 통신 장비와 시설로 인해 파멸했다는 사실은, 인간 소유의 한계를 적나라하게 보여 주고 있습니다.

국민건강보험공단의 최근 발표에 의하면, 2001년 36만 8,000명에 그쳤던 우울증 진료 환자가 2005년에는 55만 1,000명으로 급증하였습니다. 이러한 우울증 환자가 매년 6,000명에서 6,500여 명에 달하는 국내 자살자 가운데 약 80퍼센트를 차지하고 있다는 점에서, 우울증은 이제 개인 질병의 차원을 넘어 심각한 사회문제로 떠올랐습니다.

1960년대와 오늘 우리 시대를 비교해 보십시다. 그때에 비해, 지금 우리는 얼마나 잘 살고 있습니까? 먹는 문제와 입는 문제가 모두 해결되었습니다. 값진 재산으로 간주되던 텔레비전과 냉장고가 없는 집이 없지 않습니까? 근로자도 마음만 먹으면 얼마든지 자기 차로 출퇴근할 수도 있습니다. 불과 삼사십 년 전에는 상상조차 할 수 없었던 일들입니다. 우리의 삶이 이렇게 나아졌는데도, 우리가 낡은 옷과 신을 걸치고 고픈 배를 움켜쥐고 살던 시대와는 달리 왜 지금은 수없이 많은 사람들이 정신 질환으로 고통받고 있습니까? 그러나 우리의 경우는 아직 약과에 지나지 않습니다. 오늘날 세계 유일의 초강대국인 미국에서 가장 부유한 사람들이 모여 사는 할리우드에, 미국 도시 가운데 가장 많은 정신병원이 운집해 있습니다. 복지 천국으로 알려진 덴마크와 스웨덴 등의 북유럽 나라에 인구 대비 정신 질환자와 자살자가 세계에서 가장 많습니다. 이와 같은 사실은 물질적 번영이 결코 인간의 문제를 해결해 줄 수 없고, 물질이 절대시될수록 도리어 물질로 인해 인간은 병들기 마련이라는 증거가 아닐 수 없습니다.

21세기 초에 진입한 우리 시대의 특징을 한마디로 표현한다면, 인간의 능력이나 소유가 인간의 모든 문제를 해결할 수 있다는 것입니다. 그러나 전 세계적으로 드러나고 있는 현실은, 인간의 능력이나 소유로는 인간이 당면한 근본 문제가 결코 해결될 수 없음을 스스로 입증해 주고 있습니다. 오히려 인간의 능력과 소유가 커지는 것과 정비례하여 인간의 문제 역시 더 커지고 있습니다. 바로 여기에서부터 믿음의 분기점이 시작됩니다.

우리는 지난 시간부터 스데반의 설교 내용을 살펴보고 있습니다. 스데반을 모함하는 사람들이 백성을 선동하여 스데반을 산헤드린 법정으로 끌고 갔습니다. 거짓 증인들이 '예수님께서 예루살렘성전을 헐어 버릴 것'이라고 스데반이 설교했다는 거짓 증언으로 스데반을 고발한 후, 대제사장이 스데반에게 그 고발 내용이 모두 사실인지 물었습니다. 이에 스데반의 설교가 시작되었습니다. 지난 시간에 살펴본 것처럼, 본문 10절까지 스데반은 유대인의 신앙 조상인 아브라함과 이삭 그리고 야곱과 요셉을 언급하였습니다. 그래서 언뜻 스데반의 설교가 그들에 관한 내용으로 이루어져 있는 것처럼 보입니다. 그러나 본문을 자세히 보면, 그게 아님을 알 수 있습니다.

여러분 부형들이여 들으소서 우리 조상 아브라함이 하란에 있기 전 메소보다미아에 있을 때에 영광의 **하나님이** 그에게 보여 이르시되, 네 고향과 친척을 떠나 내가 네게 보일 땅으로 가라 하시니, 아브라함이 갈대아 사람의 땅을 떠나 하란에 거하다가 그의 아버지가 죽으매 하나님이 그를 거기서 너희 지금 사는 이 땅으로 옮기셨느니라(2-4절).

스데반이 아브라함에 관하여 이야기하고 있지만, 그러나 본문의 주어는 아브라함이 아니라 하나님이십니다. 아브라함이 자진하여 가나안 땅에 이른 것이 아니라, 메소포타미아에 있던 아브라함을 하란을 거쳐 가나안 땅으로 인도하신 분은 하나님이시라는 것입니다.

그러나 여기서 발붙일 만한 땅도 유업으로 주지 아니하시고 다만 이 땅을 아직 자식도 없는 그와 그의 후손에게 소유로 주신다고 약속하셨으며 (5절).

지난 시간에 상고해 본 것처럼, 나이 75세가 되기까지 자식이 없던 아브라함에게 가나안 땅을 그와 그의 후손에게 유업으로 주실 것을 먼저 약속해 주신 분도 하나님이셨습니다.

하나님이 또 이같이 말씀하시되, 그 후손이 다른 땅에서 나그네가 되리니 그 땅 사람들이 종으로 삼아 사백 년 동안을 괴롭게 하리라 하시고 또 이르시되, 종 삼는 나라를 내가 심판하리니 그 후에 그들이 나와서 이곳에서 나를 섬기리라 하시고 할례의 언약을 아브라함에게 주셨더니, 그가 이삭을 낳아 여드레 만에 할례를 행하고 이삭이 야곱을, 야곱이 우리 열두 조상을 낳으니라(6-8절).

아브라함의 후손을 이집트의 노예살이에서 건져 내신 분도 하나님이시요,

아브라함에게 할례의 언약 즉 요즈음 용어로 하나님의 자녀로 살 수 있게끔 세례의 은총을 베풀어 주신 분도 하나님이시요, 아브라함에게 아들 이삭과 손자 야곱, 그리고 열두 명의 증손자를 보게 하신 분 역시 하나님이셨습니다.

이처럼 스데반은 조상에 대하여 이야기하면서도 단순히 조상의 이야기가 아니라, 조상의 이야기를 빌려 조상의 삶 속에서 역사하신 하나님을 증언하였습니다. 한마디로 그가 증언코자 한 것은 조상이 아니라 철저하게 하나님이셨습니다. 조상들이 자신들의 능력이나 지닌 것으로 도저히 해결할 수 없던 근본 문제를 하나님께서 해결해 주시고, 그들이 믿음의 조상들이 될 수 있게끔 하나님께서 그들을 바로 세워 주셨기 때문입니다.

스데반은 본문 2절에서 하나님을 그냥 하나님이라 부르지 않고 "영광의 하나님"이라 불렀습니다. 모든 것이 유한한 이 세상에서 오직 영원하신 하나님만 영광된 분이시요, 인간에게 주어질 참된 영광도 하나님으로부터만 비롯됨을 강조하기 위함이었습니다. 인간 내부로부터는 어떤 경우에도 참된 영광이 생성되지 않습니다. 생각해 보십시오. 고작 몇십 년 살다가 코끝에서 호흡이 멈추는 순간부터 썩어 문드러지기 시작할 인생 속에서, 무슨 참된 영광이 솟아날 수 있겠습니까? 솟아나느니 인간 스스로 풀 수 없는 난제들뿐이지 않겠습니까? 참된 영광도, 모든 문제의 해결도, 오직 위로부터, 영원하신 영광의 하나님으로부터만 주어집니다.

우상의 도시인 하란에서 살던 아브라함의 본래 이름은 '존귀한 아비'란 의미의 아브람이었습니다. 그러나 불행히도 그의 인생은 전혀 존귀하지 않았습니다. 지금과는 달리 자식의 수가 부의 상징이었던 4천 년 전 중동에서, 그는 75세가 되기까지 자식 한 명 없었습니다. 당시의 관습으로 보자면, 그는 존귀한 아비가 아니라 박복의 대명사였습니다. 그러나 그에게 하나님께서 임하시어 당신의 창조의 손길로 그를 어루만져 주심으로, 100세의 나이에 사랑하는 아들 이삭을 얻은 아브라함은 진정으로 존귀한 아비, 열국의 아비, 영광스런 믿음의 조상이 될 수 있었습니다. 그래서 하나님께서는 이사야 선지자를 통해 친히 이렇게 밝히셨습니다.

> 너희 조상 아브라함과 너희를 생산한 사라를 생각하여 보라 아브라함이 혈혈단신으로 있을 때에 내가 부르고 그에게 복을 주어 창성케 하였느니라(사 51:2, 개역한글).

박복의 대명사이기에 아무도 상대해 주지 않아 혈혈단신 외톨이에 지나지 않았던 아브라함이, 4천 년이 지난 오늘날까지 믿음의 조상으로 누리고 있는 영광의 원천이 하나님 당신이심을 하나님께서 친히 밝히신 것입니다.

아브라함의 아들 이삭 역시 마찬가지였습니다. 40세에 아내 리브가를 얻은 그에게도 자식이 없었습니다. 그러나 하나님께서 그에게 은혜를 베푸심으로 나이 60세에 쌍둥이 아들 에서와 야곱을 얻어, 그 또한 영광스런 믿음의 조상 대열에 합류할 수 있었습니다. 야곱은 아버지와 형과 외삼촌을 속이고 그들의 권리와 소유를 가로챈 불의한 인간이었습니다. 그대로 둔다면 그의 인생은 문자 그대로 희대의 사기꾼으로 끝날 수밖에 없었습니다. 그 야곱에게 하나님께서 은혜를 베풀어 주심으로, 하나님의 손길에 의해 사기꾼 야곱이 이스라엘로 거듭났습니다. 그의 아들 열두 명은 이스라엘 열두 지파의 조상이 되었고, 야곱의 새 이름이었던 이스라엘이 4천 년이 지난 지금까지 이스라엘의 국호로 사용되고 있습니다. 한 개인의 이름이 나라와 민족의 이름이 된다는 것은 당사자에게 크나큰 영광이 아닐 수 없습니다. 세상에 어느 나라 어느 민족이 한 개인의 이름으로 불리고 있습니까? 그러나 그것은 실은 아무것도 아니었습니다.

하나님께서 이집트에서 노예살이하는 이스라엘 백성을 구원하기 위한 지도자로 선택하신 모세가, 이스라엘 백성에게 자신을 보내신 하나님을 어떻게 설명해야 할 것인지 하나님께 여쭈었을 때 하나님의 답변은 다음과 같았습니다.

> 하나님이 또 모세에게 이르시되 너는 이스라엘 자손에게 이같이 이르기를 너희 조상의 하나님 여호와 곧 아브라함의 하나님, 이삭의 하나님, 야곱의 하나님께서 나를 너희에게 보내셨다 하라 이는 나의 영원한 이름이요 대대로 기억할 나의 칭호니라 (출 3:15).

이미 살펴본 것처럼 아브라함, 이삭, 야곱은 모두 자신의 능력이나 소유로는 도저히 해결할 수 없는 문제를 지닌 사람들이었습니다. 그런데도 하나님께서는 문제투성이였던 그들의 이름을 당신의 이름에 붙여 주시고, 그것이 당신의 영원한 이름이요 대대로 기억할 당신의 칭호라고 선포하셨습니다. 인간의 이름이 거룩하신 하나님의 이름을 수식하는 명칭이 되는 것보다 더 크고 더 영원한 영광이 어디에 있겠습니까? 이것이야말로 그 어떤 문제투성이의 인간도 하나님 안에서는 모든 문제에서 벗어나 진정으로 영광된 존재가 될 수 있다는 하나님의 위대한 메시지가 아닐 수 없습니다.

그래서 스데반의 설교는 본문 9절에 이르러 이렇게 이어지고 있습니다.

> 여러 조상이 요셉을 시기하여 애굽에 팔았더니 하나님이 그와 함께 계셔

야곱의 열두 아들 중 열한 번째 아들이었던 요셉은, 다음 시간에 살펴보겠습니다만, 이복형들이 그를 미워하여 이집트에 종으로 팔아 버릴 정도로 이기적인 문제아였습니다. 자신만 아는 부잣집 문제아가 남의 나라에 종으로 팔렸으니, 그의 인생은 그것으로 끝장난 것과 다름없었습니다. 그러나 하나님께서 문제아인 그와 함께 계셨습니다. 형들은 그를 버렸지만, 하나님께서는 그의 곁에 그와 함께 계셨습니다.

그리고 본문 10절이 그 결과를 밝혀 주고 있습니다.

> 그 모든 환난에서 건져 내사 애굽 왕 바로 앞에서 은총과 지혜를 주시매 바로가 그를 애굽과 자기 온 집의 통치자로 세웠느니라.

하나님께서 그 이기적인 문제아를 바로 왕을 통해 이집트의 통치자로 세우시고, 천하만민을 기근으로부터 구해 내는 영광스러운 당신의 도구로 사용하셨습니다. 하나님의 은혜가 아니었던들 문제아였던 요셉으로서는 결코 누릴 수 없는 영광이었습니다.

산헤드린 법정에 끌려간 스데반이 이처럼, 저마다 심각한 문제를 지니고 있던 아브라함, 이삭, 야곱, 요셉이 그들과 함께하신 하나님의 은혜 속에서 영광스런 믿음의 조상이 되었음을 역설한 것은, 자신을 모함하고 재판하는 사람들이 스데반 보기에는 진정으로 하나님을 믿는 사람들이 아니었음을 의미하고 있습니다. 거짓 증인까지 내세워 스데반을 제거하려는 사람들, 그리고 스데반을 재판하기 위해 소집된 산헤드린 의원들, 그들도 모두 소위 하나님을 믿는다는 유대인들이었습니다. 그러나 그들은 자신들의 능력이나 소유 혹은 권세로 무엇이든 할 수 있다고 착각하는 사람들이었다는 의미에서, 그들은 단지 하나님을 이용하는 사람들이었을 뿐 진정으로 하나님을 믿는 사람들은 아니었습니다. 서두에 말씀드린 것처럼, 인간의 능력이나 소유가 인간의 근본적인 문제를 해결할 수 없다는 데서부터 참된 믿음의 분기점이 시작됩니다. 만약 그들이 이 사실을 깨달았던들 죄와 죽음의 근원적인 문제로부터 인간을 구원하시기 위해 이 땅에 오셨던 예수 그리스도를 십자가에 못박지도 않았을 것이요, 하나님의 은혜 속에서만 모든 문제에서 벗어나 영광된 삶을 살 수 있음을 역설하는 스데반을 돌로 쳐 죽이지도 않았을 것입니다.

자신의 능력과 권세로 모든 것을 할 수 있는 것처럼 착각하며 스데반을 돌로 쳐 죽인 그들이 더없이 영광스런 존재들처럼 보이지만, 그러나 그들의 코끝에서 호흡이 멈춤과 동시에 그들은 모두 이름도 없이 허망하게 한 줌의 흙으로 사라져 버리고 말았습니다. 그들이 추구한 영광이란 '모든 육체는 풀과 같고 그 모든 영광은 풀의 꽃과 같으니 풀은 마르고 꽃은 떨어진다'(벧전 1:24)는 사도 베드로의 증언처럼, 마른풀보다 더 허망한 영광이었습니다. 반면에 스데반이 자신의 설교 첫머리에서부터 오직 하나님에 의해서만 인간이 모든 문제에서 벗어나 영광된 삶을 살 수 있음을 역설한 것은, 그 자신이 그와 같은 믿음의 소유자였음을 의미합니다. 그래서 그는 2천 년이 지난 오늘날까지 우리의 심령을 비추는 영광스런 진리의 빛으로 살아 있습니다.

에덴동산에서, 하나님이 금하신 열매를 먹고 스스로 하나님이 되라고 아담과 하와를 유혹하여 그들을 파멸시켰던 사탄은 오늘날에도, 인간의 능력과 소유로 인간의 모든 문제를 해결할 수 있다고 끊임없이 우리를 유혹하고 있습니다. 그러나 결코 속지 마십시오. 20년 경력의 베테랑 개장수가 개에게 물려 중상을 입는 것이 인간의 실상입니다. 통신 재벌이 자신이 제작하고 납품한 통신 장비로 인해 한순간에 파멸하는 것이 인간 소유의 한계입니다. 인간의 삶이 풍요로워지고, 하나님보다 세상을 더욱 신봉할수록 인간성이 점점 더 압살되는 것이 인간 세상의 현실입니다. 그러나 하나님을 믿는 사람은 자신의 능력이나 소유로 자신의 문제를 해결할 수 없다고 해서 원망하지 않습니다. 그는 문제투성이의 아브라함과 이삭과 야곱을 바로 세우시고, 아브라함과 이삭과 야곱의 하나님이 되어 주신 하나님께서 자신의 하나님이심을 믿기 때문입니다.

사랑하는 교우 여러분!

지금 무슨 문제로 고통당하고 있으십니까? 어떤 문제가 여러분을 절망 속으로 밀어 넣고 있습니까? 그러나 여러분의 문제가 아무리 크다 한들, 형제에 의해 타국으로 팔려 가 13년이나 종살이와 옥살이를 해야만 했던 요셉의 문제보다 더 크지는 않지 않습니까? 그렇다면 이 시간 우리 모두 스데반의 음성에 귀 기울여 보십시다.

> 여러 조상이 요셉을 시기하여 애굽에 팔았더니, 하나님이 그와 함께 계셔 그 모든 환난에서 건져 내사 애굽 왕 바로 앞에서 은총과 지혜를 주시매, 바로가 그를 애굽과 자기 온 집의 통치자로 세웠느니라(9-10절).

하나님께서는 결코 멀리 계시지 않습니다. 지금 이곳에 우리와 함께 계십니다. 그 하나님께 우리의 삶을 온전히 맡기는 한, 타국에서 요셉의 억울한 종살이와 옥살이가 하나님에 의해 그 나라의 통치자로 세움 받는 토대가 되었던 것처럼, 우리의 문제 역시 하나님께서 우리를 새롭게 세우시는 전화위복의 토대가 될 것입니다.

문제는 우리가 당면한 문제 그 자체가 아닙니다. 문제는, 우리가 하나님을 믿는다면서도 지금 하나님께서 우리와 함께 계심을 모른다는 것, 바로 그것이 문제입니다.

그동안 우리는 아브라함처럼 우리 자신의 능력이나 소유 그리고 권세로, 우리 스스로 존귀한 사람이 될 수 있다고 착각해 왔습니다. 야곱처럼 세상의 소유를 절대시하여, 거짓되고 불의한 짓도 서슴지 않았습니다. 요셉처럼, 자신만 생각하는 이기적인 삶을 살았습니다. 그 결과 우리의 문제가 해결되기는커녕, 우리는 우리 자신이 해결할 수 없는 더 큰 문제 속에서 괴로워하는 어리석음을 되풀이하고 있습니다.

그러나 오늘도 우리를 불러 주시고 아브라함, 이삭, 야곱, 요셉과 함께 계셨던 하나님께서, 지금 우리와도 함께 계심을 확인시켜 주심을 감사합니다. 우리가 당면한 문제 그 자체가 문제가 아니라, 언제나 우리 곁에 우리와 함께 계시는 하나님을 인식하지 못하는 것이 모든 문제의 근본임을 깨닫게 해주심도 감사드립니다.

이제 우리 모두 아브라함, 이삭, 야곱, 요셉처럼 우리의 삶을 온전히 하나님께 의탁함으로, 그동안 우리를 옭아매고 있던 문제들로 인해 도리어 우리가, 이 어둔 세상을 밝히는 영광스런 진리의 빛으로 거듭나고 승화되게 하여 주옵소서. 아멘.

6. 사람을 청하였더니 대림절 첫째 주일

사도행전 7장 9-16절
여러 조상이 요셉을 시기하여 애굽에 팔았더니 하나님이 그와 함께 계셔 그 모든 환난에서 건져 내사 애굽 왕 바로 앞에서 은총과 지혜를 주시매 바로가 그를 애굽과 자기 온 집의 통치자로 세웠느니라 그때에 애굽과 가나안 온 땅에 흉년이 들어 큰 환난이 있을새 우리 조상들이 양식이 없는지라 야곱이 애굽에 곡식 있다는 말을 듣고 먼저 우리 조상들을 보내고 또 재차 보내매 요셉이 자기 형제들에게 알려지게 되고 또 요셉의 친족이 바로에게 드러나게 되니라 요셉이 사람을 보내어 그의 아버지 야곱과 온 친족 일흔다섯 **사람을 청하였더니** 야곱이 애굽으로 내려가 자기와 우리 조상들이 거기서 죽고 세겜으로 옮겨져 아브라함이 세겜 하몰의 자손에게서 은으로 값 주고 산 무덤에 장사되니라

지난 5월 말 러시아의 보리스 에이프만 발레단Boris Eifman Ballet의 내한 공연이 있었습니다. 금세기 최고의 발레 안무가로 손꼽히는 보리스 에이프만이 이끄는 이 발레단은, 2001년에 처음으로 내한하여 작품 〈차이콥스키〉를 공연하였습니다. 러시아의 천재 작곡가인 차이콥스키의 미스터리한 삶과 죽

음을 그린 그 작품이 당시 한국 관객에게 얼마나 강렬한 감동과 긴 여운을 심어 주었던지, 당시 공연을 주관했던 LG아트센터 설문 조사 결과 다시 보고 싶은 최고의 걸작 1위로 선정될 정도였습니다. 국내 팬들의 끊임없는 요청으로 2002년에 이어 올해 세 번째 방한한 보리스 에이프만 발레단은 첫째 날과 이튿날은 작품 〈동 쥐앙과 몰리에르Don Juan and Molière〉를, 그리고 셋째 날과 마지막 날에는 한국 발레 팬들이 최고 걸작으로 선정한 〈차이콥스키〉를 재공연하였습니다.

〈차이콥스키〉는 차이콥스키가 천재 작곡가로서 겪지 않을 수 없었던 창조의 압박과 고뇌, 차마 타인에게 공개할 수 없는 동성연애자로서의 수치스런 욕망과 고통, 그리고 병상에 누운 늙은 차이콥스키와 그의 분신인 젊은 시절의 차이콥스키 간의 대립과 갈등이 무용수들의 일거수일투족을 통하여 완벽하게 표출된 공연이었습니다. 전반부 40분, 후반부 40분, 총 80분 동안 계속된 그 공연이 얼마나 관객을 압도했던지 80분이 순식간에 지나가 버렸음은 말할 것도 없고, 공연 내내 숨소리조차 제대로 낼 수 없었습니다. 그 정도로 무용수들의 몸짓은 완벽했습니다. 누구 한 명 단 한 차례의 실수도 없었습니다.

이제 이런 생각을 한번 해보십시다. 80분, 다시 말해 1시간 20분이란 공연 시간은 짧은 시간이 아닙니다. 가령 우리가 지금부터 1시간 20분 동안 온몸을 움직여 쉬지 않고 몸짓을 계속한다고 하십시다. 그리고 1시간 20분이 지난 뒤에, 우리 가운데 1시간 20분에 걸친 자신의 전 몸짓과 동작을 정확하게 기억하고, 또 한 동작도 틀림없이 반복할 수 있는 사람이 있겠습니까? 누군가가 자신의 동작을 기억하려고 의식하면서 80분간 몸짓을 한다고 해서, 그 모든 몸짓을 완전히 기억하고 되풀이할 수 있겠습니까? 그것이 단지 훈련을 거듭한다고 가능할 수 있겠습니까? 결코 쉬운 일이 아닐 것입니다.

그런데도 무용수들은 어떻게 80분에 걸친 자신의 몸짓을 정확하게 기억하고, 소화하며, 한 동작도 틀림없이 완벽하게 재현할 수 있습니까? 오늘밤에는 80분간 〈동 쥐앙과 몰리에르〉를 공연하고, 이튿날엔 〈차이콥스키〉를, 그리고 그다음 날에는 또 다른 작품을 전혀 혼동치 않고 정확하게 재현하는 일이 어떻게 가능할 수 있겠습니까? 그 해답은 간단합니다. 무용수의 일거수일투족은 단순한 몸짓이 아니라 의미의 표출입니다. 손가락 하나의 움직임도 의미 없는 것이 없습니다. 따라서 무용수가 단순히 80분에 걸친 동작만을 외우려 하면 그보다 힘든 일은 없을 것입니다. 그러나 무용수가 작품의 전체 의미를 기억하고 그 의미를 좇아가는 한, 의미의 표출인 무용수의 동작 또한 물 흐르듯 이어지게 됩니다.

우리 역시 마찬가지일 것입니다. 무의미한 몸짓은 80분이 아니라 단 5분만 계속해도 그 모든 동작을 기억하기 어렵습니다. 하지만 우리가 분명한 의미를 먼저 설정하고 그 의미를 의미 있는 우리의 몸짓으로 표현하기를 훈련한다면, 머지않아 우리도 의미를 좇아 80분에 걸친 우리의 전 동작을 정확하게 재현할 수 있을 것입니다. 이것은 프로 바둑 기사가 바둑판에 의미 있는 돌만 놓기에 바둑이 끝난 뒤에도, 바둑의 전 과정을 완벽하게 기억하며 복기復棋할 수 있는 것과 동일한 이치입니다.

인생도 이와 같습니다. 우리는 벌써 올해의 마지막 달에 접어들었습니다. 우리 모두 다시는 되돌아올 수 없는 2006년의 벼랑 끝에 서 있는 셈입니다. 우리 다 함께 이미 지나가 버린 열한 달을 되돌아보십시다. 지난 열한 달 동안 어떤 삶을 어떻게 살아오셨습니까? 2006년 1월 1일을 맞은 것이 불과 엊그제인 것 같은데, 무엇을 했는지 기억조차 할 수 없는 가운데 벌써 연말을 맞으셨습니까? 그렇다면 그것은 지난 1년 동안 여러분의 삶이 분명한 의미를 추구하지 않았음을 의미합니다. 참된 의미를 좇지 않는 삶, 단지 욕구만을 좇는 무의미한 삶은 참된 삶으로 축적되거나 기억되지 않습니다. 욕구를 좇는 삶은 물거품과 같아 축적될 실체가 없기 때문입니다. 하지만 참된 의미를 추구하는 삶은 사라지지 않습니다. 그 의미가 살아 있는 한 그 의미를 좇은 사람의 삶은 당사자의 삶 속에 기억으로 축적되어 있을 뿐 아니라, 당사자가 세상을 떠난 뒤에도 타인에 의해 기억되고 기념됩니다. 인간의 육체는 유한하나, 참된 의미의 생명력은 무한하기 때문입니다.

오늘 본문은 우리가 그리스도인으로서 추구해야 할 참된 의미의 삶이 무엇인지를 구체적으로 일깨워 주고 있습니다.

우리는 산헤드린 법정에서 스데반이 행한 설교 내용을 3주째 살펴보고 있습니다.

> 여러 조상이 요셉을 시기하여 애굽에 팔았더니 하나님이 그와 함께 계셔 그 모든 환난에서 건져 내사 애굽 왕 바로 앞에서 은총과 지혜를 주시매, 바로가 그를 애굽과 자기 온 집의 통치자로 세웠느니라(9-10절).

아브라함의 손자인 야곱은 네 명의 부인으로부터 열두 명의 아들을 얻었습니다. 지난 시간에 살펴본 것처럼 그중에서 열한 번째 아들인 요셉은 이복형들의 미움을 받아 이집트로 팔려 가, 무려 13년에 걸친 종살이와 옥살이를 해야만 했습니다. 그러나 하나님께서 그와 함께하셔서 그 모든 환난으로부터 건져 내시고, 도리어 그를 이집트의 통치자로 세우셨다고 스데반은 설교했습니다.

여기에서 우리는 한 가지 의구심을 품게 됩니다. 하나님께서 정녕 요셉과 함께 계셨다면, 요셉이 형들의 미움을 받아 이집트에 팔려 가는 것을 왜 애당초 막아 주시지 않았느냐는 의구심입니다. 또 설령 이집트에 팔려 갔다 할지라도 왜 편하고 품위 있는 과정은 다 제쳐 놓고, 하필이면 고달프고 눈물겨운 종살이와 옥살이를 거쳐 요셉을 이집트의 통치자로 세우셨느냐는 의구심입니다. 이 의구심은, 요셉이 이집트에 종으로 팔려 가기 전에 어떤 인간이었는지를 밝혀 주는 창세기 37장 2-4절 말씀에 의해 절로 해소됩니다.

> 요셉이 십칠 세의 소년으로서 그의 형들과 함께 양을 칠 때에 그의 아버지의 아내들 빌하와 실바의 아들들과 더불어 함께 있었더니, 그가 그들의 잘못을 아버지에게 말하더라 요셉은 노년에 얻은 아들이므로 이스라엘이 여러 아들들보다 그를 더 사랑하므로 그를 위하여 채색옷을 지었더니, 그의 형들이 아버지가 형들보다 그를 더 사랑함을 보고 그를 미워하여 그에게 편안하게 말할 수 없었더라.

그 옛날 17세라면 철이 들 만큼 든 나이입니다. 그러나 요셉은 그 나이가 되기까지 아버지의 편애를 힘입어, 아버지를 대신하여 가업을 이어받아 수고하는 이복형들을 돕기는커녕, 형들의 잘못을 아버지에게 고자질하는 경솔한 철부지였습니다. 게다가 아버지가 자신에게만 입혀 준 때때옷을 당연한 듯 걸치고 다니며 형들 앞에서 거드름을 피울 정도로 이기적인 인간이었습니다. 형들에 의해 이집트에 종으로 팔려 가던 날에도, 들에서 양을 치는 형들이 일을 잘하고 있는지 정탐하러 나갔다가 변을 당한 것이었습니다. 한마디로 요셉은 형들이 미워할 수밖에 없는 인간이었습니다. 만약 요셉이 일평생 그런 식으로 산다면, 의식적으로든 무의식적으로든 수많은 사람을 해칠 그런 인간이었습니다. 이것이 요셉이 형들에 의해 이집트에 팔려 가는 것을 하나님께서 허락하신 까닭이었습니다. 이역만리 타향에서 혈혈단신으로 종살이와 옥살이를 거치게 하심으로 이기적이고도 자기중심적인 요셉을, 타인을 배려할 줄 아는 성숙한 인간으로 바로 세워 주시기 위함이었습니다.

요셉이 이집트에서 종살이했던 곳은 이집트 왕 파라오의 경호대장 보디발 장군의 관저였습니다. 그곳은 단순한 집이 아니라, 국사범을 수감하는 감옥이 딸려 있는 국가기관이었습니다. 거기에서 종살이를 시작한 요셉은 보디발 장군의 신임을 얻어 그곳 살림 일체를 책임지게 되었습니다. 자신도 모르게 고도의 재무 훈련을 받게 된 셈이었습니다. 그 이후 요셉은 욕정에 눈먼 보디발 장군 아내의 농간으로 억울하게 옥살이를 하게 됩니다. 그가 수감되었던 감옥은 보디발 장군의 관저에 딸린 감옥으로서 국사범, 그러니까 정치범들이 갇혀 있는 감옥이었습니다. 거기에서도 신임을 얻은 요셉은 그곳에 수감된 정치범들을 관리하는 일을 도맡게 되었습니다. 이번에는 전혀 뜻하지 않은 가운데 아주 자연스럽게, 인사관리 훈련과 정치 수업을 받게 된 것이었습니다.

이처럼 요셉이 당시 세계 최대최고의 제국이던 이집트에서 종살이와 옥살이를 통해 받은 재무 훈련과 인사관리 훈련 그리고 정치 수업은, 만약 그가 이집트에 종으로 팔리지 않고 아버지의 집에서 그대로 살았던들 결코 받을 수 없는 값진 훈련이었습니다. 이처럼 하나님께서는 당신의 방식대로 요셉을 훈련시키심으로, 자신만 알던 이기적인 그가 이집트의 국무총리감이 될 수 있게끔 그를 고치시고 바로 세워 주셨습니다. 흔히 오해하듯, 요셉이 요행으로 이집트의 국무총리가 된 것은 결코 아니었습니다. 꿈 해몽 한번 잘해 준 덕택만도 아니었습니다. 당시 이집트에서 총리가 될 수 있는 자격과 자질을 갖춘 사람은 하나님의 훈련을 거친 요셉 한 사람밖에 없었습니다.

오직 하나님의 은혜와 섭리에 의해 이집트의 국무총리가 된 요셉은 미구

未久에 닥칠 대기근으로부터 이집트를 구해 내는, 이집트 총리로서의 공적 임무에만 충실했던 것은 아닙니다.

> 그때에 애굽과 가나안 온 땅에 흉년이 들어 큰 환난이 있을새 우리 조상들이 양식이 없는지라 야곱이 애굽에 곡식 있다는 말을 듣고 먼저 우리 조상들을 보내고 또 재차 보내매, 요셉이 자기 형제들에게 알려지게 되고 또 요셉의 친족이 바로에게 드러나게 되니라 (11-13절).

이집트를 비롯하여 지중해 세계를 강타한 대기근은 가나안 땅에 살던 야곱을 비켜 가지 않았습니다. 그 역시 피해자였습니다. 야곱은 양식을 구하기 위해 아들들, 이를테면 요셉을 팔았던 요셉의 이복형들을 이집트에 보내었습니다. 그래서 요셉이 이집트의 국무총리라고는 상상치도 못한 형들과 요셉 사이에 극적인 상봉이 이루어졌습니다. 요셉의 입장에서 본다면, 자신을 판 이복형들에게 복수할 수 있는 절호의 기회였습니다.

그러나 본문 14절이 이렇게 증언합니다.

> 요셉이 사람을 보내어 그의 아버지 야곱과 온 친족 일흔다섯 사람을 청하였더니.

요셉은 자신을 판 형들을 선대善待했을 뿐만 아니라, 사람을 보내어 꿈에도 그리던 아버지 야곱과 형들, 그리고 형들에게 딸린 식솔들을 모두 이집트로 청하였습니다. 그 사람의 수가 무려 75명에 달했습니다. 창세기 46장 26절에 의하면 이때 야곱이 데리고 간 후손의 수는 66명이었고, 창세기 46장 27절은 이집트에 정착한 야곱 가족의 수가 야곱 자신과 이미 이집트에 살고 있던 요셉과 그의 두 아들을 포함하여 70명이었음을 밝혀 주고 있습니다. 그런데도 스데반이 "일흔다섯 사람"이라고 증언한 것은 이집트에서 태어난 요셉의 손자까지 포함했기 때문인 것으로 해석되고 있습니다.

그러나 여기에서 중요한 것은 요셉이 청한 사람의 수가 아니라, 요셉이 사람을 청했다는 표현의 의미입니다. 우리말 '사람'을 뜻하는 헬라어 단어는 '안드로포스ἄνθρωπος'로 신약성경에 559회나 기록되었습니다. 물론 모두 '사람'의 의미로 사용되었습니다. '남자'와 '사람'을 동시에 의미하는 '아네르 ἀνήρ' 역시 신약성경에 215회 등장합니다. 그러나 스데반이 본문에서 '요셉이 사람을 청했다'고 설교할 때, 그는 사람을 뜻하는 '안드로포스'나 '아네르'란 단어를 사용하지 않았습니다. 그 대신 스데반은 '영혼' 혹은 '목숨'을 뜻하는 헬라어 '프쉬케ψυχή'를 사용하여 요셉의 의도를 정확하게 반영하였습니다.

요셉은 단순히 사람을 초청한 것이 아니었습니다. 사람을 청하여 이집트 관광을 시켜 주며 자신의 권세를 뽐내는 것으로 그친 것이 아니었습니다. 만약 그랬더라면 우리는 그의 삶 속에서 아무 의미도 찾아볼 수 없을 것입니다. 화려한 베르사유 궁을 건립한 루이 14세에서부터 그의 후임자이자 증손자인 루이 15세에 이르기까지, 그 두 왕이 베르사유 궁으로 얼마나 많은 사람들을 초청했겠습니까? 매일 밤마다 수많은 사람들을 청하여 화려한 연회를 즐기지 않았겠습니까? 그러나 오직 향락과 쾌락 그리고 도덕적 타락을 위한 그들의 청함 속에 무슨 참된 의미가 있을 수 있겠습니까? 무의미한 그들의 청함은 프랑스대혁명의 도화선이 되었을 따름입니다.

요셉은 그런 식으로 사람을 청한 것이 아니었습니다. 자신의 유익이나 관심, 혹은 즐거움을 위해 사람을 청하지 않았다는 말입니다. 그는 자신이 거두어야 할 사람의 영혼과 생명을 자신의 삶 속으로 청해 들였습니다. 그들의 영혼을, 그들의 생명을 책임져 주기 위함이었습니다. 바로 그 일을 위해 하나님께서 쓸모없던 자신을 훈련시키시고 이집트의 총리로 세우는 은혜를 베풀어 주셨음을 그가 바르게 알고 있었기 때문입니다. 이것은 요셉 자신의 말을 통해 잘 드러나고 있습니다. 양식을 구하기 위해 이집트를 찾아 총리를 만난 요셉의 형들이, 자신들 앞에 있는 총리가 20여 년 전에 자신들이 종으로 팔아 버린 요셉임을 알았을 때 그들은 영락없이 죽었다고 생각했습니다. 요셉이 반드시 보복할 것이라 생각한 까닭이었습니다. 그때 요셉이 형들에게 이렇게 말했습니다.

> 당신들이 나를 이곳에 팔았다고 해서 근심하지 마소서 한탄하지 마소서 하나님이 생명을 구원하시려고 나를 당신들보다 먼저 보내셨나이다 이 땅에 이 년 동안 흉년이 들었으나 아직 오 년은 밭갈이도 못하고 추수도 못할지라 하나님이 큰 구원으로 당신들의 생명을 보존하고 당신들의 후손을 세상에 두시려고 나를 당신들보다 먼저 보내셨나니 그런즉 나를 이리로 보낸 이는 당신들이 아니요 하나님이시라 하나님이 나를 바로에게 아버지로 삼으시고 그 온 집의 주로 삼으시며 애굽 온 땅의 통치자로 삼으셨나이다(창 45:5-8).

요셉은 하나님을 믿는 사람이 추구해야 할 참된 의미가 무엇인지 명확하게 알고 있었습니다. 그것은 누군가의 영혼과 생명을 책임지는 하나님의 도구로 쓰임 받는 것이었습니다. 그것을 깨달았기에 요셉은 형들에 의해 종으로 팔려서도 절망하지 않을 수 있었고, 억울하게 옥살이를 하면서도 낙담하지 않을 수 있었고, 이집트의 총리가 된 이후에 교만에 빠지거나 형들에게 보복하지 않을 수 있었습니다. 그 모든 과정은 하나님께서 이기적이었던 자신을, 사람의 생명과 영혼을 책임지는 당신의 도구로 세우시는 하나님의 섭리임을 알았기 때문입니다. 이처럼 그의 삶이 분명한 의미의 추구로 이어졌었기에, 그의 삶은 수천 년이 지난 우리의 삶 속에서 기억되고 또 기념되고 있습니다. 그뿐 아니라 환난당한 사람들은, 그 환난 속에서도 요셉과 같은 믿음을 지키기 위해 자신들의 삶으로 요셉의 삶을 반복하고 있습니다. 그리고 그의 삶은 세상 끝 날까지, 그가 추구한 의미 속에서 영원히 살아 있을 것입니다.

제가 사랑하는 30대의 젊은 부부가 있습니다. 젊은이들의 믿음이 어쩌면 저렇게 좋을 수 있을까 하고, 목사인 제가 늘 감탄하는 모범적인 신앙 부부입니다. 그 부부가 지난 1월에 낳은 첫아이의 돌이 이제 한 달 앞으로 다가왔습니다. 그런데 그 부부는 귀하게 얻은 첫아이의 돌잔치를 하지 않기로 했습니다. 그 대신 그들은 다른 계획을 갖고 있습니다. 두 사람 모두 사회생활을 하고 있는 그 부부가 아이를 위해 보모를 들일 경우, 최소한 한 달에 120만 원이 필요하다고 합니다. 그 부부는 힘들더라도 서로 번갈아 가며 아이를 직접 돌보는 대신, 매달 보모비에 해당하는 120만 원을 저축하고 있습니다. 그리고 아이의 돌날이 되면, 1년 동안 모은 돈을 불우 이웃에게 전달할 계획입니다. 사람들이 아이가 돌 잔칫상에서 무엇을 잡았느냐고 묻는다면, 우리 아이는 돌날에 이웃의 손을 잡았노라고 답할 것이라고 합니다. 참으로 가슴이 뭉클할 정도로 감동적인 이야기입니다. 그 아이가 태어나서부터 부모로부터 그처럼 의미 있는 삶을 익혀 간다면, 장성한 뒤에 주님 안에서 많은 사람의 생명과 영혼을 책임질 것이 분명한 그의 삶 역시 요셉처럼, 수많은 사람에 의해 기억되고 기념되며, 또 누군가에 의해 반복되지 않겠습니까?

오늘은 주님의 성탄을 기리고 다시 오심을 대망하는 대림절 첫째 주일입니다. 왜 우리가 주님의 성탄을 기리고 축하합니까? 성자 하나님이신 예수 그리스도께서 죄와 사망에 빠진 우리의 손을 잡아 주시기 위해, 우리의 영혼과 생명을 책임져 주시기 위해 오신 날이기 때문입니다. 그렇다면 우리가 무엇으로 어떻게 성탄을 기릴 것인지도 자명해졌습니다. 그것은 우리가 거두어야 할 누군가의 손을 잡아 주는 것입니다. 그 누군가가 누구냐고 물으시겠습니까? 이 추운 연말에 내가 거두어야 할 그 누군가가 누구인지, 세상 사람이 다 몰라도 나만은 알고 있지 않습니까? 바로 그 사람의 손을 잡아 주십시다. 일국의 총리였던 요셉처럼 75명은 거두지 못할지라도, 그 한 사람을 우리의 삶 속으로 청해 들이십시다. 하나님께서 지난 1년 동안 우리에게 시련을 주셨다면 그 시련을 통해 우리를 그와 같은 도구로 세우시기 위함이요, 물질과 명성을 주셨다면 그 또한 그 일을 위함입니다. 우리 모두 거두어야 할 누군가의 영혼과 생명을 책임지는 이 시대의 요셉이 되십시다. 그 때 우리의 삶은 그리스도 안에서 영원한 의미로 기억되고 기념되며, 누군가에 의해 반복되는, 주님의 아름다운 작품이 될 것입니다.

오늘 우리는 주님께서 주신 본문을 통해, 요셉의 일생에 대해 생각해 보았습니다. 그의 인생 전반부는 우리와 똑같았습니다. 우리 역시 요셉처럼 이기적인 데다 온갖 허물투성이였음에도, 주님께서 자비를 베푸사 하나님의 자녀로 선택해 주시고, 날마다 필요한 은혜로 채워 주셨습니다.

하지만 요셉의 인생 후반부는 우리와 확연하게 다름을 확인하였습니다. 요셉은 하나님께서 자신에게 베푸신 은혜의 의미가 무엇인지 정확하게 깨닫고, 자신이 거두어야 할 사람들을 자신의 삶 속으로 청하여 그들의 영혼과 생명을 책임져 주었습니다. 그래서 그의 삶은 영원한 의미를 지닌 채 4천 년이 지난 우리의 삶 속에서도 기억되고, 기념되며, 반복되고 있습니다. 그러나 우리는 하나님의 자녀가 되는 은혜를 입었음에도 여전히 이 기적이요, 자신만 아는 삶을 답습하고 있습니다. 혹 사람을 청해도 우리의 유익이나 관심 그리고 즐거움을 위함일 뿐, 그 누구의 영혼과 생명도 책임지려 한 적이 없었습니다. 그래서 또 1년이 끝나 가고 있건만, 대체 우리가 무엇을 위해 살았는지 우리 자신조차 기억하지 못하고 있습니다. 이렇게 살아서는, 설령 우리의 욕망을 다 이룬다 한들, 무의미한 우리의 삶은 후회와 한탄 속에서 물거품처럼 사라져 버리고 말 것입니다.

주님께서 죄와 사망에 빠진 우리의 손을 잡아 주시고, 우리의 생명과 영혼을 책임져 주시기 위해 이 땅에 오신 성탄을 기리는 대림절 첫째 주일을 맞이하여, 이제 우리 모두 우리의 삶으로 참된 의미를 추구하기를 결단합니다. 지난 한 해 동안 우리가 시련을 겪었든, 혹은 성공을 거두었든, 그 모든 것은 하나님께서 우리를, 누군가의 영혼과 생명을 책임지는 당신의 도구로 세우시기 위한 훈련의 과정이었음을 잊지 말게 하옵소서. 그리하여 시련 속에서도 절망하지 않고, 성공 속에서도 교만에 빠지지 않고, 우리 각자가 거두어야 할 사람들의 손을 잡게 하여 주옵소서. 단 한 사람이라도 그의 영혼과 생명을 책임지는 이 시대의 요셉이 되게 하여 주옵소서. 참된 의미로 이어지는 우리의 삶이, 많은 사람의 기억 속에 살아남는 주님의 작품이 되게 하여 주옵소서. 그와 같은 우리의 삶 자체가, 주님께 바치는 아름다운 성탄 예물이 되게 하옵소서. 아멘.

7. 값 주고 산 무덤에   대림절 둘째 주일

>사도행전 7장 9-16절
>
>여러 조상이 요셉을 시기하여 애굽에 팔았더니 하나님이 그와 함께 계셔 그 모든 환난에서 건져 내사 애굽 왕 바로 앞에서 은총과 지혜를 주시매 바로가 그를 애굽과 자기 온 집의 통치자로 세웠느니라 그때에 애굽과 가나안 온 땅에 흉년이 들어 큰 환난이 있을새 우리 조상들이 양식이 없는지라 야곱이 애굽에 곡식 있다는 말을 듣고 먼저 우리 조상들을 보내고 또 재차 보내매 요셉이 자기 형제들에게 알려지게 되고 또 요셉의 친족이 바로에게 드러나게 되니라 요셉이 사람을 보내어 그의 아버지 야곱과 온 친족 일흔다섯 사람을 청하였더니 야곱이 애굽으로 내려가 자기와 우리 조상들이 거기서 죽고 세겜으로 옮겨져 아브라함이 세겜 하몰의 자손에게서 은으로 **값 주고 산 무덤에** 장사되니라

천년 고도인 경주시 교동에는 '요석궁'이란 이름의 한정식 전문 집이 있습니다. 그곳에서 한 번이라도 식사해 본 사람은 우리나라 전통 음식의 다양함과 깊은 맛, 그리고 정성스럽게 음식을 조리하고 또 품격을 갖추어 상을 차리는 우리 고유의 음식문화에 대한 경이로움과 자부심을 동시에 느끼게 됩

니다. 더욱이 그 집의 건물 자체가 200년 이상의 역사를 자랑하는 고택古宅이어서 고색창연한 조경과 역사의 연륜이 묻어나는 가구들과 함께, 요석궁이란 이름에 걸맞은 수준 높은 우리의 옛 정취를 만끽하게 됩니다.

그 집의 이름이 요석궁인 것은 그곳이 본래, 신라 29대 태종무열왕의 딸인 요석공주가 살던 궁터였기 때문입니다. 요석공주가 원효대사와의 사이에서 설총을 낳은 것도 그 궁이었던 것으로 알려지고 있습니다. 그 유서 깊은 요석궁 터를 조선 시대에 그 유명한 경주 '최부잣집'이 구입하여 대지 2천 평과 후원後園 1만 평에, 건평 99칸의 대저택을 지었습니다. 신라 말기의 대학자이자 최고의 문장가였던 최치원 선생의 후손으로 알려진 경주 최부자는 300년 만석꾼으로, 300년 동안 경주를 대표하는 가장 큰 부호였습니다. 그 긴 세월 동안 그 집에서 묵거나 신세진 과객의 수는 헤아리는 것 자체가 불가능할 정도로 많았고, 특히 일제강점기 동안에는 나라를 잃고 울분을 달래던 독립운동가들의 은신처로 제공되기도 했습니다. 나아가 최부잣집 후손들은 직접 독립운동의 주체가 되어 막대한 금액의 독립자금을 제공하였고, 해방 이후에는 현재 영남대학교의 전신인 대구대학의 설립을 위하여 전 재산을 헌납하여 뭇사람들의 존경을 받았습니다. 그래서 현재 요석궁으로 불리는 고택은 법적으로 영남대학교의 소유이고, 그곳 음식이 유명한 것은 300년 동안 최부잣집에 이어져 오던 우리나라 최고의 전통 음식을 재현한 것이기 때문입니다. 해방 이후 중요민속자료 27호로 지정되었던 그 고택은 1970년 화재로 별당과 사랑채가 소실되었는데, 2주 전 경주시와 영남대학교가 합동으로 사랑채를 복원하여 경주 최부잣집이 다시 언론의 조명을 받기도 했습니다.

옛말에 "3대 부자가 없다"는 말이 있습니다. 부를 지키는 것이 쉽지 않다는 의미입니다. 우리 주위에 큰 부를 이루었던 사람이 자기 당대에, 혹은 자식이나 손자 대를 넘기지 못하고 몰락하는 경우가 얼마나 허다합니까? 그런데 무려 300년 동안 전혀 쇠락하지 않고 만석꾼을 이어 왔다면 얼마나 대단한 가문입니까? 그러면서도 부의 노예가 되지 않고 과객을 정성껏 대접하며 나라의 독립을 위해 막대한 군자금을 제공하는가 하면, 후학을 기르기 위해 전 재산을 사회에 환원할 정도로 부에 대해 남다른 정신과 철학을 지닌 가문이었습니다. 어떻게 그것이 가능할 수 있었는지는 그 가문이 300년 동안 지켜 온 가훈이 답해 주고 있습니다. 총 6개 항목으로 이루어져 있는 최부잣집 가훈의 내용은 다음과 같습니다.

첫째, "과거를 보되 진사進士 이상의 벼슬은 하지 말라." 그 가문의 조상은 후손들에게 과거시험을 아예 무시하라고 말하지 않았습니다. 자기 실력 향상을 위해 과거시험을 보되, 벼슬은 진사 이상을 탐하지 말라고 했습니다. 만석의 재산을 지닌 사람이 진사 이상의 벼슬까지 탐한다면, 필히 권력의 노예로 전락하여 사람다운 사람으로 살 수 없기 때문일 것입니다.

둘째, "재산은 만석萬石 이상 지니지 말라." 옛날에 만석이라면 얼마나 대단한 재산입니까? 그런데 그 많은 재산으로도 만족하지 못하는 사람이 그 이상 취하는 재산은, 필경 자신과 타인을 동시에 해치는 흉기가 되고 말 것이기 때문입니다.

셋째, "과객을 후하게 대하라." 사람을 후하게 대접할 줄 아는 사람만 사람으로부터 후하게 대접받을 수 있습니다.

넷째, "흉년에는 절대로 땅을 사지 말라." 농부가 흉년에 먹을 것이 없어 땅을 파는 것은, 땅이 아니라 자신과 자기 가족의 생명을 파는 것입니다. 남의 생명을 담보로 득을 보려 해서는 천복天福을 누릴 수 없기 때문일 것입니다.

다섯째, "며느리들은 시집온 후 3년 동안 반드시 무명옷을 입으라." 그래야만 시집의 막대한 재산보다 시집의 사람을 더 존중하는 마음을 배우고 지닐 수 있을 것이었습니다.

마지막으로, "사방 백 리 안에 굶어 죽는 사람이 없게 하라." 만석꾼에게 사방 백 리라면 모두 자기 땅일 것인즉, 자기 땅을 부쳐 먹고사는 소작농이 굶어 죽도록 내버려 두는 것은 천벌 받아 마땅한 일일 것이기 때문입니다.

이처럼 최부잣집 가훈은 한마디로, '재산으로 사람을 존중하고 사람에게 덕을 쌓으라'는 것이었습니다. 이것이 최부잣집이 300년 만석꾼으로 이어져 오면서도 사람들에게 인심을 잃지 않고, 뭇사람의 칭송과 존경 속에서 가문이 보존될 수 있었던 이유였습니다. 그렇다면 300년이나 계승되어 온 이 아름다운 삶의 정신과 철학을 후손들에게 물려준 최부잣집의 조상은 얼마나 위대한 조상입니까? 최부잣집 고택이 요석궁터에 남아 있는 한, 그 집 조상의 그 아름다운 정신은 앞으로도 많은 사람에 의해 계속 기려질 것입니다. 이 세상에서 덕스러운 삶을 살 수 있는 정신을 물려준 조상도 이렇듯 위대하다면, 이 세상을 넘어 영원한 생명의 이정표를 후손에게 심어 주는 조상의 위대함은 무엇으로 비교할 수 있겠습니까? 우리는 그 위대한 조상을 오늘의 본문 속에서 만나게 됩니다.

우리가 4주째 살펴보고 있는, 산헤드린 법정에서 스데반이 행한 설교는 이렇게 계속되고 있습니다.

> 요셉이 사람을 보내어 그의 아버지 야곱과 온 친족 일흔다섯 사람을 청하였더니 야곱이 애굽으로 내려가 자기와 우리 조상들이 거기서 죽고 (14-15절).

이복형들이 미워할 수밖에 없을 정도로 철부지에 이기적인 인간이었던 요셉은, 끝내 형들에 의해 이집트에 종으로 팔려 갔습니다. 그러나 하나님께서 13년에 걸친 종살이와 옥살이를 통해 요셉을 바로 세워 주심으로, 그는 이집트의 총리가 되어 대기근으로부터 이집트를 구해 내었습니다. 그리고 양식을 구하러 온 형들에게 보복하기는커녕 그들을 선대했을 뿐 아니라, 꿈에도 그리던 아버지 야곱을 비롯하여 형들과 형들에게 속한 식솔 전원을 이집트로 청하였습니다. 지난 시간에 살펴본 것처럼, 그들의 영혼과 생명을 책임져 주기 위함이었습니다. 그로 인해 요즈음 용어로 표현하면, 야곱 가문의 이집트 이민이 이루어진 셈이었습니다. 창세기 47장 9절에 의하면 그때 야곱의 나이는 130세였습니다. 그 이후 야곱은 17년을 더 살다가 147세에 이집트에서 죽었습니다.

> 세겜으로 옮겨져 아브라함이 세겜 하몰의 자손에게서 은으로 값 주고 산 무덤에 장사되니라(16절).

일반적으로 외국에 이민 간 사람이 죽으면 이민지에 장사되는 것이 관례입니다. 미국에 이민 간 한국인이 죽은 다음, 한국에 되돌아와 묻히는 경우는 거의 없습니다. 그런데 야곱은 죽은 뒤, "아브라함이 세겜 하몰의 자손에게서 은으로 값 주고 산 무덤"에 장사되었다고 스데반이 설교했습니다. 그러나 스데반의 이 증언은 역사적 사실과는 거리가 있습니다. 창세기 23장에 의하면, 아브라함이 무덤으로 매입한 곳은 헷 족속 에브론에게 구입한 막벨라였습니다. 반면에 스데반이 본문에서 언급한 것처럼, 세겜 하몰의 자손으로부터 무덤 용지를 매입한 사람은 야곱이었음을 창세기 33장 19절이 밝혀 주고 있습니다. 게다가 죽은 야곱이 장사된 곳은 세겜이 아니라, 그의 조부 아브라함이 구입한 막벨라였습니다. 그런데도 스데반이, 아브라함이 구입한 막벨라와 야곱이 매입한 세겜의 무덤을 한데 합쳐 '야곱이 죽은 다음 아브라함이 세겜 하몰의 자손에게서 은으로 값 주고 산 무덤에 장사되었다'고 말한 것은 스데반의 실수나 착각이 아니었습니다. 2천 년 전 유대인들은 그렇게만 말해도 그것이 무엇을 의미하는지 전후 사정을 다 알고 있었을 뿐 아니라, 스데반이 강조하려 한 것은 그들의 조상인 아브라함과 야곱이 값을 치르면서까지 굳이 무덤을 매입하였다는 사실 자체였습니다. 오늘날 우리의 입장에서 보면, 사람이 죽은 사람을 위해 무덤을 매입하는 것은 조금도 특별한 일이 아닙니다. 그러나 그 옛날 아브라함과 야곱에게 그 의미는 전혀 달랐습니다.

하나님께서 하란에 있던 아브라함을 가나안 땅으로 인도하셨습니다. 그러나 스데반이 사도행전 7장 5절에서 증언한 것처럼, 하나님께서는 아브라함에게 발붙일 만한 땅 한 평도 주시지 않았습니다. 그 대신 그 가나안 땅을 아직 태어나지도 않은 그의 후손에게 주실 것이라 약속하셨습니다. 동시에 하나님께서는 창세기 15장 13절을 통해, 아브라함의 자손들이 400년 동안 이집트에서 노예살이를 거칠 것을 밝히셨습니다. 노예란 가장 밑바닥 인생을 사는 사람입니다. 하나님께서는 당신의 사랑하는 백성을, 가장 밑바닥에서부터 일어서는 강인한 민족으로 세워 주시기를 원하셨습니다. 아브라함은 하나님의 그 모든 말씀을 굳게 믿었습니다. 자신의 후손이 가나안 땅을 유업으로 받는 큰 민족이 될 것을 확신했고, 그러기 위해서는 400년에 걸친 이집트의 노예살이를 거치게 될 것도 믿었습니다.

세월이 흘러 아브라함의 아내 사라가 먼저 죽었습니다. 아브라함은 자신이 평소에 보아 온 막벨라의 동굴에 아내를 장사하기 위해, 그 땅의 주인인 헷 족속의 에브론에게 막벨라를 팔 것을 요청했습니다. 그러나 평소 아브라함의 덕행에 감명을 받아 온 에브론은, 상을 당한 아브라함에게 그가 원하는 땅을 무상으로 주려 했습니다. 단돈 1원도 받지 않겠다는 것이었습니다. 그러나 아브라함은 계속하여 호의를 베풀려는 에브론을 강권하다시피 설득하여 은 4.56킬로그램, 다시 말해 은 1,200돈에 해당하는 은 400세겔을 지불하고 그 땅을 매입하여, 그곳에 있는 동굴을 아내의 무덤으로 삼았습니다. 그리고 그 이후에 자기 자신도 그 무덤에 장사되었습니다.

"공짜라면 양잿물도 마신다"는 말이 있습니다. 공짜라면, 설령 해가 되는 것이라도 가리지 않는 인간 본성을 잘 나타내는 말입니다. 그런데도 아브라함은 왜 자신이 원하는 막벨라를 공짜로 가지라는 에브론의 거듭된 제의를 거절하였겠습니까? 왜 은 1,200돈에 해당하는 거금을 지불하고 굳이 그 땅을 매입하였겠습니까? 그 이유는 지극히 간단합니다. 아브라함이 하나님의 말씀을 철저하게 믿었기 때문입니다. 아브라함은 가나안 땅의 주인이 될 자신의 후손이 이집트에서 400년간 노예살이를 거칠 것이란 하나님의 말씀을 추호의 의심도 없이 믿었습니다. 그렇다면 자기 후손들이 비록 이집트에서 400년 동안 살망정 자신들의 정체성을 잊어서는 안 될 일이었습니다. 400년이란 장구한 세월을 이집트에서 살더라도, 자기 후손들이 이집트인에게 동화되어 이집트인으로 이집트에 영원히 뿌리내리는 것은 반드시 피해야만 할 일이었습니다. 그러기 위해서는 후손들에게 그들의 궁극적 목적지가 가나안임을 보여 주는 분명한 표식이 있어야만 했습니다. 그것은 바로 자신의 무덤이었습니다. 아브라함이 필요한 땅을 거저 가지라는 에브론의 호의를 마다한 까닭이 여기에 있었습니다. 그 땅을 그저 받을 경우, 땅 주인의 마음이 변하면 상황은 얼마든지 달라질 수 있기 때문이었습니다. 아브라함은 합법적인 매매 절차를 거쳐 막벨라를 정식으로 매입한 뒤, 그것이 법적으로 자신의 소유가 되었음을 공개적으로 공인받았습니다. 그리고 그곳에 있는 동굴 속에 자신의 아내와 함께 자신도 장사되었습니다. 따라서 그것은 단순한 무덤이 아니었습니다. 그것이야말로 400년 동안 이집트에서 노예살이할 자신의 후손들에게 그들이 지향해야 할 곳은 약속의 땅인 가나안이요, 그들이 목적으로 삼아야 할 것은 하나님의 영원하신 약속임을 보여 주는 진리와 생명의 표지판이었습니다.

이 사실을 잘 알고 있던 아브라함의 아들 이삭 부부 역시 그곳에 장사됨으로, 그 무덤의 의미를 새롭게 하였습니다. 아브라함의 손자 야곱 또한, 먼저 세상을 떠난 아내 레아를 그곳에 장사하였습니다. 그리고 야곱은 아브라함이 구입한 막벨라와는 별도로, 세겜에 있는 하몰의 아들들로부터 또 다른 무덤 용지를 매입하였습니다. 만에 하나라도 아브라함이 매입한 막벨라에 이상이 생길 경우, 후손들을 위해 가나안의 또 다른 표지판으로 삼고자 함이었습니다. 스데반은 본문에서, 이 두 무덤의 이야기를 한데 묶어 하나의 이야기로 설교하였습니다. 아브라함과 야곱이 취한 행동의 시기와 장소는 달랐지만, 그러나 두 사람이 무덤 용지를 매입한 의도와 의미는 정확하게 일치하였기 때문입니다.

그 이후 야곱이 이집트에서 죽으면서 남긴 유언의 내용은 다음과 같았습니다.

> 그가 그들에게 명하여 이르되 내가 내 조상들에게로 돌아가리니 나를 헷 사람 에브론의 밭에 있는 굴에 우리 선조와 함께 장사하라 이 굴은 가나안 땅 마므레 앞 막벨라 밭에 있는 것이라 아브라함이 헷 사람 에브론에게서 밭과 함께 **사서** 그의 매장지를 삼았으므로 아브라함과 그의 아내 사라가 거기 장사되었고 이삭과 그의 아내 리브가도 거기 장사되었으며

> 나도 레아를 그곳에 장사하였노라 이 밭과 거기 있는 굴은 헷 사람에게서 **산** 것이니라(창 49:29-32).

이집트에서 생의 최후를 맞은 야곱은 이집트가 아닌 머나먼 가나안 땅, 조부 아브라함과 아버지 이삭이 장사된 막벨라 동굴에 자신도 장사 지내 줄 것을 유언하면서, 그 땅은 조상 아브라함이 돈을 주고 매입한 땅임을 두 번씩이나 강조하였습니다. 조상 아브라함이 굳이 돈을 주면서까지 구축한 그 표지판의 의미를 후손들의 마음속에 새로이 되새겨 주기 위함이었습니다. 요셉을 비롯한 야곱의 아들들과 후손들은 야곱의 유언에 따라, 야곱의 시신을 가나안 땅으로 옮겨 가 막벨라 동굴에 장사 지낸 다음 그들의 거처가 있는 이집트로 돌아갔습니다. 그 과정을 통해, 그들의 궁극적인 목적지가 약속의 땅인 가나안임을 재확인하였음은 물론입니다.

그 이후 이번에는 요셉이 110세의 나이로 형들보다 먼저 임종을 맞게 되었습니다. 그때 요셉이 형들과 후손들에게 남긴 유언은 이렇습니다.

> 요셉이 그의 형제들에게 이르되, 나는 죽을 것이나 하나님이 당신들을 돌보시고 당신들을 이 땅에서 인도하여 내사, 아브라함과 이삭과 야곱에게 맹세하신 땅에 이르게 하시리라 하고, 요셉이 또 이스라엘 자손에게 맹세시켜 이르기를, 하나님이 반드시 당신들을 돌보시리니 당신들은 여기서 내 해골을 메고 올라가겠다 하라 하였더라(창 50:24-25).

요셉은 증조부 아브라함, 조부 이삭, 아버지 야곱과는 달리, 자신의 무덤을 가나안 땅이 아닌 이집트에 두게 하였습니다. 그 대신 후손들로 하여금, 이다음에 가나안 땅으로 갈 때 반드시 자신의 해골을 메고 가게 하였습니다. 그 또한 심오한 메시지였습니다. 요셉 자신마저 가나안 땅에 묻힐 경우, 이집트에서 사는 후손들이 언젠가 가나안 땅 자체를 아예 망각해 버릴 수 있었습니다. 그래서 그는 자기 무덤을 이집트에 두는 대신 후손들이 가나안으로 향할 때 자신의 해골을 메고 가게 함으로써, 후손들이 이집트의 총리였던 자신의 무덤을 참배할 때마다 그들의 궁극적인 목적지가 약속의 땅임을 상기하게 하였습니다. 이를테면 요셉은 자신의 무덤을, 조상들이 가나안에 심어 둔 표지판과 후손들을 연결하는 교량으로 삼은 셈이었습니다.

그리고 그로부터 400년 후의 일을 출애굽기 13장 19절이 밝혀 주고 있습니다.

> 모세가 요셉의 유골을 가졌으니, 이는 요셉이 이스라엘 자손으로 단단히 맹세하게 하여 이르기를, 하나님이 반드시 너희를 찾아오시리니 너희는 내 유골을 여기서 가지고 나가라 하였음이더라.

마침내 이스라엘 백성이 400년에 걸친 이집트의 노예살이에서 해방되었을 때, 출애굽의 지도자였던 모세가 가장 먼저 한 일은 요셉의 유골을 수습하는 것이었습니다. 이처럼 모세가 요셉의 유골을 지니고 가나안의 여정을 시작하였다는 것은, 이스라엘 백성들이 이집트의 노예살이를 거치는 동안 요셉의 죽음과 무덤으로 인해 그들이 가야 할 궁극적인 목적지가 어디인지 바르게 깨닫고 있었음을 의미합니다.

이상 살펴본 것처럼 아브라함, 이삭, 야곱, 요셉에게 죽음은 단순한 죽음이 아니었고, 그들의 무덤은 일반적 의미의 무덤이 아니었습니다. 그들에게 죽음은 영원한 약속의 땅 가나안을 향하는 새로운 관문이었고, 그들의 무덤은 이 땅에 있는 사람들의 삶의 방향을 영원한 약속의 땅으로 향하게 해 주는 영원한 생명과 진리의 이정표였습니다. 그래서 그들은 위대한 신앙의 선조들이었고, 인간이 무엇을 지향해야 할 것인지를 삶과 죽음으로 일깨워 준 그 위대한 선조들로 인해 유대인들은 오래도록 영적 만석꾼의 삶을 누릴 수 있었습니다.

오늘은 우리를 위해 이 땅에 오신 예수 그리스도의 성탄을 기리는 대림절 둘째 주일입니다. 왜 예수 그리스도께서 우리의 구원자이십니까? 십자가 위에서 우리의 죗값을 대신 치르기 위해 돌아가셨다가 죽음을 깨뜨리고 부활하심으로 우리에게 영원한 약속의 땅, 영원한 하나님의 나라를 향한 길을 열어 주시고, 그 영원한 이정표가 되어 주셨기 때문입니다. 그뿐만 아니라 누구든지 예수 그리스도를 믿기만 하면 아브라함, 이삭, 야곱, 요셉과 같은 영원한 믿음의 조상으로 세워 주시기 때문입니다.

사랑하는 교우 여러분!

우리의 코끝에 호흡이 있는 동안 예수 그리스도 안에서 영원한 약속의 땅, 영원한 가나안, 영원한 하나님의 나라를 지향하십시다. 그래서 우리의 코끝에서 호흡이 멎는 순간, 우리의 죽음과 장례식이 예수 그리스도 안에서 후손들을 위한 영원한 하나님 나라의 이정표로 남게 하십시다. 그때 우리는 이 시대의 믿음의 조상이 될 것이요, 우리의 후손들은 우리로 인해 300년이 아니라 주님 오시는 날까지 대를 이어 가며 '영적 만석꾼'의 삶을 누리게 될 것입니다. 그것은 생각하는 것만으로도 가슴이 벅차오릅니다.

경주 최부잣집 조상이 이 세상에서 덕을 세우는 삶의 이정표가 됨으로, 그의 후손들은 이 땅에서 300년간 육적 만석꾼으로 살았습니다. 아브라함, 이삭, 야곱, 요셉은 자신들의 삶과 죽음을 영원한 약속의 땅을 향한 이정표로 세움으로, 그들의 후손인 유대인들은 오래도록 영적 만석꾼의 삶을 누렸습니다.

십자가에서 우리의 죗값을 치르시고, 죽음을 깨뜨리고 부활하시어 우리에게 영원한 약속의 땅, 영원한 가나안 땅, 영원한 하나님의 나라를 향한 길을 열어 주신 주님! 우리의 코끝에 호흡이 남아 있는 동안, 우리 모두 주님 안에서 영원한 가나안을 지향하게 하시고, 우리의 코끝에서 호흡이 멎는 순간, 우리의 죽음과 장례식이 영원한 가나안을 향한 이정표로 세워지게 하여 주옵소서. 우리 모두 주님 안에서, 이 시대의 믿음의 조상들이 되게 해주옵소서. 그리하여 우리로 인해 우리의 후손들이 주님 오시는 날까지 대를 이어 가며 영적 만석꾼의 삶을 누리게 하여 주옵소서. 아멘.

8. 때가 가까우매 대림절 셋째 주일

사도행전 7장 17-22절

하나님이 아브라함에게 약속하신 **때가 가까우매** 이스라엘 백성이 애굽에서 번성하여 많아졌더니 요셉을 알지 못하는 새 임금이 애굽 왕위에 오르매 그가 우리 족속에게 교활한 방법을 써서 조상들을 괴롭게 하여 그 어린아이들을 내버려 살지 못하게 하려 할새 그때에 모세가 났는데 하나님 보시기에 아름다운지라 그의 아버지의 집에서 석 달 동안 길리더니 버려진 후에 바로의 딸이 그를 데려다가 자기 아들로 기르매 모세가 애굽 사람의 모든 지혜를 배워 그의 말과 하는 일들이 능하더라

하나님께서 하란에 있던 아브라함을 부르시고 그를 가나안 땅으로 인도하셨습니다. 그러나 하나님께서는 가나안 땅에서 아브라함에게 발붙일 만한 땅 한 평도 주시지 않았습니다. 그 대신 하나님께서는 아브라함에게 당신의 약속을 주셨습니다. 아브라함의 후손들이 400년 동안 이집트에서 객이 되어 노예살이를 거친 뒤, 큰 민족이 되어 가나안 땅을 유업으로 얻으리

라는 약속이었습니다. 그것은 아브라함의 현실만을 놓고 본다면 도저히 믿을 수 없는 약속이었습니다. 그때 이미 75세였던 아브라함에게는 큰 민족의 토대가 될 후손은커녕 단 한 명의 자식도 없었습니다. 그럼에도 아브라함은 하나님의 약속을 굳게 믿었습니다. 비록 현실적으로는 자식 한 명 없다 할지라도 언젠가 자신의 몸을 통해 태어날 자식이 반드시 큰 민족을 이루고, 이집트에서 노예살이를 통한 하나님의 훈련을 거쳐 필히 가나안 땅의 주인이 될 것을 확신하였습니다.

그래서 지난 시간에 살펴본 것처럼 아브라함은 아내 사라가 먼저 죽었을 때, 헷 족속 에브론 소유의 땅 막벨라를 매입하였습니다. 땅 주인이 그 땅을 거저 가지라고 두 번씩이나 베푼 호의를 사양하고, 아브라함은 굳이 값을 치르고 그 땅을 법적으로 자신의 소유로 삼았습니다. 그리고 그곳에 있는 동굴에 아내를 장사하고, 그 이후 자신도 그 동굴 속에 장사되었습니다. 400년이란 긴 세월 동안 이집트에서 살아야 할 자신의 후손들에게, 그들의 궁극적인 목적지는 영원한 약속의 땅인 가나안임을 일깨워 주는 이정표로 삼기 위함이었습니다. 아브라함의 아들 이삭 부부도 그 무덤에 장사됨으로, 자신들의 죽음을 통해 그 이정표의 의미를 후손들에게 재확인시켜 주었습니다.

아브라함의 손자인 야곱의 열한 번째 아들 요셉은 이복형들의 미움을 받아 이집트에 종으로 팔려 갔습니다. 그러나 하나님께서 13년 동안 종살이와 옥살이를 통해 요셉을 훈련시키신 뒤 그를 이집트의 총리로 세우셨고, 요셉의 초청으로 야곱 가문의 이집트 이민이 이루어졌습니다. 아브라함의 후손이 이집트에서 객이 되어 노예살이를 거칠 것이라는 하나님의 약속이 착착 이루어지고 있는 셈이었습니다. 그 사실을 누구보다도 잘 아는 야곱이었기에 이집트에서 임종을 맞은 그도 유언을 통해 이집트가 아닌, 이집트에서 멀리 떨어진 가나안 땅, 조부 아브라함과 부친 이삭이 묻힌 막벨라 동굴에 장사되었습니다. 그 또한 자신의 죽음으로 후손을 위한 가나안의 이정표가 되기 위함이었음은 물론입니다.

아브라함의 증손자인 요셉은 자신의 무덤을 이집트에 쓰는 대신, 언젠가 이스라엘 백성이 출애굽하여 가나안 땅으로 향할 때 자신의 유골을 메고 가라는 유언을 남겼습니다. 자신마저 가나안 땅 막벨라 동굴에 장사될 경우 이집트에서 살아갈 후손들이 영영 가나안을 잊어버릴 수 있으므로, 이집트에 남긴 자신의 무덤을 가나안과 자기 후손을 이어 주는 교량으로 삼기 위함이었습니다.

이처럼 하나님의 약속에 대한 아브라함의 믿음은 아들, 손자, 증손자를 거쳐 대대손손 이어져 갔습니다. 그렇다면 아브라함에 대한 하나님의 약속 또한 그들의 대를 이어 가며 성취되지 않았겠습니까?

우리가 5주째 살펴보고 있는 스데반의 설교는 본문 17절에 이르러 이렇게 이어지고 있습니다.

> 하나님이 아브라함에게 약속하신 때가 가까우매 이스라엘 백성이 애굽에서 번성하여 많아졌더니.

세월이 흘러 아브라함의 후손인 이스라엘 백성이 번성하여 수가 많아졌습니다. 우리말 '많아졌다'로 번역된 헬라어 '플레뒤노πληθύνω'는 '엄청난 무리'를 뜻하는 '플레도스πλῆθος'에서 파생된 동사로, 셀 수 없을 정도로 큰 무리를 이루었다는 의미입니다. 다시 말해 큰 민족을 이루게 되었다는 말입니다. 요셉의 초청으로 이집트에 이민 간 야곱 식구는, 이미 이집트에 정착한 요셉과 요셉의 아들 그리고 손자를 다 합쳐도 75명밖에 되지 않았습니다. 그런데 어느덧 그들이 큰 민족을 이루게 되었습니다. 자식도 없는 아브라함에게 그로 큰 민족을 이루게 하시겠다는 하나님의 약속이 어김없이 이루어진 것이었습니다.

이 시간에 우리가 특별히 유의하고자 하는 것은 17절 상반절 말씀입니다.

하나님이 아브라함에게 약속하신 때가 가까우매.

도대체 하나님께서 아브라함에게 약속하신 때란 구체적으로 언제를 의미합니까? 우리가 이미 살펴본 사도행전 7장 6절 속에 해답이 들어 있습니다.

하나님이 또 이같이 말씀하시되, 그 후손이 다른 땅에서 나그네가 되리니 그 땅 사람들이 종으로 삼아 사백 년 동안을 괴롭게 하리라 하시고.

하나님께서는 일찍이 아브라함에게 그의 후손들이 이집트에서 400년간 종살이, 즉 노예살이를 거칠 것임을 밝히셨습니다. 그러므로 본문 17절이 언급한 "하나님이 아브라함에게 약속하신 때"란, 400년에 걸친 이스라엘 백성의 노예살이가 끝날 때를 의미합니다. 바로 그때가 가까워졌을 때, 다음 시간부터 상세히 살펴보겠지만, 하나님께서는 모세를 당신의 도구로 삼아 이스라엘 백성을 이집트에서 구원해 내시고, 그들을 가나안으로 인도하시어 가나안의 주인이 되게 하셨습니다. 이처럼 이집트의 종살이로부터 400년 만에 이스라엘 백성을 구원해 내신 분도 하나님이셨지만, 이스라엘 백성으로 하여금 400년 동안 이집트에서 종살이를 하게 하신 분도 하나님이셨습니다. 그 모든 것이 하나님의 뜻이었습니다. 바로 여기에 우리가 간과해서는 안 될 중요한 메시지가 있습니다.

이 세상 그 누구도 자발적으로 노예살이를 선택하는 사람은 없습니다. 노예살이란 눈물과 고통과 괴로움의 총체적인 집합입니다. 노예에게 꿈이 있다면 단 1초라도 빨리 노예살이에서 벗어나는 것일 정도로, 그 생활은 절망과 고역의 연속일 따름입니다. 더욱이 이스라엘 백성이 애당초 노예였던 것은 아니었습니다. 우리가 잘 알고 있는 것처럼 그들의 조상은 본래 이집트의 총리였던 요셉의 친족들이었습니다. 총리의 아버지와 아들, 형과 조카로 이집트의 삶을 시작하였으니 그들의 삶이 얼마나 풍요로웠겠습니까? 그러나 요셉이 죽은 다음 세월이 경과하면서 이스라엘 백성의 수가 점점 창대해지자, 이민족인 그들의 번영을 경계한 이집트 왕에 의해 그들은 느닷없이 노예로 전락하고 말았습니다. 하루아침에 당한 일인 만큼 그들의 노예살이는 더더욱 절망적이고도 고통스러울 수밖에 없었습니다.

　그렇다면 그들의 절망과 고통이 큰 만큼, 그들이 하나님을 향해 얼마나 간절히 기도했을는지는 충분히 짐작할 수 있습니다. '하나님, 이 절망의 구렁텅이로부터 우리를 구원해 주십시오.' '이 죽음의 고통으로부터 우리를 해방시켜 주십시오.' 얼마나 많은 사람들이 절규했겠습니까? 그러나 어떻습니까? 그들이 합심하여 밤낮 쉬지 않고 기도한다고 해서 출애굽이 실현되는 것입니까? 매일 밤잠을 자지 않고 철야 기도로 지새운다고 노예살이에서 당장 벗어날 수 있는 것입니까? 온 이스라엘 백성이 함께 재를 뒤집어쓰고 40일 금식기도를 한다고 해방이 앞당겨지는 것입니까? 결코 그렇지 않습니다. 아니, 그럴 수가 없습니다. 400년의 때가 이르기까지는 그들이 아무리 몸부림치며 기도해도 출애굽은 절대로 이루어지지 않습니다. 그때를 결정하신 분이 하나님이시기 때문입니다. 하나님께서 인간을 위해 작정하신 때는 인간에 의해 조정되거나 변경되지 않습니다. 인간이 갈망한다고 앞당겨지지도 않지만, 인간이 기를 쓰고 막는다고 임하지 않는 것도 아닙니다. 그래서 하나님의 때가 가까워졌을 때, 하나님께서는 모세를 통해 당신의 약속대로 이스라엘 백성을 친히 이집트에서 건져 내셨습니다.

잘 알려진 바와 같이 동족인 이스라엘 백성이 노예살이의 고역에 시달리고 있을 때, 모세는 이집트의 왕궁에서 이집트 왕자의 신분으로 편안한 삶을 즐기고 있었습니다. 그러나 그의 나이 40세가 되던 해, 한 이집트 병사를 죽인 사건으로 인해 그는 왕궁을 떠나야만 했습니다. 그가 무작정 찾아간 곳은 미디안 광야였고, 이미 중년이었던 그는 그곳에서 양치기로 제2의 인생을 살아야만 했습니다. 당시 세계 최고의 제국인 이집트 왕자의 신분에서 광야의 양치기로 전락했다면 그의 삶 또한 얼마나 고달팠겠습니까? 그 고달픈 삶으로부터 모세 역시 얼마나 벗어나고 싶었겠습니까?

그 모세에 대하여 스데반은 이렇게 증언하고 있습니다.

> 사십 년이 차매 천사가 시내산 광야 가시나무 떨기 불꽃 가운데서 그에게 보이거늘 모세가 그 광경을 보고 놀랍게 여겨 알아보려고 가까이 가니 주의 소리가 있어 나는 네 조상의 하나님 즉 아브라함과 이삭과 야곱의 하나님이라 하신대 모세가 무서워 감히 바라보지 못하더라(30-32절).

하나님께서 비천한 광야의 양치기에 불과하던 모세를 출애굽의 대지도자, 하나님의 위대한 도구로 부르시는 장면입니다. 그때 모세의 나이 80세 되던 해였습니다. 다시 말해 40세에 이집트 왕궁을 떠난 모세가 미디안 광야의 양치기 생활을 시작한 지 40년째 되던 때였습니다. 왜 하필이면 그때입니까? 그 이유를 스데반은 "사십 년이 차매"라고 답하고 있습니다. 그때를 작정하신 분 역시 하나님이셨습니다. 이집트의 왕자였던 모세로 하여금 40년 동안 광야 양치기의 삶을 살게끔 그 기간을 정하신 분이 하나님이셨던 것입니다. 그리고 하나님께서 정하신 그 40년이 찼을 때, 하나님께서는 그를 부르시고 그를 통해 출애굽의 대역사를 이루셨습니다.

우리는 여기에서 똑같은 메시지를 접하게 됩니다. 모세가 아무리 목이 터지도록 부르짖는다 할지라도 하나님께서 작정하신 그 40년이 차기 전에는, 그는 미디안 광야의 양치기 삶에서 벗어날 수 없었다는 것입니다. 물론 모세는 자기 임의로 얼마든지 미디안 광야를 벗어날 수 있었습니다. 그것은 언제든지 실행할 수 있는 일로, 전혀 어려운 일이 아니었습니다. 그러나 만약 모세가 자기 임의로 광야를 벗어나 버렸더라면 그가 하나님에 의해 출애굽의 대지도자로 부르심을 받지는 못했을 것이요, 3400년이 지난 오늘날 우리가 그를 기억하거나 기릴 이유는 더더욱 없을 것입니다. 그는 3400년 전, 고작 광야의 먼지로 의미도 없이 사라져 버리고 말았을 것입니다. 한평생을 살았음에도 영원 속에서 그 삶의 의미를 도무지 찾을 수 없다면, 그보다 더 비참한 인생은 없을 것입니다.

그러나 모세에 대한 스데반의 증언은 이렇게 계속되고 있습니다.

> 그들의 말이 누가 너를 관리와 재판장으로 세웠느냐 하며 거절하던 그 모세를 하나님은 가시나무 떨기 가운데서 보이던 천사의 손으로 관리와 속량하는 자로서 보내셨으니, 이 사람이 백성을 인도하여 나오게 하고 애굽과 홍해와 광야에서 사십 년간 기사와 표적을 행하였느니라(35-36절).

80세의 나이에 하나님의 부르심을 받은 모세는 그 이후 40년 동안, 하나님의 도구로 수많은 기사와 표적을 행하며 이스라엘 백성을 가나안으로 인도하는 제3의 인생을 살았습니다. 모세에게 이 제3의 인생이 없었던들, 우리가 성경 속에서 만날 수 있는 위대한 신앙의 지도자 모세는 결코 존재하지 않을 것입니다. 비천한 모세에게 위대한 신앙의 지도자 모세로 세움 받는 제3의 인생이 가능할 수 있었던 것은, 하나님께서 정하신 때가 이르기까지 무려 40년에 걸친 광야에서의 제2의 인생이 있었기 때문입니다. 그 40년 동안 모세는 광야에서 하나님에 의해 제3의 인생을 살 수 있는 하나님의 도구로 철저하게 가다듬어졌습니다. 왜 하나님께서 그 기간을 하필이면 40년으로 정하셨습니까? 모세 자신보다 모세를 더 잘 아시는 하나님이시기에, 모세가 제3의 인생을 사는 하나님의 도구로 가다듬어지기 위해서는 반드시 40년이 필요함을 하나님께서 아셨던 것입니다.

왜 하나님께서 이스라엘 백성으로 하여금 400년간 이집트에서 노예살이를 하게 하시고, 400년이 채워졌을 때에서야 그들을 가나안으로 불러들이셨습니까? 이스라엘 백성보다 이스라엘 백성을 더 정확하게 아시는 하나님이시기에, 이스라엘 백성이 하나님께서 아브라함에게 약속하신 약속의 땅—가나안 땅을 이어받는 선민이 되기 위해서는, 그들이 먼저 400년에 걸친 노예생활 속에서 강인한 민족으로 연단되지 않으면 안 됨을 꿰뚫어 보고 계셨기 때문입니다. 그 결과 3400년이 지난 오늘날까지도 이스라엘 백성은 세계에서 가장 강한 민족성과 애국심을 지닌 민족으로 알려지고 있습니다. 우리나라 경상남북도 크기에 불과한 이스라엘이 아랍제국諸國에 겹겹이 둘러싸여 있으면서도 중동의 최강국으로 자리 잡고 있는 것은 결코 우연의 산물이 아닙니다.

오늘은 우리를 구원하시기 위해 이 땅에 오신 예수 그리스도의 성탄을 기리는 대림절 셋째 주일입니다. 주님께서는 2천 년 전 인간의 몸으로 이 땅에 오시어 십자가의 죽음과 부활을 통해 인간을 죄와 사망에서 건져 주셨습니다. 예수 그리스도께서 이 땅에 오신 것은 어느 날 갑자기 이루어진 일이 아니었습니다. 그것은 하나님께서 오래전부터 인간에게 약속하신 하나님의 약속이었습니다. 그런데 왜 그 약속이 성취된 때가 2천 년 전입니까? 왜 1천 년 전이나 3천 년 전, 혹은 1천 년 후나 2천 년 후가 아니라, 유독 2천 년 전입니까? 이 질문에 대하여 사도 바울은 갈라디아서 4장 4절을 통해 해답을 제시하고 있습니다.

때가 차매 하나님이 그 아들을 보내사 여자에게서 나게 하시고.

그때를 정하신 분 또한 하나님이셨습니다. 인간보다 인간을 더 잘 아시고 인간의 역사를 주관하시는 하나님이시기에, 죄 많은 인간에게 예수 그리스도 안에서 하나님 당신을 계시해 주실 가장 적합한 때가 그때임을 하나님께서는 알고 계셨습니다. 이처럼 예수님께서 2천 년 전에 오신 것도 하나님의 약속의 때가 찼기 때문임을 깨닫는다면, 주님의 성탄을 기리는 대림절 셋째 주일을 맞아 우리는 귀중한 교훈을 얻게 됩니다.

하나님의 약속을 정녕 믿는 사람이라면, 하나님의 약속이 성취되는 때를 정하신 분 역시 하나님이심을 믿어야 한다는 것입니다. 하나님의 약속을 믿는다고 해서 그 믿음의 결과를 자신이 정한 때에, 혹은 자신의 생애에 모두 보려는 집착에 빠져서는 안 된다는 말입니다. 그것은 하나님을 믿는 것이 아니라 자신을 믿는 부질없는 짓입니다. 하나님의 약속을 믿기에 그 약속이 성취되는 때마저 하나님께 맡기는 것은 오직 영원을 믿을 때에만 가능합니다. 하나님의 약속은 한시적인 약속이 아닙니다. 하나님의 모든 약속은 영원한 약속입니다. 그러므로 하나님의 약속을 믿는 사람의 생전에 하나님의 약속이 성취되는 것도 있을 수 있지만, 그가 세상을 떠나 하나님의 영원하신 품에 안긴 뒤 영원 속에서 성취되는 것들이 더 많을 수밖에 없습니다. 하나님의 약속은 영원한 데 반해, 인간의 생애는 영원의 한 부분에 불과한 까닭입니다.

이 사실을 깨닫고 믿는 사람만 진정한 믿음의 조상이 될 수 있습니다. 아브라함, 이삭, 야곱, 요셉은 모두 하나님의 약속이 영원한 약속임을 믿었습니다. 그래서 그들은 자신들의 삶과 죽음을 그 영원한 약속의 이정표로 세웠고, 그 결과 그들의 후손들의 삶 속에서 그들이 믿었던 모든 약속이 성취되었습니다. 이와 같이 하나님의 약속이 영원함을 믿는 사람만 그 약속을 믿는 사람으로서 오늘 뿌려야 할 씨가 무엇인지 바르게 분별하여 실행할 수 있고, 결과적으로 그의 후손들이 대를 이어 가며 그 약속의 열매를 얻을 수 있습니다.

사랑하는 교우 여러분!

하나님의 약속은 영원한 약속입니다. 그 약속이 성취되는 때를 결정하시는 분은 하나님 한 분이십니다. 만사萬事의 때가 오직 그분의 권한 속에 있습니다. 하나님께서 정하신 때가 우리에게 가장 좋은 때입니다. 우리를 창조하신 하나님이시기에, 우리가 우리를 아는 것보다 하나님께서 우리 자신을 더 정확하게 아시는 까닭입니다.

그렇다면 무엇이 믿음입니까? 하나님의 약속은 영원한 약속임을 믿는 것입니다. 무엇이 지혜입니까? 내가 믿는 약속이 성취되는 때를 정하시는 분이 하나님이심을 아는 것입니다. 무엇이 성숙입니까? 내가 사는 오늘 하루가 영원의 일부임을 아는 것입니다. 무엇이 신실입니까? 영원하신 하나님의 약속을 믿는 사람답게, 오늘 뿌려야 할 씨를 최선을 다해 뿌리는 것입니다. 무엇이 믿는 이의 분별력입니까? 하나님께서 나보다 나 자신을 더 잘 아심을 인정하는 것입니다. 누가 진정 행복한 사람입니까? 하나님의 약속을 믿는 자기 믿음의 결과를 자신이 정한 때에 보려는 자기 집착으로부터 자유하는 사람입니다.

그가 믿음의 조상이 될 수밖에 없는 것은, 그가 믿은 모든 약속의 열매를 그의 후손들이 영원 속에서 대를 이어 가며 누릴 것이기 때문입니다.

우리의 코끝에 호흡이 있는 동안, 참된 믿음의 사람이 되기를 원합니다. 지혜로운 사람이 되기를 원합니다. 성숙한 그리스도인으로 살기 원합니다. 신실한 그리스도인으로 행동하기 원합니다. 바른 분별력의 소유자가 되기를 원합니다. 진정 행복한 그리스도인으로 살아가기 원합니다.

하나님의 약속은, 예외 없이 영원한 약속임을 믿게 하옵소서. 그 약속이 성취되는 때를 정하시는 분은, 오직 하나님 한 분이심을 믿게 하옵소서. 내가 맞는 하루하루가 영원의 일부임을 잊지 말게 하옵소서. 하나님의 영원한 약속을 믿는 사람답게, 오늘 뿌려야 할 씨를 최선을 다하여 뿌리게 하옵소서. 하나님께서 나보다 나를 더 잘 알고 계심을 겸손히 인정하게 하옵소서. 하나님의 약속을 믿는 내 믿음의 결과를, 나 자신이 정한 때에 보려는 자기 집착으로부터 자유하게 하옵소서.

그리하여 우리가 믿는 약속의 열매를 우리의 자손들이 대를 이어 가며 거두게 하시고, 결과적으로 우리 모두 참된 신앙의 선조가 되게 하옵소서. 아멘.

9. 그때에 모세가 대림절 넷째 주일

사도행전 7장 17-22절

하나님이 아브라함에게 약속하신 때가 가까우매 이스라엘 백성이 애굽에서 번성하여 많아졌더니 요셉을 알지 못하는 새 임금이 애굽 왕위에 오르매 그가 우리 족속에게 교활한 방법을 써서 조상들을 괴롭게 하여 그 어린아이들을 내버려 살지 못하게 하려 할새 **그때에 모세가** 났는데 하나님 보시기에 아름다운지라 그의 아버지의 집에서 석 달 동안 길리더니 버려진 후에 바로의 딸이 그를 데려다가 자기 아들로 기르매 모세가 애굽 사람의 모든 지혜를 배워 그의 말과 하는 일들이 능하더라

인간 사이의 약속은 약속의 당사자들이 살아 있는 동안 유효합니다. 바꾸어 말해 인간의 약속은 약속의 당사자들이 약속의 기한이 이르기까지 죽지 않는다는 전제하에 이루어집니다. 가령 제가 내일 아침에 제 친구와 조반을 함께 하기로 약속했다고 하십시다. 그 약속은, 비록 저 자신과 제 친구가 의식하지는 못한다 할지라도, 우리 두 사람이 내일 아침에도 오늘처럼

멀쩡하게 살아 있을 것이라는 전제 속에서 이루어진 약속입니다. 만약 내일 아침이 이르기 전에 두 사람 중 한 사람이 죽어 버린다면, 그 약속은 원천적으로 무효가 되어 버리고 맙니다. 그래서 인간은 천년 후에 이루어질 일에 대하여 약속할 수 없습니다. 이것이 인간의 약속과 하나님의 약속의 근본적인 차이입니다.

하나님께서 아브라함에게 말씀하셨습니다.

> 내가 내 언약을 나와 너 및 네 대대 후손 사이에 세워서 영원한 언약을 삼고 너와 네 후손의 하나님이 되리라(창 17:7).

하나님께서는 아브라함에게 당신의 언약, 즉 약속의 말씀을 주셨습니다. 그러나 그것은 아브라함에게만 국한된 약속이 아니었습니다. 하나님의 약속은 아브라함의 후손 대대손손에게까지 유효한 영원한 약속이었습니다. 약속의 주체이신 하나님께서 영원한 분이시기 때문입니다. 다시 말해 하나님께서는 인간처럼 죽지 않는 분이십니다. 그분은 영원히 살아 계시는 분이시기에 그분의 모든 약속은 언제나 영원한 약속입니다.

> 말하는 자의 소리여 이르되 외치라 대답하되 내가 무엇이라 외치리이까 하니 이르되 모든 육체는 풀이요 그의 모든 아름다움은 들의 꽃과 같으니 풀은 마르고 꽃이 시듦은 여호와의 기운이 그 위에 붊이라 이 백성은 실로 풀이로다 풀은 마르고 꽃은 시드나 우리 하나님의 말씀은 영원히 서리라 하라(사 40:6-8).

하나님께서 선지자 이사야에게 외칠 것을 명령하셨습니다. 이사야가 무엇을 외칠 것인지 하나님께 여쭈었을 때 하나님의 대답은 매우 간단했습니다. 인간의 육체와 영광은 들의 풀과 꽃처럼 순식간에 시들어 떨어져 버리는 반면, 하나님의 모든 약속의 말씀은 영원함을 외치라는 것이었습니다. 바로 이것이 하나님께서 우리에게 주신 성경, 즉 하나님 말씀의 핵심입니다. 만약 인간이 하나님처럼 영원한 존재라면 인간에게 하나님은 필요하지 않을 것이요, 하나님께서 인간처럼 유한한 존재라면 인간이 하나님을 믿을 까닭도 없을 것입니다. 인간이 하나님을 필요로 하고 또 하나님의 말씀을 믿을 수밖에 없는 것은, 죄와 사망의 덫에 빠진 인간은 지극히 유한한 존재인 데 반해 하나님은 영원한 분이시요, 그분의 약속의 말씀 또한 영원하기 때문입니다.

그래서 우리는 지난 시간에 믿음이란, 하나님의 모든 약속의 말씀이 영원함을 믿는 것이라고 규정했습니다. 이것이 믿음의 핵심입니다. 영원을 떠나서는, 영원을 생각하지 않고서는, 성경이 말하는 믿음이 시작될 수도, 성립될 수도, 결실될 수도 없습니다. 영원을 믿지 않고서는, 이 어둔 세상 속에서 유한한 인간이 진리의 삶을 바르게 추구할 도리가 없습니다. 하나님의 영원한 말씀을 믿음으로 영원과 접속된 사람만 자신의 눈앞에서 벌어지고 있는 사건 너머를 바라보며, 영원의 관점에서 그 사건의 참된 의미를 바르게 분별할 수 있습니다. 영원과 시선이 맞닿아 있는 사람은, 자신에게 어떤 일이 일어나든 그것이 끝이 아님을 알게 됩니다. 그러므로 하나님을 믿는다면서도 자신의 목전에서 전개되는 일을 마치 그것이 모두요 끝인 양 간주하여 오직 거기에만 얽매여 일희일비를 거듭한다면, 그 사람은 아직도 영원을 믿지 못하는 사람입니다. 그토록 갈대처럼 흔들리는 사람의 심령이 영원한 하나님의 약속을 담는 믿음의 그릇이 될 리는 만무합니다.

이런 관점에서 영원을 향한 믿음이 얼마나 중요한지를, 우리가 6주째 살펴보고 있는 스데반의 설교가 재확인시켜 주고 있습니다.

하나님께서 하란에 있던 아브라함을 가나안으로 부르시고 그에게 약속을 주셨습니다. 아브라함의 후손이 큰 민족을 이루고, 400년간 이집트의 종살이를 통한 하나님의 훈련을 거쳐 가나안 땅의 주인이 될 것이란 약속이었습니다. 그때까지 75세의 나이에 자식 한 명 없던 아브라함은 그 약속을 받은지 25년 만에 아들 이삭을 얻었고, 손자 야곱은 열두 명의 아들을 낳으므로, 큰 민족을 이루게 해주시겠다는 하나님의 약속은 착착 진행되어 갔습니다. 야곱의 열한 번째 아들인 요셉은 형들의 미움을 받아 이집트에 종으로 팔려 갔습니다. 부잣집 아들이 하루아침에 타국의 종으로 팔려 갔다면, 그에게 그 길은 절망과 고통의 길일 수밖에 없었습니다. 그의 눈앞에 벌어진 현실만 본다면 확실히 그랬습니다. 그러나 영원의 관점에서 보면, 그 길의 의미는 전혀 달랐습니다. 그것은 아브라함의 후손을 이집트로 인도하시려는 하나님의 섭리였기에, 요셉이 종으로 팔려 가는 그 길은 하나님의 새 역사를 위해 부르심을 받은 영광된 길이었습니다. 만약 요셉이 자신의 목전에 펼쳐진 길이 단지 절망과 고통의 길처럼 보인다고 해서 그 길을 회피하려 했던들, 하나님의 영원하신 약속이 그의 삶을 통하여 성취되지는 않았을 것입니다.

하나님에 의해 이집트의 총리가 된 요셉은 대기근으로부터 천하 만민을 구해 내었습니다. 그리고 아버지 야곱과 자신을 팔았던 형들의 모든 가족을 이집트로 초청함으로, 아브라함 후손들의 이집트 이민이 이루어지게 되었습니다. 창세기 46장에 의하면, 그때 요셉의 친족들은 이집트의 파라오가 보내 준 특별 마차를 타고 이집트로 이주하였습니다. 요즘 말로 표현하면, 이집트 왕이 보내 준 특별기를 타고 이집트에 입성하였습니다. 더욱이 요셉을 총애하던 이집트의 파라오는 요셉의 친족이 이집트에 정착하는 데 필요한 모든 것을 왕명으로 보장해 주었습니다. 그러니 그들에게 무슨 부족함이나 불편함이 있었겠습니까? 그들의 이집트 이민 생활은 마치 축제와도 같이 시작되었습니다.

그러나 영원이란 안목에서 보면 어떻습니까? 그것이 과연 축제처럼 마냥 들떠 있기만 할 일이었습니까? 하나님께서 일찍이 아브라함에게 그의 후손들이 이집트에서 종살이, 즉 노예살이의 훈련을 거치게 될 것임을 밝히셨습니다. 그렇다면 그들이 축제의 분위기 속에서 시작한 이집트 생활은, 실은 눈물과 고통으로 대변될 노예생활을 향한 첫 관문이었습니다. 그 사실을 깨닫는다면, 단지 육체의 삶이 풍요로워졌다는 것만으로 마냥 들떠 있기만 할 계제가 전혀 아니었습니다. 오히려 하나님께서 주신 그 풍요로운 삶 속에서 겸손하게 내일을 대비해야만 했습니다.

본문 17-19절을 주목해 보십시다.

하나님이 아브라함에게 약속하신 때가 가까우매 이스라엘 백성이 애굽에서 번성하여 많아졌더니, 요셉을 알지 못하는 새 임금이 애굽 왕위에 오르매 그가 우리 족속에게 교활한 방법을 써서 조상들을 괴롭게 하여, 그 어린아이들을 내버려 살지 못하게 하려 할새.

세월이 흘러 요셉이 죽고 난 뒤, 타민족인 이스라엘 백성의 번성을 경계한 이집트의 파라오는 이스라엘 백성을 노예로 삼았습니다. 그러나 파라오의 예상과는 달리, 이스라엘 백성은 고된 노예생활의 고역 속에서도 그 수가 줄어들지 않았습니다. 출애굽기 1장 9절은 오히려 이스라엘 백성의 수가 이집트 국민의 수를 능가하기에 이르렀음을 전해 주고 있습니다. 마침내 이집트의 파라오는 무시무시한 명령을 내렸습니다. 이스라엘 노예가 아이를 낳았을 경우 계집아이면 살려 주고, 사내아이면 무조건 나일 강에 던져 죽이라는 명령이었습니다. 학자들은 이 끔찍한 명령을 내린 왕이 이집트 제 18왕조의 아멘호테프 1세Amenhotep I이거나 투트모세 1세Thutmose I인 것으로 추정하고 있습니다.

생각해 보십시오. 노예살이만 해도 죽음 같은 고통일진대 그 위에 더하여 갓 태어난 핏덩이마저 강물에 던져 죽여야만 한다면, 그때 이스라엘 백성이 겪어야만 했던 절망을 어찌 상상인들 할 수 있겠습니까? 그들의 탄식과 절규가 지축을 뒤흔들지 않았겠습니까? 하나님께서 아무리 당신의 백성을 노예살이로 연단하신다지만, 자식을 죽여야만 하는 지경에 이르기까지 그들을 내버려 두신다는 것은, 아무리 생각해도 너무 심하지 않습니까?

그런데 그 절망적인 상황 속에서 본문 20절이 이렇게 시작되고 있습니다.

그때에 모세가 났는데.

바로 그때에 모세가 태어났습니다. 그때가 대체 언제입니까? 사내아이가 태어나면 무조건 죽이라는 파라오의 명령으로 인해 이스라엘 백성의 절망과 고통이 극에 달했을 때였습니다. 그 절망적인 순간에 모세가 태어났습니다. 그 모세는 또 누구입니까? 이스라엘을 이집트의 노예살이에서 해방시키기 위해 하나님께서 예비하신 하나님의 도구였습니다. 이 사실을 깨닫는다면 우리는 영원의 관점 속에서, "그때에 모세가 났는데"라는 본문의 깊은 의미를 건져 올릴 수 있습니다. 이스라엘 백성이 가장 절망스러워하던 그때는, 실은 출애굽의 여명이 밝아 오는 새 역사의 시작이었다는 것입니다. 그들에게 절망과 고통이 가중되었던 것은 하나님께서 그들을 떠나거나 버리셨기 때문이 아니라, 하나님의 구원이 구체적으로 시작되었다는 역사적인 신호탄이었습니다. 영원의 관점에서 볼 때 그 순간은 절망의 때가 아니라, 눈부신 새벽을 향한 소망의 순간이었습니다.

이처럼 우리의 시선이 영원과 맞닿아 있느냐 아니냐에 따라, 우리 앞에 전개되는 모든 사건과 상황의 의미와 해석이 전혀 달라집니다. 우리의 신앙이 반드시 영원에 접속되지 않으면 안 될 이유가 여기에 있습니다.

이사야 선지자는 예수 그리스도께서 이 땅에 오시기 600년 전, 예수 그리스도에 대하여 이렇게 예언했습니다.

> 그는 외치지 아니하며 목소리를 높이지 아니하며 그 소리를 거리에 들리게 하지 아니하며(사 42:2).

참으로 적절한 지적입니다. 이 땅에 오신 예수 그리스도께서는 소리쳐 말씀하실 까닭이 없었습니다. 그분은 웅변가가 아니라 로고스, 진리 그 자체이셨기 때문입니다. 반드시 큰 소리로 말하지 않으면 안 된다면 그것은 이미 진리가 아닙니다. 진리는 그 자체로 생명력과 감화력을 지니고 있기에, 결코 큰 소리를 필요로 하지 않습니다. 그러므로 진리이신 주님께서 목에 핏줄을 세워 가며 큰 소리로 말씀하신다는 것은 상상하기도 어렵습니다.

그런데 요한복음 12장 44-45절은 뜻밖의 사실을 전해 줍니다.

> 예수께서 외쳐 이르시되 나를 믿는 자는 나를 믿는 것이 아니요 나를 보내신 이를 믿는 것이며, 나를 보는 자는 나를 보내신 이를 보는 것이니라.

주님을 믿는다는 것은 주님을 보내신 하나님을 믿는 것이요, 주님을 보는 것 역시 주님 안에서 하나님을 보는 것임을 일깨워 주시는 말씀입니다. 놀랍게도 주님께서 이 말씀을 하실 때 큰 소리로 외치셨음을 성경이 밝혀 주고 있습니다. 헬라어 '크라조κράζω'는 본래 '비명을 지르다', '울부짖다', '고함치다'라는 의미입니다. 주님께서 마치 비명을 지르시듯, 고함을 치시며 큰 목소리로 이 말씀을 하신 것이었습니다. 대체 왜 그러셨겠습니까?

주님을 이 땅에 보내신 하나님께서는 유한한 인간과는 달리 영원하신 분이십니다. 따라서 주님을 믿는다는 것은 영원하신 하나님을 믿는 것이요, 주님을 우러러보는 것은 주님 안에서 영원하신 하나님, 하나님의 영원하심을 재확인하는 것을 의미합니다. 그러나 인간들이 하나님을 믿는다면서도 얼마나 영원과 무관한 삶을 살았으면, 그로 인해 주어진 상황의 의미를 얼마나 곡해했으면, 그 결과 하나님을 믿는 하나님의 자녀라면서도 이 땅에서 얼마나 무기력하고 무의미한 삶을 살았으면, 주님께서 고함을 치시면서까지 영원하신 하나님, 하나님의 영원하심을 강조하셨겠습니까?

> 씨를 뿌리는 자가 그 씨를 뿌리러 나가서 뿌릴새 더러는 길가에 떨어지매 밟히며 공중의 새들이 먹어 버렸고, 더러는 바위 위에 떨어지매 싹이 났다가 습기가 없으므로 말랐고, 더러는 가시떨기 속에 떨어지매 가시가 함께 자라서 기운을 막았고, 더러는 좋은 땅에 떨어지매 나서 백 배의 결실을 하였느니라 이 말씀을 하시고 외치시되 들을 귀 있는 자는 들을지어다(눅 8:5-8).

주님께서 '씨 뿌리는 자의 비유'를 통해, 영원하신 하나님의 말씀과 인간에 의한 말씀의 결실의 상관관계를 가르쳐 주신 내용입니다. 아무리 좋은 말씀의 씨가 뿌려져도 결실에 실패하는 사람과, 반대로 백 배의 열매를 결실하는 사람이 구별되는 분기점이 무엇이겠습니까? 바로 영원에 대한 믿음 여부입니다. 영원을 믿지 못하는 사람에게는 영원한 말씀의 의미가 왜곡될 수밖에 없으므로 말씀의 결실이 가능할 리가 없습니다. 영원에 대한 믿음만이 영원한 말씀의 결실을 위한 영원한 텃밭이 됩니다. 이 말씀을 하신 주님께서는 들을 귀 있는 자는 들으라고 '외치셨습니다'. 여기에 사용된 헬라어 '프호네오$\phi\omega\nu\acute{\epsilon}\omega$' 역시 '큰 소리로 부르다'라는 의미입니다. 그 또한 영원의 중요성을 강조하시기 위함이었음은 물론입니다.

> 명절 끝 날 곧 큰 날에 예수께서 서서 외쳐 이르시되 누구든지 목마르거든 내게로 와서 마시라(요 7:37).

주님께서 초청하신 목마른 사람은 두말할 것도 없이 영원한 생명에 대해 갈한 사람입니다. 주님께서 그들을 당신께 초청하신 것은, 주님께서 영원한 생명의 샘이셨기 때문입니다. 주님께서는 이 말씀을 하실 때에도 '크라조', 고함을 치며 외치셨습니다. 그러고 보면 주님께서 인간에게 영원에 대해 일깨워 주실 때에는 어김없이 소리쳐 외치셨음을 알게 됩니다. 영원에 접속되지 않고서는 참된 그리스도인으로 살아갈 방도가 달리 없음을 인간의 심령 속에 깊이 각인시켜 주시기 위함이었습니다.

주님께서 각별히 사랑하시던 베다니의 나사로가 죽었을 때였습니다. 그 소식을 접하신 주님께서 베다니에 도착하셨을 때에는 나사로가 죽은 지 나흘이나 되어서, 바위 동굴무덤 속에 안치된 나사로의 시체에서는 벌써 악취가 나고 있었습니다. 주님께서 사람들로 하여금 동굴무덤의 돌문을 열게 하신 다음, 그 속에서 시체로 썩고 있는 죽은 나사로를 부르셨습니다. 요한복음 11장 43절은, 그때 주님께서 "큰 소리"로 죽은 나사로를 부르셨음을 밝혀 주고 있습니다. 왜 큰 소리입니까?

─죽음은 결코 끝이 아니다.

─무덤은 믿는 이의 종착역이 아니다.

─비록 무덤 속에서 인간의 육신은 썩어 문드러질지라도, 그 너머에서는 지금 새로운 생명의 역사가 펼쳐지고 있다.

─그리스도인은 영원과 접속된 영원한 생명의 사람이다.

이 중요한 사실들을 나사로를 비롯한 모든 인간들에게 분명하게 일깨워 주시기 위함이었습니다.

혹 지금, 소위 세상에서 말하는 성공의 희열을 누리고 계십니까? 그렇다면 미구에 닥칠 인생의 겨울을 내다보면서, 현재 내가 성공이라고 여기는 것의 참된 의미가 무엇인지 하나님 앞에서 겸손하게 그 의미를 구하십시오. 그렇지 않을 경우 지금 성공이라 여기는 그것 때문에 머지않아 뜨거운 눈물을 흘리게 될지도 모릅니다. 오늘 성공처럼 보였던 것이 내일, 무서운 화로 화한 생생한 실례들을 우리는 주위에서 무수히 보고 있습니다. 어제 권력을 잡았다고 기뻐했는데 오늘 그 권력 때문에 패가망신하고, 오늘 돈을 벌었다고 마냥 즐거워했는데 내일 그 돈으로 인해 자신을 망쳐 버리는 등, 그 많은 실례를 일일이 열거할 수조차 없습니다. 혹 지금, 소위 세상이 말하는 실패로 인해 절망하고 계십니까? 그렇다면 실패한 것은 단지 나의 계획일 뿐, 나를 향한 하나님의 계획은 한 치의 어긋남도 없이 착착 진행 중임을 믿으십시오.

오늘은 주님의 성탄을 기리는 대림절 넷째 주일입니다. 주님께서 이 땅에 오신 이유가 무엇이었습니까? 죄와 사망의 덫에 걸려 영원히 죽을 수밖에 없는 우리에게 영원한 생명을 주시기 위함이었습니다. 그렇다면 주님을 믿는 우리는 모두, 예수 그리스도 안에서 이미 영원에 접속된 사람임을 잊지 마십시오. 예수 그리스도 안에서 영원과 접속된 사람에게는 어떤 상황이 주어지든, 그것은 끝이 아니라 새로운 시작을 위한 발판임을 기억하십시오. 그때 우리는 세상이 말하는 성공과 실패에 상관없이, 주어진 모든 상황 속에서 하나님의 영원한 약속의 말씀을 삼십 배, 육십 배, 백 배의 결실로 거두는 참된 그리스도인으로 살아갈 수 있습니다.

그래서 모든 사람이 끝이라고 생각하던 베다니의 공동묘지에서 죽은 나사로를 큰 소리로 불러내신 주님께서, 대림절 넷째 주일을 맞는 오늘 우리를 향해서도 소리쳐 외치고 계십니다. 설령 지금 우리의 인생이 절망의 벼랑 끝에 서 있다 할지라도, 그것이 끝이 아니라고 말입니다. 바로 그 벼랑 끝에서부터 오히려 출애굽의 여명, 눈부신 새 역사의 새벽이 동트고 있다고 말입니다. 이것이 자기 자식을 죽여야 하는 이스라엘 백성의 절망 속에서, 하나님께서 본문을 통해 이렇게 말씀하시는 이유입니다.

"그때에 모세가 났는데."

이스라엘 백성에게는 노예살이만도 감당하기 어려운 짐이었습니다. 더욱이 사내아이가 태어나면 무조건 죽이라는 파라오의 명령으로 인해 이제 모든 것이 끝났다고 여겼을 때, 바로 그때 모세를 태어나게 하심으로 새 역사의 막을 올려 주신 하나님 아버지! 모든 사람이 끝이라고 간주하던 베다니의 공동묘지에서 죽은 나사로를 큰 소리로 불러내신 주님!

오늘 대림절 넷째 주일을 맞아, 우리 모두 예수 그리스도 안에서 이미 영원과 접속된 사람임을 주님의 큰 목소리로 깨닫게 해주시니 감사합니다. 이제부터 우리 모두 영원을 믿고, 영원에 접속되고, 영원에 맞닿아 있는 사람답게, 어떤 상황을 만나든 그것이 끝이 아님을 잊지 말게 하여 주옵소서. 형통한 날에는, 겸손한 마음으로 인생의 겨울을 내다보며 대비하게 하옵소서. 곤고한 날에는, 예수 그리스도 안에서 눈부시게 동터 오는 새 역사의 여명을 바라보며, 소망 가운데 우뚝 일어서게 하옵소서.

영원을 믿고, 영원을 바라보고, 영원 속에서 살아가는 우리의 삶 속에, 하나님의 영원한 약속의 말씀이 삼십 배, 육십 배, 백 배의 열매로 결실되게 하여 주옵소서. 아멘.

10. 버려진 후에 송년 주일

사도행전 7장 17-22절

하나님이 아브라함에게 약속하신 때가 가까우매 이스라엘 백성이 애굽에서 번성하여 많아졌더니 요셉을 알지 못하는 새 임금이 애굽 왕위에 오르매 그가 우리 족속에게 교활한 방법을 써서 조상들을 괴롭게 하여 그 어린아이들을 내버려 살지 못하게 하려 할새 그때에 모세가 났는데 하나님 보시기에 아름다운지라 그의 아버지의 집에서 석 달 동안 길리더니 **버려진 후에** 바로의 딸이 그를 데려다가 자기 아들로 기르매 모세가 애굽 사람의 모든 지혜를 배워 그의 말과 하는 일들이 능하더라

옛 어른들의 말에, "집착하면 눈과 귀를 잃는다"는 말이 있습니다. 곱씹어 볼수록 의미심장한 말입니다. 집착이란, '어느 것 하나에만 마음이 쏠려 계속 거기에만 매달리는 것'을 의미합니다. 그런데 집착하면 눈과 귀를 잃는다는 것은 대체 무슨 뜻이겠습니까? 가령 제가 무엇엔가 집착하고 있다고 하십시다. 제가 집착하고 있는 것에 대한 생각이 제 뇌리를 떠나지 않습니다.

그 경우 제가 사람들과 대화를 나누어도 상대의 말이 제 귀에 들어오지 않을 것입니다. 길을 오가면서도 무엇 하나 제대로 보이지 않을 것입니다. 제 생각과 마음이 온통 제가 집착하는 것에만 집중되어 있기 때문입니다. 그래서 사람이 무엇에든 집착하면 눈과 귀를 잃을 수밖에 없습니다.

우리는 지금 다 함께 주일예배를 드리고 있습니다. 그러나 만약 이 순간 우리 가운데 무엇엔가 집착하고 있는 분이 있다면, 그분의 몸은 비록 이 자리에 앉아 있지만 제가 드리는 말씀이 그분의 귀에 제대로 들릴 리가 없습니다. 그분이 지금 눈을 뜨고 있어도, 이 예배 실황이 그분의 망막에 제대로 새겨지지도 않을 것입니다. 무엇엔가 집착하고 있는 그분은 지금 그의 눈과 귀를 잃어버린 상태이기 때문입니다.

여기에서 집착의 대상에 대하여 생각해 볼 필요가 있습니다. 어떤 사람은 출세에 집착하고, 어떤 사람은 권력에, 또 어떤 사람은 돈에 집착할 수도 있습니다. 따라서 언뜻 생각하면, 인간이 집착하는 대상은 언제나 인간 밖에 있는 것처럼 보입니다. 그러나 그것은 사실이 아닙니다. 만약 누군가가 권력에 집착하여 권력의 유혹으로부터 일평생 벗어나지 못한다면, 그는 권력을 인생의 최고 가치로 간주하는 자기 자신에게 집착하고 있는 사람입니다. 오직 출세에 집착하는 사람이 있다면, 그 역시 출세 그 자체를 절대시하는 자기 자신에게 집착하는 사람입니다. 이처럼 인간의 집착의 대상은 인간 외부에 있지 않습니다. 인간의 모든 집착의 대상은 언제나 인간 자신입니다.

그러므로 '사람이 집착하면 눈과 귀를 잃는다'는 옛말은, '사람이 자기에게 빠지면 눈과 귀를 잃는다'는 의미임을 알게 됩니다. 그렇지 않습니까? 사람이 자기에게 빠지는 것은 결국 자기 우물에 스스로 갇혀 버리는 것을 의미하는데, 자기 우물에 갇힌 사람이 무엇을 제대로 보고 들을 수 있겠습니까? 그 상태에서야 어쩔 수 없이 눈과 귀를 잃을 수밖에 없지 않겠습니까? 중요한 것은, 눈과 귀를 잃는 것은 눈과 귀의 상실만을 의미하지 않는다는 사실입니다. 보아야 할 것을 보지 못하고 들어야 할 것을 듣지 못하는 것은 참된 인생 자체를 잃는 것이기에, 그것은 실은 모든 것을 잃는 것입니다.

하나님께서 에덴동산의 아담과 하와에게, 동산에 있는 모든 열매를 먹어도 좋지만 선악과만은 먹어서는 안 된다고 말씀하셨습니다. 만약 선악과를 먹을 경우에는 반드시 죽을 것임을 엄히 경고하셨습니다. 그러나 사탄이 하와를 유혹했습니다. 선악과를 먹기만 하면 하나님과 같은 존재가 될 것이란 유혹이었습니다. 그 유혹을 받은 하와가 선악과를 보았을 때, 지금까지와는 전혀 다른 현상이 그녀에게 나타났습니다. 갑자기 그 선악과가 먹음직도 하고, 보암직도 하고, 지혜롭게 할 만큼 탐스럽게 보이는 것이었습니다. 한마디로 지극히 아름답게 보이는 것이었습니다. 그 선악과의 본질은 먹으면 죽는다는 것, 즉 죽음이었기에, 제대로 된 눈을 가진 사람에게는 결코 아름다워 보일 수 없었습니다. 그런데도 갑자기 그 열매가 하와에게 아름다워 보였던 것은, 사탄의 유혹으로 욕망에 사로잡힌 자기에게 빠져 버린 하와는 이미 눈을 잃어버렸기 때문이었습니다. 결국 그녀는 선악과를 먹어 버렸습니다. 그리고 남편 아담도 그녀와 함께 선악과를 먹었습니다. 자기에게 빠진 그들은, 선악과를 먹으면 죽는다는 하나님의 말씀에 대한 귀마저 잃어버렸던 것입니다.

이처럼 죄란 인간이 자기에게 빠져, 하나님을 보고 들을 수 있는 눈과 귀를 상실한 것입니다. 눈과 귀를 잃은 인간은 눈과 귀뿐만 아니라 자신의 생명을, 자신의 인생을 송두리째 상실하고 말았습니다. 그러므로 믿음이란 잃어버린 눈과 귀를 회복하는 것입니다. 눈과 귀를 회복하는 것은 곧 인생과 생명 자체를 회복하는 것입니다. 그래서 신약성경에는 '귀 있는 자들은 들으라'는 말씀이 11회나 반복되고 있습니다. 그런가 하면 예수 그리스도께서는 '보라'는 말씀을 무려 37회나 거듭하셨습니다. '보다'라는 의미의 헬라어 동사 '호라오ὁράω'에서 파생된 '이두ἰδού'는 문자 그대로 '눈으로 보라'는 의미입니다. 하나님을 보고 듣는 눈과 귀를 회복하는 것이 믿음이요, 그것이 모든 것을 얻는 길이기 때문입니다.

그렇다면 그 눈과 귀를 어떻게 회복할 수 있습니까? 사람이 자기 집착 즉 자기에게 빠짐으로 눈과 귀를 잃는다면, 자기 집착에서 벗어남으로 다시 말해 자기 자신에게 빠지게 하는 자기를 버림으로 잃어버린 눈과 귀를 회복할 수 있습니다. 바꾸어 말하면, 하나님을 향한 바른 눈과 귀를 지닌 사람은 자기 집착에 빠지지 않습니다. 보아야 될 것을 바르게 보는 눈과 들어야 할 것을 바르게 듣는 귀를 지닌 사람은, 자신에게 빠지게 하는 자기를 이미 버린 사람이기 때문입니다. 우리가 7주째 살펴보고 있는 스데반의 설교를 통해 이 시간에 얻을 수 있는 메시지가 이것입니다.

이집트의 총리였던 요셉의 초청으로 아브라함의 후손은 이집트로 이주하였습니다. 요셉이 죽고 난 뒤, 세월의 경과와 더불어 아브라함의 후손은 큰 민족을 이루게 되었습니다. 타민족인 이스라엘 백성의 번성을 경계한 이집트의 파라오는, 이스라엘을 약화시키기 위해 이스라엘 백성을 노예로 삼아 버렸습니다. 하나님께서 아브라함에게 하신 약속, 즉 아브라함의 후손이 큰 민족을 이루고 400년간 이집트에서 노예살이를 통한 하나님의 훈련을 거쳐 가나안의 주인이 될 것이라는 하나님의 약속은 이처럼 착착 이루어져 가고 있었습니다. 그래서 이집트 파라오의 예측과는 달리, 이스라엘 백성은 고된 노예살이의 고역 속에서도 그 수가 줄어들지 않았습니다. 오히려 이스라엘 백성의 수가 이집트 국민의 수를 능가하기에 이르렀습니다. 그러자 이집트의 파라오는 이스라엘 노예가 아이를 낳을 경우 계집아이는 살려 주지만, 사내 아이는 무조건 나일 강에 던져 죽이라는 무서운 명령을 내렸습니다. 노예살이만도 절망과 고통의 연속인데 그 위에 더하여 갓 태어난 자식마저 죽여야 하는 판이었으니, 그때 이스라엘 백성이 겪어야만 했을 고통과 절망은 이루 말할 수조차 없었을 것입니다.

그 죽음과도 같은 절망 속에서, 지난 시간에 확인한 것처럼, 본문 20절은 이렇게 시작되고 있습니다.

그때에 모세가 났는데.

이스라엘 백성의 절망과 고통이 극에 달했을 때, 바로 그때 모세가 태어났습니다. 모세는 후에, 400년에 걸친 노예살이의 사슬을 끊고 이스라엘 백성을 이집트에서 해방시킨 출애굽의 지도자가 되었습니다. 그래서 우리는 '그때에 모세가 났는데'라는 이 내용의 의미를 지난 시간에 숙고해 보았습니다. 이스라엘 백성이 가장 절망스러워하던 그때는, 실은 출애굽의 여명이 밝아오는 새 역사의 시작이었던 것입니다. 그들에게 절망과 고통이 가중되었던 것은 하나님께서 그들을 떠나거나 버리셨기 때문이 아니라, 하나님께서 이스라엘 백성을 가나안으로 인도하시려는 하나님의 구원이 구체적으로 시작되었음을 알리는 새 역사의 신호탄이었습니다. 영원의 관점에서 볼 때 그 순간은 절망의 때가 아니라, 눈부신 새벽을 향한 소망을 노래할 때였습니다.

그렇다면 이제 우리의 관심은, 그 모세가 어떤 과정을 거쳐 출애굽의 지도자로 쓰임 받았느냐 하는 데 집중됩니다.

그때에 모세가 났는데 하나님 보시기에 아름다운지라 그의 아버지의 집에서 석 달 동안 길리더니(20절).

태어난 아기는 하나님 보시기에 아름다웠습니다. 그 아름다운 아기는 아기의 아버지 집에서 석 달 동안 길러졌습니다. 그러나 이것은 일반적으로 부모가 자식을 양육하는 것과 같은 의미의 표현이 아니었습니다. 아기의 부모는 석 달 동안 아기를 아무도 모르게 숨겨서 길러야만 했습니다. 사내아이가 태어나면 반드시 나일 강에 던져 죽이라는 파라오의 엄명으로 인함이었습니다. 사랑하는 아들이 태어났음에도 공개적으로 사랑할 수 없어, 밤낮 숨기고 길러야 하는 부모의 심정이 오죽했겠습니까? 그 아기가 그 후에는 어떻게 되었습니까?

버려진 후에(21절 상).

그 아기는 석 달 만에 그만 버려지고 말았습니다. 버려졌다는 것은 수동태입니다. 대체 누구에 의해 아기가 버려졌습니까? 부모에 의해서였습니다. 아기의 부모가 아기를 버린 것입니다. 출애굽기 2장 3절은 부모가 더 이상 아기를 숨길 수 없기 때문이었음을 밝혀 주고 있습니다. 추상같은 파라오의 명령을 어기고 아기를 석 달이나 숨겨서 기른다는 것만도 대단한 일이었습니다. 그러나 그 이상은 현실적으로 불가능한 일이었습니다. 그렇다고 해서 아기의 부모가 파라오의 명령에 굴복하여 아기를 죽이려고 버린 것은 아니었습니다.

석 달 동안 그를 숨겼으나 더 숨길 수 없게 되매 그를 위하여 갈대 상자를 가져다가 역청과 나무 진을 칠하고 아기를 거기 담아 나일 강가 갈대 사이에 두고 그의 누이가 어떻게 되는지를 알려고 멀리 섰더니(출 2:2하-4).

아이의 부모는 갈대로 상자를 엮은 뒤 물이 새지 않도록 그 속을 역청과 나무 진으로 칠했습니다. 요즈음 용어로 방수용 구명 상자를 만든 것이었습니다. 부모는 아기를 그 상자 속에 누인 뒤 뚜껑을 덮고, 그 상자를 나일 강 갈대 사이에 두었습니다. 그리고 아기의 누이로 하여금 어떻게 되는지 멀리서 지켜보게 하였습니다. 이와 같은 사실은 아기의 부모가 아기를 무책임하게 버린 것이 아니라, 그들에게는 아기를 살리기 위한 최선의 방도가 바로 그것이었음을 의미합니다. 다시 말해 아기의 부모는 비록 자신들은 아기를 더 이상 지킬 수 없지만, 하나님께서 반드시 그 아기를 책임져 주실 것임을 믿었습니다. 그렇지 않고서는 석 달 동안 목숨을 걸고 아기를 숨겨 기르지는 않았을 것이요, 아기를 방수용 구명 상자에 넣고 그 결과가 어떻게 되는지 아기의 누이로 하여금 지켜보게 하지도 않았을 것입니다.

그렇다면 아기의 부모는 어떻게 그런 믿음을 지니게 되었겠습니까?

> 레위 가족 중 한 사람이 가서 레위 여자에게 장가들어 그 여자가 임신하여 아들을 낳으니 그가 잘생긴 것을 보고 석 달 동안 그를 숨겼으나 (출 2:1-2).

아기의 부모가 파라오의 명령을 어기고 아기를 석 달 동안 숨기게 된 동기가, 그 아기가 잘생겼기 때문이었다는 것입니다. 그러나 이것은 필요조건일 수는 있으나 충분조건이 될 수는 없습니다. 세상에 부모 눈에 잘생겨 보이지 않는 자식이 어디에 있겠습니까? 이 세상 모든 부모에게 자기 자식은 언제나 예뻐 보이는 법입니다. 그런데도 유독 그 아기의 부모만 파라오의 명령을 어긴 채 목숨을 걸고 아기를 석 달 동안 숨기고, 또 구명 상자를 통해 구하려 하였다면, 그 아기가 잘생겼기 때문이라는 출애굽기 2장 2절의 증언이 보다 깊은 의미를 내포하고 있음을 알게 됩니다.

오늘 본문 20절은 그 아기가 하나님 보시기에 아름다운 아기였음을 밝혀 주고 있습니다. 갓 태어난 핏덩이가 하나님 보시기에 아름다웠다는 것은, 그 아기가 하나님께서 당신의 도구로 선택하신 아기임을 의미합니다. 바로 이것이 해답입니다. 그 아기의 부모가 다른 부모와는 달리 자신들의 목숨을 걸면서까지 아기를 살리려 했고 또 반드시 아기가 살 줄을 믿었던 것은, 그 아기가 단순히 자신들 보기에 잘생긴 아기가 아니라, 그 아기가 하나님의 뜻을 위한 하나님의 도구임을 확신했기 때문입니다.

히브리서 11장이 이 사실을 보다 명료하게 설명해 주고 있습니다.

> 모세가 태어났을 때에, 믿음으로 그 부모는 석 달 동안 아기를 숨겨 두었습니다 (히 11:23상, 새번역).

아기의 부모가 아기를 숨긴 것은 부모의 본능으로 인함이 아니었습니다. 그 아기의 부모만 다른 부모와는 달리 목숨을 걸고 아기를 숨긴 것은 오직 믿음으로 인함이었습니다. 대체 무엇에 대한 믿음이었겠습니까?

이 질문에 대한 해답은 이미 본문 17절 상반절에 나타나 있습니다.

> 하나님이 아브라함에게 약속하신 때가 가까우매.

지금 우리가 계속하여 살펴보고 있는 단락은 하나님의 약속에 대한 스데반의 설교 내용입니다. 따라서 그 아기의 부모가 지녔던 믿음 역시 하나님의 약속에 대한 믿음이었습니다. 하나님께서 믿음의 조상 아브라함에게 하신 약속, 아브라함의 후손이 큰 민족을 이루고 400년간 이집트에서 노예살이를 통한 하나님의 훈련을 거쳐 반드시 가나안 땅의 주인이 될 것이라는 하나님의 약속이었습니다. 아기의 부모는 그 약속을 믿었습니다. 그들은 하나님의 그 약속이 이루어질 때가 이르렀음을 믿었습니다. 그들은 자신들은 비록 미천하지만, 자신들의 몸을 통해 태어난 아기, 하나님 보시기에 아름다운 그 아기를 통해 하나님의 약속이 성취될 것을 믿었습니다. 그렇기에 태어난 그 아기는 아기의 부모에게 아기이기 이전에, 그들이 굳게 믿었던 하나님의 약속 그 자체였습니다.

이처럼 그 아기의 부모는 가장 절망적인 상황 속에서도 하나님의 약속을 보고 듣는 믿음의 눈과 귀를 가진 사람들이었습니다. 그렇다면 우리는 이제 그 아기가 "버려진 후에"라는 본문의 의미를 명확하게 이해할 수 있습니다. 그 아기의 부모는 아기를 버린 것이 아니라, 그 아기에 대한 자기 집착을 버린 것이었습니다. 아기의 부모는 애당초 파라오의 명령에 굴복하여 아기를 죽여 버릴 수도 있었고, 죽어도 우리가 키우겠다며 계속 자기 방식대로 숨겨 둘 수도 있었습니다. 따라서 아기의 부모는 어떤 모양으로든 아기에 대한 집착에 빠질 수 있는 자기 자신을 버린 것이었습니다. 그리고 그들은 오직 하나님을 믿음으로, 사랑하는 아기를 하나님의 손에 맡겼습니다. 그 결과 그 아기는, 다음 시간에 상세하게 살펴보겠지만, 이집트 공주에 의해 건져져 출애굽의 지도자가 되기에 필요한 제왕 교육을 40년간 이집트 왕궁에서 받을 수 있었습니다. 그래서 그 아기는 '물에서 건져졌다'는 의미에서 '모세'라 이름 지어졌습니다. 아기의 부모가 아이에 대한 자기 집착을 벗어던짐으로, 그 아기는 비로소 하나님에 의해 우리가 아는 모세로 건져졌습니다. 만약 아기의 부모가 아기에 대한 자기 집착에 빠져 있었던들 그 아기는 3500년 전 이스라엘 노예의 자식으로 죽었을 뿐, 결코 출애굽의 대지도자인 모세가 될 수는 없을 것입니다.

　결과적으로 모세의 부모는 하나님에 대한 믿음의 눈과 귀를 지님으로 자신들의 인생을 건져 올렸음은 말할 것도 없고, 아들 모세의 인생을 건져 올렸을 뿐 아니라, 모세를 통해 이스라엘 역사까지도 건져 올렸습니다. 자기를 버림으로 바른 눈과 귀를 견지하는 것, 바른 눈과 귀를 지녔기에 기꺼이 자기를 버리는 것은 이래서 중요합니다.

　오늘은 12월 31일, 2006년이 끝나는 마지막 날이자 마지막 주일입니다. 365일 전인 1월 1일도 주일이었습니다. 그날 우리는 "너희 몸을 하나님이 기뻐하시는 거룩한 산 제물로 드리라"는 로마서 12장 1절 말씀에 의거하여, "몸을 산 제물로"라는 표어로 2006년을 시작했습니다. 우리 몸을 하나님께 산 제물로 드린다는 것은 자기 집착에서 벗어나는 것을 의미합니다. 우리를 구원할 수 없는 우리 자신에게 빠지게 하는 우리 자신을 버리는 것입니다. 언젠가 형체도 없이 썩어 없어질 우리의 육체를 예수 그리스도 안에서 영원한 진리의 도구로, 의의 병기로 승화시키는 것입니다. 공동묘지에서 한 줌의 흙으로 사라져 버릴 우리의 유한한 생명을 예수 그리스도 안에서 영원한 생명과 맞바꾸는 것입니다. 그러므로 나의 몸을 하나님께 거룩한 산 제물로 드리는 것보다 더 나를 위한 길은 없습니다. 그것은 죄와 사망의 노예에 불과한 나를 버리고 예수 그리스도 안에서 하나님의 자녀로 '모세', 즉 건짐 받는 것이기 때문입니다. 따라서 "몸을 산 제물로"란 표어는 비단 올해뿐만 아니라, 우리 일평생 간직해야 할 삶의 지침이 아닐 수 없습니다. 그러나 그것은 하나님을 보고 듣는 바른 믿음의 눈과 귀를 지닐 때만 가능합니다. 하나님을 보고 듣는 눈과 귀를 지니지 못한 사람은 자기 우물에 빠진 사람이기에, 결국 죽음으로 끝날 자기 자신 이상을 볼 수 없기 때문입니다.

이제 우리 모두 지난 1년을 되돌아보십시다. 지난 1년 동안 우리는 얼마나 우리 자신을 거룩한 제물로 드렸습니까? 만약 우리 자신을 거룩한 제물로 드리지 못했다면, 그것은 자기 자신에 집착하는 우리 자신을 버리지 못함으로 우리의 1년을 또 허망하게 버렸음을 의미합니다. 그리고 그것은 자기에게 집착하느라 하나님에 대한 믿음의 눈과 귀를 잃어버렸기 때문입니다. 이것이 사실이라면 지금 우리에게 남은 것이라고는, 고작 쓰디쓴 후회밖에 더 있겠습니까?

2006년을 시작한 것이 엊그제 같은데 벌써 마지막 날이듯, 어느샌가 우리의 일생도 다 가고 우리 인생의 마지막 날이 불현듯 우리를 덮칠 것입니다. 그때 오늘처럼 후회하지 않기를 바란다면, 우리를 결코 구원할 수 없는 우리 자신에게 빠지게 하는 우리 자신을 버림으로, 예수 그리스도 안에서 하나님에 대한 믿음의 눈과 귀를 회복하십시다. 혹 지난 1년 동안 건강, 물질, 직업 등 소중한 것을 잃은 분이 계십니까? 우리에게 속한 것은 아무리 소중한 것이라도, 언젠가 반드시 우리를 떠나는 것이 인생 아닙니까? 그러므로 잃어버린 것을 아쉬워만 할 것이 아니라 그 잃어버림을, 도리어 잃어버린 눈과 귀를 회복하는 은총으로 삼는 지혜로운 사람이 되십시다. 주님 안에서 회복된 그 눈과 귀로 날마다 하나님을 보고 들음으로, 매 순간 우리를 버리고 우리 몸을 하나님께 거룩한 산 제물로 드리십시다. 그것은 나를 건져 올리는 길일 뿐 아니라, 내 주위 사람과 이 시대를 함께 건져 올리는 길입니다. 이것이 오늘 송년 주일을 맞아 하나님께서 우리에게 주시는 교훈입니다.

벌써 2006년의 마지막 날을 맞았습니다. 올 1년 동안에도 나 자신에게 빠져, 나 자신의 우물에 갇혀 사느라, 나의 귀한 눈과 귀를 잃었습니다. 그래서 1년 365일이라는 긴 시간마저 의미 없이 상실하고 말았습니다. 그럼에도 주님께서는 변함없이 나를 사랑으로 품어 주시고, 또 한 해를 내다보는 은혜를 베풀어 주셨습니다.

이제 우리 모두 주님 안에서, 우리 자신을 결코 구원할 수 없는 우리 자신에 대한 집착을 버리게 하여 주옵소서. 우리 자신에게 빠지게 하는 우리 자신을, 진리의 힘으로 버리게 하옵소서. 예수 그리스도 안에서, 하나님을 보고 듣는 눈과 귀를 회복하게 하옵소서. 혹 지난 1년 동안 우리가 지닌 것 가운데 무엇인가 잃은 것이 있으면, 잃어버린 것을 아쉬워할 것이 아니라 그 잃어버림을, 믿음의 눈과 귀를 회복하는 은총의 기회로 삼는 지혜를 주옵소서. 믿음의 눈과 귀를 지님으로 날마다 우리 자신을 버리고, 우리의 몸과 마음을 하나님께서 기뻐하시는 거룩한 산 제물로 드리게 하옵소서. 그리하여 우리 자신뿐 아니라, 우리 주위 사람과 우리의 시대를 모세로 건져 올리는 출애굽의 참된 기쁨을 맛보게 하옵소서.

오늘 우리가 2006년의 마지막 날을 맞았듯, 언젠가 우리 각자의 인생 마지막 날을 맞았을 때, 우리 가운데 한 사람도 후회하는 사람이 없게 하여 주옵소서. 아멘.

11. 바로의 딸이 _{신년 주일}

사도행전 7장 17-22절
하나님이 아브라함에게 약속하신 때가 가까우매 이스라엘 백성이 애굽에서 번성하여 많아졌더니 요셉을 알지 못하는 새 임금이 애굽 왕위에 오르매 그가 우리 족속에게 교활한 방법을 써서 조상들을 괴롭게 하여 그 어린아이들을 내버려 살지 못하게 하려 할새 그때에 모세가 났는데 하나님 보시기에 아름다운지라 그의 아버지의 집에서 석 달 동안 길리더니 버려진 후에 **바로의 딸이** 그를 데려다가 자기 아들로 기르매 모세가 애굽 사람의 모든 지혜를 배워 그의 말과 하는 일들이 능하더라

    본래 순우리말에는 '내일'이란 말이 없었습니다. '오늘'과 오늘의 전날을 가리키는 '어제'는 모두 순수한 우리말입니다. 그러나 오늘의 다음 날을 가리키는 우리말이 없어 우리는 오늘날까지도 한자 '올 래來' 자와 '날 일日' 자를 빌려 '내일'이란 한자어를 사용하고 있습니다. 점심을 뜻하는 고유의 우리말도 없습니다. 아침에 먹는 밥은 우리말로 아침이고, 저녁에 먹는 밥은 저녁

입니다. 그러나 아침과 저녁의 중간, 즉 한낮에 정기적으로 먹는 밥을 이르는 우리말은 아예 없었습니다. '참'이란 단어가 있긴 하지만 그것은 비정기적인 식사를 의미할 뿐, 아침 식사와 저녁 식사처럼 매일 정기적으로 먹는 밥을 뜻하지는 않습니다. 그래서 이것 역시 한자어 '점심點心'을 그대로 사용하고 있습니다. 우리에게 '내일'과 '점심'을 일컫는 우리 고유의 말이 없다는 것은 기막힌 사연이 아닐 수 없습니다.

수천 년 동안 가난의 굴레에서 헤어나지 못했던 우리 조상들은 전통적으로 하루에 두 끼 먹는 것으로 만족해야만 했습니다. 그 정도로 가난했으니 내일을 생각할 겨를이나 여유가 있을 리 없었습니다. 그저 있는 것이라고는 눈물겹게 헤쳐 나온 어제와, 또다시 힘겹게 뚫고 나가야 할 고달픈 오늘이 있을 뿐이었습니다. 오래도록 그렇게 살다 보니, 이제 형편이 나아져 하루 세끼에 간식과 참까지 곁들여 먹으면서 점심과 내일이란 한자어를 우리말처럼 사용하는 오늘날까지도 우리 민족에게는 일반적으로 미래에 대한 시선이 결여되어 있습니다. 내일을 내다보기보다는 오히려 현재와 과거 지향적이라는 말입니다. 우리의 근세사만 돌아보더라도 우리 민족이 한데 마음을 모아 미래로 향하기보다는, 과거로 인해 분열하고 대립해 왔음을 알게 됩니다. 오늘날에도 이 땅의 정치 지도자들이, 과연 저분들이 단 한 번이라도 민족과 국가의 미래를 진지하게 생각해 보는 사람들일까 하는 의구심이 들 정도로, 과거의 족쇄를 스스로 차거나 타인에게 채우면서 현실에만 집착하는 것은 모두 이런 연유에서일 것입니다.

그리스도인이라고 해서 예외인 것은 아닙니다. 한국 그리스도인의 신앙생활에는 간증이 큰 비중을 차지하고 있습니다. 타인의 간증을 듣거나 자신의 체험을 간증하면서 특별한 은혜를 경험하는 것입니다. 내일이란 고유의 말 자체를 갖지 못한 민족이었기에 아직까지 우리가 과거 지향적임을 감안하면, 한국 그리스도인들이 특별히 간증을 은혜롭게 여기는 것은 자연스런 일입니다. 문제는 과거에 대한 고백인 우리의 간증이 내일과 연결되지 않는다는 데 있습니다. 방금 은혜로운 간증을 한 사람이 그 직후 예기치 않은 사건을 접했을 때, 내가 언제 간증했느냐는 듯 쉽게 절망에 빠지는 경우를 우리는 주위에서 너무나도 자주 보고 있습니다. 그 이유는 간단합니다. 어제의 믿음이 오늘을 거쳐 내일로 이어지지 않기 때문입니다. 어제 나와 함께하신 하나님께서, 오늘 내가 겪고 있는 사건을 통해 나의 내일을 새롭게 빚고 계심을 믿지 못하는 것입니다.

그리스도인조차도 매해 신년 초가 되면 새로운 각오를 다지다가 연말에는 어김없이 후회를 되풀이하는 것 또한, 그리스도인의 시선이 미래 지향적이지 못한 까닭입니다. 분명한 내일을 지닌 사람만, 그 내일을 위해 오늘을 참되고도 바르게 가꾸게 됩니다. 그는 내일은 오늘의 결과요, 오늘의 수준과 질이 내일의 수준과 질을 결정함을 알기 때문입니다. 따라서 그리스도인이란 어제의 토대 위에 굳게 서서, 내일을 바라보며, 그 내일을 위해 오늘을 가꾸는 사람입니다. 그리스도인이 믿는 하나님은 영원하시기에, 영원하신 하나님께서는 우리의 어제와 오늘에 갇혀 계신 분이 아니라, 어제와 오늘의 연장선상에서 우리의 내일을 새롭게 창조해 주는 분이시기 때문입니다. 2007년 처음으로 맞는 이 신년 주일에, 우리가 8주째 살펴보고 있는 스데반의 설교를 통해 얻을 수 있는 교훈이 이것입니다.

노예인 이스라엘 백성의 수가 번성하는 것을 경계한 이집트의 파라오는, 이스라엘 노예가 사내아이를 낳으면 즉시 나일 강에 던져 죽이라는 엄명을 내렸습니다. 그러나 모세의 부모는 왕명을 어겼습니다. 그들은 목숨을 걸고 아기를 석 달 동안 숨겨서 키웠습니다. 그리고 더 이상 숨길 수 없게 되었을 때, 그들은 갈대로 방수용 구명 상자를 만들어 그 속에 아기를 누인 뒤, 그 상자를 나일 강 갈대 사이에 내려놓았습니다. 그리고 딸아이로 하여금 어떻게 되는지 멀리서 지켜보게 했습니다. 그것은 오직 믿음으로 인함이었습니다. 아기의 부모는 하나님 보시기에 아름다운 그 아기를 하나님께서 반드시 구해 주실 것을, 그리고 그 아기를 통해 이스라엘 백성을 구원해 주실 것을 믿었던 것입니다.

그 결과는 본문 21절에 나타나 있습니다.

> 버려진 후에 바로의 딸이 그를 데려다가 자기 아들로 기르매.

놀랍게도 이집트 왕인 파라오의 딸, 즉 이집트의 공주가 그 아기를 데려다가 자기 양자로 삼았습니다. 아버지는 죽이라고 명령했는데, 딸은 도리어 그 아기를 자기 양자로 삼아 확실하게 살려 주고 또 책임져 주었습니다. 다른 곳에서라면 몰라도 추상같은 파라오의 명령이 시퍼렇게 살아 있는 이집트에서는, 그것도 파라오가 살고 있는 왕궁에서는 절대로 있을 수 없는 일이 일어난 것입니다. 도대체 어떻게 그런 불가사의한 일이 가능할 수 있었는지를 출애굽기 2장 1-10절이 밝혀 주고 있습니다.

> 레위 가족 중 한 사람이 가서 레위 여자에게 장가들어 그 여자가 임신하여 아들을 낳으니, 그가 잘생긴 것을 보고 석 달 동안 그를 숨겼으나 더 숨길 수 없게 되매, 그를 위하여 갈대 상자를 가져다가 역청과 나무 진을 칠하고 아기를 거기 담아 나일 강가 갈대 사이에 두고 그의 누이가 어떻게 되는지를 알려고 멀리 섰더니, 바로의 딸이 목욕하러 나일 강으로 내려오고 시녀들은 나일 강가를 거닐 때에, 그가 갈대 사이의 상자를 보고

시녀를 보내어 가져다가 열고 그 아기를 보니 아기가 우는지라 그가 그를 불쌍히 여겨 이르되 이는 히브리 사람의 아기로다 그의 누이가 바로의 딸에게 이르되 내가 가서 당신을 위하여 히브리 여인 중에서 유모를 불러다가 이 아기에게 젖을 먹이게 하리이까 바로의 딸이 그에게 이르되 가라 하매 그 소녀가 가서 그 아기의 어머니를 불러오니, 바로의 딸이 그에게 이르되 이 아기를 데려다가 나를 위하여 젖을 먹이라 내가 그 삯을 주리라 여인이 아기를 데려다가 젖을 먹이더니 그 아기가 자라매 바로의 딸에게로 데려가니 그가 그의 아들이 되니라 그가 그의 이름을 모세라 하여 이르되, 이는 내가 그를 물에서 건져 내었음이라 하였더라.

저는 성경에서 이런 구절을 접할 때마다 숨이 막히는 것 같은 감동을 느끼곤 합니다. 하나님께서 우리를 위해 얼마나 신묘막측神妙莫測하게 섭리하고 계시는지를 구체적으로 확인시켜 주고 있기 때문입니다.

아기의 부모가 아기를 담은 갈대 상자를 나일 강 갈대 사이에 내려놓던 순간, 이집트 왕궁에 있던 공주에게 갑자기 목욕하고픈 마음이 들었습니다. 왕궁의 목욕탕이 얼마나 화려하고 편리했겠습니까? 그러나 그날따라 공주는 화려한 왕궁의 목욕탕을 마다하고 나일 강으로 나갔습니다. 공주가 목욕하는 동안, 공주를 수행한 시녀들 가운데 몇 명이 강가를 걸었습니다. 시녀들이 움직였기 때문에 목욕하던 공주의 시선이 자연히 시녀들 쪽을 향하게 되었습니다. 그 순간 시녀들 발 아래쪽 갈대 사이에 놓여 있는 갈대 상자가 공주의 눈에 들어왔습니다. 대이집트의 왕궁에 사는 공주에게 무슨 부족한 것이 있었겠습니까? 고작 노예가 만든 갈대 상자가 무슨 볼품이 있었겠습니까? 그런데 그 갈대 상자를 보는 즉각 공주의 마음에는 그 상자에 대한 강한 호기심이 일었습니다. 공주는 시녀로 하여금 갈대 상자를 가져오게 했습니다. 상자의 뚜껑을 열고 보니, 그 속에는 이스라엘 사내아기가 들어 있었습니다. 자기 아버지가 반드시 죽이라고 명령했던 대상이었습니다. 그 아기의 부모는 감히 자기 아버지의 명령을 거역한, 무엄하기 짝이 없는 노예임이 분명했습니다. 당장 시녀에게, 아기를 강물에 던져 죽여 버리라고 명령해야 할 판이었습니다. 바로 그 순간, 아기가 울었습니다. 아기가 얼마나 심하게 울었던지, 모성애가 발동한 공주에게 그 아기가 불쌍하게 보였습니다. 그때 멀리서 이 모든 광경을 지켜보고 있던 아기의 누이가 공주 앞으로 다가갔습니다. 그날따라 일반인이 공주에게 접근하는 것을 차단하는 경호원이 없었습니다. 그 누구의 제지도 받지 않고 공주에게 다가간 아기의 누이는 공주에게, 아기를 위해 이스라엘 여인 중에서 유모를 소개하겠노라고 제의했습니다. 아기의 누이 역시 비천한 노예였습니다. 공주에게 대화나 의논 상대가 되기에는 턱없이 낮은 신분이었습니다. 만약 유모가 필요하다면 이집트 여인 중에서 얼마든지 구할 수 있는 일이었습니다. 그러나 이상하게도 공주는 그 노예 소녀의 말이 믿음직스럽게 여겨졌습니다. 그래서 공주는 소녀에게 그렇게 하라고 응낙했고, 소녀는 즉시 가서 아기의 어머니를 공주 앞에 데려갔습니다. 공주로부터 아기를 건네받은 아기의 어머니는 아기가 젖을 떼기까지 공주의 보호하에서 자기 품으로 아기를 키웠습니다. 그것도 공주로부터 돈까지 받아 가면서 말입니다. 지난 시간에 말씀드린 것처럼, 아기의 부모는 아기에 대한 자기 집착을 버림으로 아기를 완벽하게 살린 것이었습니다. 마침내 아기가 젖을 떼자 공주는 아기를 자기 양자로 삼았습니다. 그리고 자신이 아기를 강에서 건졌다 하여, 아기의 이름을 모세라 지어 주었습니다. 건져 내었다는 의미였습니다.

이 상황을 좀더 곰곰이 생각해 보십시다. 만약 모세의 부모가 아기를 담은 갈대 상자를 나일 강 갈대 사이에 내려놓던 날, 공주에게 목욕하고 싶은 마음이 전혀 일어나지 않았더라면 그 아기는 어떻게 되었겠습니까? 설령 공주가 목욕하고 싶었다 해도 왕궁 목욕탕을 이용했더라면 또 어떻게 되었겠습니까? 공주가 나일 강에서 목욕했을지라도 시녀들 중 몇 명이 강가를 거닐지 않았더라면, 그들이 거닐었더라도 아이가 담긴 갈대 상자가 있는 곳과 반대 방향으로 거닐었다면, 갈대 상자가 있는 쪽으로 걷는 시녀들을 공주가 쳐다보았어도 그들의 발치에 있는 갈대 상자가 공주의 눈에 띄지 않았다면, 갈대 상자가 공주의 눈에 띄었더라도 공주에게 그 갈대 상자에 대한 호기심이 전혀 발동하지 않았다면, 갈대 상자를 여는 순간 그 속에 누워 있는 이스라엘 노예 아기가 울지 않았다면, 울었더라도 그 노예 아기가 불쌍하게 보일 정도로 공주의 마음속에 모성 본능이 일지 않았다면, 아기의 누이가 공주에게 다가갈 때 여느 때처럼 공주의 경호원들이 소녀의 접근을 차단해 버렸다면, 아기의 누이가 공주에게 접근하는 데 성공했더라도 유모를 소개해 주겠다는 노예 소녀의 제의를 공주가 일축해 버렸다면, 아기의 어머니가 공주의 배려로 아기가 젖 떼기까지 자기 품으로 아기를 키웠더라도 그 이후에 공주가 아기를 자기 양자로 삼아 철저하게 보호하고 책임져 주지 않았다면 어떻게 되었겠습니까? 이 모든 과정 중에 단 한 과정이라도 어긋났다면, 단 한 치의 오차라도 있었더라면, 그 아기는 나일 강에 버려진 때로부터 얼마 지나지 않아 어떤 식으로든 목숨을 잃고 말았을 것입니다.

대체 나일 강에 버려진 노예 아기에게 어떻게 이런 치밀한 구원의 역사가 일어날 수 있었겠습니까? 하나님께서 천지를 창조하신 당신의 능력으로 인간의 배후에서 역사하셨기 때문입니다. 생각해 보십시오. 이집트의 왕이 죽이라고 명령한 노예 아기를 공주가 자기 양자로 삼아 왕궁에서 그를 키우게 되었습니다. 그때 이집트에서 감히 이집트 왕의 명령을 개의치 않을 수 있는 사람은 왕이 총애하는 공주밖에 없었고, 그때 그 노예 아기에게 이집트에서 가장 안전한 곳은 왕궁뿐이었습니다. 이것이 과연 사람이 꾸민다고 될 일이겠습니까? 하나님 아니시고는, 대체 누가 이 신묘막측한 구원의 역사를 이룰 수 있겠습니까? 따라서 그 아이를 물에서 건져 내어 모세 되게 한 이는 공주가 아니었습니다. 공주는 단지 하나님의 도구였을 뿐, 죽음의 나일 강에서 모세를 모세가 될 수 있게끔 건져 올리신 분은 하나님이셨습니다.

왜 하나님께서 모세에게 그토록 신비로운 은혜를 베풀어 주셨습니까? 단지 모세의 오늘만을 위함이셨습니까? 아니었습니다. 모세의 내일을 위함이었습니다. 이집트 왕궁에서 제왕 교육을 받음으로 출애굽의 지도자로서 지녀야 할 지도력과 지식과 식견을 갖춘 내일의 모세를 위해서였습니다.

그래서 본문 22절이 이렇게 증언하고 있습니다.

> 모세가 애굽 사람의 모든 지혜를 배워 그의 말과 하는 일들이 능하더라.

당시 세계 최고최대의 제국이었던 이집트는 세계 문명의 요람이요, 세계 최강의 이집트 군대는 천하무적이었습니다. 그 이집트의 왕궁에서 모세가 왕자의 신분으로 제왕 교육을 통해 세계 최고의 학문과 행정력과 지도력으로 무장하지 않았던들, 그가 남자 장정만 60만 명에 달한 이스라엘 백성들을 과연 40년간 제대로 통솔할 수 있었겠습니까? 나아가 성경의 첫 부분인 동시에 신구약 성경을 통틀어 전체 내용의 약 5분의 1에 해당하는 창세기·출애굽기·레위기·민수기·신명기를 어떻게 기록할 수 있었겠습니까?

그러므로 하나님께서 파라오의 딸을 통해 모세를 건지신 것은 모세 개인의 내일뿐만 아니라, 모세를 도구 삼아 구원하실 이스라엘 백성의 미래를 위함이었습니다. 그리고 3500년이 지난 오늘날, 모세가 기록한 성경을 통해 하나님을 알게 된 우리 자신의 내일을 위함이기도 합니다.

　이스라엘 노예에게 이집트 왕궁은 하늘처럼 높은 곳이었습니다. 그 높고 높은 구중궁궐 속에서 무슨 일이 일어나고 있는지 노예들이 알 리가 만무합니다. 아무리 둘러보아도 노예들에게는 그 어떤 변화의 조짐도 보이지 않습니다. 자고 일어나면 어제와 같은 고역의 오늘이 기다리고 있을 뿐입니다. 그저 죽지 못해 하루하루 연명하는 노예들에게 내일에 대한 기대나 소망이 있을 리 없습니다. 그러나 우리는 모든 것을 훤히 알고 있습니다. 동서남북 그 어디를 둘러보아도 그 어떤 소망의 가능성도 찾아볼 수 없던 바로 그 순간, 하나님께서는 이집트 왕궁에서 치밀하게 모세의 내일을, 이스라엘 백성의 내일을 예비하며 가꾸고 계셨다는 사실을 말입니다. 하나님께서 성경 말씀을 통해 우리로 하여금, 3500년 전 이집트에서 있었던 모세의 이야기를 알게 하시는 이유가 무엇이겠습니까? 모세와 이스라엘 백성의 내일을 가꾸어 주신 그 하나님께서 바로 우리의 하나님이심을 깨닫게 해주시려 함이 아니겠습니까?

　그 어느 해보다 유례를 찾기 힘들 정도로, 수많은 국가적 난제를 안고 우리는 또다시 2007년을 맞았습니다. 정치, 경제, 사회, 안보, 교육 등, 모든 부분에 걸쳐 수많은 문제들이 난마처럼 얽혀 있습니다. 특히 올해는 대통령 선거가 예정되어 있어 사회적 혼란과 경제난은 더욱 가중될 것이 명약관화합니다. 그 어디를 둘러보아도, 2007년이 새해가 될 만한 조짐은 보이지 않는 것 같습니다. 그럼에도 불구하고 우리는 소망 가운데서 2007년을 맞습니다. 모든 것이 암울해 보이기만 하는 이 상황 속에서도 하나님께서는 천지를 창조하신 당신의 능력으로, 당신의 뜻에 따라, 우리 각자의 내일을, 이 민족의 미래를 치밀하게 가꾸고 계심을 알고 또 믿기 때문입니다. 그렇다면 우리에게 남은 것은 그 내일의 토대가 될 오늘을 믿음으로 바르게 가꾸는 것입니다.

이것이 지난 1월 1일 신년 0시 예배에서 말씀드린 것처럼, 올해 우리 교회의 표어를 역대하 3장 17절에 기인하여 "야긴과 보아스"라 제정한 이유입니다. 하나님께서 아브라함에게 하신 약속, 즉 아브라함의 후손이 큰 민족을 이루어 가나안의 주인이 될 것이라는 하나님의 약속이 실현된 지 400여 년이 지나, 솔로몬 왕에 의해 예루살렘성전이 건축되었습니다. 솔로몬은 성전 정면에 두 개의 큰 놋 기둥을 세우고, 그 이름을 각각 '야긴'과 '보아스'라 불렀습니다. '야긴'은 '그분이 세우신다', 그리고 '보아스'는 '그분에게 능력이 있다'는 의미입니다. 그분이란 두말할 것도 없이 하나님이십니다.

따라서 야긴과 보아스의 두 기둥은 한 개인의 인생도, 한 민족과 국가의 역사도 오직 하나님에 의해서만 바로 세워질 수 있고, 오직 하나님께만 그 능력이 있다는 믿음의 표상이었습니다. 솔로몬이 그 두 기둥을 성전 정면에 세웠다는 것은, 누구든지 하나님께 예배드리는 사람은 야긴과 보아스의 하나님을 믿어야 한다는 의미였습니다. 그리고 성경의 역사서는 일관되게 이 관점에 의해 기록되어 있습니다. 인간이 겸손하게 야긴과 보아스의 하나님을 믿을 때 언제나 하나님에 의해 새로운 역사 즉 새로운 내일이 주어졌지만, 인간이 마치 자기에게 그와 같은 능력이 있는 양 자기 교만에 빠질 때 인간 세상은 예외 없이 분열과 대립, 어둠과 혼돈의 나락으로 떨어졌다는 것입니다.

사랑하는 교우 여러분!

오늘부터 우리 모두 야긴과 보아스의 하나님을 믿으십시다. 겸손하게 야긴과 보아스의 믿음을 지니십시다. 우리의 심령 속에 야긴과 보아스의 두 기둥을 세우십시다. 날마다 말씀 속에서 그 두 기둥을 견고하게 하십시다. 하나님께서 지금 우리를 위해 가꾸시는 내일이 바로 그 기둥 위에 눈부시게 펼쳐질 것입니다. 그리고 그것만이 올 연말에 후회를 되풀이하지 않을 수 있는 유일한 길입니다.

부모가 더 이상 숨길 수 없어 나일 강 갈대 사이에 내려 둔 아기를 건진 사람은, 놀랍게도 이집트의 공주였습니다. 공주는 그 아기를 자신의 양자로 삼아, 왕궁에서 그 아기에게 제왕 교육을 시켰습니다. 이스라엘 노예들의 눈에는 그 어떤 희망의 조짐도 보이지 않았지만, 하나님께서는 이집트의 공주를 통해 그 아기를 한 치의 오차도 없이 모세로 건져 올리시고, 인간이 상상할 수 없는 방법으로 모세의 내일을, 이스라엘 백성의 내일을 예비하시고 가꾸어 주셨습니다. 바로 그 하나님께서 우리의 하나님 되어 주심을 찬양합니다.

불과 1년 반 전만 하더라도, 우리가 이곳에서 이렇듯 한마음으로 하나님께 예배드릴 아름다운 내일이 주어질 것임을 그 누구도 예측하지 못했습니다. 이 은혜로운 오늘을 주신 하나님께서, 우리가 상상할 수도 없는 사람과 사건을 통해 우리의 새로운 내일을 창조하고 계심을 믿고 감사드립니다. 그 하나님께서 우리에게 또 새로운 한 해의 기회를 주셨기에, 암울한 현실 속에서도 우리는 소망 가운데 2007년을 맞습니다.

오늘 이 시간부터 우리의 심령 속에, 야긴과 보아스의 두 믿음의 기둥을 세웁니다. 하나님의 말씀 속에서, 그 두 기둥이 날로 견고해질 수 있도록 도와주옵소서. 그 두 기둥 위에, 하나님께서 우리를 위해 예비하신 출애굽의 내일이 멋지게 펼쳐지게 하옵소서. 그리하여 올 연말에는 그 누구도 후회함이 없이, 우리에게 눈부신 내일을 주신 하나님을 다 함께 찬양케 하옵소서. 아멘.

12. 나그네 되어

사도행전 7장 23-32절

나이가 사십이 되매 그 형제 이스라엘 자손을 돌볼 생각이 나더니 한 사람이 원통한 일 당함을 보고 보호하여 압제받는 자를 위하여 원수를 갚아 애굽 사람을 쳐 죽이니라 그는 그의 형제들이 하나님께서 자기의 손을 통하여 구원해 주시는 것을 깨달으리라고 생각하였으나 그들이 깨닫지 못하였더라 이튿날 이스라엘 사람끼리 싸울 때에 모세가 와서 화해시키려 하여 이르되 너희는 형제인데 어찌 서로 해치느냐 하니 그 동무를 해치는 사람이 모세를 밀어뜨려 이르되 누가 너를 관리와 재판장으로 우리 위에 세웠느냐 네가 어제는 애굽 사람을 죽임과 같이 또 나를 죽이려느냐 하니 모세가 이 말 때문에 도주하여 미디안 땅에서 **나그네 되어** 거기서 아들 둘을 낳으니라 사십 년이 차매 천사가 시내산 광야 가시나무 떨기 불꽃 가운데서 그에게 보이거늘 모세가 그 광경을 보고 놀랍게 여겨 알아보려고 가까이 가니 주의 소리가 있어 나는 네 조상의 하나님 즉 아브라함과 이삭과 야곱의 하나님이라 하신대 모세가 무서워 감히 바라보지 못하더라 이스라엘 노예의 수가 이집트 백성의 수를 능가하는 것을 경계한 이집트의 파라오는, 이스라엘 노예가 사내아이를 낳을 경우 반드시 나일 강에 던져 죽이라는 엄명을 내렸습니다. 하지만 모세의 부모는 파라오의 명을 따르지 않았습니다. 그들은 목숨을 걸고 갓 태어난 아기를 석 달 동안 숨겨서 키웠습니다. 그리고 그것이 더 이상 불가능하게 되었을 때 그들은 갈대로 방수용 구명 상자를 만들어 그 속에 아기를 누인 뒤, 그 상자를 나일 강 갈대 사이에 내려놓았습니다. 하나님께서 당신 보시기에 아름다운 그 아기를 반드시 구해 주시고, 또 그 아기를 통해 이스라엘 백성을 구원해 주실 것을 믿었기 때문입니다. 지난 시간에 살펴본 것처럼, 놀랍게도 그 아기를 건져 내어 살린 사람은 이집트의 공주였습니다. 공주는 그 아기가 자신의 아버지가 반드시 죽이라고 명령한 이스라엘 노예의 자식임을 알면서도, 불쌍하기 짝이 없어 보이는 그 아기를 자기 양자로 삼았습니다. 죽어야 할 노예의 자식이 한순간에 이집트 왕자의 신분으로 바뀐 것입니다. 그때 그 아기에게 세상에서 이집트 왕궁보다 더 안전한 곳은 없었습니다. 그것은 사람이 상상할 수도 없는 일이었고, 사람이 꾸미려 한다고 될 일도 아니었습니다. 하나님의 구원의 역사는 이렇듯 언제나 인간의 상상을 초월합니다. 하나님께서는 유한한 인간과는 달리 전능하신 분이신 까닭입니다. 바로 그 하나님께서 우리의 하나님이시라는 사실만으로도, 현재 우리가 어떤 상황에 처해 있든 상관없이, 말할 수 없이 큰 소망과 힘을 얻게 됩니다.

그런데 우리가 9주째 살펴보고 있는 스데반의 설교는 오늘의 본문에 이르러, 모세와 관련하여 우리가 선뜻 이해하기 어려운 내용을 전해 주고 있습니다.

본문 23절을 주목해 보십시다.

> 나이가 사십이 되매 그 형제 이스라엘 자손을 돌볼 생각이 나더니.

모세의 나이 40세가 되었을 때였습니다. 모세의 나이가 40세가 되었다는 것은, 그가 이집트 공주의 아들이 되어 이집트의 왕자로 산 지 40년이 되었다는 의미입니다. 그런데도 모세는 이스라엘 노예를, 자신이 돌보아야 할 자기 형제로 여기고 있었습니다. 자신의 신분이 이집트 왕자이긴 하지만, 자신의 정체성은 이집트인이 아니라 이스라엘인임을 알고 있었다는 말입니다. 자기 정체성에 대한 모세의 인식은 단순히 그의 사고 속에 머물러 있지 않았습니다.

> 한 사람이 원통한 일 당함을 보고 보호하여 압제받는 자를 위하여 원수를 갚아 애굽 사람을 쳐 죽이니라(24절).

한 이스라엘 노예를 심하게 학대하는 이집트인을 원수로 여기고 그를 쳐 죽여 버렸습니다. 이집트 왕자인 모세가 이집트인과 자신을 동일시한 것이 아니라, 이스라엘 노예와 자신을 동일시하고 있었습니다. 모세는 무늬만 이집트의 왕자였을 뿐, 실제로는 이스라엘 노예를 학대하는 이집트인을 원수로 여길 정도로 철두철미한 히브리인이었습니다.

나아가 본문 25절은 더 놀라운 사실을 전해 주고 있습니다.

> 그는 그의 형제들이 하나님께서 자기의 손을 통하여 구원해 주시는 것을 깨달으리라고 생각하였으나 그들이 깨닫지 못하였더라.

모세는 이스라엘 노예를 학대하는 이집트인을 쳐 죽인 자신의 행위를 하나님과 연결 짓고 있었습니다. 즉 모세는 하나님께서 자신을 도구 삼아 이스라엘 백성을 구원하고 계시는 것으로 간주하고 있었습니다. 대부분의 사람들은 모세가 80세가 되어 시내산에서 하나님의 소명을 받을 때에야 비로소 하나님을 알게 되었다고 그릇 알고 있습니다. 그러나 본문은 모세가 이집트의 왕자이던 시절에 이미 하나님을 알고 있었음을 분명하게 밝혀 주고 있습니다.

어떻게 이런 일이 가능할 수 있었겠습니까? 40세가 되기까지 이집트의 왕궁에서, 이집트 왕자의 신분으로, 이집트를 위해 제왕 교육을 받은 모세가 어떻게 이스라엘 노예를 자신의 동족으로 여기며, 하나님을 아는 이스라엘인으로서의 정체성을 지닐 수 있었겠습니까? 이 질문에 대한 해답은, 이미 우리가 알고 있는 바와 같이, 모세를 나일 강에서 건져 올린 공주가 모세의 생모를 유모로 삼아 모세가 젖을 떼기까지 모세를 키우게 했다는 사실 속에서 찾을 수 있습니다.

요즈음 아이들은 돌이 되기 전에 젖을 뗍니다. 그러나 특이하게도 옛날 이스라엘 사람들은 아이가 세 살이 되기까지 어머니의 젖을 먹었습니다. 경우에 따라서는 다섯 살에서 일곱 살까지 젖을 먹이기도 했던 것으로 알려지고 있습니다. 이와 같은 유대인들의 전통을 알고 나면, 구약성경 사무엘상 1장의 내용을 비로소 바르게 이해할 수 있습니다.

아이가 없던 한나라는 여인이 하나님께 서원기도를 드렸습니다. 하나님께서 아들을 주시면 그 아이를 하나님께 바치겠다는 서원이었습니다. 하나님께서 한나의 기도를 들어주시자, 한나는 자신이 서원했던 대로 아이가 젖을 뗌과 동시에 아이를 하나님의 성소에 바쳤습니다. 만약 그때 젖을 뗀 아이가 똥오줌도 가리지 못하는 돌 이전의 상태였다면 아이를 성소에 바친다는 것은 애당초 불가능했을 것입니다. 그러나 젖을 뗀 그 아이의 나이가 최소한 세 살, 경우에 따라서는 다섯 살 이상이었기에 한나는 그 아이를 하나님을 위해 성소에 바칠 수 있었던 것입니다.

모세 역시 히브리인이었던 만큼 예외가 아니었을 것입니다. 최소한 세 살까지, 혹은 다섯 살 이상이 되기까지 생모의 품속에서 생모의 젖을 빨며 자랐을 것입니다. 그 생모가 어떤 사람이었습니까? 사내아이가 태어나면 반드시 죽이라는 파라오의 명령을 어기고, 오직 하나님을 믿는 믿음으로 그 아이의 생명을 목숨을 걸고 지켜 낸 믿음의 여인이었습니다. 그렇다면 그 믿음의 여인이 자신의 품에 안긴 아이에게 아이의 정체성이 누구인지, 앞으로 이집트의 왕궁에서 왕자로 살면서 하나님의 도구로 무엇을 어떻게 해야 할 것인지 매일 그 심령 속에 되새겨 주지 않았겠습니까? 생모의 품에서 그렇게 양육된 모세가 40세가 되기까지, 비록 몸은 이집트 왕궁에서 살망정 이스라엘인의 정체성을 상실하지 않은 것은 오히려 당연한 일이었습니다.

이것이 22절이 다음과 같이 증언하고 있는 이유입니다.

> 모세가 애굽 사람의 모든 지혜를 배워 그의 말과 하는 일들이 능하더라.

모세는 왕궁에서 받은 제왕 교육을 통해 모든 면에 걸쳐 누구보다 능한 사람이 되었습니다. 자신이 누구이며, 무엇을 위해 살아야 할 것인지를 바르게 인식하고 있던 모세가 자신에게 주어진 제왕 교육의 기회에 최선을 다한 결과였습니다.

그리고 마침내 그의 나이 40세가 되었을 때, 모세는 이집트인이 자기 동족을 심히 학대하는 것을 보았습니다. 이집트인이 이스라엘 노예를 학대한 것이 어찌 그날 처음이었겠습니까? 허구한 날 학대하지 않았겠습니까? 그러나 모세는 더 이상 참지 않았습니다. 이제 자신이 분연히 행동할 때가 되었다고 판단한 모세는, 자기 동족을 괴롭히는 이집트인을 자기 손으로 쳐 죽여 버렸습니다. 그리고 모세는 이스라엘 백성이 자신의 행위를, 하나님께서 자신을 도구 삼아 이스라엘 백성을 구원해 주시는 것으로 받아들이리라 기대했습니다. 그러나 본문 25절에 의하면, 이스라엘 백성은 전혀 그렇게 받아들이지 않았습니다. 그뿐만이 아니었습니다.

> 이튿날 이스라엘 사람끼리 싸울 때에 모세가 와서 화해시키려 하여 이르되, 너희는 형제인데 어찌 서로 해치느냐 하니, 그 동무를 해치는 사람이 모세를 밀어뜨려 이르되, 누가 너를 관리와 재판장으로 우리 위에 세웠느냐, 네가 어제는 애굽 사람을 죽임과 같이 또 나를 죽이려느냐 하니 (26-28절).

이튿날 이스라엘 노예 두 사람이 서로 다투는 것을 목격한 모세는 그들 사이에 끼어들어, 같은 형제끼리 싸우지 말고 화해할 것을 종용했습니다. 그러나 이스라엘 노예가 모세의 말을 듣기는커녕 도리어 모세를 밀쳐 내며, '누가 너를 우리의 재판장으로 세웠느냐, 어제는 이집트 사람을 죽이더니 오늘은 나를 죽일 참이냐'며 덤벼들었습니다. 이것은 상식적으로는 절대로 있을 수 없는 일이었습니다.

모세의 공식적 신분은 이집트의 왕자였습니다. 이스라엘 노예들에게 이집트 왕자는 자신들의 생사여탈권을 쥐고 있는 절대적 존재였습니다. 그들이 이집트 왕자에게 할 수 있는 것이라고는, 이집트 왕자가 무엇을 명하든 절대복종하는 것뿐이었습니다. 그런데 감히 노예가 이집트 왕자의 명령에 반발한 것은 말할 것도 없고, 왕자에게 대드는 것도 모자라 왕자의 몸에 손을 대고 밀어뜨리기까지 했습니다. 한마디로 말해, 죽을 짓을 서슴지 않고 자행한 것이었습니다. 그 노예가 바보 천치가 아닌 다음에야 어찌 그토록 간 큰 짓을 감히 할 수 있었겠습니까?

이것은 이스라엘 노예들 역시 모세가 누구인지 알고 있었음을 의미합니다. 모세가 비록 이집트 왕자의 신분이기는 하지만, 그의 핏줄은 자신들과 같은 이스라엘인임을 알고 있었던 것입니다. 모세의 생모가 모세를 젖 떼기까지 자기 품으로 키운 뒤에 모세가 이집트 공주의 양자가 되었으니, 이스라엘 노예치고 그 사실을 모르는 사람이 어디 있었겠습니까? 자신들은 노예의 고역 속에서 죽지 못해 살아가는데, 모세 홀로 이집트 왕궁에서 호의호식하고 있으니 모세에 대한 이스라엘 노예들의 불만과 상대적 박탈감, 그리고 그로 인한 증오심이 얼마나 컸겠습니까? 그렇지 않고서야 감히 노예가 이집트 왕자에게 덤벼들고, 심지어 몸에 손을 대어 밀어뜨리기까지 한다는 것은 상상조차 할 수 없는 일이었습니다.

결국 모세는 그 일로 인해 이집트의 왕궁에서 도주할 수밖에 없었음을 본문 29절이 밝혀 주고 있습니다. 이집트 왕자의 신분이었으면서도 도리어 이집트인을 원수로 여기고 쳐 죽인 일이 자기 동족인 이스라엘 노예에 의해 공개적으로 밝혀지게 된 만큼, 그 사실이 파라오에게 알려지는 즉각 자신은 파라오의 엄벌을 받을 것이 뻔했기 때문입니다. 바꾸어 말하면 모세의 믿음이 빗나간 것이었습니다. 자신의 동족을 괴롭히는 이집트인을 쳐 죽일 때 모세는 그것이 하나님의 뜻이라 믿었고, 자신의 그와 같은 행동을 통해 하나님께서 이스라엘 백성을 즉시 구원해 주시리라 믿었습니다. 그러나 하나님께서는 역사하지 않으셨고, 그가 돌보려 했던 이스라엘 백성은 모세에게 감사를 표하기는커녕 도리어 모세를 공개적으로 배척하였습니다. 그 상황에서 모세가 취할 수 있는 최선의 선택은 생명의 위험에서 벗어나 피신

하는 것뿐이었습니다.

이제 본문 30-32절을 주목해 보십시다.

> 사십 년이 차매 천사가 시내산 광야 가시나무 떨기 불꽃 가운데서 그에게 보이거늘, 모세가 그 광경을 보고 놀랍게 여겨 알아보려고 가까이 가니 주의 소리가 있어, 나는 네 조상의 하나님 즉 아브라함과 이삭과 야곱의 하나님이라 하신대, 모세가 무서워 감히 바라보지 못하더라.

모세가 이집트 왕궁에서 피신한 후에 40년의 세월이 또다시 흘렀습니다. 모세의 나이 팔십 노인이 된 것입니다. 그때 하나님께서 시내산에서 모세를 부르시고, 드디어 모세를 통해 출애굽의 대역사를 이루기 시작하셨습니다. 40년 전, 그러니까 모세가 40세 되던 해, 그때 제왕 교육을 거친 모세는 이미 이집트에서 타의 추종을 불허하는 탁월한 지도자의 면모를 갖추고 있었습니다. 더욱이 그때 그는 40세의 젊은 나이였습니다. 그 젊은 나이에 모세는 자신의 능력을 믿고 스스로 이스라엘 백성을 구원하는 하나님의 도구가 되려 했지만, 결과는 고작 이집트인 한 명을 죽였을 뿐이었습니다. 자신의 지식과 능력이 이스라엘 백성을 구원하는 것은 고사하고 자기 생명 하나 부지할 수 없었습니다. 도리어 자기 생명을 죽음의 위험 속에 빠뜨렸을 따름입니다. 그런데 이제 모세의 나이 팔십 노인이 되었을 때, 세상적으로 볼 때 더 이상 쓸모없이 보이는 노인이 되었을 때, 그때 하나님께서 그를 통해 역사하시기 시작하였습니다. 도대체 40세의 모세와 80세의 모세 사이에 모세에게 무슨 일, 무슨 변화가 있었기에, 그가 그 나이에 진정한 하나님의 도구로 쓰임 받게 되었겠습니까?

모세가 이 말 때문에 도주하여 미디안 땅에서 나그네 되어 거기서 아들 둘을 낳으니라(29절).

이집트 왕궁에서 도주한 모세는 광야의 나그네가 되었습니다. 모든 것이 보장되어 있던 전도유망한 이집트의 왕자가 졸지에, 아무것도 없는 삭막한 광야의 나그네로 전락한 것입니다. 이것은 단순히 모세의 처지가 급변했다는 것만을 의미하는 말이 아닙니다. 이것은 모세가 그제야 비로소 인생이 나그네에 지나지 않았음을 뼈저리게 느꼈음을 의미합니다. 이 사실은 모세가 미디안 광야에서 얻은 두 아들에게 지어 준 이름으로 입증되고 있습니다.

일반적으로 믿는 이들은 자신의 신앙고백을 담아 자식의 이름을 지어 줍니다. 따라서 자식의 이름을 보면 그 부모가 어떤 신앙의 소유자인지 알게 됩니다. 출애굽기 18장에 의하면, 모세는 광야에서 얻은 두 아들 중 첫째 아들의 이름을 '게르솜'이라고 지어 주었습니다. '나그네'라는 뜻이었습니다. 미디안 광야에서 얻은 첫아들을 가슴에 품고, 그 아들에게 '나그네'란 이름을 지어 주는 모세의 심정은 충분히 이해가 가고도 남습니다.

'사랑하는 아들아! 너는 나그네다. 어떤 경우에도 인생이 나그네임을 잊지 말거라. 천하 제왕도, 광야의 양치기도, 그 인생이 나그네라는 의미에서는 아무런 차이가 없단다. 부디 너는, 사십이 넘어서야 비로소 이 중요한 사실을 깨달은 이 아비처럼 어리석은 사람이 되지 말거라.'

이런 심정이 아니고서야 모세가 사랑하는 첫아들의 이름을 '게르솜'이라 지어 주었을 리가 만무합니다. 그렇다면 인생이 나그네임을 깨닫는 것이 왜 그토록 중요하겠습니까? 모세가 둘째 아들에게 지어 준 이름이 그 해답을 제시해 주고 있습니다. 모세가 지어 준 둘째 아들의 이름은 '엘리에셀', 즉 '하나님이 도우신다'는 의미였습니다. 광야에서 한 손으로 큰아들 게르솜을 품고, 또 한 손으로는 둘째 아들 엘리에셀을 품고 있는 모세의 모습을 머릿속에 그려 보십시오. 그 모습 자체가 모세의 위대한 깨달음과 신앙고백, 그리고 우리를 향한 그의 메시지를 그대로 보여 주고 있습니다. 즉 인생이 나그네임을 깨달은 사람만 겸손하게 하나님의 도우심을 의지하고, 자신이 나그네임을 아는 사람에게만 하나님의 도우심이 임하고, 자신이 나그네임을 통감한 사람을 통해서만 엘리에셀의 하나님께서 역사하신다는 모세의 깨달음인 동시에 신앙고백이요, 선포였습니다.

여기에서 우리는 하나님께서 왜 당신이 사랑하시는 아브라함의 후손, 다시 말해 이스라엘 백성으로 하여금 이집트에서 노예살이를 거치게 하셨는지 그 연유를 알게 됩니다. 사도행전 7장 6절은 아브라함의 후손인 이스라엘 백성에 대해 다음과 같이 증언하고 있습니다.

> 하나님이 또 이같이 말씀하시되 그 후손이 다른 땅에서 나그네가 되니 그 땅 사람들이 종으로 삼아 사백 년 동안을 괴롭게 하리라 하시고.

하나님께서 이스라엘 백성으로 하여금 노예살이를 거치게 하신 것은 그들이 나그네임을 온 삶으로 터득하게 해주시기 위함이었습니다. 그것이 그들에 대한 하나님의 배려요, 사랑이었습니다. 인생이 나그네임을 깨닫는 사람만 겸손하게 엘리에셀의 하나님께 자신의 삶을 온전히 의탁할 수 있기 때문입니다. 그렇다면 과연 누가 지혜로운 사람이겠습니까? 이 세상은 우리의 목적지가 아니라 그저 거쳐야 할 광야일 뿐이요, 그 광야 위의 인생은 이 세상을 떠나 영원한 하나님의 품에 안기기 전까지는 한낱 나그네에 지나지 않음을 하루라도 빨리 터득하는 사람입니다. 그 사람만 엘리에셀의 하나님에 의해 새 역사의 도구로 쓰임 받을 수 있기 때문입니다.

잊지 마십시다. 모세는 80세가 되어서야 비로소 하나님을 알게 된 사람이 아니었습니다. 젖을 떼기까지 생모의 품속에서 양육된 모세는 하나님의 선민인 자신의 정체성도, 하나님도, 그리고 하나님께서 자신에게 부여하신 삶의 의무가 무엇인지도 모두 알고 있었습니다. 자신의 행위가 하나님의 뜻이라는 믿음도 지니고 있었습니다. 그러나 그는 불행하게도 사십이 되기까지 자신이 나그네임을 알지는 못했습니다. 그래서 그는 그가 아는 하나님보다 자신의 학식과 능력을 더 신봉했지만, 그것은 타인은 고사하고 자기 자신마저 지켜 주지 못했습니다. 그것은 도리어 타인과 자신을 동시에 해치는 흉기일 뿐이었습니다. 그 반면 모세가 자기 자신이 나그네임을 깨닫고 겸손하게 엘리에셀의 하나님께 자신의 삶을 맡겼을 때, 그가 지닌 것 가운데 쓸모없는 것이라곤 아무것도 없었습니다. 그가 제왕 교육을 통해 쌓은 학식과 행정력과 지도력 등 모든 것이 그가 신뢰하는 하나님에 의해 사람을 살리는 출애굽의 도구로 승화되었습니다. 그러나 그것은 모세가 스스로 나그네임을 자신의 삶으로 고백하는 것으로부터 시작되었음을 간과해서는 안 됩니다.

우리는 모두 그리스도인이라는 우리의 정체성을 알고 있습니다. 우리는 하나님도 알고, 하나님의 말씀도 알고 있습니다. 이 세상에서 무엇을 위하여 어떻게 사는 것이 하나님의 뜻인지도 분명히 알고 있습니다. 그럼에도 우리의 문제는, 우리 자신이 정처 없는 나그네임을 자각하지 못한다는 것입니다. 그 중요한 사실을 자각하지 못하기에, 우리가 믿는 하나님보다 우리의 지식이나 소유 혹은 능력을 더 신뢰한다는 것입니다. 그 결과 이집트 왕궁에서의 모세처럼 우리의 삶이 예전보다 더 큰 물질적 번영과 안락함은 누리고 있지만, 그러나 우리의 삶이 하나님에 의해 새 역사의 도구로 쓰임 받지는 못한다는 것입니다. 오히려 우리가 신봉하는 우리의 학식과 소유가 우리 자신을, 이 사회를, 우리 자식의 미래를 망치고 있다는 것입니다.

올해 우리 교회의 표어는 "야긴과 보아스"입니다. 어떤 상황 속에서든 오직 하나님만 한 개인과 국가를 바로 세우실 수 있고, 또 하나님께만 그 능력이 있다는 신앙고백에서입니다.

사랑하는 교우 여러분!

정녕 야긴과 보아스의 하나님을 믿으십니까? 이 세상이 아무리 암울하고 혼란스러워도 하나님께서 우리 자신과 우리 사회를 바로 세우실 수 있으심을 진정 믿으십니까? 그렇다면 이제부터 우리 모두, 우리 자신이 나그네에 지나지 않음을 우리의 삶으로 고백하십시다. 그때부터 우리의 삶 속에 출애굽의 역사가 하나님에 의해 펼쳐지기 시작할 것입니다. 나그네임을 자각한 사람에게 하나님은 엘리에셀의 하나님이시요, 엘리에셀의 하나님은 곧 야긴과 보아스의 하나님이시기 때문입니다.

내가 아무리 세상의 것으로 나 자신을 치장한다 한들, 나 자신은 매일 공동묘지를 향해 질주하는 정처 없는 나그네임을 고백드립니다. 그럼에도 하나님 아버지께서 이 쓸모없는 나그네를 아버지의 사랑과 능력으로 도와주시고, 나의 영원한 정처가 되어 주심을 감사드립니다.

앞으로 나 자신이 게르솜임을 잊지 않음으로, 온전히 엘리에셀의 하나님께 나 자신을 의탁게 하옵소서. 나의 학식과 나의 소유가 나 자신과 타인을 해치는 흉기가 아니라, 하나님의 도우심 속에서 사람을 살리는 생명의 이기利器로 승화되게 하옵소서. 나의 정체성을 알고, 하나님의 말씀을 알고, 하나님의 뜻을 아는 것으로 그치는 것이 아니라, 이 시대를 위한 하나님의 도구로 쓰임 받는 사람이 되게 하옵소서. 우리 인생의 목표가 이집트 왕궁 속의 모세가 아니라, 게르솜과 엘리에셀을 온 삶으로 터득한 광야의 모세가 되게 하옵소서. 오직 엘리에셀의 하나님을 의지함으로, 우리의 심령 속에 야긴과 보아스의 두 기둥을 굳건하게 세우게 하옵소서. 그리하여 우리 모두의 삶 속에 출애굽의 새 역사가 시작되게 하옵소서.

이 모든 것이, 이 세상은 광야일 뿐이요, 우리 자신은 나그네에 지나지 않음을 깨닫는 것으로부터 시작됨을 잊지 말게 하옵소서. 아멘.

13. 사십 년이 차매

사도행전 7장 23-32절

나이가 사십이 되매 그 형제 이스라엘 자손을 돌볼 생각이 나더니 한 사람이 원통한 일 당함을 보고 보호하여 압제받는 자를 위하여 원수를 갚아 애굽 사람을 쳐 죽이니라 그는 그의 형제들이 하나님께서 자기의 손을 통하여 구원해 주시는 것을 깨달으리라고 생각하였으나 그들이 깨닫지 못하였더라 이튿날 이스라엘 사람끼리 싸울 때에 모세가 와서 화해시키려 하여 이르되 너희는 형제인데 어찌 서로 해치느냐 하니 그 동무를 해치는 사람이 모세를 밀어뜨려 이르되 누가 너를 관리와 재판장으로 우리 위에 세웠느냐 네가 어제는 애굽 사람을 죽임과 같이 또 나를 죽이려느냐 하니 모세가 이 말 때문에 도주하여 미디안 땅에서 나그네 되어 거기서 아들 둘을 낳으니라 **사십 년이 차매** 천사가 시내산 광야 가시나무 떨기 불꽃 가운데서 그에게 보이거늘 모세가 그 광경을 보고 놀랍게 여겨 알아보려고 가까이 가니 주의 소리가 있어 나는 네 조상의 하나님 즉 아브라함과 이삭과 야곱의 하나님이라 하신대 모세가 무서워 감히 바라보지 못하더라

구약성경 잠언서 20장 21절은 대단히 중요한 교훈을 던져 주고 있습니다.

처음에 속히 잡은 산업은 마침내 복이 되지 아니하느니라.

이 구절을 새번역은 이렇게 번역하였습니다.

처음부터 빨리 모은 재산은 행복하게 끝을 맺지 못한다.

사람들은 단기간 내에 큰 재산을 일구거나 괄목할 만한 업적을 이룬 사람을 가리켜 성공한 사람이라 평하며 부러워합니다. 또 대부분의 사람들이 자신의 목표를 속히 달성하기 위해 노심초사합니다. 그러나 하나님께서는 속히 잡은 산업은 언뜻 복처럼 보이지만 마침내는 복이 되지 못하고, 빨리 모은 재산은 행복한 결말을 초래하지 못한다고 단정하십니다.

우리는 그 이유를 두 가지로 생각할 수 있습니다. 첫째, 사람이 서두르면 서두르는 만큼 그 과정이 견실할 수 없기 때문입니다. 견실치 못한 과정, 부실한 과정의 결과는 당장은 멀쩡해 보이지만, 그것은 사상누각과 같아서 언젠가는 반드시 허물어지고 맙니다. 둘째, 속히 일을 이룬 사람은 남보다 훨씬 빨리 일을 이룬 만큼 자기 자신을 과신하게 됩니다. 다시 말해 자신의 능력과 판단을 맹신하는, 자기라는 우상 숭배자가 되고 맙니다. 가장 불행한 인간은 자신을 절대시하는, 자기도 모르게 스스로 우상이 되어 버린 인간입니다. 오직 자신만 절대시하기에 타인을 수용하거나 타인과 조화를 이룰 수 없는 그의 인간관계는 왜곡되기 마련이고, 스스로 자신을 구원할 수 없는 그의 인생은 결국 공동묘지에서 한 줌의 흙으로 끝나 버릴 수밖에 없습니다. 그래서 처음에 속히 잡은 산업은 복이 되기는커녕 마침내

화禍가 되고 맙니다.

하나님께서 당신이 사랑하시는 백성으로 하여금 반드시 인내의 긴 터널을 거치게 하시는 이유가 여기에 있습니다.

> 여러분이 하나님의 뜻을 행하고서, 그 약속해 주신 것을 받으려면, 인내가 필요합니다(히 10:36, 새번역).

하나님의 약속과 그 약속의 성취 사이에는 반드시 인간의 인내가 있어야 한다는 하나님의 말씀입니다. 매사를 속히 이루기 원하는 인간과는 달리, 하나님께서 인간에게 먼저 인내할 것을 요구하시는 이유가 무엇이겠습니까?

하나님을 믿는 사람이 인내한다는 것은 자신의 계획이나 하나님의 약속이 성취되는 시기를 자신이 못박지 않고, 그 시기를 전적으로 하나님께 일임하는 적극적인 신앙 행위입니다. 따라서 인내할 줄 아는 사람만 서두르거나 조급해하지 않고 거쳐야 할 바른 믿음의 과정을 제대로 거치게 되고, 그 바른 과정이 하나님의 약속의 성취를 담는 토대와 그릇이 됩니다. 그뿐 아니라 이미 말씀드린 바와 같이 인내한다는 것 자체가 적극적인 신앙 행위이므로, 믿는 사람에게 인내의 기간은 하나님과의 관계가 더욱 심화되는 특별한 기간입니다. 그러므로 하나님께서 당신의 사랑하시는 백성으로 하여금 인내의 터널을 거치게 하시는 것은 인간에 대한 하나님의 사랑이요, 은총이 아닐 수 없습니다. 물론 사람마다 인내의 기간은 모두 다릅니다. 사람마다 영적 체질과 수준이 다르기에, 하나님께서는 각자의 영적 체질과 수준에 적합한 인내의 터널을 주십니다. 모세의 경우에 인내의 터널의 길이는 40년에 달했습니다.

우리가 10주째 살펴보고 있는 스데반의 설교는 모세와 관련하여, 본문 23절을 통해 이렇게 증언하고 있습니다.

나이가 사십이 되매 그 형제 이스라엘 자손을 돌볼 생각이 나더니.

또 30절의 증언은 다음과 같습니다.

사십 년이 차매 천사가 시내산 광야 가시나무 떨기 불꽃 가운데서 그에게 보이거늘.

이처럼 모세에게는 40년을 주기로 두 번의 인생 전환점이 있었습니다. 바꾸어 말해 모세의 인생은 40년을 주기로 하여 확연하게 3기期로 나누어지고 있습니다.

모세의 인생 제1기는 이집트 왕궁에서 이집트 왕자로 살았던 40년입니다. 모세는 이스라엘 노예로 태어났지만 이집트 공주에 의해 이집트 왕자가 되었습니다. 태어난 지 석 달 만의 일이었습니다. 모세를 자신의 양자로 삼아 모세에게 이집트 왕자의 신분을 부여했던 이집트 공주는, 연대기적으로 볼 때 이집트 제18왕조 투트모세 1세의 딸인 하트셉수트Hatshepsut로 추정되고 있습니다. 하트셉수트는 투트모세 1세의 무남독녀 외동딸이었습니다. 따라서 모세가 그녀의 아들이 되었다는 것은, 경우에 따라서는 이집트의 왕위를 계승할 수도 있음을 의미했습니다. 당시 이집트에서 모세만큼 확고부동한 자리를 차지한 사람은 없었습니다. 잠언 20장 21절의 표현을 빌린다면, 모세는 태어난 지 불과 석 달 만에 속히 산업을 잡은 사람이었습니다.

그러나 만약 모세의 일생이 제1기의 삶으로만 지속되었다면 어떻게 되었겠습니까? 이집트의 모든 파라오가 그러했듯이, 제왕 교육을 거쳐 제왕의 반열에 오른 모세 역시 자신을 사람이 아닌 신으로 착각하며 허망한 삶을 좇았을 것이 분명하고, 죽은 뒤 미라가 된 그의 시체는 고고학자들에게 발굴되어 지금쯤 파리의 루브르 박물관이나 런던 대영박물관에 전시되어 있을 것입니다. 한마디로, 태어난 지 석 달 만에 속히 잡은 그의 산업은 화가 되고 말았을 것입니다.

모세가 우리가 알고 있는 위대한 신앙의 모세가 될 수 있었던 것은, 그의 나이 80세에 하나님의 부르심을 받아 그 이후 40년 동안 하나님의 도구로 쓰임 받은 제3기의 인생이 있었기 때문입니다. 만약 그에게 제3기의 인생이 없었던들 그는 성경 속의 위인이 될 수도 없었을 것이요, 우리 신앙의 표상이 될 수는 더더욱 없었을 것입니다.

그러나 그의 인생 제3기는 어느 날 그냥 주어진 것이 아니었습니다. 그것은 40년에 걸친 인생 제2기의 토대 위에 주어진 것이었습니다. 화려하고 모든 것이 구비된 이집트 왕궁과는 달리 아무것도 없는 삭막한 미디안 광야에서 펼쳐졌던 모세의 인생 제2기는, 길고도 긴 인내의 기간이었습니다. 모세에게 인생 제3기가 출범되었음을 일러 주는 본문 30절이 "사십 년이 차매"로 시작되고 있다는 것은, 모세에게 인내의 기간을 40년으로 정해 주신 분이 하나님이심을 밝혀 주고 있습니다. 자기 자신을 과신하며, 40세의 나이에 사람을 거리낌 없이 쳐 죽일 정도로 자기중심적이던 모세가 하나님의 약속의 말씀을 성취하는 믿음의 사람이 되기 위해서는, 최소한 40년이 필요함을 하나님께서는 정확하게 알고 계셨던 것입니다.

모세의 인생 제2기의 기간, 즉 인내의 기간을 40년으로 정하신 분이 하나님이셨기에, 그 40년 동안 하나님께서 모세를 미디안 광야에 내버려 두신 것이 아니었습니다. 하나님께서는 모세가 하나님의 도구로 쓰임 받을 수 있게끔 그를 철저하게 새롭게 빚어 주셨습니다. 이를테면 그 40년의 기간은, 하나님께서 살인을 통한 문제 해결이란 그릇된 과정마저 서슴지 않던 모세를 오직 바른 믿음의 과정 위에 세워 주시는 재창조의 기간이었습니다.

그 기간 동안 하나님께서 모세로 하여금 가장 먼저 깨닫게 하신 것은, 지난 시간에 살펴본 것처럼, 인생은 '게르솜' 즉 나그네라는 것이었습니다. 모든 것이 보장된 이집트 왕궁에서 도망쳐 오직 목숨을 부지하기 위해 미디안 광야에 접어든 모세가, 무엇보다도 먼저 인생은 한낱 나그네에 불과함을 뼈저리게 느낀 것은 너무나 당연한 일 아니겠습니까? 이집트 왕궁에 계속 살았던들 죽을 때까지 얻지 못했을 소중한 깨달음이었습니다.

인생이 단지 공동묘지를 찾아 헤매는 정처 없는 나그네임을 깨닫는 것이 중요함은, 바로 그 깨달음이 '엘리에셀의 하나님' 다시 말해 인간을 도우시는 하나님을 인격적으로 만나는 접점이자 동기가 되기 때문이라고 했습니다. 만약 모세가 일평생 자신을 절대시하는 제왕의 삶으로 일관하였더라면, 엘리에셀의 하나님을 만날 수도 없었을 것이요 또 필요로 하지도 않았을 것입니다. 그렇기에 모세가 나그네임을 자각한 것이야말로 이루 말할 수 없이 큰 은혜였습니다. 그러나 여기에 우리가 결코 지나쳐서는 안 될 중요한 사실이 있습니다. 인간이 나그네임을 깨닫는 것이 엘리에셀의 하나님과 만나는 접점이긴 하지만, 인생이 나그네임을 깨닫는다고 해서 누구나 엘리에셀의 하나님을 만날 수 있는 것은 결코 아니라는 사실입니다.

중국에서 여자가 자기 남편을 부르는 말 중에 '나그네'란 호칭이 있다고 합니다. 남자들이 얼마나 집안일을 등한시하고 집 밖에서만 놀면, 남편 얼굴 보기조차 어려운 여자들이 남편을 나그네라 부르겠습니까? 이처럼 인간이 나그네임을 깨달았기에 오히려 더욱 세상에 집착하여, 지켜야 할 가정마저

내팽개친 채 세상만을 헤집고 다닐 수도 있습니다.

지금 일본 음반계를 강타하고 있는 최고의 히트곡은 중년 가수 아키가와 마사후미[秋川雅史]가 부른 〈천의 바람이 되어〉입니다. '천'은 수를 가리키는 '일천 천千'으로, 이 제목을 풀이하면 '천 갈래의 바람이 되어'란 의미가 되겠습니다. 어느 나라를 막론하고 일반적으로 음반계를 석권하는 최고 히트곡은 젊은이를 열광케 하는 젊은 가수의 노래라야 하는 것으로 인식되고 있습니다. 그러나 무명이다시피 한 중년 가수 마사후미의 노래가 중년 이상의 일본인 마음을 사로잡아 음반계의 정상을 정복하였으니, 지금 일본에서는 그 노래가 일대 이변으로 간주되고 있습니다.

일본인의 마음을 사로잡은 그 노래의 가사는 일본인의 창작물이 아니라, 오래전부터 미국인 사이에서 회자되던 시 〈천 갈래의 바람 A Thousand Winds〉의 내용을 일본말로 번역한 것입니다. 본래 미국 남서부의 협곡에 살던 나바호의 인디언으로부터 유래된 이 시가 유명하게 된 것은 1989년의 일이었습니다. 아일랜드공화국군IRA의 폭탄 테러로 목숨을 잃은 24세의 영국군 병사 스테판 커밍스의 장례식에서 그의 아버지가 이 시를 낭독하였습니다. 그 장면이 BBC 텔레비전에 의해 중계되면서 그 시는 세계인의 마음을 사로잡게 되었습니다. 그 이후 미국 무역센터에 대한 9·11테러 1주기 기념식장에서, 아버지를 잃은 11세 소녀가 이 시를 낭독하여 이 시는 더욱 유명하게 되었습니다. 그 시의 내용은 다음과 같습니다.

> Do not stand at my grave and weep,
> 나의 무덤에 서서 눈물을 흘리지 마십시오,
> for I am not there, I do not sleep.
> 나는 거기에 있지 않습니다, 나는 잠자지도 않습니다.

I am a thousand winds that blow,
나는 흩날리는 천 갈래의 바람이며,
I am the diamonds glint on snow,
눈 위에서 빛나는 다이아몬드입니다.

I am sunlight on ripened grain,
나는 무르익은 곡식 위의 햇볕이고,
I am the gentle Autumn's rain.
나는 부드러운 가을비입니다.

When you awaken in the morning's hush,
당신이 아침의 침묵 속에서 눈을 뜨면,
I am the swift uplifting rush,
나는 재빨리 하늘을 향해 솟아오릅니다.

Of quiet birds in circle flight,
원을 그리며 맴도는 소리 없는 새와 같은,
I am the stars that shine at night.
나는 밤하늘에 반짝이는 별이랍니다.

Do not stand at my grave and cry,
나의 무덤에 서서 울지 마십시오,
I am not there, I did not die.
나는 거기에 있지 않습니다, 나는 죽지 않았습니다.

모든 인간은 언젠가는 모두 이 세상을 떠나 죽어야 할 나그네들이기에, 죽지 않을 수 없는 나그네임을 역설적으로 부정하고 있는 이 시는 사람의 마음을 파고드는 묘한 힘을 지니고 있습니다. 그래서 의식적으로든 무의식적으로든 이미 인생이 나그네임을 깨닫고 있을 중년 이상의 일본인 사이에서 일본어로 번역된 이 노래가 돌풍을 일으키고 있는 것 또한 이상한 일일 수 없습니다. 그러나 비록 암묵적으로나마 인생이 나그네임을 깨달았다 해도, 이 세상을 떠난 인간이 고작 천 갈래의 바람이나 하늘을 맴도는 새가 되는 것으로 여긴다면, 이 노래를 수천 번 수만 번 되풀이한다 해도 그 깨달음이 엘리에셀의 하나님을 만나는 접점이 될 수는 없습니다.

그러므로 하나님께서 광야의 모세에게 베풀어 주신 은총은 단지 그로 하여금 인생이 나그네임을 깨닫게 해주신 것만이 아니라, 그렇기 때문에 엘리에셀의 하나님만 의지하도록 인도해 주셨다는 것입니다. 만약 하나님께서 그 은혜를 베풀어 주시지 않았다면 설령 모세가 미디안 광야에서 인생이 나그네임을 깨달았다 해도, 그로 인해 왕자였던 과거에서 벗어나지 못한 채 더욱 세상에 집착하거나, 아니면 세상을 떠난 뒤에 천 갈래의 바람이 되리라고 읊조리다가 정말 광야의 바람처럼 사라지고 말았을 것입니다.

출애굽기 2장 16-22절은 광야의 모세에게 하나님께서 어떻게 엘리에셀의 하나님이 되어 주셨는지, 어떻게 엘리에셀의 은혜를 베풀어 주기 시작하셨는지를 소상하게 밝혀 주고 있습니다.

이집트 왕궁에서 도망친 모세는 정처 없는 나그네가 되어, 그저 발길 닿는 대로 미디안 광야에 이르렀습니다. 마침 우물을 발견하고 잠시 목을 축인 뒤 우물가에서 쉬고 있었습니다. 그때 미디안 제사장인 이드로의 일곱 딸들이 양 떼를 이끌고 왔습니다. 동시에 인근 불량배들이 나타나 처녀들에게 훼방을 놓았습니다. 먼 길을 도망쳐 오느라 지쳤음에도, 의협심이 발동한 모세는 단신으로 그 불량배들을 쫓아 주었습니다. 그리고 내친김에 물을 길어 처녀들이 몰고 온 양 떼에게 물을 먹여 주었습니다. 수줍음에 처녀들은 일이 끝나기 무섭게 종종걸음으로 돌아가 버렸습니다. 처녀들의 아비인 이드로가 이상하게 여겼습니다. 딸들이 평소에 비해 훨씬 빨리 양 떼에게 물을 먹이고 돌아왔기 때문입니다. 딸들은 우물가에서 만난 사람이 불량배를 쫓아 주고, 또 양에게 물까지 먹여 주었음을 밝혔습니다. 이드로는 그토록 고마운 분을 두고 오다니 그런 결례가 어디 있느냐며, 당장 모시고 와 감사의 식탁을 대접도록 했습니다. 뜻하지 않게 그 집으로 초청되어 주린 배를 채운 모세는 왕자의 자존심을 버리고 자신을 식객으로 받아 줄 것을 청했고, 이드로는 즉석에서 모세에게 자기 큰딸을 주어 모세를 사위로 삼았습니다. 갈 곳 없던 모세에게 상상치도 못한 따뜻한 보금자리가 주어진 것이었습니다.

그날 모세가 만약 다른 우물가에서 쉬었다면, 만약 그 우물가로 일곱 처녀들이 양을 몰고 오지 않았더라면, 만약 그때 불량배가 나타나지 않았다면, 모세가 처녀들을 괴롭히는 불량배들을 못 본 척했더라면, 모세가 처녀들의 양 떼에 물을 먹여 주지 않았더라면, 평소보다 빨리 온 딸들에게 아비가 아무런 질문을 던지지 않았다면, 이드로가 딸들로부터 모세에 관한 이야기를 듣고서도 대수롭지 않게 여겨 모세를 초청하지 않았더라면, 모세가 왕자의 자존심을 버리지 못해 자신을 식객으로 받아 줄 것을 요청하지 않았다면, 집주인이 모세를 아예 자신의 사위로 삼지 않았더라면, 이 가운데 단 한 과정만 어긋났더라도 그 보금자리는 얻을 수 없는 보금자리였습니다. 중요한 사실은, 모세는 자신에게 일어난 그 모든 일을 우연의 일치로 여기지 않았다는 것입니다. 그는 그것이 하나님의 도우심임을, 엘리에셀 하나님의 은총임을 굳게 믿었습니다. 얼마나 그 은혜가 감사했던지, 지난 시간에 말씀드린 것처럼, 모세는 둘째 아들의 이름을 자신의 신앙고백을 담아 엘리에셀이라 지었습니다.

이처럼 하나님의 도우심을 하나님의 도우심으로 깨닫고 알고 믿은 것, 바로 그 자체가 엘리에셀 하나님께서 모세에게 베푼 은총이었습니다. 그래서 모세는 미디안 광야에서 40년이나 인내할 수 있었습니다. 대이집트 제국의 왕자가 하루아침에 미디안 광야의 양치기로 전락했습니다. 세상적인 관점으로 본다면 그것은 도저히 받아들일 수 없는 현실 아니었겠습니까? 아침에 일어나면 매일 양을 쳐야 하는, 무의미하게 보이는 삶이 끊임없이 반복됩니다. 그 어떤 변화의 조짐도 보이지 않는 가운데서도 세월은 속절없이 흘러, 그의 나이가 50세가 되고 60세가 되고 70세를 훌쩍 넘깁니다. 그래도 모세는 절망하지 않고 인내하였습니다. 엘리에셀의 하나님을 믿었기에, 하나님께서 자신을 새로이 빚고 계시고 하나님의 때가 되면 자신의 삶을 통해 하나님의 뜻이 이루어질 것을 믿었기 때문입니다. 그리고 마침내 하나님께서 작정하신 40년이 찼을 때, 드디어 그를 통한 출애굽의 대역사가 시작되었습니다. 그는 자신도 모르게 하나님께서 쓰시기 편리한 하나님의 도구로 빚어져 있었던 것입니다.

우리는 우리의 인생이 나그네임도, 오직 하나님만이 우리를 도우실 수 있는 엘리에셀의 하나님이심도 알고 있습니다. 하나님께서 우리가 그 중요한 사실을 깨달을 수 있도록 은총을 베풀어 주셨기 때문입니다. 그 은혜를 은혜로 정녕 믿는다면, 우리에게 남은 것은 인내하는 것입니다. 우리에게 그 어떤 변화의 조짐이 보이지 않는다 해도, 신실하신 엘리에셀의 하나님께서 우리를 새로이 빚어 주시고 우리의 삶 속에 하나님의 약속이 성취될 때가 하루하루 가까워 옴을 믿음으로, 오늘 거쳐야 할 믿음의 과정을 바르게 좇으며 인내해야 합니다.

나희덕 시인의 시 중에 '빨래는 얼면서 마르고 있다'라는 제목의 시가 있습니다.

> 이를테면, 고드름 달고
> 빳빳하게 벌서고 있는 겨울 빨래라든가
> 달무리진 밤하늘에 희미한 별들,
> 그것이 어느 세월에 마를 것이냐고
> 또 언제나 반짝일 수 있는 것이냐고 묻는다면
> 나는 대답하겠습니다.
> 빨래는 얼면서 마르고 있다고. (후략)

겨울철 마당 빨랫줄에 빨래를 널면 이내 꽁꽁 얼어붙어, 저렇게 되어서야 과연 빨래가 마를까 싶습니다. 그러나 빨래는 얼면서 마릅니다. 혹한의 엄동설한에도 태양은 떠오르기 때문입니다.

사랑하는 교우 여러분!

혹 미디안 광야의 모세처럼 꽁꽁 얼어붙은 인생을 살고 계십니까? 그렇다면 잊지 마십시오. 빨래가 얼면서 마르는 것과 같이, 인생은 꽁꽁 얼면서 엘리에셀의 하나님에 의해 그 영혼이 흰 눈처럼 정화됩니다. 밖에 내건 빨래가 얼어붙었다는 것은 새 생명이 약동하는 봄이 가까이 왔음을 의미하듯, 인생이 꽁꽁 얼어붙은 겨울이라는 것은 엘리에셀의 하나님께서 작정하신 때가 지척에 다가와 있음을 뜻합니다. 신실하신 엘리에셀의 하나님을 신뢰하고, 또 인내하십시오. 하나님의 때가 차면, 마침내 출애굽의 대역사가 시작될 것입니다.

자기 욕심만을 좇아 속히 잡은 산업은 복이 아니라, 마침내 화가 됨을 일깨워 주신 하나님 아버지! 하나님의 약속은 우리의 인내를 그릇 삼아 성취의 열매를 맺고, 그 인내의 기간을 정하시는 분이 하나님이심을 잊지 말게 하옵소서. 우리가 믿는 하나님께서 우리를 도우시는 엘리에셀의 하나님이심을 믿기에, 날마다 하나님의 말씀을 좇는 믿음의 과정을 바르게 거치면서, 하나님의 때가 차기까지 기꺼이 인내하게 하옵소서. 그때가 이르기까지, 엘리에셀의 하나님에 의해 날로 새롭게 빚어지게 하옵소서. 때로 우리의 삶이 인생의 광야 속에서 꽁꽁 얼어붙는 것처럼 여겨질 때, 빨래가 얼면서 마르는 것처럼, 인생 역시 얼면서 하나님의 도구로 정화되어 감을 기억하게 하옵소서. 그리하여 마침내 하나님의 때가 찼을 때, 우리 모두 이 시대를 위한 출애굽의 도구로 쓰임 받게 하옵소서. 아멘.

14. 모세가 무서워

> 사도행전 7장 30-32절
> 사십 년이 차매 천사가 시내산 광야 가시나무 떨기 불꽃 가운데서 그에게 보이거늘 모세가 그 광경을 보고 놀랍게 여겨 알아보려고 가까이 가니 주의 소리가 있어 나는 네 조상의 하나님 즉 아브라함과 이삭과 야곱의 하나님이라 하신대 **모세가 무서워** 감히 바라보지 못하더라

약 두 달 전의 일입니다. 아침 9시 30분경, 한 청년으로부터 다급한 메일이 전송되어 왔습니다. 꿈속에서 성관계를 가진 것도 간음인지 묻는 내용이었습니다. 다시 말해 꿈속에서 이루어진 성행위도 '간음하지 말라'는 십계명 제7계명을 범한 범죄인지를 묻는 내용이었습니다. 그 질문에 제가 보낸 답변은 단 두 글자였습니다. '개꿈'. 그랬더니 악몽에 시달렸던 그 청년으로부터 즉각 감사하다는, 안도의 답신이 왔습니다.

누군가가 그 청년을 가리켜, 황당한 꿈에 연연해하는 맹꽁이 같은 청년이라고 말할지도 모르겠습니다. 만약 제가 그 청년을 개인적으로 알지 못했다

면 저 역시 그렇게 여겼을지도 모릅니다. 그러나 그 청년을 잘 알고 있던 저는 전혀 그렇게 생각하지 않았습니다. 자신의 꿈마저 하나님의 계명과 연관 지어 생각하는 마음을 그 청년에게 주신 하나님께 오히려 감사했습니다. 그 청년은 바로 그 직전에 성령님의 은혜를 깊이 체험한 청년이었습니다. 어린 시절부터 부모를 좇아 교회에 다니면서 단지 습관적으로만 익혀 온 추상적이고도 관념적인 하나님이 아니라, 자신의 삶 한가운데 임재하시어 자신의 삶을 구체적으로 주관하시는 삼위일체 하나님을 인격적으로 만난 것입니다. 그와 동시에 그에게 주어진 것은 꿈속의 행위마저도 하나님의 계명을 어긴 것은 아닐까 염려할 정도로, 자신도 모르게 하나님을 두려워하는 마음이었습니다. 그렇지 않고서야 그 이른 아침 시간에 제게 그런 내용의 메일을 보낼 리가 없지 않겠습니까? 그래서 저는, 그 청년에게 하나님을 두려워할 줄 아는 마음을 주신 하나님께 감사드렸습니다. 하나님을 인격적으로 만난 사람이 하나님을 두려워하는 마음을 지니는 것은 참되고도 건강한 신앙의 출발점이기 때문입니다.

우리는 모두 하나님을 경외하는 사람들입니다. 여기에 대해서는 누구도 이의를 제기하지 않을 것입니다. 하나님을 경외하지 않는 사람이라면 이 자리에 앉아 있을 이유가 없는 까닭입니다. 그렇다면 우리가 하나님을 경외하는 사람으로서, 하나님을 경외한다는 것이 과연 무슨 의미인지 단 한 번이라도 진지하게 생각해 본 적이 있습니까? 우리말 '경외하다'는 '공경하다', '삼가다'라는 의미의 '경敬' 자와, '두려워하다'라는 뜻의 '외畏' 자로 이루어져 있습니다. 따라서 하나님을 경외한다는 것은 하나님을 공경하고 두려워하는 것, 혹은 하나님을 두려워하여 하나님 앞에서 스스로 삼갈 것을 삼가는 것으로, 이것은 성경의 용어를 정확하게 번역한 것입니다. 우리말 '경외하다'로 번역된 원어가 구약을 기록한 히브리어로는 '야레ירא', 신약성경을 기록한 헬라어로는 '프호베오$\phi o\beta\acute{\epsilon}\omega$'인데, 두 단어 모두 '두려워하다', '무서워하다'라는 의미입니다. 하나님을 경외한다는 것은 하나님을 무서워하고 두려워하는 것입니다. 하나님에 대한 두려움과 무서움이 없이는 참되고도 건강한 신앙이 성립될 수 없습니다.

우리가 11주째 살펴보고 있는 스데반의 설교는 본문 30절에서 이렇게 이어지고 있습니다.

> 사십 년이 차매 천사가 시내산 광야 가시나무 떨기 불꽃 가운데서 그에게 보이거늘.

모세의 제2의 인생, 즉 40년에 걸친 미디안 광야의 양치기 생활 끝에 모세의 나이 80세가 되어 하나님의 부르심을 받는, 그 유명한 역사적인 장면입니다. 이 장면을 출애굽기 3장은 더욱 구체적으로 밝혀 주고 있습니다.

> 모세가 그의 장인 미디안 제사장 이드로의 양 떼를 치더니 그 떼를 광야 서쪽으로 인도하여 하나님의 산 호렙에 이르매 여호와의 사자가 떨기나무 가운데로부터 나오는 불꽃 안에서 그에게 나타나시니라 그가 보니 떨기나무에 불이 붙었으나 그 떨기나무가 사라지지 아니하는지라 (출 3:1-2).

모세가 하나님의 부르심을 받은 산 이름을 출애굽기는 호렙산으로, 사도행전 본문은 시내산으로 부르고 있습니다. 이것은 각각 다른 두 지점에 대한 다른 두 명칭이 아닙니다. 이 두 명칭을 산맥과 산맥 속에 있는 산봉우리의 이름으로 이해하면 되겠습니다. 이를테면 호렙 산맥 시내산 하는 식입니다.

따라서 그 두 명칭은 모두 동일한 한 지점을 의미하고 있습니다.

나이 80세가 된 모세는 그날도 여느 때처럼 미디안 광야에서 양 떼를 치고 있었습니다. 그런데 본문은 그 양 떼가 모두 모세의 장인인 이드로의 소유임을 밝혀 주고 있습니다. 40년 동안 하루도 거르지 않고 양 떼를 쳐왔건만, 그 가운데 모세의 양이라고는 단 한 마리도 없었습니다. 이집트 왕궁에서 피신한 이후 줄곧 장인 이드로의 집에서 처가살이를 해왔기에 양 떼는 말할 것도 없고, 모세가 지닌 것 가운데 장인 소유가 아닌 것은 아무것도 없었습니다. 80세의 나이에 자신의 소유라곤 전무한 모세는 그야말로 인생은 공수래공수거空手來空手去, 빈손으로 왔다가 빈손으로 돌아가는 게르솜—나그네임을 날마다 통감하며 살았습니다.

그날따라 모세는 장인 소유의 양 떼를 몰고 시내산에 이르렀다가 불이 붙은 가시나무 떨기를 보았습니다. 희한한 것은, 분명히 가시나무 떨기에 불이 붙었음에도 가시나무가 전혀 타지 않는 것이었습니다. 사도행전 본문은 그 불꽃 가운데서 천사天使가, 그리고 출애굽기 3장 2절은 하나님의 사자使者가 나타났음을 증언하고 있습니다. 하나님의 사자를 줄인 말이 천사로서, 하나님이 보내신 자라는 의미입니다. 사람들은 흔히 천사를 하얀 옷을 입고 등에 두 날개가 붙어 있는, 그림이나 상상 속의 천사로 이해합니다. 그러나 본문이 언급한 천사는 그런 천사가 아님을 31절이 전해 주고 있습니다.

> 모세가 그 광경을 보고 놀랍게 여겨 알아보려고 가까이 가니 주의 소리가 있어.

본문은 불꽃 속에 임재하신 분을 "주"라고 밝혀 주고 있습니다. '주'라고 번역된 헬라어 '퀴리오스κύριος'는 삼위일체 하나님에 대한 호칭입니다. 또 출애굽기 3장의 증언 역시 다음과 같습니다.

> 이에 모세가 이르되 내가 돌이켜 가서 이 큰 광경을 보리라 떨기나무가 어찌하여 타지 아니하는고 하니 그때에 여호와께서 그가 보려고 돌이켜 오는 것을 보신지라 하나님이 떨기나무 가운데서 그를 불러 이르시되 모세야 모세야 하시매(출 3:3-4상).

출애굽기는 그분이 하나님이심을 밝혀 주고 있습니다. 그럼에도 사도행전과 출애굽기가 공히 그분을 하나님께서 보내신 자라고 부르는 것은, 그분은 성부 하나님께서 보내신 성자 하나님이셨기 때문입니다. 많은 그리스도인들이 그릇 알고 있는 것처럼, 성자 하나님께서는 2천 년 전 인간의 모습으로 이 땅에 오시면서부터 비로소 구원 사역을 시작하신 것이 아닙니다. 태초에 성부, 성령 하나님과 함께 천지를 창조하신 성자 하나님께서는, 2천 년 전 예수님으로 성육신하시어 십자가를 통한 구원을 완성하시기 이전에도, 이처럼 인간을 위한 구원 사역을 행하고 계셨음을 성경은 분명히 밝혀 주고 있습니다.

이제 32절을 주목하시겠습니다.

> 나는 네 조상의 하나님 즉 아브라함과 이삭과 야곱의 하나님이라 하신대 모세가 무서워 감히 바라보지 못하더라.

가시나무 떨기에 붙은 불꽃 가운데서 하나님의 음성이 들리는 순간, 모세는 그만 무서움에 사로잡히고 말았습니다. 얼마나 무서웠던지 분명히 불꽃을 자세히 보기 위해 불꽃 앞으로 다가갔음에도, 모세는 더 이상 불꽃을 바라보지 못했습니다. 출애굽기 3장 6절은 더욱 구체적으로, 모세가 얼마나 두려웠던지 스스로 얼굴을 가렸음을 증언하고 있습니다.

2주 전에 살펴본 것처럼, 모세는 이날이 되어서야 비로소 하나님을 알게 된 것이 아니었습니다. 최소한 3년 동안, 경우에 따라서는 5년 이상 생모의 젖을 빨며 생모의 품에서 양육된 모세는, 이미 생모로부터 자신의 정체성과 하나님에 대하여 익히 들어 잘 알고 있었습니다. 그래서 그의 나이 40세가 되었을 때 이집트 왕자의 신분이었으면서도 이스라엘 노예를 학대하는 이집트 사람을 원수로 여겨 쳐 죽였을 뿐만 아니라, 자신의 그와 같은 행동을 통해 하나님께서 이스라엘 백성을 구원해 주실 것이란 믿음도 지니고 있었습니다. 미디안 광야에서 나그네의 삶을 시작한 이후에는 엘리에셀의 하나님, 즉 하나님만 자신을 도우실 수 있음을 믿고 고백하기도 했습니다.

더욱이 그날 하나님께서 모세에게 하신 말씀 그 자체는 전혀 놀랄 내용이 아니었습니다. "나는 네 조상의 하나님, 아브라함과 이삭과 야곱의 하나님이라"고 말씀하셨을 뿐입니다. 만약 그날 모세에게 나타난 하나님이 평소에 모세가 알던 하나님과 다른 하나님이었다면, 모세가 무서워한 것은 충분히 있을 수 있는 일이었습니다. 그러나 그날 모세에게 나타나신 하나님께서는 모세가 익히 알고 있던 하나님, 조상 대대로 믿어 온 여호와 하나님이셨습니다. 그렇다면 그것은 전혀 무서워할 일이 아니었습니다. 태어난 지 80년이 지나서야 자신을 특별히 찾아오신 하나님을, 모세는 쌍수를 들어 환영함이 마땅했을 것입니다. 그러나 실제로는 그 반대였습니다. 모세는 그동안 관념적으로만 알고 믿던 하나님을 인격적으로 만나는 순간, 하나님에 대한 두려움에 사로잡혀 감히 하나님을 바라볼 엄두조차 내지 못했습니다. 하나님을 경외하는 것은 곧 하나님을 두려워하는 것이기 때문이었습니다.

이사야 선지자가 예루살렘성전 안에서 하나님을 뵈었습니다. 그 순간 그는 이렇게 탄식하였습니다.

> 화로다 나여 망하게 되었도다 나는 입술이 부정한 사람이요 나는 입술이 부정한 백성 중에 거주하면서 만군의 여호와이신 왕을 뵈었음이로다 (사 6:5).

거룩하신 하나님을 뵌 이사야가 가장 먼저 한 것은 두려움으로 벌벌 떠는 것이었습니다. 예수님께서 베드로와 요한, 그리고 야고보를 데리고 변화산에 오르셨습니다. 그곳에서 얼굴과 옷이 해처럼 빛나고 희어지신 예수님께서, 하늘에서 내려온 모세와 엘리야와 함께 이야기를 나누셨습니다. 그 광경이 얼마나 황홀했던지 베드로는 주님께, 아예 초막을 짓고 그곳에서 함께 신선놀음할 것을 청했습니다. 그때 하늘로부터 하나님께서 예수님을 가리켜 하시는 말씀이 들렸습니다. 예수님은 하나님의 사랑하시는 아들이요 하나님이 기뻐하시는 자이므로, 자신들이 좋은 대로 하려 하지 말고 오직 예수님의 말씀을 좇아 행하라는 하나님의 말씀이었습니다. 그 순간 제자들은 두려움 속에서 그 자리에 엎드리고 말았습니다.

본래 바울은 그리스도인들을 색출, 연행, 투옥, 핍박하는 것을 필생의 사업으로 여기던 사람이었습니다. 그 일에 얼마나 열성적이었는지, 그리스도인을 색출하기 위해 예루살렘에서 213킬로미터나 떨어진 다마스쿠스까지 원정 갈 정도였습니다. 그러나 바로 그 다마스쿠스 도상에서 주님께서 그를 부르셨을 때, 그가 할 수 있었던 일은 두려움에 사로잡힌 채 땅바닥에 고꾸라지는 것이었습니다. 게다가 그 순간 그는 눈마저 멀어 버렸습니다. 조금 전까지 멀쩡했던 그가 순식간에 눈이 멀어, 겨우 다른 사람의 도움을 받아 다마스쿠스로 들어갈 때 그의 두려움이 얼마나 컸겠습니까?

이처럼 하나님을 피상적으로 알고 관념적으로 믿던 사람들이, 삼위일체 하나님의 전 존재이신 하나님의 말씀을 인격적으로 만남과 동시에 나타나는 현상 중 하나는 하나님에 대한 두려움이었습니다. 하나님을 경외한다는 것 자체가 하나님을 두려워하는 것이요, 하나님을 두려워함이 없이는 참되고도 건강한 믿음이 성립될 수 없기 때문입니다. 물론 하나님을 인격적으로 만난 사람이 하나님에 대한 두려움보다, 자신에 대한 하나님의 사랑을 먼저 느낄 수도 있습니다. 그러나 하나님에 대한 두려움이 끝내 배제된 하나님의 사랑이란 인간의 주관적인 느낌일 뿐, 진정한 하나님의 사랑일 수 없습니다. 매사에 하나님에 대한 두려움으로 일평생 오금도 펴지 못하고 사는 것이 참된 신앙일 수 없듯이, 하나님에 대한 두려움을 단 한 번도 깊이 느껴 보지 못한 사람이 주장하는 하나님의 사랑 역시 바른 신앙의 발로發露일 수는 없습니다.

하나님을 인격적으로 만난 사람이 단지 시간적인 차이만 있을 뿐, 반드시 한 번은 하나님에 대한 두려움에 사로잡히게 되는 것은 무슨 까닭입니까? 그것은 인간의 죄성으로 인함입니다. 거룩하신 하나님 앞에 서는 순간 인간의 모든 죄는 벌거벗은 듯이 드러나게 되고, 죄의 삯은 사망이기에 죄인인 인간은 하나님에 대해 두려움을 느낄 수밖에 없습니다. 중요한 사실은 죄로 인해 하나님을 두려워할 줄 아는 사람에게 역설적이게도 하나님께서는 무서운 심판자가 아니라, 예수 그리스도 안에서 인간의 죄를 사해 주시는 사랑의 하나님으로 다가와 주신다는 것입니다. 그러므로 죄로 인해 단 한 번이라도 하나님을 두려워해 본 사람만 예수 그리스도 안에서 인간의 죄를 사해 주시는 하나님의 구원과 사랑을 바르게 이해할 수 있으며, 하나님의 그 사랑에 자신의 삶으로 보답하게 됩니다.

바꾸어 말해 하나님의 사랑을 알고 믿는다면서도 자신의 죄로 인해 하나님을 단 한 번도 두려워해 본 적이 없는 사람이라면, 그가 말하는 하나님의 사랑이란 절대 순종의 대상이 아니라, 자신이 원하거나 필요할 때에만 찾는 이용 대상에 지나지 않게 됩니다. 그와 같은 사람이 아무리 하나님의 사랑을 노래해도 그 삶이 거룩하게 변화될 수 없는 것은, 하나님을 두려워하지 않는 그에게 하나님의 말씀을 절대적으로 좇아야 할 당위성이 있을 리가 만무하기 때문입니다. 이것이 성경 속에서 그 많은 선지자들이 여호와 하나님을 경외하라, 즉 두려워하라고 외친 이유요, 특히 사도 바울이 다음과 같이 권면하는 까닭입니다.

> 그런즉 사랑하는 자들아 이 약속을 가진 우리는 하나님을 두려워하는 가운데서 거룩함을 온전히 이루어 육과 영의 온갖 더러운 것에서 자신을 깨끗하게 하자(고후 7:1).

오직 하나님을 두려워하는 사람만 거룩함을 온전히 추구하면서, 모든 더러움으로부터 영육 간에 자신을 정결하게 할 수 있다는 것입니다. 이것은 너무나도 당연한 일 아니겠습니까? 하나님을 두려워하지 않는 사람이 무엇이 답답하다고, 구태여 거룩하고 정결한 삶을 살려고 애쓰겠습니까? 모세와 바울, 그리고 예수님의 제자들이 하나님의 거룩한 도구로 쓰임 받을 수 있었던 것은 그들이 모두 하나님을 사랑하는 사람들이었고, 하나님을 사랑하기에 또한 하나님을 두려워할 줄 아는 사람들이었기 때문입니다.

그렇다면 우리는 오늘날 왜 교회가 세상으로부터 비판과 비난의 대상으로 전락했는지, 그 본질적인 연유를 알게 됩니다. 교회를 이루고 있는 그리스도인들이, 바로 우리 자신들이 하나님에 대한 두려움을 상실했기 때문입니다. 하나님에 대한 두려움을 결여한 사람이 외치는 하나님의 사랑이란 사람을 살리는 생명이 아니라, 도리어 인간의 죄성과 죄악을 부추기고 정당화하는 죽음의 마약에 지나지 않습니다. 그래서 하나님을 두려워하지 않는 그리스도인의 신앙은 세속적 일변도를 탈피하지 못한 채, 그 삶이 믿지 않는 사람과 전혀 구별되지 않는 지경에까지 이르고 말았습니다.

교회와 신앙의 개혁의 필요성이 제기된 것이 어제오늘 일이 아니지만, 우리의 현실은 여전히 개혁과는 거리가 멉니다. 교회와 그리스도인의 삶의 개혁은 제도나 조직의 변경에 있는 것이 아니라, 그리스도인이 하나님을 두려워하는 마음을 회복하는 것으로부터 시작됩니다. 생각해 보십시오. 하나님을 두려워하는 사람이 하나님의 명령을 등한시할 수 있겠습니까? 하나님을 두려워하는 사람이 자신의 죄를 사해 주신 하나님의 사랑을 배신할 수 있겠습니까? 하나님을 경외하여 스스로 삼갈 것을 삼가는 사람이 세상이나 자신을 우상으로 섬기면서, 스스로 자기 생명을 갉아먹을 수 있겠습니까? 하나님을 두려워하는 사람이라면, 자신을 구원해 주신 하나님의 사랑을 힘입어 거룩하고 정결한 삶을 살아가지 않겠습니까?

이제 우리 모두 하나님 앞에서 정직하게 대답해 보십시다. 우리는 과연 하나님을 두려워하고 있습니까? 시내산에서 모세가 하나님을 두려워하듯, 예루살렘성전 안에서 이사야가 하나님을 두려워하며 벌벌 떨듯, 변화산에서 제자들이 하나님을 두려워하여 엎드러지듯, 다마스쿠스 도상의 바울이 하나님에 대한 두려움으로 고꾸라지듯, 우리를 찾아오신 하나님을 단 한 번이라도 두려워해 본 적이 있습니까? 만약 없다면, 우리의 삶은 거룩함과 정결함과는 거리가 멀어도 한참 멀지 않겠습니까?

1971년 12월 25일 성탄절 아침, 서울 시내 한복판에 있는 대연각 호텔에서 대화재가 발생하였습니다. 무려 10시간 동안이나 계속된 그 화재로 인해, 건물 안에 있던 사람 가운데 165명이 사망하고 47명이 부상당했습니다. 당시 화재 진압과 인명 구조 현장이 하루 종일 텔레비전으로 생중계되어 전 국민이 충격에 빠지기도 했습니다. 그 사건을 모티브로 하여 1974년 할리우드에서 제작된 영화가 스티브 매퀸과 폴 뉴먼 주연의 〈타워링The Towering Inferno〉입니다. 그 영화 가운데 아직도 제 뇌리에 생생하게 남아 있는 장면이 있습니다. 세계에서 제일 높은 빌딩에서 화재가 발생하여 수많은 사람들이 이리 밀리고 저리 밟히며 우왕좌왕하지만, 출구를 찾지 못해 사람들이 죽어 갑니다. 그 인파 속에서 한 사람이 혼잣말로 이렇게 탄식합니다.

"이럴 줄 알았으면 평소 화재 대피 훈련에 참가하는 거였는데."

그 사람이 왜 평소에 화재 대피 훈련을 무시했겠습니까? 화재를, 불을, 전혀 두려워하지 않았기 때문입니다.

이것이 어찌 화재 사건에만 국한된 이야기이겠습니까? 팀 라헤이와 제리 젠킨스가 공동 저작한 〈레프트 비하인드Left Behind〉는, 하나님께서 요한계시록을 통하여 예언하신 종말을 다룬 장편소설입니다. 그 소설은 요한계시록에 대한 편향적 해석에도 불구하고, 대단히 중요한 사실을 그리스도인들의 심령에 새겨 주고 있습니다. 하나님의 종말이 갑자기 임했을 때 수많은 사람들이 그제야 자신의 지난 삶을 후회하며 우왕좌왕하리라는 것입니다. 그 소설을 읽으며 저는 영화 〈타워링〉을 생각했습니다. 누가 하나님께서 말씀하신 종말을 우습게 여기겠습니까? 두말할 것도 없이 하나님을, 하나님의 말씀을 두려워하지 않는 사람입니다. 하나님을 전혀 두려워하지 않는 사람이 개인적 종말이든 우주적 종말이든 어느 날 불현듯 종말을 당했을 때, 〈타워링〉의 그 조난자처럼 탄식할 것임은 불을 보듯 뻔한 일입니다.

사랑하는 교우 여러분!

이 시대의 모세가 되기를 원하십니까? 주님의 진정한 제자가 되고 싶으십니까? 바울처럼 살기를 원하십니까? 그렇다면 우리 모두 하나님을 두려워하는 사람이 되십시다. 하나님을 경외하는 것도, 예수 그리스도 안에서 거룩하고 정결한 삶을 추구하는 것도, 오직 하나님을 두려워하는 마음으로부터 시작됩니다.

하나님께서 시편과 잠언서를 통해 말씀하셨습니다.
"온 땅은 여호와를 두려워하며 세상의 모든 거민들은 그를 경외할지어다"(시 33:8).
"말씀을 멸시하는 자는 자기에게 패망을 이루고 계명을 두려워하는 자는 상을 받느니라"(잠 13:13).
"지혜로운 자는 두려워하여 악을 떠나나 어리석은 자는 방자하여 스스로 믿느니라"(잠 14:16).
하나님을 경외하는 것은, 하나님을 두려워하는 것임을 잊지 말게 하옵소서. 하나님을 두려워하는 사람만 하나님의 사랑을 바르게 알고, 그 사랑에 절대 순종할 수 있음을 기억하게 하옵소서. 하나님을 두려워함이 참되고, 건강하고, 균형 잡힌 신앙의 출발점임을 언제 어디서나 명심하게 하옵소서.
이제부터 세상을 두려워하는 것이 아니라, 하나님을 두려워하게 하옵소서. 우리를 둘러싸고 있는 상황을 두려워하는 것이 아니라, 우리를 영원히 책임져 주실 하나님의 말씀을 외면할까 두려워하게 하옵소서. 하나님을 두려워하기에, 오히려 예수 그리스도 안에서 우리의 죄를 용서해 주신 하나님의 사랑을 깊이 신뢰하며, 그 사랑을 힘입어 날마다 거룩함과 정결함을 이루어 가게 하옵소서. 그리하여 우리의 삶과 이 땅의 교회가 새로워지게 하옵시고, 하나님을 두려워하는 우리로 인해 이 사회가 날로 정화되게 하옵소서.

우리 가운데 하나님을 두려워함이 없어, 세상이나 자신을 우상으로 삼아 자기 생명을 스스로 갉아먹다가, 불현듯 마지막 날을 당하고서야 땅을 치고 후회하는 사람이 단 한 사람도 없게 하여 주옵소서. 아멘.

15. 거룩한 땅

> 사도행전 7장 30-33절
> 사십 년이 차매 천사가 시내산 광야 가시나무 떨기 불꽃 가운데서 그에게 보이거늘 모세가 그 광경을 보고 놀랍게 여겨 알아보려고 가까이 가니 주의 소리가 있어 나는 네 조상의 하나님 즉 아브라함과 이삭과 야곱의 하나님이라 하신대 모세가 무서워 감히 바라보지 못하더라 주께서 이르시되 네 발의 신을 벗으라 네가 서 있는 곳은 **거룩한 땅**이니라

대부분의 사람들은 땅을 흙과 동일시합니다. 돌산처럼 온통 돌로만 이루어진 곳을 땅이라 여기지는 않는 것입니다. 그러나 그것은 땅에 대한 바른 인식이 아닙니다. 사전은 땅을, "지구에서 강, 호수, 바다와 같이 물로 이루어져 있는 부분이 아닌, 흙이나 돌로 구성된 부분 일체"를 의미한다고 정의하고 있습니다. 이를테면 산과 초원, 사막과 전답田畓을 포함하여 지구상에서 겉으로 드러난 일체의 뭍, 한마디로 물이 아닌 곳은 온통 땅인 것입니다. 그래서 우리는 동해 한가운데에 버티고 있는 돌섬인 독도를 가리켜 "독도는

우리 땅"이라 부릅니다.

지구상에서 물이 아닌 곳이 모두 땅이라면, 땅의 실제 크기가 얼마나 광대하겠습니까? 그러나 모든 땅이 똑같이 땅으로 불린다고 해서 그 의미와 가치마저 다 동일한 것은 아닙니다. 쓰레기나 폐허로 뒤덮여 버려진 땅이 있는가 하면, 풀 한 포기 돋아나지 않는 죽음의 불모지가 있고, 소돔과 고모라처럼 심판받아 마땅한 타락과 저주의 땅도 있습니다. 그 반면에 세월이 흘러갈수록 더더욱 거룩한 땅, 다시 말해 성지聖地로 기려지는 땅도 있습니다. 천지 사방이 온통 땅인데, 그중에서 특별히 성지로 기려지는 땅이라면 그 땅은 정말 특별한 땅임에 틀림없습니다. 대체 어떤 땅이 사람들로부터 거룩한 땅으로 구별되고 또 기려지겠습니까?

성지란 종교와 관련된 용어로서 "종교적 유적과 사건 그리고 인물을 기리는 곳"을 일컫습니다. 기독교인들이 예루살렘을, 그리고 이슬람교도들이 사우디아라비아의 메카를 각각 최고의 성지로 받드는 것은, 예루살렘과 메카가 기독교와 이슬람교의 역사를 고스란히 간직하고 있는 역사의 보고寶庫이기 때문입니다. 이처럼 사람들이 말하는 성지는 과거를 기리는 곳으로 철저하게 과거 지향적입니다. 과거의 역사적 사건이나 인물과 무관한 곳은 아예 거룩한 땅, 성지로 구별될 수조차 없습니다. 그러나 하나님께서 말씀하시는 거룩한 땅, 성지는 전혀 그런 의미가 아님을 오늘 본문이 일깨워 줍니다.

40세에 이집트 왕궁에서 피신한 모세는, 그 이후 40년 동안 미디안 광야에서 양치기로 살았습니다. 40년 동안이나 양을 쳤다면, 모세가 엄청난 수의 양 떼를 소유하고 있음이 마땅할 것입니다. 그러나 80세가 된 모세에겐 자기 소유의 양이 단 한 마리도 없었습니다. 40년 동안 장인 집에서 처가살이를 해온 탓에 그가 치는 양 떼는 말할 것도 없고, 그가 지닌 것 가운데 장인 소유가 아닌 것이 없었습니다. 그처럼 나이 팔십이 되기까지 광야의 빈털터리 나그네이던 모세는 어느 날 양 떼를 몰고 시내산으로 갔다가, 가시나무 떨기 불꽃 가운데 나타나신 하나님의 말씀을 통해 하나님을 인격적으로 만났습니다. 모세가 만난 하나님은, 모세가 알고 있던 하나님과 다른 하나님이 아니었습니다. 하나님께서 모세에게 가장 먼저 하신 말씀은, "나는 네 조상의 하나님 즉 아브라함과 이삭과 야곱의 하나님"이시라는 것이었습니다. 모세가 만난 하나님은 그동안 모세가 익히 알던, 조상 대대로 믿어 온 여호와 하나님이셨습니다. 그렇지만 모세는 자신이 익히 알던 하나님을 인격적으로 만나는 순간 기뻐하기보다는, 오히려 하나님에 대한 두려움에 사로잡히고 말았습니다. 지난 시간에 말씀드린 것처럼, 하나님을 경외한다는 것은 하나님을 두려워하는 것이기 때문이었습니다.

하나님께서 모세에게 다시 말씀하셨습니다.

네 발의 신을 벗으라 네가 서 있는 곳은 거룩한 땅이니라(33절).

하나님께서는 모세가 서 있는 곳을 가리켜 친히 거룩한 땅, 성지라고 말씀하셨습니다. 시내산은, 수분 없이도 생존할 수 있는 중동 특유의 가시나무 이외에는 풀 한 포기도 제대로 자랄 수 없는 죽음의 돌산에 지나지 않습니다. 외형상 거룩한 것이라곤 아무것도 없는 곳입니다. 그런데도 하나님께서는 그곳을 가리켜 거룩한 땅, 성지라 부르셨습니다. 그러나 그것은, 시내산이 과거의 역사적 인물이나 사건과 관련되어 있음을 의미하는 것은 아니었습니다.

모세 이전에 하나님의 부르심을 받았던 신앙 선조들, 이를테면 에녹, 노아, 아브라함, 이삭, 야곱, 요셉과 같은 신앙 선조들 가운데 시내산에 올랐던 사람은 아무도 없었습니다. 아브라함이 하나님의 명령에 순종하여 100세에 얻은 사랑하는 독자 이삭을 모리아 산에서 번제로 바치듯, 시내산에서 하나님을 경외하는 누군가에 의해 드라마틱한 신앙 행위가 연출된 적도 없었습니다. 성경은 성경 인물들 가운데 시내산에 처음으로 오른 사람은 모세임을 분명하게 밝혀 주고 있습니다. 그럼에도 하나님께서 모세가 서 있는 시내산을 거룩한 땅이라 말씀하신 것은, 인간이 말하는 성지와는 달리 하나님께서 성지로 부르시는 곳은 과거의 유물이나 유산이 아님을, 즉 과거와는 전혀 무관한 곳임을 일깨워 주고 있습니다.

어떤 사람들은 모세가 서 있는 시내산이 거룩한 땅인 것은, 바로 그곳에 하나님께서 모세와 함께 계셨기 때문이라고 말합니다. 하나님께서 거룩하신 분이시기에, 거룩하신 하나님께서 계신 곳이 거룩한 성지가 되는 것은 너무나 당연한 이야기입니다. 그러나 그날 하나님께서 시내산에 계셨다는 이유만으로 그곳이 거룩한 땅일 수 있었다면, 바로 그 순간 하나님께서는 그곳 이외에는 아무 데도 계시지 않았고, 결과적으로 그곳 이외에는 모두 거룩하지 않았다는 말입니까? 그렇지 않습니다. 하나님께서는 인간처럼 공간의 제약을 받지 않으십니다. 하나님께서 그날 시내산에서 모세와 함께 계셨다는 것은, 그 순간 시내산 이외의 곳에는 계시지 않았다는 말이 결코 아닙니다. 영이신 하나님께서는 시간과 공간을 초월하여 언제 어디나 계시는 무소부재의 하나님이십니다. 지금 이곳에 우리와 함께 계시는 하나님께서는 바로 이 시간에 지구 반대편에도 계십니다. 그래서 하나님께서는 이사야 66장 1절을 통해, "하늘은 나의 보좌요 땅은 나의 발판"이라고 말씀하셨습니다. 온 우주에 하나님께서 계시지 않는 곳이 없다는 말입니다. 이처럼 무소부재하신 하나님에 의해 창조되고, 무소부재하신 하나님께서 품고 계시는 우주 만물이 실은 온통 하나님의 거룩한 피조물임은 두말할 나위가 없습니다. 그러므로 하나님께서 시내산에 계셨기 때문에 그곳이 거룩한 성지였다는 설명은, 시내산을 성지로 간주하는 필요조건은 될 수 있을지언정 충분조건이 될 수는 없습니다.

또 어떤 사람들은, 모세가 서 있는 시내산이 거룩한 땅인 것은 그곳에 하나님의 말씀이 임하셨기 때문이라 말합니다. 하나님께서 거룩하시기에 하나님의 말씀 또한 거룩하고, 하나님의 거룩한 말씀이 임한 곳이 거룩해진다는 것 또한 재론의 여지도 없습니다. 그러나 여기에서 우리는 똑같은 질문을 제기할 수밖에 없습니다. 그날 모세가 서 있던 시내산이 거룩한 땅인 까닭이 단지 하나님의 말씀이 임하셨기 때문이라면, 바로 그 순간 시내산 이외에는 하나님의 말씀이 없었고, 결과적으로 그곳 이외의 곳은 모두 거룩하지 않았다는 말입니까? 결코 아닙니다. 하나님께서는 대리석이나 화강암으로 천지를 만드신 것이 아닙니다. 하나님께서는 말씀으로 천지를 창조하셨습니다. 빛이 있으라 말씀하시매 빛이 생겼고, 식물과 짐승이 있으라 말씀하심으로 온갖 식물과 짐승이 창조되었습니다. 온 우주 만물이 하나님의 거룩한 말씀으로 이루어져 있습니다. 이 세상 피조물 그 어느 것 하나 하나님의 말씀 아닌 것이 없습니다. 그래서 다윗은 시편 19편을 통하여 이렇게 고백하였습니다.

> 하늘은 하나님의 영광을 드러내고, 창공은 그의 솜씨를 알려 준다. 낮은 낮에게 말씀을 전해 주고, 밤은 밤에게 지식을 알려 준다. 그 이야기 그 말소리, 비록 아무 소리가 들리지 않아도 그 소리 온 누리에 울려 퍼지고, 그 말씀 세상 끝까지 번져 간다(시 19:1-4상, 새번역)

말씀으로 창조된 우주 만물이 하나님의 말씀이기에, 온 세상이 실은 하나님의 말씀으로 가득 차 있다는 의미입니다. 따라서 하나님의 말씀을 들으려는 사람은 하늘의 별을 통해, 떨어지는 낙엽을 통해, 돋아나는 새싹을 통해 하나님의 말씀을 들을 수 있습니다. 그러므로 그날 모세가 서 있던 시내산이 거룩한 성지인 까닭이, 단지 그곳에 하나님의 말씀이 임하셨기 때문이라는 것 역시 본문에 대한 충분한 설명이 될 수는 없습니다.

그렇다면 하나님께서 모세가 서 있는 곳을 거룩한 땅, 성지라고 친히 밝히신 이유는 무엇이었겠습니까? 우리는 그 해답을 하나님께서 모세에게 하신 말씀 속에서 찾을 수 있습니다.

네 발의 신을 벗으라 네가 서 있는 곳은 거룩한 땅이니라(33절).

하나님께서는 모세에게 먼저 발에서 신을 벗을 것을 명령하셨습니다. 인간의 발과 신은 타락한 인간 본성의 상징입니다. 추악한 욕망과 자기 이기심에 눈먼 인간의 발은 타인이나 정의에는 아랑곳없이, 단지 자신의 욕망과 이기심을 충족시켜 줄 사람과 장소를 쫓아다니느라 늘 분주합니다. 그 결과 죄악의 장소를 두루 다니며 죄악의 행위를 견인하는 인간의 발은, 언제나 세상의 추악한 냄새와 죄의 먼지로 더럽혀져 있기 마련입니다.

희한한 일은, 사람은 누구든 발을 닦은 수건으로 얼굴을 닦지는 않는다는 것입니다. 이것은 목욕 후에도 마찬가지입니다. 적어도 목욕을 제대로 한 사람이라면 목욕 직후, 머리끝에서부터 발끝에 이르기까지 신체 모든 부위가 다 깨끗할 것임은 말할 나위도 없습니다. 그렇지만 그 누구도 먼저 발을 닦은 뒤에 그 수건으로 얼굴을 닦는 사람은 없습니다. 모든 사람들이 예외 없이 다른 신체 부위를 다 닦은 뒤, 사용한 수건을 빨래 통에 넣기 전 마지막 순서로 발을 닦습니다. 목욕탕용 매트나 걸레에 발을 한 번 문지르는 것으로 발 닦기를 대신하는 사람도 부지기수입니다. 이것은 모든 사람들이 은연중에 자기 발을 더럽다고 여기고 있다는 반증입니다. 더욱이 목욕까지 하고서도 여전히 자기 발을 더럽다고 여기는 것은, 하나님을 믿든 믿지 않든 모든 인간은 영적인 존재이기에 자기 발이 단지 외적으로만이 아니라 본질적으로 더럽다는 잠재의식을 지니고 있음을 뜻합니다.

따라서 하나님께서 모세에게 발의 신을 벗으라고 말씀하신 것은, 인간을 타락게 하는 자기 욕망과 이기심의 신을 벗어던지라는 의미였음을 우리는 알게 됩니다. 하나님을 인격적으로 만난 인간이 자기 욕망과 이기심의 신을 벗어던질 때에만 비로소 거룩하신 하나님의 생명의 통로가 될 수 있기 때문입니다. 얼마나 많은 사람들이 하나님을 인격적으로 만나고서도 자기 욕망과 이기심의 신을 벗어던지지 못해, 하나님의 생명과는 무관한 옛 삶을 여전히 답습하고 있는지 모릅니다.

오늘 본문에는 신을 벗으라는 하나님의 명령만 있을 뿐, 그 명령에 대한 모세의 반응은 가타부타 기록되어 있지 않습니다. 하나님의 말씀을 통해 하나님을 인격적으로 만난 모세가 자기 욕망과 이기심의 신을 벗어던졌음은 두말할 나위가 없기 때문입니다. 엘리에셀의 하나님께서 지난 40년 동안 광야에서 모세를 훈련시키신 목적이 바로 거기에 있었으므로, 신을 벗으라는 하나님의 명령 앞에서 모세가 자기 욕망과 이기심의 신을 벗어던졌음을 본문이 굳이 언급할 필요가 없었던 것입니다. 만약 모세가 그때 자기 욕망과 이기심의 신을 벗어던지지 않았던들, 바로 그 시내산에서부터 출애굽이란 새 생명의 대역사가 시작되었을 리 만무합니다.

그렇다면 우리는 하나님께서 말씀하신 거룩한 땅, 성지의 의미를 이제 명료하게 깨달을 수 있습니다. 세속적 의미의 성지와는 달리, 하나님께서 말씀하시는 성지는 과거의 역사적 인물이나 사건을 기리는 곳이 아닙니다. 지형이 성스럽다고 성지가 되는 것도 아닙니다. 하나님께서 말씀하시는 성지는, 하나님의 말씀 속에서 하나님을 인격적으로 만난 사람이 하나님의 말씀에 자신의 전 존재를 의탁하기 위해 자기 욕망과 이기심의 신을 현재형으로 벗어던지는 곳입니다. 바로 그 사람을 통해 거룩하신 하나님의 생명이 현재형으로 넘쳐 나기 때문입니다. 만약 그날 모세가 자신이 인격적으로 만난 하나님의 말씀 앞에서 자기 욕망과 이기심의 신을 벗어던지지 않았던들, 시내산은 모세 개인에게는 하나님의 생명이 넘치는 거룩한 땅이 아니라 한낱 죽음의 돌산에 지나지 않았을 것입니다.

우리는 여기에서 12주째 살펴보고 있는 사도행전 7장의 출발점으로 되돌아가 볼 필요가 있습니다. 이미 우리가 알고 있는 바와 같이 사도행전 7장은 스데반이 산헤드린 법정에서 행한 설교, 더 정확하게 표현하면 진술 내용을 담고 있습니다. 하나님께서 거룩한 예루살렘성전 안에만 계신다고 믿는 유대인들이 스데반을 제거하기 위하여, 스데반은 예루살렘성전을 부정하는 사람이라고 그를 신성모독죄로 고발했기 때문입니다. 스데반은 자신의 진술을 통해 하나님께서 믿음의 조상 아브라함이 하란에 있을 때 하란에서 역사하셨고, 가나안에 있는 이삭과 야곱과 함께하셨으며, 이집트에 있는 요셉과 모세와 함께 계셨음을 밝혔습니다. 하나님께서는 예루살렘성전 안에 갇혀 계시는 분이 아니라 무소부재하신 분이시요, 하나님께서는 예루살렘성전 안에서만 말씀하시는 분이 아니라 언제 어디서나 말씀하시는 분임을 역설하기 위함이었습니다. 그리고 스데반은 예루살렘성전 그 자체를 거룩하신 하나님과 동일시하는 유대인들에게, 볼 것이라고는 아무것도 없는 죽음의 돌산에 불과한 시내산을 친히 거룩한 성지라 부르신 하나님의 말씀을 인용하였습니다. 참된 성소는 예루살렘성전 건물 그 자체가 아니라, 하나님을 인격적으로 만난 사람이 하나님의 말씀을 온전히 좇기 위해 자기 욕망과 이기심의 신발을 벗어던지는 데서부터 시작됨을, 다시 말해 진정한 성지는 공간의 문제가 아니라 인간 중심의 문제임을 일깨워 주기 위함이었습니다.

오늘날 물질주의에 함몰되어, 하나님을 믿는다면서도 단지 눈에 보이는 것만을 추구하는 현대의 그리스도인들이 반드시 귀 기울여야 할 메시지가 아닐 수 없습니다.

모세가 시내산에서 하나님의 소명을 받은 지 3400여 년이 지난 지금까지, 전 세계의 수많은 그리스도인들이 시내산을 성지로 기리며 순례하고 있습니다. 그러나 이집트 시나이반도 최남단에 위치한 시내산 그 자체를 신성시한다면, 그것은 단지 기독교 유적지에 대한 관광이나 탐방일 뿐 진정한 의미에서의 성지순례는 아닙니다. 비록 시내산을 찾아가 보지는 못할지라도, 누구든지 3400년 전의 모세를 본받아 하나님의 말씀 앞에서 자기 욕망과 이기심의 신을 기꺼이 현재형으로 내벗어던지는 사람이 있다면, 바로 그 사람이 참된 성지순례자입니다. 그가 어느 곳에 있던 거룩하신 하나님께서 그를 통해 생명으로 역사하실 것인즉, 그가 있는 곳이 곧 거룩한 땅이 될 것이기 때문입니다.

이곳 양화진으로 부르심을 받은 우리 자신을 포함하여 사람들은 이곳을 오래전부터 성지, 즉 거룩한 땅이라 부르고 있습니다. 이곳을 성지라 부르는 이유가 대체 무엇입니까? 이곳이 동서양의 문화가 격돌한 역사의 현장이기 때문입니까? 수많은 천주교인들이 참수형을 당한 절두산과 이웃하고 있고, 역사의 암흑기에 우리 민족에게 생명과 진리의 빛을 던져 준 선교사님들의 무덤이 있기 때문입니까? 그런 과거의 이유만이라면 이곳이 세속적 의미의 성지나 역사적 사적지가 될 수 있을지는 모르나, 하나님께서 말씀하신 거룩한 땅이 될 수는 없습니다. 참된 성지는 과거를 위한 곳이 아니라, 현재를 위한 곳입니다. 진정한 성지는 죽은 사람을 위한 공간이 아니라, 살아 있는 사람들을 위한 공간입니다. 하나님께서 말씀하시는 성지는 죽은 사람을 기리는 죽음의 장소가 아니라, 살아 있는 사람이 하나님으로부터 거룩한 소명을 받아 그 중심이 현재형으로 새로워지는 생명의 장소입니다. 그렇다면 이 양화진을 지키는 사람으로 하나님의 부르심을 받은 우리가 이 양화진을 어떻게 성지로 지킬 것인지, 이제 그 해답이 자명해졌습니다.

성자 하나님께서는 성부 하나님의 뜻을 이루시기 위해 높고 높은 하늘 보좌를 버리시고 인간으로 강림하심으로 영원한 생명의 구주가 되셨고, 그분의 발이 닿는 곳은 모두 성지가 되었습니다. 당신을 버리신 그분이 곧 하나님의 생명 그 자체이셨기 때문입니다. 모세는 하나님의 말씀 앞에서 자기 욕망과 이기심의 신을 벗어던졌기에 그가 서 있던 죽음의 돌산이 하나님에 의해 하나님의 생명이 흘러넘치는 거룩한 땅, 성지가 되었습니다. 이곳 양화진에 묻힌 선교사님들은 우리 민족이 가장 암울했던 시기에 이 민족을 위해 자기 욕망과 이기심의 신을 벗어던졌기에 이 땅을, 이 땅의 국민 4분의 1이 하나님을 경외하는 거룩한 땅이 되게 하였습니다.

사랑하는 교우 여러분!

이곳 양화진으로 하나님의 부르심을 받은 우리 모두 모세처럼, 이곳에 묻힌 선교사님들처럼, 하나님의 말씀 앞에서 우리 욕망과 이기심의 추한 신을 벗어던지십시다. 하늘 보좌를 버리시고 인간이 되심으로 영원한 생명의 구주가 되신 예수 그리스도를 본받는, 예수 그리스도의 참된 제자들이 되십시다. 그때 이곳 양화진은 말할 것도 없고, 우리의 발길이 닿는 곳이 모두 거룩한 땅이 될 것입니다. 우리가 어디에 있든, 우리를 통해 하나님의 생명이 늘 현재형으로 흘러넘칠 것이기 때문입니다.

하나님께서는 부족하기 짝이 없는 우리를 믿으시고, 한국 개신교의 최고 성지로 일컬어지는 이곳을 우리에게 맡기셨습니다. 이곳의 외형과 외관을 지키는 것만으로 성지를 수호하는 것으로 착각하는 어리석음에서 벗어나게 하옵소서. 성지는 과거를 위해 존재하는 곳이 아니라 현재를 위한 곳이요, 성지는 죽은 사람을 기리는 죽음의 장소가 아니라 살아 있는 사람의 중심이 하나님의 말씀 앞에서 현재형으로 새로워지는 생명의 장소임을 잊지 말게 하옵소서.

이곳에 묻힌 선교사님들처럼, 시내산 위에서의 모세처럼, 우리 모두 하나님의 말씀 앞에서 우리의 추한 욕망과 이기심의 신을, 늘 현재형으로 벗어던지게 하옵소서. 하늘 보좌를 버리심으로 영원한 생명의 구주가 되신 예수 그리스도를 본받게 하옵소서. 그리하여 우리로 인해 이곳 양화진은 말할 것도 없고, 우리가 어디에 있든 바로 그곳이, 하나님의 생명이 현재형으로 넘치는 거룩한 땅, 성지가 되게 하옵소서.

"너희 안에 이 마음을 품으라. 곧 그리스도 예수의 마음이니, 그는 근본 하나님의 본체시나 하나님과 동등됨을 취할 것으로 여기지 아니하시고, 오히려 자기를 비워 종의 형체를 가지사 사람들과 같이 되셨고, 사람의 모양으로 나타나사 자기를 낮추시고 죽기까지 복종하셨으니, 곧 십자가에 죽으심이라. 이러므로 하나님이 그를 지극히 높여 모든 이름 위에 뛰어난 이름을 주사, 하늘에 있는 자들과 땅에 있는 자들과 땅 아래에 있는 자들로 모든 무릎을 예수의 이름에 꿇게 하시고, 모든 입으로 예수 그리스도를 주라 시인하여 하나님 아버지께 영광을 돌리게 하셨느니라"(빌 2:5-11). 아멘.

16. 너를 보내리라 _{사순절 첫째 주일}

>사도행전 7장 30-34절
>사십 년이 차매 천사가 시내산 광야 가시나무 떨기 불꽃 가운데서 그에게 보이거늘 모세가 그 광경을 보고 놀랍게 여겨 알아보려고 가까이 가니 주의 소리가 있어 나는 네 조상의 하나님 즉 아브라함과 이삭과 야곱의 하나님이라 하신대 모세가 무서워 감히 바라보지 못하더라 주께서 이르시되 네 발의 신을 벗으라 네가 서 있는 곳은 거룩한 땅이니라 내 백성이 애굽에서 괴로움 받음을 내가 확실히 보고 그 탄식하는 소리를 듣고 그들을 구원하려고 내려왔노니 이제 내가 **너를** 애굽으로 **보내리라** 하시니라

지난 수요일부터 사순절四旬節이 시작됨에 따라 오늘은 교회력으로 사순절 첫째 주일이 됩니다. 사순절이란 부활절 이전 6주 동안, 우리를 살리시기 위해 십자가에 못박혀 돌아가신 주님의 고난을 묵상하면서, 구원받은 그리스도인답게 살지 못한 우리의 그릇된 삶을 참회하는 기간입니다. 그리스도인들이 참회와 금식을 통해 부활절을 준비하는 것은 2천 년 전 초대교회

에서부터 시작된 전통이었습니다. 그래서 4세기에 오늘날과 같은 사순절이 제도적으로 실시되기 시작했을 때, 교회는 교인들로 하여금 사순절 6주 동안 금욕과 금식을 의무적으로 행하도록 하였습니다. 그러나 주일에는 예배를 드려야 하므로 사순절 기간 동안 주일에 한하여 금식이 해제되었습니다. 결과적으로 6주간, 다시 말해 42일간의 사순절 기간 동안 금식이 해제되는 여섯 번의 주일을 제외하면 실제 금식일 수는 36일에 지나지 않았습니다. 따라서 교회는 7세기부터, 나흘을 앞당겨 수요일부터 사순절을 실시함으로 실제 금식일이 40일이 되게 하였습니다. 교회의 모든 절기 가운데 유독 사순절만 주일이 아닌 수요일에 시작되는 까닭이 여기에 있습니다. 교회가 이처럼 40일이란 숫자에 집착한 것은, 광야에서 40일 동안 금식하신 예수님을 본받기 위함이었습니다.

초기에 교회는 사순절 기간 동안의 금식에 매우 엄격했습니다. 저녁이 되기 전에 가볍게 먹는 단 한 끼의 식사만 허용되었습니다. 그나마 쇠고기나 달걀 그리고 우유로 만든 음식은 먹을 수 없었습니다. 빈약하기 짝이 없는 단 한 끼의 식사 외에는 하루 종일 굶는 날들이, 주일을 제외하고 무려 40일이나 계속되었습니다. 인간의 가장 기본적 욕구인 식욕과 싸워 이기면서 주님의 고난에 동참하고, 또 참회함으로 부활절을 맞는 것은 영적으로 얼마나 은혜로운 일이었겠습니까?

그러나 일생에 한두 번도 아니고, 매일 빈약한 식사 한 끼만으로 40일을 버텨야 하는 일이 해마다 반복되면서 사순절 금식은 사람들에게 엄청난 부담이 되었습니다. 금식의 참된 정신은 사라지고 무거운 형식만 남은 사순절이 사람들을 무겁게 압박하기 시작한 것입니다. 그로 인해 각광받기 시작한 것이 사순절 직전 사흘 동안 펼쳐지는 '사육제謝肉祭', 즉 '카니발carnival'이었습니다. 'carnival'이란 명칭은, 교황 그레고리우스가 사순절이 시작되기 직전 주일을 'dominica ad carnes levandas'라 부른 데서 유래된 것으로 알려지고 있습니다. 그 의미는 '육체를 위한 주일'이란 뜻이었습니다. 그 이후 사람들은 'carnes levandas'(육체의 위로)를 'carneval', 즉 'carnival'로 줄여 부르게 되었습니다. 이것이 오늘날까지 수요일에 시작되는 사순절 직전의 주일부터 화요일까지 사흘 동안 벌어지는 'carnival'이 무제한의 육체적 쾌락과 욕망을 허용하는 축제로 인식되고 있는 까닭입니다.

다시 설명하면, 의무적으로 금식과 금욕을 행하여야 하는 사순절이 사람들에게 무거운 부담으로 작용하자, 사람들 사이에 사순절이 이르기 전에 실컷 먹고 마시고 노는 풍조가 만연하기 시작했습니다. 40일 동안 먹지 못하고 놀지 못할 것을 미리 먹고 놀아 두기 위함이었습니다. 그래서 사순절 직전의 그리스도인들의 삶은 거의 무절제에 가까웠습니다. 그러나 교회는 교인들의 그와 같은 그릇된 생각과 삶을 교정해 주기보다는 사순절 직전 주일을 '육체의 위로를 위한 주일'로 명명함으로, 오히려 40일 동안 금욕하고 금식해야 할 육체를 미리 위로해 주라는 의미로 무절제한 사흘간의 카니발을 공식적으로 인정해 주었습니다. 그렇게 해서라도 사순절 기간 동안의 금식 금욕 전통을 고수하기 위함이었습니다. 형식적이고 맹목적인 사순절 금식 금욕 추구가, 그 직전에 오직 육체의 욕망만을 탐하는 카니발이란 기형적 산물을 낳은 것이었습니다.

그 이후 유럽 가톨릭 국가에서는 광란의 축제에 뒤이어 사순절의 금식이 시작되는 진풍경이 벌어지게 되었습니다. 무제한적인 육체의 탐닉을 먼저 추구한 뒤에 사순절의 금식과 금욕을 행하자는 것은 얼마나 이율배반적입니까? 그와 같은 형식적이고 맹목적인 금식과 금욕이 당사자들에게 과연 무슨 영적 유익이 되었겠습니까? 사순절 직전의 카니발 전통은 오늘날까지 이어지고 있어 올해에도 사순절이 시작되기 전 사흘간 유럽과 남미의 가톨릭 국가에서는 프랑스의 니스Nice 축제, 브라질의 삼바Samba 축제 등, 도시마다 온갖 형태의 축제가 벌어졌습니다. 그렇다고 해서 그 요란한 축제에 이어 사순절의 금식과 금욕이 뒤따른 것은 아닙니다. 사순절의 금식 전통은 오래 전 사라져 버리고, 사순절과 관련된 육적 욕망의 전통만 남아 있는 셈입니다. 물론 현재에도 가톨릭 국가에는 경건하게 사순절을 보내는 가톨릭 신자도 많습니다. 그러나 광란의 카니발에서 마음껏 즐기는 것만으로도 스스로 가톨릭 신자라 믿는 사람의 수에 비하면 그 수는 미미하기 짝이 없습니다. 이 모든 사실은, 그리스도인들이 지켜야 할 신앙의 본질을 상실할 때 얼마나 추한 껍데기만 남게 되는지를 여실히 보여 주고 있습니다.

16세기 초 부패한 로마 가톨릭에 맞선 개혁가들은, 불순한 동기로 시작된 카니발과 사순절의 맹목적인 금식 금욕 전통을 철폐하였습니다. 그 대신 초대교회로부터 유래된, 사순절의 본질인 참회의 전통만은 그대로 이어받았습니다. 사순절 기간 동안 이루어지는 참회의 토대 위에 부활절의 참된 의미가 세워질 수 있기 때문이었습니다. 생각해 보십시오. 자신의 삶 속에서 무엇이 잘못되었는지를 생각조차 하지 않는 사람이, 어찌 부활하신 그리스도 안에서 새로운 삶을 추구할 수 있겠습니까?

그러나 오늘날 개신교 신자인 우리의 실상은 어떻습니까? 우리는 사순절 직전에 육체의 욕망을 탐닉하는 광란의 카니발을 벌이지 않습니다. 사순절 기간 동안 형식적이고도 맹목적인 금욕과 금식을 행하지도 않습니다. 그렇다고 해서 참회의 삶, 참회의 정신을 구현하는 것도 아닙니다. 그렇다면 참회와 동떨어진 우리에게 사순절의 의미는 과연 무엇입니까? 만약 우리에게 사순절이 무의미하다면, 그것은 그리스도의 고난과 부활이 우리의 삶에 아무 의미를 지니지 못하고 있음을 의미합니다. 그렇게 해서야 우리가 부활절을 수백 번 맞는다 한들 어찌 우리가 참되고도 성숙한 그리스도인으로 살 수 있겠습니까? 광란의 삼바 축제에서 쾌락만을 좇으면서도 자신을 그리스도인이라 믿는 브라질의 가톨릭 교인과 우리 사이에 무슨 차이가 있을 수 있겠습니까? 예수 그리스도의 십자가 고난으로 우리의 죗값이 치러지고, 예수 그리스도의 부활 안에서 새 생명을 얻었음을 우리가 진정으로 믿는다면, 우리는 오직 참회함으로 부활절을 준비해야 합니다. 참회만이 주님의 새 생명을 온전히 담는 영적 그릇이기 때문입니다.

그렇다면 우리가 참회의 절기인 사순절 첫 번째 주일을 맞이하여 무엇을 구체적으로 회개해야 하겠습니까? 오늘의 본문이 그 구체적인 가이드라인을 제시해 주고 있습니다.

40년이나 양치기 생활을 하고서도, 나이 80세가 되기까지 자기 소유의 양 한 마리도 없던 빈털터리 모세가 시내산에서 하나님을 인격적으로 만났습니다. 자신이 평소에 익히 알고 있던 자기 조상의 하나님, 즉 여호와 하나님이셨습니다. 그러나 관념적으로만 알던 하나님을 인격적으로 만나는 순간, 모세는 기뻐하기보다는 도리어 두려움에 사로잡히고 말았습니다. 하나님을 경외하는 것은 하나님을 두려워하는 것이기 때문이었습니다.

하나님께서는 두려움에 떠는 모세에게 "네 발의 신을 벗으라. 네가 서 있는 곳은 거룩한 땅이니라"고 말씀하셨고, 우리는 지난 시간에 이 말씀의 의미를 숙고해 보았습니다. 하나님의 말씀은 다음과 같이 계속되었습니다.

> 내 백성이 애굽에서 괴로움 받음을 내가 확실히 보고, 그 탄식하는 소리를 듣고, 그들을 구원하려고 내려왔노니 (34절 상).

하나님께서 분명하게 말씀하셨습니다. '내가 확실히 보고, 내가 들었다'고 말입니다. 우리말 "확실히 보고"라 번역된 헬라어 원문 '이돈 에이돈ἰδὼν εἶδον'은 '보고 또 보셨다'는 의미입니다. 그저 스치듯 건성으로 보거나 단 한 번 본 것이 아니라, 오래전부터 계속 보아 오셨고 또 정확하게 보셨다는 말입니다. 대체 무엇을 보셨고, 무엇을 들으셨다는 말입니까? 당신의 백성이 이집트에서 당하고 있는 고통과 괴로움을 직접 보시고, 당신의 백성이 울부짖는 탄식과 간구의 소리를 들으셨다는 것입니다.

하나님께서 단순히 그들의 고통을 보시고, 그들의 탄식을 들으시는 것으로 그치신 것이 아니었습니다. 하나님께서는 '내가 보고, 내가 듣고, 내가 그들을 구원하려고 내려왔다'고 말씀하셨습니다. 하나님께서 당신의 백성을 그 고통과 탄식으로부터 친히 구원하시기 위해 임하신 것이었습니다. 우리가 믿는 여호와 하나님은 돌이나 나무로 만들어진 인간의 조각품이 아닙니다. 하나님께서는 우리의 삶을 보고 또 보시고, 우리의 작은 소리에도 귀 기울이시며, 죄와 사망과 고통과 탄식의 구렁텅이로부터 우리를 건져 내시기 위해 친히 우리의 삶 속에서 역사하시는 살아 계신 하나님이십니다. 그 살아 계신 하나님께서 당신의 백성을 고통과 탄식으로부터 어떻게 구원하셨습니까?

> 내 백성이 애굽에서 괴로움 받음을 내가 확실히 보고, 그 탄식하는 소리를 듣고, 그들을 구원하려고 내려왔노니, 이제 내가 너를 애굽으로 보내리라(34절).

하나님께서는 모세에게, 당신의 백성을 이집트에서 구원해 내시기 위해 모세를 직접 이집트에 보내시리라 천명하셨습니다. 영이신 하나님께서는 손과 발이 없으시기에, 하나님께서는 언제나 인간을 도구로 사용하시어 당신의 구원의 역사를 이루십니다. 따라서 당신의 백성을 구원하시기 위해 모세를 이집트에 보내신다는 것은, 하나님께서 모세를 출애굽을 위한 당신의 도구로 쓰시겠다는 의미였습니다. 한마디로, 이집트에서 고통당하는 당신의 백성을 위하여 하나님께서 예비하신 대책은 모세 자신이었습니다.

모세는 두렵고 떨렸지만 그것이 거부할 수 없는 하나님의 뜻임을 확인한 이후, 그의 삶은 출애굽을 위한 하나님의 대책으로 일관하였습니다. 모세가 80세의 나이에 되돌아가야 할 이집트는 그가 40년 전 자기 발로 도망쳐 나왔던 곳으로, 살아생전 그곳으로 되돌아가리라고는 꿈도 꾸지 않았던 곳이었습니다. 40세가 되기까지 이집트의 왕궁에서 이집트의 왕자로 살았던 모세는 이집트에 대하여 누구보다 잘 알고 있었습니다. 이집트는 세계 최강의 군사력을 보유한 세계 유일의 초강대국이었습니다. 그 이집트로부터 80세에 이른 모세가 단 하나의 무기나 단 한 명의 군사도 없이 이스라엘 백성을 해방시켜 나온다는 것은, 마치 달걀로 바위를 치는 것과 같았습니다. 인간적으로만 생각한다면, 무슨 수를 쓰든 반드시 피해야만 할 길이었습니다.

그럼에도 모세는 자신이 도망쳐 나왔던 이집트를 향해 자기 인생의 여정을 바꾸었습니다. 하나님의 백성을 구원해 내는 하나님의 대책이 되기 위함이었습니다. 하나님께서 80년 전 히브리 노예가 사내아이를 낳으면 모두 죽이라는 파라오의 명령으로부터 자신을 구원해 주시고, 40년 동안 이집트의 왕궁에서 제왕 교육을 받게 해주시고, 그 이후 40년 동안 미디안 광야에서 오직 엘리에셀의 하나님만 의지하도록 은혜를 베풀어 주신 까닭이 자신을 하나님의 대책으로 쓰시기 위함임을 모세는 분명히 깨달았고, 비록 자신은 무력하지만 하나님의 대책이 되는 한 하나님께서 반드시 그 결과를 책임져 주실 것을 믿었기 때문입니다.

이것은 우리에게 대단히 중요한 교훈을 일깨워 줍니다. 하나님께서 예수 그리스도의 십자가를 통해 죄와 사망의 구렁텅이에서 우리를 구원해 주셨음을 진정으로 믿는다면, 우리의 삶은 이 시대를 위한 하나님의 대책으로 응답되어야 한다는 것입니다. 하나님께서 벌레만도 못한 우리를 예수 그리스도의 고난과 부활을 통해 먼저 구원해 주신 까닭이 바로 거기에 있기 때문입니다.

정의에 불타는 한 젊은이가 하나님을 향하여 절규하였습니다.

"하나님! 하나님께는 보이지도, 들리지도 않습니까? 이 세상은 온갖 불의로 가득 차 있습니다. 불의에 짓눌린 사람들의 울부짖는 소리가 하늘을 찌르고 있습니다. 대체 하나님은 무엇을 하고 계십니까? 저 불쌍한 사람들을 구해 주셔야 하지 않겠습니까? 무슨 대책을 세워 주셔야 하지 않겠습니까?"

하나님께서 그 젊은이에게 대답하셨습니다.

"나는 그 대책으로 너를 구원하였노라."

그 젊은이는 하나님을 믿는다면서도, 자신이 이 시대를 위한 하나님의 대책임은 모르고 있었습니다. 하나님께서 예수 그리스도 안에서 자신을 구원해 주셨음은 믿는다면서도, 하나님께서 이 시대를 위한 하나님의 대책으로 쓰시기 위해 자신을 먼저 구원해 주셨다는 사실에 대해서는 무지하였습니다. 문제는 이 젊은이가 우리 자신들의 자화상이라는 것입니다. 오늘날 우리 사회 각계각층에는 엄청난 수의 그리스도인들이 포진되어 있습니다. 그럼에도 우리 사회의 불의와 부조리는 시간과 장소에 따라 형태만 달리할 뿐, 날이 갈수록 더욱 기승을 부리고 있습니다. 그것은 그리스도인인 우리 자신이 이 사회를 향한 비판과 한탄만 쏟아 낼 뿐, 우리 자신이 이 시대를 바로 세우기 위한 하나님의 대책임을 간과하고 있기 때문이 아니겠습니까? 하나님의 대책이 되기는커녕, 우리 자신의 개인적 욕망을 위해 이 사회의 부패에 일조하고 있기 때문이 아니겠습니까?

살아 계신 하나님께서는 나만을 구원해 주신 나만의 하나님이 아니십니다. 하나님께서 대한민국만을 위한 대한민국만의 수호신인 것도 아닙니다. 천지 만물과 천하 만민을 창조하신 하나님께서는 온 인류의 하나님이시요 모든 나라의 하나님이시기에, 하나님께서는 당신을 믿는 개개인의 삶을 도구로 삼아 인류의 역사 속에 당신의 뜻을 이루어 가고 계십니다. 그러므로 예수 그리스도 안에서 구원받은 참된 그리스도인의 삶은 이 시대, 이 사회, 나아가 인류를 위한 하나님의 대책으로 응답되지 않을 수 없습니다.

아브라함은 믿음이 무엇인지를 이 세상에 보여 주시려는 하나님의 대책이었습니다. 요셉은 세상을 기근에서 구원해 내시려는 하나님의 대책이었습니다. 모세는 출애굽을 위한 하나님의 대책이었습니다. 사도 바울은 타락한 로마제국을 살리기 위한 하나님의 대책이었습니다. 마르틴 루터는 부패한 중세 기독교를 회복시키기 위한 하나님의 대책이었습니다. 벨기에 다미앙Damien 신부는 미국 나환자를 위한 하나님의 대책이었습니다. 알바니아 출신의 마더 테레사는 인도 빈민을 위한 하나님의 대책이었습니다. 이곳 양화진에 묻힌 선교사님들은 가난과 흑암 속에서 신음하던 이 민족을 위한 하나님의 대책이었습니다. 그들은 모두 인류의 역사를 주관하시는 하나님을 믿었기에, 국경과 조건을 초월하여 자기 시대를 위한 하나님의 대책으로 자신들의 삶을 하나님께 바쳤습니다. 그것만이 예수 그리스도 안에서 자신들을 먼저 구원해 주신 하나님의 사랑에 보답하는 길임을 믿었기 때문입니다. 그리고 하나님께서 그들을 도구 삼아, 그들이 두 발 딛고 있던 시대와 사회의 역사를 새롭게 해주셨음은 두말할 나위가 없습니다.

그렇다면 부활절을 위한 준비 기간인 참회의 사순절 첫째 주일을 맞아, 우리가 무엇을 회개해야 할 것인지 이제 확연해졌습니다. 하나님께서 모세에게 주셨던 은총과 능력과 지도력과 명성은 누리기 원하면서도, 모세처럼 하나님의 대책이 되려 하지 않았던 우리의 이기적인 믿음을 회개해야 합니다. 예수 그리스도의 십자가 고난과 부활을 통한 구원은 노래하면서도, 주님께서 십자가에서 돌아가시기까지 우리를 구원하신 까닭이 우리를 우리 시대를 위한 주님의 대책으로 쓰시기 위함임을 깨달으려 하지 않았던 우리의 무지를 회개해야 합니다. 천지 만물과 천하 만민을 창조하신 하나님을, 단지 나만의 유익을 위한 나만의 하나님으로 왜곡시켜 온 우리의 불신앙을 회개해야 합니다. 자기 욕망에 사로잡혀 이 사회를 바로 세우기보다는, 도리어 이 사회를 허무는 데 일익을 담당해 온 우리의 어리석음을 회개해야 합니다.

사랑하는 교우 여러분!

우리 모두 사순절 첫째 주일을 맞이하여 이 모든 허물과 이기심과 무지와 불신앙과 어리석음을 회개하십시다. 그리고 우리 모두 우리의 가정과 일터, 이 사회 속에서 우리가 먼저 우리 시대를 위한 하나님의 대책이 되십시다.

혹 이 자리에 교육자가 계십니까? 하나님께서 문제투성이인 이 나라 교육계를 위한 하나님의 대책으로 여러분을 부르셨음을 잊지 마십시오. 공직자가 계십니까? 온갖 부조리가 횡행하는 이 나라 공직 사회를 위한 하나님의 의로운 대책이 되십시오. 경제인이 계십니까? 모든 것이 불투명하기만 한 이 나라 경제계를 위한 하나님의 투명한 대책이 되십시오. 법조인이 계십니까? 온 국민으로부터 불신당하고 있는 법조계를 위한 하나님의 신뢰받는 대책이 되십시오. 정치인이 계십니까? 불신을 넘어 국민이 냉소하고 있는 정치계에서 진정으로 국민을 섬기는 하나님의 겸손한 대책이 되십시오. 예술인이 계십니까? 바른 방향을 상실한 포스트모더니즘의 이 시대에 예술이 나아가야 할 바른길을 제시하는 하나님의 대책이 되십시오. 청년들은 세계 평화와 온 인류를 위한 하나님의 대책이 될 수 있게끔 자신을 철저하게 준비하고 가꾸십시오.

  이처럼 우리 모두가 하나님의 대책이 될 때, 우리가 어디에 있든 그곳은 거룩한 땅으로 승화될 것입니다. 예수 그리스도의 부활의 생명이 우리의 삶을 통로로 삼아, 우리가 두 발 딛고 서 있는 곳을 부활시킬 것이기 때문입니다.

  주님! 주님께서 우리를 살려 주시기 위해 십자가에서 당하신 고난과 부활을 기리는 사순절 첫째 주일을 맞이하여, 우리가 구체적으로 무엇을 회개해야 할 것인지 깨닫게 해주셔서 감사합니다. 주님께서 그저 주신 구원의 은총은 누리면서도, 죄인 중의 죄인이던 우리를 먼저 구원해 주신 까닭이, 이 시대를 위한 하나님의 대책으로 쓰시기 위함이었음을 깨달으려 하지는 않았던 우리의 잘못을 회개합니다. 하나님께서 모세에게 주셨던 은총과 능력과 명성을 얻기를 기도하면서도, 모세처럼 하나님의 대책이 되려 하지는 않았던 우리의 무지를 회개합니다. 주님 안에서 새 생명 얻은 그리스도인으로 이 세상을 새롭게 하는 진리의 도구가 되기보다는, 자신의 욕망을 위해 이 사회를 허무는 데 일익을 담당해 온 우리의 불신앙을 회개합니다. 이 모든 허물을 용서하여 주옵소서.

이제부터 우리가 어느 곳에 어떤 모습으로 서 있든, 우리 모두 바로 그곳에서 하나님의 대책으로 살아가게 하옵소서. 우리의 손과 발을 이 시대를 위한 하나님의 대책으로 사용하여 주옵소서. 하나님께서 당신의 대책으로 쓰시기 위해 우리를 먼저 구원해 주셨음을, 언제 어디서나 잊지 말게 하옵소서. 그리하여 우리의 가정과 일터, 우리의 사회와 이 세상이, 우리를 통해 역사하시는 하나님으로 인해 거룩한 땅으로 부활하게 하여 주옵소서. 아멘.

17. 그 모세를 사순절 둘째 주일

사도행전 7장 30-38절

사십 년이 차매 천사가 시내산 광야 가시나무 떨기 불꽃 가운데서 그에게 보이거늘 모세가 그 광경을 보고 놀랍게 여겨 알아보려고 가까이 가니 주의 소리가 있어 나는 네 조상의 하나님 즉 아브라함과 이삭과 야곱의 하나님이라 하신대 모세가 무서워 감히 바라보지 못하더라 주께서 이르시되 네 발의 신을 벗으라 네가 서 있는 곳은 거룩한 땅이니라 내 백성이 애굽에서 괴로움 받음을 내가 확실히 보고 그 탄식하는 소리를 듣고 그들을 구원하려고 내려왔노니 이제 내가 너를 애굽으로 보내리라 하시니라 그들의 말이 누가 너를 관리와 재판장으로 세웠느냐 하며 거절하던 **그 모세를** 하나님은 가시나무 떨기 가운데서 보이던 천사의 손으로 관리와 속량하는 자로서 보내셨으니 이 사람이 백성을 인도하여 나오게 하고 애굽과 홍해와 광야에서 사십 년간 기사와 표적을 행하였느니라 이스라엘 자손에 대하여 하나님이 너희 형제 가운데서 나와 같은 선지자를 세우리라 하던 자가 곧 이 모세라 시내산에서 말하던 그 천사와 우리 조상들과 함께 광야 교회에 있었고 또 살아 있는 말씀을 받아 우리에게 주던 자가 이 사람이라 모세가 시내산에서 하나님의 부르심을 받았습니다. 하나님께서는 모세에게 '내 백성이 애굽에서 괴로움 받음을 내가 확실히 보고, 그 탄식하는 소리를 듣고, 그들을 구원하려고 내려왔다'고 말씀하셨습니다. 이스라엘 백성이 이집트에서 노예살이하게 된 것은 어떻게 하다 보니 그렇게 된 일이 아니었습니다. 그것은 하나님께서 당신의 선민인 이스라엘 백성을 이 세상에서 가장 강인한 민족으로 훈련시키시려는 하나님의 섭리였습니다. 그러므로 하나님께서는 이스라엘 백성이 이집트에서 노예살이하는 내내 그들의 고통과 괴로움을 보아 오셨고, 그들의 탄식과 간구의 소리를 다 듣고 계셨습니다. 그리고 마침내 하나님께서 작정하신 때가 이르렀을 때, 이스라엘 백성을 구원해 내시려는 하나님의 구원의 역사가 펼쳐지기 시작했습니다.

하나님께서는 천지를 창조하신 전능하신 분이시기에, 하나님께서 하나님의 때에 하시고자 하면 하나님께 무엇이 불가능하겠습니까? 그러나 하나님께서는 영이시므로, 영이신 하나님께서는 언제나 육체를 지닌 인간을 도구로 삼아 당신의 역사를 펼치십니다. 이스라엘 백성을 이집트의 고통과 탄식으로부터 해방시키실 때에도 마찬가지였습니다. 하나님께서 모세에게 말씀하셨습니다.

> 내 백성이 애굽에서 괴로움 받음을 내가 확실히 보고 그 탄식하는 소리를 듣고 그들을 구원하려고 내려왔노니 이제 내가 너를 애굽으로 보내리라 (34절).

하나님께서 출애굽을 위한 당신의 도구로 지명하신 사람은 모세였습니다. 하나님께서 당신의 백성을 해방시키시기 위하여 80년 전부터 예비하고 계셨던 하나님의 구체적인 대책이 바로 모세였습니다.

우리가 14주째 살펴보고 있는 스데반의 설교는 출애굽을 위한 하나님의 대책이었던 모세와 관련하여 다음과 같이 증언하고 있습니다.

> 그들의 말이 누가 너를 관리와 재판장으로 세웠느냐 하며 거절하던 그 모세를 하나님은 가시나무 떨기 가운데서 보이던 천사의 손으로 관리와 속량하는 자로서 보내셨으니(35절).

스데반은 모세가 하나님의 도구로 쓰임 받는 상황을 40년 전의 상황과 비교하여 설명하고 있습니다. 40년 전, 그러니까 모세의 나이 40세였습니다. 당시 모세는 무소불위의 권력을 지닌 이집트 왕자의 신분이었습니다. 그러나 5주 전에 살펴본 것처럼, 어린 시절 생모의 품속에서 생모의 젖을 빨며 양육되었던 모세는 자신의 정체성이 히브리인임을 알고 있었습니다. 어느 날 모세는, 자신의 동족인 이스라엘 노예를 괴롭히는 이집트 사람을 자기 원수로 간주하여 쳐 죽여 버리고 말았습니다. 그리고 모세는 자기 동족들이, 자신의 그와 같은 행위를 통해 하나님께서 그들을 구원해 주시는 것으로 여기리라 믿었습니다. 그러나 그것은 모세의 착각이었습니다. 이튿날 같은 이스라엘 노예끼리 싸우는 것을 목격한 모세는 그들을 뜯어말리며 화해할 것을 종용하였습니다. 그러나 그들의 반응은 전혀 뜻밖이었습니다.

> 그 동무를 해치는 사람이 모세를 밀어뜨려 이르되 누가 너를 관리와 재판장으로 우리 위에 세웠느냐 네가 어제는 애굽 사람을 죽임과 같이 또 나를 죽이려느냐 하니(27-28절).

이스라엘 노예는 이집트 왕자 신분인 모세의 말을 듣기는커녕 오히려 모세를 밀어뜨리며, 대체 누가 너를 우리의 지도자와 재판장으로 세웠느냐며 대들었습니다. 모세가 비록 이집트 왕자의 신분일망정 자신들과 같은 히브리인임을 익히 알고 있는 이스라엘 노예들에게 모세의 말은 전혀 먹혀들지 않았습니다. 이스라엘 노예 가운데 누구 한 명 모세에게 동조하거나 모세의 편이 되어 주는 사람도 없었습니다. 모세 딴에는 자신의 능력으로 자기 동족을 구원하겠다고 나섰다가 이집트의 지배자와 자기 동족 모두로부터 배척당하는 최악의 결과를 초래하고 말았습니다. 그로 인해 그는 위태로워진 자기 목숨을 보존하기 위해 황급히 이집트를 떠나 미디안 광야로 피신하고 말았습니다.

스데반은 그때 그 상황을 상기시키면서 자기 동족으로부터도 배척당하던 그 모세를 하나님께서 "관리와 속량하는 자", 즉 출애굽을 위한 지도자와 구원자로 보내셨음을 강조하였습니다. 80세의 모세가 하나님의 명령을 좇아 이집트로 되돌아갔을 때 이스라엘 백성이 보였을 반응을 사실적으로 전하기 위함이었습니다. 모세가 이집트로 되돌아감과 동시에 이스라엘 노예 사이에는, 하나님께서 자신들을 해방시켜 주시기 위해 드디어 구원자를 보내 주셨다는 소문이 삽시간에 퍼졌을 것입니다. 그리고 그들은 당연히, 그 구원자가 대체 누구인지를 물었을 것입니다. 그리고 그들은 모두 깜짝 놀라고 말았습니다. 하나님께서 그들을 위한 구원자로 친히 보내신 분은, 그들이 40년 전에 배척했던 바로 그 모세였습니다.

> 이 사람이 백성을 인도하여 나오게 하고 애굽과 홍해와 광야에서 사십년간 기사와 표적을 행하였느니라(36절).

스데반은 이 사람, 즉 그 모세를 두 번째로 강조하였습니다. 이집트의 파라오가 이스라엘 백성을 해방시키지 않을 수 없도록 갖가지 재앙을 내리게 하고, 가로막힌 홍해를 가르고, 풀 한 포기 물 한 방울 없는 죽음의 광야에서 하늘로부터 만나와 메추라기가 떨어지게 하고, 바위에서 생수가 강처럼 터지게 한 사람 역시 이스라엘 백성이 배척했던 그 모세였다고 말입니다. 그뿐만이 아니었습니다.

> 이스라엘 자손에 대하여 하나님이 너희 형제 가운데서 나와 같은 선지자를 세우리라 하던 자가 곧 이 모세라(37절).

모세는 그 이후에 이 땅에 오실 메시아, 즉 예수 그리스도를 가리켜 '나와 같은 선지자'라 불렀습니다. 하나님께서는 모세를 이스라엘 백성의 '속량자'로 보내셨습니다. '속량자'로 번역된 헬라어 '뤼트로테스λυτρωτής'는 타인을 구원하되, 반드시 자기 헌신과 희생을 통해 구원하는 사람을 의미합니다. 따라서 모세가 예수 그리스도를 '나와 같은 선지자'라고 부른 것은 이스라엘 백성을 속량해야 할 모세 자신의 역할상, 자신은 이 땅에 오실 예수 그리스도의 그림자라는 의미였습니다. 한 인간의 삶이 성자 하나님의 그림자 역할을 한다는 것은 얼마나 큰 은총입니까? 그 역할을 감당한 모세가 이스라엘 백성이 배척했던 바로 그 모세였음을 스데반은 세 번째로 강조하였습니다. 그리고 스데반은 '그 모세'를 마지막으로 38절에서 한 번 더 강조하였습니다.

> 시내산에서 말하던 그 천사와 우리 조상들과 함께 광야 교회에 있었고 또 살아 있는 말씀을 받아 우리에게 주던 자가 이 사람이라.

모세 당시 이스라엘 백성의 수는 남자 성인만도 60여만 명에 달했습니다.

그러나 하나님께서는 그 많은 사람들을 다 제쳐 놓고 오직 모세를 통해서만 말씀하셨습니다. 그 말씀이 얼마나 많았던지, 그 모든 말씀은 모세에 의해 창세기, 출애굽기, 레위기, 민수기, 신명기로 기록되었습니다. 구약성경의 4분의 1, 신구약을 통틀어 성경 전체의 약 5분의 1에 해당하는 방대한 분량입니다. 모세보다 더 많은 분량의 성경을 기록한 사람은 없었습니다. 하나님께서 당신의 말씀인 성경을 5분의 1이나 기록하게 하실 정도로 신뢰하신 분이라면 그 당사자는 얼마나 대단한 사람이겠습니까? 그 대단한 사람이 이스라엘 백성들이 배척했던 바로 그 모세였다는 것입니다.

이처럼 '그 모세'를 네 번씩이나 강조하고 있는 스데반의 설교는, 하나님께서 보내 주신 구원자로 갑자기 등장한 모세에 대한 이스라엘 백성의 놀라움을 생생하게, 그리고 입체적으로 전해 주고 있습니다. 이스라엘 백성에게 모세는 이미 오래전에 잊혀진 존재였습니다. 자신들과 같은 노예의 자식이면서도 운 좋게 이집트 공주의 양자가 되어 혼자 호의호식하다가, 어느 날 느닷없이 자신들을 위한 구원자 행세를 하더니 하루 만에 도망쳐 버린 모세를 이스라엘 백성이 굳이 기억하고 있을 이유가 없었습니다. 어쩌다 기억하게 된다면, 그저 황당한 인간 정도로 기억했을 것입니다.

그런데 그 도망자 모세를 하나님께서 40년 만에 자신들을 위한 지도자와 구원자로 보내셨습니다. 그들 앞에 나타난 모세에겐 단 하나의 무기, 단 한 명의 군사도 딸려 있지 않았지만, 하나님께서는 그 모세를 통해 자신들을 실제로 해방시켜 주셨습니다. 하나님께서는 그 모세를 통해 홍해가 갈라지게 하시고, 죽음의 광야에서 만나와 메추라기가 떨어지고 생수가 터지게 하셨습니다. 하나님께서는 그 모세를 이 땅에 오실 예수 그리스도의 그림자가 되게 하셨습니다. 하나님께서는 그 모세를 당신의 대언자代言者로 삼으시고 오직 그 모세를 통해서만 말씀하셨습니다. 이스라엘 백성으로서는 상상조차 못한 일이 그들의 목전에서 매일 현실로 드러나고 있었으니, 그 모세를 볼 때마다 과거의 모세를 기억하는 사람들이 얼마나 놀랐겠습니까? 이것이 오늘의 본문이 '그 모세'를 네 번씩이나 강조하고 있는 이유입니다.

그러나 오늘의 본문이 구원자로 등장한 모세에 대한 이스라엘 백성의 놀라움만 담고 있는 것은 아닙니다. 오늘의 본문은 이스라엘 백성보다 더 크게 놀랐을 또 한 사람의 놀라움도 또렷하게 전해 주고 있습니다. 그 당사자는 바로 모세 자신이었습니다. 하나님께서 이스라엘 백성을 위한 하나님의 대책으로 모세를 이집트에 보내리라 말씀하셨을 때 누구보다 놀란 사람은 모세 자신이었을 것입니다. 자신의 현실과 처지를 너무나도 잘 알고 있었기 때문입니다.

그때는 모세가 광야생활을 시작한 지 40년이 지났을 때였습니다. 현실 세계인 이집트에서 도피한 이후 장장 40년이 흘렀으니, 그의 현실감각은 무딜 대로 무뎌져 아예 없는 것과 마찬가지였습니다. 40년 동안 장인 집에 얹혀산 탓에 자기 재산이라곤 아무것도 없었습니다. 40세가 되기까지 이집트 왕궁에서 왕자의 신분으로 살았기에 이집트의 군사력이 얼마나 막강한지, 파라오가 장악하고 있는 절대 권력이 얼마나 가공스러운지 정확하게 알고 있었습니다. 오죽했으면 거기에서 도망쳐 나온 이후 40년 동안 자발적으로 되돌아갈 엄두를 단 한 번도 내지 못했겠습니까? 더욱이 그는 이미 80세의 고령이었습니다. 무슨 새로운 일을 꾸민다든가, 특히 민족의 지도자나 구원자가 될 꿈을 갖기에는 너무도 늦은 나이였습니다. 한마디로 말해 당시의 모세는 지도자가 갖추어야 할 자격을 전혀 지니지 못한 상태였습니다. 그런 모세에게 그저 바람이 있다면, 하나님의 은혜 속에서 하루하루 편안히 살다가 하나님의 은혜 속에서 편안히 생을 마감하기 원하는, 지극히 개인적인 소망이었을 것입니다.

그러나 하나님께서는 이미 현실감각을 상실한 그 모세, 재산이라고는 아무것도 없는 빈털터리인 그 모세, 자신이 도망쳐 나온 이집트를 두려워하여 40년 동안 단 한 번이라도 되돌아가 볼 엄두를 내지 못하던 심약한 그 모세, 이미 팔십 줄에 접어들어 세상적으로 더 이상 희망이 없어 보이는 무기력한 그 모세를 당신의 대책으로 지명하시고, 그에게 이집트로 돌아갈 것을 명령하셨습니다. 그 순간 모세가 얼마나 놀라고 두려워했을는지는 충분히 상상할 수 있습니다.

출애굽기 4장은 그때 놀라움과 두려움에 사로잡힌 모세가 하나님의 대책이 되기를 몇 번이나 망설이고 사양하는 장면을 상세하게 전해 주고 있습니다. 하나님의 명령을 받은 80세의 모세는 선택의 기로에 섰습니다. 이미 자신이 익숙하고 보다 확실한 미디안 광야의 양치기 생활을 고수할 것인가, 미래가 불투명해 보이는 하나님의 대책이 될 것인가? 자신의 현실과 처지와 능력에 대해 누구보다 잘 아는 자신의 판단을 따를 것인가, 하나님의 명령에 순종할 것인가? 이집트 귀환에 대한 현실적이고도 구체적인 두려움과 불안에 굴복할 것인가, 전능하신 하나님께 자신을 온전히 의탁할 것인가? 지난 40년간 그렇게 해온 것처럼 자신의 안위만을 위해 살 것인가, 자기희생과 헌신을 통해 타인을 속량하는 도전적인 삶을 살 것인가? 모세는 그 두 길 가운데 한쪽을 선택해야만 했습니다. 현실적으로만 본다면, 상식적으로만 생각한다면, 모세는 반드시 자기를 좇는 길을 선택해야만 했습니다. 그것이 그의 처지나 나이에 비추어 가장 안전하고 확실한 길일 수 있기 때문이었습니다. 그러나 모세는 몇 번에 걸친 망설임과 사양 끝에 하나님의 명령을 좇는 길을 선택했습니다. 40년 동안 미디안 광야에서 엘리에셀 하나님의 은혜 속에 살아온 모세는 단지 현실적이고 상식적인 인간이기 이전에,

여호와 하나님을 경외하는 신앙인이었기 때문입니다.

　80세의 빈털터리 모세가 자신을 이스라엘 백성을 위한 구원자로 보내신다는 하나님의 그 놀랍고도 두려운 명령을 좇기를 선택했다는 것은, 그가 자기 중심의 판단과 계산과 예측을 버렸음을 의미합니다. 한마디로 자기를 버린 것이었습니다. 바꾸어 말하면, 갖가지 구실로 자신의 발목을 끌어당기는 자기를 이긴 것이었습니다. '내가 너를 보내리라'는 하나님의 명령 앞에서 몇 번에 걸친 모세의 망설임과 사양이 있었다는 것은 모세에게 자기와의 싸움이 있었다는 말입니다. 만약 그때 모세가 자기와의 싸움에서 굴복해 버렸더라면, 그는 광야에서 무기력한 노인으로 살다가 무의미한 광야의 먼지로 사라져 버리고 말았을 것입니다.

　그러나 모세가 자기와의 싸움에서 이겼기에, 그는 하나님의 명령을 받았을 때 놀란 것보다 더 놀라운 하나님의 섭리가 자신의 삶을 통해 이루어지는 것을 확인할 수 있었습니다. 80세의 나이에 현실감각을 상실한 빈털터리였던 그 모세가 이집트의 파라오를 제압하고, 이스라엘 백성을 해방시키는 구원자가 되었습니다. 그 모세가 하나님의 능력으로 홍해를 가르고, 만나와 메추라기가 떨어지게 하고, 생수가 터지게 하였습니다. 그 모세가 성경 전체의 약 5분의 1을 기록하는 하나님의 대언자가 되었습니다. 그 모세가 자기 헌신을 통해 이스라엘 백성을 속량함으로 예수 그리스도의 그림자가 되었습니다. 모든 것은 모세가 자기와의 싸움에서 패했던들 어느 것 하나 누릴 수 없는 신비스런 하나님의 은총이었습니다.

　모세는 자기를 버림으로, 자신과의 싸움에서 이김으로, 자신처럼 80세의 나이에 아무 쓸모없어 보이는 빈털터리도 하나님께서는 인간의 역사를 새롭게 하시는 당신의 도구로 세우실 수 있고, 또 하나님께만 그와 같은 능력이 있다는 야긴과 보아스의 하나님을 자신의 온 삶으로 증언하는 기적 같은 여생을 살 수 있었습니다. 모세가 자신의 발목을 끌어당기는 자기와의 싸움에서 이길 수 있었던 것은, 그가 빈털터리 팔십 노인인 자신보다 하나님을 더 신뢰했기 때문임은 두말할 나위가 없습니다.

하나님을 믿는다는 것은 본능적으로 자신을 더 믿으려는 자기와의 싸움에서 이기는 것을 의미합니다. 그 싸움에서 이기지 않고서는 결코 하나님을 바르게 믿을 수 없습니다. 생각해 보십시오. 하나님보다 자신을 더 신뢰하는 사람이 어떻게 하나님을 온전히 믿을 수 있겠습니까? 그와 같은 사람이 일평생 교회생활에 열심이라 해도, 그가 야긴과 보아스의 하나님의 도구로 쓰임 받을 수는 없습니다.

예수 그리스도께서는 '누구든지 나를 따르려거든 먼저 자기를 부인하라'고 말씀하셨습니다. 자기를 부인하라는 것은 자신을 버리라는 말이요, 자기 발목을 붙잡는 자기와의 싸움에서 이기라는 말입니다. 자기를 버리고 자기를 이기는 사람을 통해서만 주님께서 온전히 역사하실 수 있습니다. 그래서 사도 바울은 '나는 날마다 죽는다, 나는 날마다 나를 쳐 복종시킨다'고 고백했습니다. 그는 날마다 자기를 버리고, 자기와의 싸움에서 이기는 사람이었습니다. 바울에게 그것이 가능할 수 있었던 것은, 그가 자기보다 하나님을 더 신뢰했기 때문입니다. 자신의 능력보다 하나님의 능력을 더욱 믿었기에 자신의 발목을 끌어당기는 자기를 부단히 제압할 수 있었고, 그 결과 하나님의 대적이었던 그 바울 역시 야긴과 보아스의 하나님에 의해 인류의 역사를 새롭게 하는 위대한 사도 바울로 쓰임 받았습니다.

하나님을 믿는 그리스도인인 우리가 싸워야 할 대상은 우리의 외부에 있지 않습니다. 우리가 싸워 이겨야 할 대상은 언제나 우리 자신입니다. 하나님보다 자신을 더 믿으려는 자기, 세상의 풍조를 외면하고 하나님의 말씀만

의지하려 할 때 불확실해 보이는 미래에 대한 불안과 두려움에 빠져들게 하는 자기와 싸워 이겨야 합니다. 자신과의 싸움에서 이길 수 있는 사람만 세상을 이길 수 있습니다. 그 싸움에 이길 수 있는 동력은 두말할 나위도 없이 영원하신 하나님, 그분이십니다. 영원하신 하나님의 영원한 능력을 믿기에 머지않아 공동묘지에서 썩어 문드러질 자신과의 싸움에서 언제나 승리할 수 있고, 자기를 이기기에 야긴과 보아스의 하나님에 의해 새 역사를 위한 하나님의 도구로 쓰임 받을 수 있습니다.

그렇다면 우리는, 하나님을 믿는 우리의 삶이 왜 무기력하고 하나님의 역사와 무관한지 이제 그 연유를 알게 됩니다. 우리가 하나님을 믿는다고 말은 하지만, 실제로는 하나님보다 우리 자신을 더 신뢰하기 때문입니다. 하나님의 말씀 앞에서 우리의 발목을 끌어당기는 우리 자신과의 싸움에서 도무지 이기려 하지 않기 때문입니다. 머지않아 한 줌의 흙으로 썩어 문드러질 나 자신을 하나님보다 더 신뢰해서야 우리 자신은 고사하고, 어찌 이 세상을 바로 세우는 진리의 등대가 될 수 있겠습니까?

참회의 절기인 사순절 둘째 주일을 맞이하여, 하나님보다 우리 자신을 더 신뢰했던 우리의 불신앙과 어리석음을 회개하십시다. 영원하신 하나님의 영원한 능력을 믿음으로 유한한 우리 자신을 기꺼이 부인하는 사람이 되십시다. 전능하신 하나님의 능력을 힘입어 언제나 우리 자신을 이김으로, 세상의 악과 맞서 이 땅에 하나님의 공의를 세워 가는 진정한 하나님의 용사들이 되십시다. 그때 사람들은 우리를 가리켜, 바로 그 사람을 통해 새 역사의 막이 올랐다고 놀랄 것입니다. 80세의 빈털터리 노인이었던 그 모세를 출애굽의 지도자로 세우신 그 하나님께서, 바로 우리가 믿는 야긴과 보아스의 하나님이시기 때문입니다.

우리가 정녕 영원하신 하나님의 영원한 능력을 믿는다면, 머지않아 한 줌의 흙으로 사라져 버릴 우리 자신을 버리고, 자기를 능히 이기며, 오직 하나님의 말씀만 좇음이 너무나도 당연하지 않겠습니까? 그러나 우리는 결정적인 순간일수록, 우리 자신의 발목을 끌어당기는 우리 자신에게 굴복하는 어리석은 삶을 되풀이해 왔습니다. 오늘 사순절 둘째 주일을 맞이하여, 하나님을 믿는다면서도 실제로는 하나님을 믿지 않는 불신자였던 우리의 불신앙을 회개하오니 용서하여 주옵소서.

누구든지 나를 따라오려거든 먼저 자신을 부인하라고 말씀하신 주님! 믿음은 자신을 버리고 이기는 것이요, 우리가 일평생 싸워야 할 대상은 우리 자신임을 잊지 말게 하옵소서. 자신을 이기는 사람만 세상을 이길 수 있음을 항상 기억하게 하옵소서. 영원하신 하나님의 전능한 능력을 믿기에, 날마다 자신을 쳐 복종시켜 자신을 이기게 하옵소서. 하나님의 능력 속에서, 자기 안일과 자기 욕망과 자기 유익만을 꾀하려는 이기적인 자신과 싸워 이김으로, 이 땅에 하나님의 공의를 세우는 하나님의 진정한 용사들이 되게 하옵소서.

팔십 노인에 빈털터리에 불과하던 그 모세를 출애굽의 지도자가 되게 하시고, 그 모세를 40년간 하나님의 능력의 통로가 되게 하시고, 그 모세를 예수 그리스도의 그림자가 되게 하시고, 그 모세를 하나님의 대언자가 되게 해주신 하나님께서, 오늘 우리가 믿는 야긴과 보아스의 하나님이심을 잊지 말게 하옵소서. 그리하여 우리 모두 하나님의 신비로운 능력 속에서, 이 사회와 역사를 새롭게 하는 이 시대의 모세와 바울이 되게 하옵소서. 아멘.

18. 사십 년간 표적을 I 사순절 셋째 주일

사도행전 7장 35-38절

그들의 말이 누가 너를 관리와 재판장으로 세웠느냐 하며 거절하던 그 모세를 하나님은 가시나무 떨기 가운데서 보이던 천사의 손으로 관리와 속량하는 자로서 보내셨으니 이 사람이 백성을 인도하여 나오게 하고 애굽과 홍해와 광야에서 **사십 년간** 기사와 **표적을** 행하였느니라 이스라엘 자손에 대하여 하나님이 너희 형제 가운데서 나와 같은 선지자를 세우리라 하던 자가 곧 이 모세라 시내산에서 말하던 그 천사와 우리 조상들과 함께 광야 교회에 있었고 또 살아 있는 말씀을 받아 우리에게 주던 자가 이 사람이라

2차 세계대전은 문자 그대로 온 세계를 전장戰場으로 한 대전이었습니다. 세계 정복을 국책으로 삼은 추축국樞軸國 독일, 이탈리아, 일본을 중심으로 한 소위 동맹국 8개국과, 이에 맞선 미국과 영국을 필두로 한 연합국 49개국 사이에 벌어진 세계의 전쟁이었습니다. 1939년 9월 1일 독일의 폴란드 침공과 더불어 2차 세계대전이 발발한 이래 1945년에 종전되기까지, 6년 동

안 양 진영에서 참전한 군인의 수는 무려 1억 1,000만 명이었습니다. 그 가운데 전사한 군인의 수가 2,700만 명, 그리고 민간인 사망자가 2,500만 명이었습니다. 만 6년이 채 되지 않는 짧은 기간 동안에 군인과 민간인을 합쳐 5,200만 명이 목숨을 잃었습니다. 사망자의 수가 그 정도였으니 부상자의 수는 집계하는 것 자체가 불가능할 정도였습니다. 한마디로 2차 세계대전은 인류 역사상 최대의 비극이었습니다.

개전 1년 만에 유럽 대륙을 석권한 독일이 전략과 전술, 무기와 조직 등, 모든 면에 걸쳐 우위를 점하고 있었음에도 끝내 패퇴한 주요 이유 중의 하나가 제공권制空權을 상실한 것으로 알려지고 있습니다. 처음에는 공군력마저도 독일이 우세했지만 연합국, 특히 미국과 영국의 젊은 전투 조종사들의 목숨을 건 출격으로 독일 공군은 궤멸되고 맙니다. 그 이후 연합국의 공중공세空中攻勢에 속수무책이 되고 만 독일은 결국 패망의 길에 접어들고 맙니다. 만약 그때 독일이 보다 빠른 전투기 개발로 제공권을 끝까지 지켰더라면 전쟁의 양상은 달라졌으리라는 것이 전문가들의 일치된 견해입니다.

우세한 독일 공군력을 섬멸하기까지 미국과 영국의 젊은 전투 조종사 13만 명이 목숨을 잃었습니다. 매번 출격 때마다 살아서 귀환하지 못하는 전투 조종사들이 속출했습니다. 그때 함께 출격했던, 그리고 이튿날이면 또다시 출격해야 할 동료들의 심정이 어떠했겠습니까? 그 전투 조종사들을 당시에 인터뷰한 기록 영상물을 본 적이 있습니다. 영화배우보다도 더 잘생긴 젊은이가, 끔찍한 희생 속에 또다시 목숨을 걸고 출격해야 하는 소감을 묻는 기자의 질문에 대답했습니다.

"우리의 희생이 전쟁을 종식시키고, 인류에게 평화를 가져다줄 것을 확신합니다."

어느 시대 어느 나라를 막론하고 인간의 헌신과 희생이 수반되지 않는 곳에 어찌 참된 평화가 꽃필 수 있겠습니까? 저는 약 70년 전 그 인터뷰에 응했던 그 청년이 끝내 살아남았는지, 혹은 독일 상공에서 장렬하게 산화했는지 알지 못합니다. 그러나 한 가지 분명하게 아는 것은 그 청년의 말대로, 당시 세계 젊은이들의 희생과 헌신으로 2차 세계대전은 종식되었고, 그 덕분에 오늘날 인류가 평화를 누리게 되었다는 것입니다. 최근에는, 2차 세계대전에서 살아남은 전투 조종사들이 근래에 행한 인터뷰 내용을 텔레비전을 통하여 시청하였습니다. 2차 세계대전 당시 젊은이들이었던 그들은 이제 모두 백발노인들이었습니다. 매일 동료들이 죽어 나가는 판에 출격한다는 것이 두렵지 않았느냐는 질문에 백발노인이 대답했습니다.

"두려웠습니다. 밤에도 두려웠고, 아침에도 두려웠고, 낮에도 두려웠습니다. 매일매일이 두려움의 연속이었습니다."

그 두려움 속에서 어떻게 용기 있게 출격할 수 있었느냐고 묻자, 그가 다시 대답했습니다.

"두려움을 이기는 것이 용기입니다. 두려움이 없는 곳에서는 용기도 필요 없습니다."

질문자가 마지막으로 두려움을 이기는 그 용기는 또 어떻게 가능할 수 있었는지 물었습니다. 백발노인이 서슴없이 대답했습니다.

"내가 희생되더라도, 나로 인해 사랑하는 나의 조국과 인류의 평화가 지켜질 수 있다는 신념이 모든 두려움을 극복할 수 있는 용기를 안겨 주었습니다."

얼마나 가슴 뭉클한 대답입니까? 매일 누군가가 살아서 돌아오지 못하는 출격이 왜 두렵지 않았겠습니까? 지상에서 죽는 것도 아니요, 남의 나라 허공에서 형체도 없이 사라져 버릴 것을 생각하면 소름 끼칠 정도로 두렵지

앉았겠습니까? 그러나 자신이 사랑하는 조국과 인류의 평화를 지켜야 한다는 신념이 죽을지도 모른다는 두려움을 극복할 수 있는 용기를 주었습니다. 죽음에 대한 두려움이 개인적인 것이라면, 조국과 인류를 지켜야 한다는 것은 자기를 뛰어넘는 대의大義입니다. 대의란 사회를 이루고 있고 또 사회의 혜택을 받는 사회의 구성원이 자신이 속한 사회를 위하여 마땅히 행하여야 할 큰 도리를 의미합니다. 그 큰 도리, 그 대의에 대한 신념과 자각이 개인적인 두려움을 극복하는 용기의 원천이 되었던 것입니다.

이것은 우리로 하여금 대단히 중요한 사실을 깨닫게 해줍니다. 인간이 자신보다 더 큰 도리, 자신보다 더 큰 의미와 가치를 추구하거나 찾았을 때에만 자기 두려움을 극복하고 자기와의 싸움에서 이기는 용기를 발휘할 수 있다는 사실입니다. 우리의 신앙도 이와 똑같습니다.

《회복의 신앙》이라는 책에서 제가 믿음의 의미를 열 개의 단어로 정의했는데, 그 가운데 하나가 '용기'입니다. 믿음은 용기입니다. 자신으로부터 비롯되는 모든 두려움을 극복하는 용기가 믿음입니다. 아브라함이 '너의 고향과 친척과 아버지의 집을 떠나 내가 지시하는 땅으로 가라'는 하나님의 명령에 순종할 때, 단 한 번도 가보지 아니한 미지의 땅과 그 땅에서 펼쳐질 자신의 불확실한 미래에 대한 두려움이 왜 없었겠습니까? 그런데도 아브라함은 자신이 뿌리내린 고향을 등지고 아무 연고도 없는 그 미지의 땅으로 향했습니다. 그것은 용기였습니다. 하나님께서 동정녀 마리아에게 예수 그리스도를 잉태하게 될 것을 천사를 통하여 고지하셨을 때, 처녀가 아이를 배면 돌에 맞아 죽는다는 율법이 시퍼렇게 살아 있음을 아는 마리아의 두려움이 얼마나 컸겠습니까? 그럼에도 마리아가 순종한 것은 그녀 역시 용기 있는 신앙인이었기 때문입니다. 절대자이신 하나님의 말씀만이 절대 순종해야 할 대의요, 하나님의 뜻만이 인간이 추구해야 할 절대적 가치임을 믿었기에, 그들은 자신들의 개인적인 모든 두려움을 극복하고 하나님의 명령에 순종하는 용기를 낼 수 있었습니다. 그들에게 믿음은 곧 용기였던 것입니다.

2차 세계대전 당시 연합군의 전투 조종사들은 조국과 인류를 지킨다는 신념으로 개인적인 두려움을 극복함으로 독일 공군을 궤멸하는 용기를 발휘할 수 있었습니다. 그러나 이 말이 독일 공군은 용기가 없었다는 의미는 아닙니다. 독일 전투 조종사들 역시 용기 있는 용사였을 것임은 두말할 나위도 없습니다. 그들도 자신들의 조국인 독일과, 그들의 지도자인 히틀러가 그들에게 세뇌시킨 히틀러 식의 세계 평화를 위한 신념으로 자신들의 개인적인 두려움을 극복한 용기 있는 전사이기는 매한가지였을 것입니다. 그러나 그들은 자신들의 목숨을 버리고서도 패배했고, 자신들의 조국을 지키지 못했습니다. 이것은 비단 2차 세계대전에만 국한된 이야기가 아닙니다. 인류 역사상 치러진 모든 전쟁에 출전한 용사들은 모두 자신들의 나라와 그 전쟁을 통해 지켜야 할 대의명분에 대한 신념으로 개인적인 두려움을 극복하고, 오직 승리를 위해 용기 있게 싸웠을 것입니다. 피아간彼我間에 맞서 싸우는 양 진영의 병사들이 모두 용기를 다해 싸우지만 반드시 한쪽은 패배하기 마련이고, 이긴 쪽의 승리 역시 영원히 지속되지는 못했습니다. 인간이 용기 있게 싸워 얻은 승리의 축배는 머지않아 마셔야 할 패배의 쓴잔의 시발점에 지나지 않았습니다.

그 이유가 대체 무엇입니까? 왜 모두 용기를 다해 싸우는데도 반드시 한쪽은 지기 마련이고, 이긴 쪽의 승리 역시 제한적이고도 유한할 뿐입니까? 그것은 그 용기의 출처가 인간 자신이기 때문입니다. 인간이 의지를 다해 지키려는 체제나 제도, 이념이나 대의명분이 아무리 그럴듯해 보여도 그 출처가 인간인 이상 아무리 용기를 다해 싸워도 패배하거나, 혹 이겨도 그 승리는 언젠가는 허물어지기 마련입니다. 인간이 불완전하고 유한한데 어찌 그 인간으로부터 비롯된 것이 영원한 생명과 가치를 지닐 수 있겠습니까? 용기를 다해 숱한 전쟁을 치르고서도 인류 역사상 영원히 지켜진 나라나 체제 혹은 제도가 없었다는 것이 그 좋은 증거입니다.

그러나 아브라함과 마리아의 용기의 출처는 영원하신 하나님이었습니다. 그래서 그들은 패배를 알지 못하는 영원한 믿음의 승리자가 되었습니다. 아브라함은 4천 년이 지난 지금까지 영원한 믿음의 조상으로 우리 신앙의 이정표가 되었고, 마리아는 2천 년이 지난 지금까지 인류 역사상 이 땅을 거쳐 간 여인 가운데 가장 존귀한 성모 마리아로 우리 가운데 우뚝 서 있습니다. 그들이 이처럼 시간과 공간을 초월하는 영원한 믿음의 승리자가 될 수 있었던 것은 그들에게 믿음은 용기였고, 그 용기의 출처가 영원하신 하나님이었기 때문입니다. 이것은 모세 역시 마찬가지였습니다.

본문 35절을 주목해 보시겠습니다.

> 그들의 말이 누가 너를 관리와 재판장으로 세웠느냐 하며 거절하던 그 모세를 하나님은 가시나무 떨기 가운데서 보이던 천사의 손으로 관리와 속량하는 자로서 보내셨으니.

하나님께서는 40년 전 이스라엘 백성으로부터 배척당했던 모세, 이미 80세의 나이에 현실감각을 상실한 빈털터리 노인인 모세를, 당신의 백성을 이집트에서 해방시키는 지도자와 구원자 즉 하나님의 대책으로 세우셨습니다. 지난 40년 동안 장인 집에 얹혀 고작 양치기 생활로 연명해 온 모세로서는 감히 상상조차 못한 일이었습니다. 자신의 처지와 현실만을 놓고 본다면 그것은 불가능한 일이요, 그럼에도 순종해야 한다면 실로 두렵기 짝이 없는 일이었습니다.

지난 시간에 말씀드린 것처럼 출애굽기 4장은, 그때 놀라움과 두려움에 사로잡힌 모세가 하나님의 대책이 되기를 몇 번에 걸쳐 망설이며 사양하였음을 전해 주고 있습니다. 모세가 몇 차례에 걸쳐 망설였다는 것은, 선택의 기로에 선 모세에게 자신과의 싸움이 있었음을 의미한다고 했습니다. 이미 자신이 익숙하고 보다 확실한 미디안 양치기 생활로 여생을 끝낼 것인가, 미래가 불확실하고 불투명하기만 한 하나님의 대책이 될 것인가? 자신의 현실과 처지와 능력을 누구보다 잘 알고 있는 자신의 판단을 고수할 것인가, 하나님의 명령에 순종할 것인가? 40세가 되기까지 이집트 왕자의 신분이었으므로 이집트의 군사력이 얼마나 막강하고 파라오의 권력이 얼마나 가공스러운지를 누구보다 생생하게 알고 있기에 이집트 귀환에 대한 현실적이고도 구체적인 두려움에 굴복할 것인가, 하나님께 자신의 남은 생을 송두리째 던질 것인가? 지난 40년간 그렇게 해온 것처럼 자기 안위만을 위해 살 것인가, 자기희생과 헌신을 통해 민족을 속량하는 도전적인 삶을 살 것인가? 얼마 남지 않은 자신의 여생을 위하여 이기심의 끈을 더더욱 조여 맬 것인가, 이기심의 신을 벗어던지라는 하나님의 명령을 좇을 것인가?

이처럼 모세는 자기에게 순응하는 길과 하나님께 순종하는 길 가운데 한 길을 선택해야만 했습니다. 몇 번의 망설임 끝에 모세는 마침내 자기를 버리고 하나님께 순종하는 길을 선택하였습니다. 불확실한 미래에 대한 두려움과 불안을 극복하고, 자기와의 싸움에서 이기는 용기 있는 신앙의 길을 택한 것입니다. 모세에게도 믿음은 용기였고, 그 용기의 출처는 그가 믿는 하나님이었습니다. 자신은 게르솜 즉 나그네에 지나지 않는 데 비해 오직 하나님만 자신을 영원무궁히 도우실 수 있는 엘리에셀의 하나님이시요, 하나님의 말씀만 자신이 온 삶으로 추구해야 할 절대적인 대의임을 믿었기에, 모세는 갖가지 구실로 자신의 발목을 끌어당기는 자신과의 싸움에서 이기고 하나님의 대책이 되기 위하여 용기 있게 이집트로 향할 수 있었습니다.

그리고 그 결과를 본문 36절이 밝혀 주고 있습니다.

> 이 사람이 백성을 인도하여 나오게 하고 애굽과 홍해와 광야에서 사십 년간 기사와 표적을 행하였느니라.

모세가 이스라엘 백성을 이집트에서 인도하여 나오게 하였다는 것은, 빈털터리 노인 모세가 이집트 파라오와의 대결에서 승리하였음을 의미합니다. 모세에게는 단 한 명의 군사도, 단 하나의 무기도 없었지만, 하나님의 능력이 그와 함께하심으로 그 빈털터리 모세가 천하를 호령하던 이집트의 파라오를 제압하고 이스라엘 백성을 해방시킬 수 있었습니다. 그뿐 아니었습니다. 그 이후 모세는 홍해와 광야에서 갖가지 기사와 표적을 행하였습니다. 기사와 표적을 행하였다는 것은, 간단히 말해 인간의 능력으로는 도저히 행할 수 없는 기적을 행했다는 말입니다. 한두 번, 혹은 하루 이틀만 그랬던 것이 아닙니다. 1~2년이나 10~20년도 아니고, 무려 40년 동안 표적과 기사를 행하였습니다. 모세 그 자신이 위대해서였습니까? 아니었습니다. 그는 여전히 빈털터리 노인이었지만 그가 하나님을 전적으로 신뢰함으로 자신을 이기는 용기를 내었을 때, 천지를 창조하신 하나님께서 그를 통해 무려 40년 동안 단 하루도 거르지 않고 계속 역사해 주셨기 때문입니다.

무기력한 빈털터리 노인에 지나지 않았던 모세가 우리가 아는 위대한 신앙의 모세가 될 수 있었던 것은, 그에게 하나님께서 당신의 능력으로 함께하셨던 마지막 40년이 있었기 때문입니다. 하나님께서 당신의 능력으로 온갖 기사와 표적을 행하게 하신 그 40년으로 인해, 모세는 영원한 출애굽의 승리자가 되어 3400년이 지난 지금까지 우리 가운데 살아 있습니다. 만약 모세가 그때 빈털터리 노인이었던 자신을 더 의지하여 자신과의 싸움에서 졌던들, 결코 얻을 수 없는 영원한 영광이요 승리였습니다.

모세가 하나님의 능력 속에서 40년간 행하였던 기사와 표적에 대하여는 다음 시간에 구체적으로 살펴보겠습니다. 오늘 이 시간 우리가 우리의 마음속에 되새겨야 할 교훈은, 자신보다 더 큰 대의와 가치를 지닌 사람만 자기를 뛰어넘는 용기 있는 사람이 될 수 있다는 것입니다. 자기보다 조국과 세계의 평화를 지키는 것이 더 큰 가치요 대의임을 깨달은 사람만 두려움을 극복하고, 용기 있게 적과 맞설 수 있습니다. 절대자이신 하나님의 말씀 안에서 자신이 이 세상에 존재해야 할 절대적 가치와 대의를 깨달은 사람만 아브라함, 모세, 마리아처럼 자기를 극복하고, 이 세상을 위한 하나님의 용기 있는 대책으로 살아갈 수 있습니다. 이것을 바꾸어 말하면 자신보다 더 큰 가치와 대의를 깨닫지 못한 사람은 신앙의 유무와 상관없이, 일평생을 살아도 자기만을 위한 이기적 삶을 사느라 이 사회에 도움이 되기는커녕 도리어 해악을 끼칠 뿐입니다.

작년 8월에 한국청소년개발원이 한국·중국·일본 청소년을 대상으로 설문 조사를 벌인 적이 있었습니다. 전쟁이 나면 조국을 위해 앞장서서 싸우겠느냐는 질문에 대해 그렇게 하겠다고 대답한 응답자의 비율이 일본 41.1퍼센트에 이어 중국은 14.4퍼센트였고, 한국은 10.2퍼센트로 최하위였습니다. 자신이 살고 있는 나라를 적국이 침략하여 가족이 유린당하고, 이웃이 살육당하고, 조국의 안위가 위태로워져도, 이 땅의 청소년 10명 중 9명은 싸우지 않겠다는 것입니다. 다른 사람의 생명을 담보로 한 국가 안보는 누리겠지만, 자신의 희생을 전제로 자신이 직접 나라를 위해 싸울 가치와 대의를 찾을 수는 없다는 것입니다. 자신이 속한 나라를 지키는 일을 대의로 여길 수 없다면, 도대체 그런 청소년에게 자기 이외에 무슨 대의가 있을 수 있겠습니까?

이것은 오늘날 우리나라 국민 전체의 이기적인 의식구조를 적나라하게 보여 주는 생생한 실례가 아닐 수 없습니다. 왜 이 땅의 청소년들이 그토록 이기적인 인간으로 성장하고 있습니까? 부모들이 그렇게 키웠기 때문입니다. 부모들이 자신과, 자기 자식만 아는 이기적인 삶을 살고 있기 때문입니다. 그래서 모두가 더불어 살아가는 데 절대 필요한, 가장 기본적인 공중도덕과 예의범절조차 우리 사회에서 실종된 지 오래입니다. 가는 곳마다 공익엔 아랑곳없이, 자기만 알고 자기 이익만을 꾀하는 이기적인 개인과 집단만 넘치고 있습니다. 자기보다 더 큰 가치와 대의를 지니지 못한 사람들이기에, 공익을 위한 자기와의 싸움에서 백전백패하기 때문입니다. 참으로 나라의 미래를 생각하면 그저 암담할 뿐입니다.

문제는 하나님을 믿는 그리스도인조차 여기에서 구별되지 않는다는 것입니다. 그리스도인마저 절대자이신 하나님의 말씀 속에서 절대적인 가치와 대의를 찾지 못한 채, 천지를 창조하신 하나님을 경외하는 생명의 종교인 기독교를 고작 자기 가정과 사업의 안녕이나 지켜 주는 천박한 하등기복종교로 전락시키고 있습니다. 그리스도인 역시 자신과의 싸움에서 판판이 지기 때문입니다. 그렇게 해서야 우리가 어떻게 이 이기적인 세상을 회복시키는 하나님의 용기 있는 대책이 될 수 있으며, 어찌 우리의 삶을 통해 하나님의 기사와 표적이 드러날 수 있겠습니까?

사랑하는 교우 여러분!

참회의 절기인 사순절 셋째 주일을 맞이하여, 하나님을 믿는다면서도 하나님의 말씀보다 우리 자신에게 더 큰 가치와 의미를 부여해 왔던 우리의 잘못을 회개하십시다. 우리 이기심의 신을 벗어던지지 못해 이 사회의 공익을 허물고, 살아 계신 하나님을 경외하는 생명의 도를 천박한 하등기복종교로 전락시킨 우리의 죄를 회개하십시다. 우리 모두 아브라함처럼, 모세처럼, 마리아처럼, 우리를 창조하신 하나님의 말씀을 우리가 순종해야 할 절대적 가치와 대의로 받아들임으로, 언제 어디서나 우리 자신을 이기는 용기 있는 그리스도인들이 되십시다. 그때부터 우리의 생에는 말할 것도 없고, 우리로 인해 이 암울한 사회 속에 소망의 빛이 임하게 될 것입니다. 하나님께서 빈털터리 노인 모세의 마지막 40년 동안 그렇게 하셨던 것처럼, 이 민족을 이기심의 덫에서 출애굽시키시고 이 사회를 새롭게 하시기 위해, 우리가 이 세상을 떠나는 날까지 우리의 삶을 통해 친히 기사와 표적을 베풀어 주실 것이기 때문입니다.

모세가 영원한 출애굽의 승리자가 될 수 있었던 것은 결코 우연이 아니었습니다. 그는 엘리에셀 하나님의 말씀이 자신이 추구해야 할 절대적 가치와 대의임을 믿음으로, 이집트 귀환을 두려워하는 자신을 이기고 하나님의 명령에 순종하는 용기 있는 행동인이 되었습니다. 하나님께서는 그 모세로 하여금 40년간 기사와 표적을 행하게 하셨고, 그 모세로 인해 이스라엘 전 민족은 이집트의 노예살이에서 해방을 얻었습니다. 이 모든 사실을 통하여, 단 한 사람이라도 용기 있는 신앙인이 되기만 하면, 하나님께서 그 한 사람을 통해 한 민족의 역사를 새롭게 하심을 확인시켜 주셔서 감사드립니다.

그동안 우리가 하나님을 믿는다면서도, 우리 삶의 전반에 걸쳐 하나님을 전적으로 신뢰하는 용기가 없었음을 회개합니다. 우리가 이 땅에 하나님의 대책으로 존재해야 할 절대적인 가치와 대의를 하나님의 말씀 속에서 찾지 않았음을 회개합니다. 그 결과 우리 자신을 이길 수 없었던 우리 자신이 이 사회의 공익을 지키기보다는 해치는 데 앞장섰고, 생명의 종교인 기독교를 우리 자신의 이기심을 위한 천박한 하등기복종교로 전락시켜 왔음을 회개합니다.

이제 우리 모두 하나님을 전적으로 신뢰함으로, 자신을 뛰어넘어 하나님의 말씀을 좇아 사는 용기 있는 그리스도인이 되게 하여 주옵소서. 우리의 삶을 통해 이 민족과 사회를 새롭게 하시는 하나님의 기사와 표적이, 우리의 남은 생애 동안 날마다 드러나게 하옵소서. 빈털터리 노인 모세를 통해 이스라엘 민족이 해방된 출애굽의 역사는 과거만의 기록이 아니라, 용기 있는 신앙인이 있는 곳에서는 언제나 현재진행형으로 일어나는 하나님의 표적과 기사임을 잊지 말게 하옵소서.

특별히 이 땅의 청소년들과 청년들에게 은총을 베푸셔서, 젊은 시절부터 용기 있는 신앙인으로 살아가게 하옵소서. 아멘.

19. 사십 년간 표적을 II   사순절 넷째 주일

사도행전 7장 35-38절

그들의 말이 누가 너를 관리와 재판장으로 세웠느냐 하며 거절하던 그 모세를 하나님은 가시나무 떨기 가운데서 보이던 천사의 손으로 관리와 속량하는 자로서 보내셨으니 이 사람이 백성을 인도하여 나오게 하고 애굽과 홍해와 광야에서 **사십 년간** 기사와 **표적을** 행하였느니라 이스라엘 자손에 대하여 하나님이 너희 형제 가운데서 나와 같은 선지자를 세우리라 하던 자가 곧 이 모세라 시내산에서 말하던 그 천사와 우리 조상들과 함께 광야 교회에 있었고 또 살아 있는 말씀을 받아 우리에게 주던 자가 이 사람이라

다윗이 지은 시편 103편은 가장 아름답고도 의미 깊은 시 가운데 하나로 손꼽히고 있습니다. 그 시편 103편의 15절 이하의 내용이 이렇습니다.

인생은 그날이 풀과 같으며 그 영화가 들의 꽃과 같도다 그것은 바람이 지나가면 없어지나니 (시 103:15-16상).

다윗보다 300여 년 후의 사람인 이사야도 같은 내용의 증언을 하였습니다.

> 모든 육체는 풀이요 그의 모든 아름다움은 들의 꽃과 같으니, 풀은 마르고 꽃이 시듦은 여호와의 기운이 그 위에 붊이라 이 백성은 실로 풀이로다(사 40:6하–7).

이사야가 이 땅을 거쳐 간 지 700년 후에 태어난 베드로 사도는 이사야의 이 구절을 고스란히 베드로전서에 인용하기도 하였습니다(벧전 1:24). 그러나 인생이 대단한 것 같지만 들의 풀에 지나지 않고, 인간이 추구하는 영화榮華라는 것 또한 이내 시들어 버릴 들의 꽃에 지나지 않는다는 것은 비단 유대인만의 깨달음인 것은 아닙니다. 우리 옛말에도 '화무십일홍花無十日紅'이란 말이 있습니다. 열흘 붉은 꽃이 없다는 의미로, 그 역시 인생을 빗대서 한 말입니다. 아무리 화려해 보여도 순식간에 사라져 버리고 마는 것이 인생이란 뜻입니다. 이런 관점에서 인생과 인간의 영화를 들의 풀과 꽃에 비유한 다윗의 시는 새삼스러울 것이 없어 보입니다. 그러나 다윗의 시가 우리의 가슴에 와 닿는 것은 바로 그다음의 내용 때문입니다.

> 인생은 그날이 풀과 같으며 그 영화가 들의 꽃과 같도다 그것은 바람이 지나가면 없어지나니 그 있던 자리도 다시 알지 못하거니와(시 103:15–16).

찬바람이 붊과 동시에 시들어 버린 들꽃은 그 피어 있던 자리가 어디였는지조차 알 수 없게 됩니다. 인생 역시 이와 똑같다는 말입니다. 얼마나 가슴에 와 닿는 말입니까? 인류 역사상 이 땅을 거쳐 간 헤아릴 수 없이 많은 인간들, 그 개개인이 살던 자리가 어디였는지 누가 알고 있습니까? 여러분의 족보를 펴보십시오. 그 족보에 이름이 등재되어 있는 오백 년 전의 선조, 천 년 전의 선조가 어떤 자리에서 어떤 삶을 살았는지 구체적으로 알고 계십니까? 만약 모르신다면, 그로 인해 우리는 한 가지 사실을 분명히 알게 됩니다. 우리가 이 땅에서 아무리 화려한 삶을 구가한다 할지라도 오백 년 후, 혹은 천 년 후의 우리 후손조차 우리가 어떤 자리에서 어떤 삶을 살았는지 결코 알지 못하리라는 사실입니다. 그 이유가 무엇이겠습니까? 우리 인생은 고작, 그 있던 자리도 알 수 없는 들풀에 지나지 않기 때문입니다.

이것이 사실일진대 인생이란 얼마나 허무합니까? 도대체 이 세상에 무슨 가치를 둘 수 있으며, 인생에 무슨 의미를 부여할 수 있겠습니까? 그러나 다윗이, 인생은 그 있던 자리마저 알 수 없는 들풀과 같다고 고백한 것은 단지 인생의 허무함을 탄식하기 위함이 아니었습니다. 다윗의 시는 이렇게 이어지고 있습니다.

> 인생은 그날이 풀과 같으며 그 영화가 들의 꽃과 같도다 그것은 바람이 지나가면 없어지나니 그 있던 자리도 다시 알지 못하거니와, 여호와의 인자하심은 자기를 경외하는 자에게 영원부터 영원까지 이르며 그의 의는 자손의 자손에게 이르리니, 곧 그의 언약을 지키고 그의 법도를 기억하여 행하는 자에게로다(시 103:15-18).

인생이 비록 들풀에 지나지 않기는 하지만, 그 유한한 인생이 하나님을 경외하고 하나님의 말씀을 좇기만 하면 하나님의 인자하심이 영원토록 그와 함께하신다는 것입니다. 들풀과 같은 인생이 하나님 안에서는 영원한 생명과, 영원한 의미와, 영원한 가치를 지닐 수 있다는 것입니다. 우리가 하나님을 경외하고 하나님의 말씀을 좇아야 할 당위성이 바로 여기에 있습니다. 인간은 지극히 유한한 데 반하여 하나님은 영원하시고, 하나님의 말씀 또한 영원하기 때문입니다. 그리고 오늘의 본문은 바로 그 구체적인 실례를 우리에게 제시해 주고 있습니다.

3400여 년 전 미디안 광야에 초라한 노인 한 명이 살고 있었습니다. 한때는 이집트 왕자의 신분으로 나는 새도 떨어뜨릴 권세를 지니고 있었지만, 자기 동족에게 배척당하고 미디안 광야로 피신한 지 벌써 40년이 지났습니다. 그가 이집트 왕궁에서 누렸던 영화는 그야말로 들의 꽃처럼 순식간에 사라져 버리고 말았습니다. 광야에서 40년간 양치기 생활을 했지만 처갓집에 얹혀산 탓에, 80세가 되어서도 자기 소유의 양 한 마리 없는 철저하게 빈털터리 노인이었습니다. 만약 그 노인의 인생이 그렇게 끝나 버렸다면 광야의 들풀처럼, 먼지처럼, 이미 사라져 버렸을 그의 존재는 말할 것도 없고, 그가 있던 자리를 알거나 기억하는 사람은 아무도 없을 것입니다.

그러나 초라한 빈털터리 노인 모세가 이스라엘 백성을 위한 하나님의 대책이 되라는 하나님의 명령에 순종하는 믿음의 용기를 발휘했을 때, 그의 인생은 영원한 생명과 영원한 가치와 영원한 의미를 지니게 되었습니다. 영원하신 하나님께서 그 초라한 빈털터리 노인 모세를 통해 친히 역사해 주셨기 때문입니다.

본문 36절이 다음과 같이 증언하고 있습니다.

> 이 사람이 백성을 인도하여 나오게 하고, 애굽과 홍해와 광야에서 사십 년간 기사와 표적을 행하였느니라.

하나님께서 빈털터리 노인 모세를 출애굽의 지도자로 세우셨을 뿐 아니라, 그로 하여금 이집트와 홍해와 광야에서 무려 40년간이나 기사와 표적을 행하게 하셨습니다. 기사와 표적이란 지난 시간에 말씀드린 것처럼, 인간의 능력으로는 도저히 행할 수 없는 기적을 의미합니다. 그는 이집트에서 파라오가 이스라엘 노예를 풀어 주지 않을 수 없도록 온갖 재앙을 임하게 하는 기적을 행하였고, 앞길을 가로막고 있는 홍해를 가르는 기적을 행하였고, 죽음의 광야를 거치면서 하늘에서 만나와 메추라기가 떨어지고 반석에서 생수가 터지는 기적을 행하였습니다. 이것은 그리스도인이라면 모두 알고 있는 사실들입니다. 그러나 많은 그리스도인들이 모세가 그 모든 기적을 무엇으로 행하였는지는 간과하고 있습니다.

출애굽기 4장은 시내산에서 모세에게 당신의 대책이 될 것을 명령하신 하나님께서 모세와 나누신 대화의 내용을 전해 주고 있습니다.

여호와께서 그에게 이르시되 네 손에 있는 것이 무엇이냐 그가 이르되 지팡이니이다(출 4:2).

하나님께서는 모세에게 그의 손에 들린 것이 무엇인지 물으셨고, 모세는 지팡이라고 대답드렸습니다. 그것은 당시 양치기라면 으레 지니고 있는 양치기용 지팡이였습니다. 하나님께서는 그 지팡이가 뱀으로 변했다가 다시 지팡이로 환원되는 것을 모세로 하여금 확인케 하신 후에 말씀하셨습니다.

너는 이 지팡이를 손에 잡고 이것으로 이적을 행할지니라(출 4:17).

하나님께서는 모세에게 단순히 생각이나 말로 기적을 행하게 하신 것이 아니라, 모세의 손에 들려 있는 양치기용 지팡이로 기적을 행하게 하셨습니다. 그래서 이집트로 돌아간 모세가 그 지팡이로 나일 강을 쳤을 때 나일 강물이 피로 변했습니다. 그 지팡이를 들어 올리자 하늘에서 불과 우박이 떨어졌습니다. 그 지팡이를 내밀자 앞길을 가로막고 있던 폭 32킬로미터의 홍해가 갈라졌습니다. 그 지팡이로 반석을 치자 생수가 터졌습니다. 그 지팡이를 들고 기도할 때, 노예살이에서 갓 해방된 오합지졸 이스라엘이 아말렉 정규군과의 전쟁에서 대승을 거두었습니다. 하나님께서 말씀하신 것처럼 모세가 지팡이를 사용할 때마다 온갖 기적이 일어난 것입니다.

그래서 그 유명한 영화 〈십계〉에서 모세로 분한 찰턴 헤스턴의 손에는 그의 키만큼이나 크고 신비스럽기 그지없는 형상의 지팡이가 들려 있습니다. 온갖 기적을 행하는 데 사용된 지팡이라면, 그 정도로 크고 신비스럽게 생겨야 할 것이란 의미에서였을 것입니다. 그러나 그것은 실제와는 거리가 먼 이야기입니다.

터키 이스탄불에 있는 토프카피Topkapi 박물관에는 모세가 사용했던 지팡이, 다윗이 골리앗의 목을 쳤던 칼, 세례 요한의 뼈로 알려진 유물들이 전시되어 있습니다. 이슬람 국가인 터키의 박물관에 성경과 관련된 유물들이 전시되어 있다는 것이 매우 의아하게 여겨질 수 있습니다. 그러나 이스탄불이 1453년 오토만 터키제국에 의해 함락될 때까지 1천 년 이상 동로마제국의 수도인 동시에 동방교회의 중심이었던 콘스탄티노플이었음을 감안하면, 이미 그곳에 수집되어 있던 성경 관련 유물들이 정복자의 수중에 넘어가게 된 것임을 알 수 있습니다.

제가 스위스에서 체류하던 마지막 해 겨울이었습니다. 겨울방학을 맞아 서울에서 저를 찾아온 가족들과 함께 토프카피 박물관을 찾아갔습니다.

'모세의 지팡이'란 팻말이 붙어 있는 전시물을 보자 아이들이 대뜸, "이것이 진짜 모세의 지팡이냐"고 물었습니다. 그래서 제가 이렇게 대답해 주었습니다.

"이것이 정말 모세가 사용했던 지팡이라고 한다면 많은 것들이 해명되어야 하겠지. 그러므로 우리 이렇게 생각하기로 하자. 이 지팡이가 반드시 모세 할아버지의 지팡이라기보다는, 모세 할아버지 시대의 양치기들은 이런 모양의 지팡이를 사용했을 것이라고 말이야. 그러면 여러 면에서 도움이 되지 않겠니?"

아이들이 그렇게 질문한 이유는 그 지팡이의 볼품없는 모양에 실망했기 때문이었습니다. 그 지팡이는 길이 1미터 남짓에 굵기는 어른 손가락 두 개를 합친 정도밖에 되지 않아, 지팡이라기보다는 막대기라 부르는 편이 정확할 정도였습니다. 따라서 집에서 영화 〈십계〉 비디오를 몇 번이나 본 아이들이 "이것이 진짜 모세의 지팡이냐"고 실망에 찬 질문을 던진 것은 당연한 일이었습니다.

그러나 모세가 양치기 생활을 했던 미디안 광야를 직접 찾아가 보면, 그곳은 영화 속의 찰턴 헤스턴의 손에 쥐어져 있던 것과 같이 크고 굵은 가지의 나무는 전혀 존재하지 않는, 그저 황량한 광야일 뿐입니다. 그러므로 찰턴 헤스턴이 들고 있던 지팡이는 영화 속의 허구일 따름이요, 토프카피 박물관에 전시되어 있는 그 볼품없는 막대기가 역사적 사실에 더 근접한 것임을 알게 됩니다. 미디안 광야에서 살아남을 수 있는 나뭇가지 가운데 그보다 더 굵은 가지나 줄기란 있을 수 없는 까닭입니다.

하나님께서 모세의 지팡이를 가리키시며 그 지팡이로 이적을 행하라고 말씀하실 때, 우리말 지팡이로 번역된 히브리어 '마테מטה'가 본래 '가지' '막대기'를 의미한다는 것은, 모세의 양치기용 지팡이가 실은 토프카피 박물관에 전시되어 있는 것과 같은 막대기였음을 뒷받침해 주고 있습니다. 오늘날 중동에서 만날 수 있는 목동들 역시 그와 같은 모양의 막대기를 들고 있을 뿐입니다. 따라서 모세의 손에 쥐어져 있던 것은 미디안 광야의 볼품없는 나뭇가지 막대기였고, 하나님께서는 모세로 하여금 그 볼품없는 막대기로 기적을 행하게 하신 것이었습니다. 왜 하나님께서는 나일 강이 피로 변하고 홍해가 갈라지는 것과 같은 극적인 기적을 그 볼품없는 막대기로 행하게 하셨겠습니까? 그 막대기 하나가 유일하게 모세 개인의 것이었기 때문입니다.

이미 우리가 알고 있는 바와 같이 팔십 노인 모세는 철저한 빈털터리였습니다. 40년이나 양을 쳤지만 그가 친 모든 양은 장인의 소유였고, 그의 거처 또한 장인 집이었습니다. 모세에게 재산이 될 만한 것이라고는 아무것도 없었습니다. 굳이 모세의 것을 따지자면 손에 쥐고 있는 양치기용 막대기 하나였습니다. 그것은 재산의 가치라고는 전무하였습니다. 그것은 값을 치르고 산 것도 아니었습니다. 광야의 양치기가 다 그렇게 하듯, 모세 역시 적당한 나뭇가지나 줄기를 꺾어 만든 초라한 막대기였습니다. 그런데도 하나님께서는 모세로 하여금 그 볼품없는 막대기로 기적을 행하게 하셨습니다. 게다가 출애굽기 4장 20절은 더 놀라운 사실을 전해 주고 있습니다.

> 모세가 그의 아내와 아들들을 나귀에 태우고 애굽으로 돌아가는데, 모세가 하나님의 지팡이를 손에 잡았더라.

모세가 하나님의 명령에 순종하여 가족들을 데리고 이집트로 돌아가는데, 그때 모세가 그의 손에 하나님의 지팡이를 쥐고 있었다고 성경은 증언하고 있습니다. 볼품없는 모세의 막대기는 더 이상 모세의 막대기가 아니었습니다. 하나님께서 그 막대기를 당신의 막대기로 삼으신 것이었습니다.

그렇다면 80세의 초라한 빈털터리 노인 모세가 이스라엘 백성을 해방시키겠다며, 단지 볼품없는 막대기 하나만 들고 이집트로 가는 그의 모습을 머릿속에 그려 보십시다. 한 민족을 구원하는 해방자의 모습치고는 보기에 민망함을 뛰어넘어 도리어 우스꽝스러울 정도입니다. 도대체 한 민족의 해방자치고 그런 초라한 모습에, 그런 볼품없는 막대기 하나 쥐고 있는 해방자가 이 세상 어디에 또 있겠습니까? 만약 모세의 손에 찰턴 헤스턴의 지팡이와 같이 신비스런 형상의 지팡이가 쥐어져 있었다면, 그 지팡이로 인해 모세의 모습이 달라 보였을지도 모릅니다. 그러나 마른 막대기 하나뿐인 모세는 해방자의 면모와는 너무나도 거리가 멀었습니다. 하지만 그 초라한 빈털터리 노인 모세가 그 볼품없는 막대기로 나일 강을 쳤을 때 나일 강이 피로 변하고, 그 마른 막대기를 앞으로 내밀었을 때 홍해가 갈라지고, 하늘을 향해 쳐들었을 때 만나와 메추라기가 쏟아져 내렸습니다. 모세가 양을 칠 때 사용하던 그 막대기는 여전히 볼품없는 마른 막대기에 지나지 않았지만, 하나님께서 그 마른 막대기를 당신의 막대기로 삼으시고 천지를 창조하신 당신의 능력으로 친히 기사와 표적을 베푸셨기 때문입니다.

여기에서 우리는 참으로 소중한 교훈을 얻게 됩니다. 이 세상에서 가진 것이라고는 고작 마른 막대기 하나뿐인 초라한 인간도 그의 중심을 하나님께 드리기만 하면, 하나님께서는 그가 지닌 마른 막대기를 통해서도 얼마든지 당신의 역사를 펼치신다는 것입니다. 조금 더 깊이 생각하면 그 마른 막대기는 곧, 80세의 나이에 지닌 것이라곤 마른 막대기 하나뿐이었던 모세 자신이었습니다. 미디안 광야의 초라하기 짝이 없는 80세의 빈털터리 노인 모세, 그 모세는 마른 막대기처럼 아무 쓸모없는 존재에 지나지 않았습니다. 그러나 그 초라한 모세가 자신의 여생을, 자신의 중심을, 자신의 사지백체를 하나님께 드렸을 때, 하나님께서는 마른 막대기 같은 그 모세를 영원한 출애굽의 지도자로 삼으시고 그를 통해 구원의 역사를 이루셨습니다. 모세는 바람이 지나가면 그 있던 자리조차 알 수 없는 들풀에 지나지 않았지만, 모세가 믿었던 하나님께서는 영원하신 하나님이시기 때문이었습니다. 그래서 3400년이 지난 오늘날에도 전 세계의 수많은 사람들이 자기 돈을 써가며, 모세가 있었던 곳을 일일이 찾아다니면서 그를 기리고 있습니다.

그러므로 우리에게 무엇이 있느냐, 없느냐는 문제가 되지 않습니다. 세상의 것이 얼마나 많으냐도 문제가 되지 않습니다. 우리가 지닌 것이 비록 마른 막대기뿐이라 할지라도, 우리 자신이 마른 막대기처럼 아무 쓸모없는 인간이라 할지라도 우리의 삶을 하나님께 드리기만 하면, 천하 만물의 소유자이시요 주관자이신 하나님께서 우리의 삶을 통해 이 세상을 새롭게 하신다는 것이 오늘 본문이 우리에게 주는 하나님의 약속입니다.

그렇다면 참회의 절기인 사순절 넷째 주일을 맞아 우리가 무엇을 회개해야 하겠습니까? 우리에게 있는 것의 소중함을 깨닫지 못하고, 없는 것만을 추구해 온 어리석음을 회개하십시다. 우리에게 있는 것을 감사하지 못한 채, 없는 것으로 인해 불평하기만 했던 우리의 무지를 회개하십시다. 오늘 피었다가 내일 시들어 버리는 들풀에 지나지 않는 나를 섬기느라, 영원하신 하나님의 말씀에 우리 자신을 의탁하지 못했던 우리의 불신앙을 회개하십시다.

사랑하는 교우 여러분!

하나님께서는 우리에게 없는 것이 아니라, 언제나 있는 것을 통해 역사하심을 잊지 마십시다. 우리가 지닌 것이 비록 마른 막대기 하나뿐일지라도, 그 마른 막대기를 하나님의 막대기가 되게 하십시다. 마른 막대기와 같은 우리의 육체를 하나님께 드리십시다. 두 눈이 보이십니까? 하나님께 드리십시다. 귀가 들리십니까? 하나님께 드리십시다. 손이 움직이십니까? 하나님께 드리십시다. 발이 움직이십니까? 하나님께 드리십시다. 사지백체가 움직이지 않는다 해도, 하나님께 우리의 중심을 드리십시다. 하나님께서는 우리의 삶 자체를 이 시대를 위한 당신의 기사와 표적이 되게 하실 것입니다. 우리는 들풀에 지나지 않지만, 그분은 영원하신 하나님이시기 때문입니다.

초라한 80세의 빈털터리 노인 모세가 자신의 중심을 하나님께 던졌을 때, 유일하게 모세의 것이었던 마른 막대기를 당신의 막대기로 삼으시고 온갖 기사와 표적을 행하여 주셨던 하나님! 초라한 몰골의 모세를 통해 당신의 구원의 역사를 이루시고, 그 빈털터리 노인을 영원한 출애굽의 지도자로 세워 주신 하나님!
마른 막대기 하나밖에 없던 모세에 비하면, 우리는 참으로 많은 것을 지니고 있습니다. 그렇지만 이미 우리에게 있는 것의 소중함을 깨닫지도 못하고, 이미 있는 것을 감사하지도 않고, 늘 없는 것만을 간구하며, 없는 것으로 인해 불평하기만 한 우리의 어리석음을 용서하여 주옵소서. 영원하신 하나님 아버지보다, 곧 말라비틀어질 들풀에 불과한 우리 자신을 더 의지한 불신앙을 용서하여 주옵소서.
하나님께서는 우리에게 없는 것이 아니라, 언제나 우리에게 있는 것을 통하여 역사하시는 분이심을 잊지 말게 하옵소서. 비록 우리가 지닌 것이 마른 막대기처럼 볼품없다 할지라도, 이 민족과 인류를 위한 하나님의 지팡이로 받아 주옵소서. 연약한 우리의 지체를 드리오니, 이 땅의 불의를 물리치는 하나님의 의의 병기로 써주옵소서. 우리의 온 중심을 드리오니, 이 땅에 하나님의 새 역사를 펼치는 기사와 표적의 통로로 사용하여 주옵소서. 그리하여 마른 풀과 같은 우리의 인생이 하나님 안에서 영원한 생명과, 영원한 가치와, 영원한 의미로 세워지게 하옵소서. 아멘.

20. 사십 년간 표적을 III 사순절 다섯째 주일

사도행전 7장 35-38절
그들의 말이 누가 너를 관리와 재판장으로 세웠느냐 하며 거절하던 그 모세를 하나님은 가시나무 떨기 가운데서 보이던 천사의 손으로 관리와 속량하는 자로서 보내셨으니 이 사람이 백성을 인도하여 나오게 하고 애굽과 홍해와 광야에서 **사십 년간** 기사와 **표적을** 행하였느니라 이스라엘 자손에 대하여 하나님이 너희 형제 가운데서 나와 같은 선지자를 세우리라 하던 자가 곧 이 모세라 시내산에서 말하던 그 천사와 우리 조상들과 함께 광야 교회에 있었고 또 살아 있는 말씀을 받아 우리에게 주던 자가 이 사람이라

모세가 시내산에서 하나님의 부르심을 받을 때, 그는 80세의 빈털터리 노인이었습니다. 고작 장인의 양을 치는 일 이외에 무슨 새로운 일을 꾸미거나 시작하기에는 턱없이 늦은 나이요, 또 그런 가능성은 전무한 상황이었습니다. 더욱이 자신이 자기 민족을 위한 지도자가 된다는 것은 꿈에서조차 상상할 수 없는 일이었습니다. 그러나 그 빈털터리 노인 모세가 이스라엘 백성

을 위한 하나님의 대책이 되라는 하나님의 명령에 순종하는 믿음의 용기를 발휘하였을 때, 그는 더 이상 무기력한 빈털터리 노인이 아니었습니다.

본문 35-36절은 모세에 대하여 다음과 같이 증언하고 있습니다.

> 그들의 말이 누가 너를 관리와 재판장으로 세웠느냐 하며 거절하던 그 모세를 하나님은 가시나무 떨기 가운데서 보이던 천사의 손으로 관리와 속량하는 자로서 보내셨으니, 이 사람이 백성을 인도하여 나오게 하고 애굽과 홍해와 광야에서 사십 년간 기사와 표적을 행하였느니라.

하나님께서는 40년 전 자기 동족으로부터도 배척당했던 그 빈털터리 노인 모세로 하여금 이스라엘 백성을 이집트의 노예살이에서 해방시키게 하셨을 뿐 아니라, 무려 40년 동안 이집트와 홍해 그리고 광야에서 온갖 기사와 표적을 행하게 하셨습니다. 기사와 표적이란 인간의 능력으로는 도저히 행할 수 없는 기적이라고 했습니다. 미디안 광야의 그 빈털터리 모세가 40년 동안 온갖 기적을 행한 것입니다. 우리는 지난 시간에 모세가 그 놀라운 기적들을 무엇으로 행하였는지에 대하여 생각해 보았습니다. 출애굽기 4장 17절에 의하면, 하나님께서는 모세로 하여금 그의 손에 쥐어져 있던 양치기용 막대기로 그 모든 기적을 행하게 하셨습니다.

우리말에는 지팡이와 막대기가 구별되어 있고, 또 그 용도도 다릅니다. 그러나 성경에 기록되어 있는 히브리어 '마테'는 본래 '가지' 혹은 '막대기'란 의미로, '지팡이'의 뜻도 지니고 있습니다. 이 히브리어 단어를 영어로는 'stick', 'staff', 'cane', 'rod'로 번역하는데, 이 단어들 역시 '지팡이'와 '막대기'를 동시에 의미합니다. 이를테면 히브리어와 영어는 딱히 막대기와 지팡이를 구별하지 않는 것입니다. 따라서 히브리어 원전이나 영어 성경을 읽는 사람은, 모세의 손에 쥐어져 있던 것이 긴 지팡이가 아니라 그보다 짧은 막대기일 수 있음을 쉽게 받아들일 수 있습니다. 그 반면 우리말은 막대기와 지팡이를 명확하게 구별하고 있는 데다, 한글 성경이 히브리어 '마테'를 '지팡이'라고 번역했기에, 한국 그리스도인들은 모세 하면 일단 긴 지팡이를 연상합니다. 그러나 3400년 전 미디안 광야의 특성상, 그곳에서 양을 치던 모세가 사용한 것은 지팡이가 아니라 막대기였을 것임은 지난 시간에 상세하게 설명드렸습니다. 그래서 세계에서 가장 정확한 문법과 풍성한 어휘 및 단어를 지닌 언어로 인정받고 있으며, 또 막대기와 지팡이란 용어가 구별되어 있는 프랑스어 성경은, 모세의 손에 쥐어져 있던 것을 지팡이를 의미하는 'canne'이 아니라 막대기를 뜻하는 'bâton'으로 정확하게 번역하고 있습니다.

하나님께서 모세로 하여금 그 볼품없는 양치기용 막대기로 기적을 행하게 하신 것은, 그 막대기가 유일하게 모세 개인의 것이기 때문이라고 했습니다. 40년 동안 장인 집에 얹혀살아 온 모세에게 자기 소유의 재산이라곤 아무것도 없었습니다. 굳이 따지자면 광야의 나뭇가지를 꺾어 만든 양치기용 막대기가 유일하였습니다. 하나님께서 모세로 하여금 그 마른 막대기로 기적을 행하게 하신 것은, 이 세상에서 가진 것이라곤 마른 막대기 하나뿐인 초라한 인간도 하나님께 자신의 중심을 드리기만 하면, 하나님께서는 그가 지닌 마른 막대기를 통해서도 당신의 새 역사를 펼치심을 의미한다고 했습니다. 조금 더 깊이 생각하면 그 마른 막대기는, 80세의 나이에 가진 것이라고는 마른 막대기 하나뿐인 모세 자신이라고 했습니다. 하나님께서 그와 같은 모세로 하여금 기적을 행하게 하신 것은, 마른 막대기처럼 아무 쓸모없는 인간도 하나님의 명령에 순종하는 믿음의 용기를 발휘하기만 하면, 얼마든지 한 시대를 새롭게 하는 하나님의 도구가 될 수 있음을 보여 주신 것이었습니다. 하나님을 진심으로 믿는 사람이 어떤 절망적인 상황 속에서도 결코 소망을 잃지 않는 이유가 여기에 있습니다.

오늘은 마지막으로 하나님께서 모세로 하여금 그 마른 막대기로 행하게 하신 기적을 좀더 깊이 살펴보기로 하겠습니다.

출애굽한 이스라엘 백성이 홍해 앞에 이르렀을 때였습니다. 갑자기 변심한 이집트의 파라오가 이집트의 모든 군대를 동원하여 이스라엘 백성을 추격해 왔습니다. 앞에는 홍해요 뒤에는 세계 최강의 이집트 군대로, 이스라엘 백성은 문자 그대로 독 안에 든 쥐의 형국이었습니다. 모두 몰살당하기 직전이었습니다. 그때 하나님께서 모세에게 말씀하셨습니다.

> 너는 어찌하여 내게 부르짖느냐 이스라엘 자손에게 명령하여 앞으로 나아가게 하고 지팡이를 들고 손을 바다 위로 내밀어 그것이 갈라지게 하라 (출 14:15-16상).

하나님께서는 모세에게 막대기를 쥐고 있는 손을 내밀어 홍해가 갈라지게 하라고 명령하셨습니다. 이것은 우리가 잘 아는 내용입니다. 그러나 많은 사람들이 하나님의 그다음 말씀에 대해서는 별 주의를 기울이지 않습니다.

> 이스라엘 자손이 바다 가운데서 마른땅으로 행하리라 (출 14:16하).

바닷물이 빠지거나 갈라지면 그곳에는 젖은 땅이나 젖은 갯벌이 드러나기 마련입니다. 바다의 바닥이 항상 젖어 있다는 것은 아무도 거스를 수 없는 자연의 법칙입니다. 그러나 하나님께서는 모세가 막대기를 든 손을 내밀어 홍해가 갈라지면, 그곳에 "마른땅"이 드러날 것이라고 말씀하셨습니다. 그리고 그 결과를 출애굽기 14장 21-22절이 밝혀 주고 있습니다.

> 모세가 바다 위로 손을 내밀매 여호와께서 큰 동풍이 밤새도록 바닷물을 물러가게 하시니 물이 갈라져 바다가 마른땅이 된지라 이스라엘 자손이 바다 가운데를 육지로 걸어가고.

모세가 지팡이를 든 손을 내밀자 바다가 갈라졌고, 갈라진 바닷속에서 정말 마른땅이 드러났습니다. 그래서 이스라엘 자손들은 마치 육지를 걷듯 그 마른땅을 지나 홍해를 건너갔습니다.

자연 현상 가운데 '해할海割 현상'이 있습니다. 밀물과 썰물의 차이가 심한 바다에서, 그 차이가 일정 수준을 넘어서는 썰물 때 바닷속 지형이 겉으로 드러나는 현상을 의미합니다. 이와 같은 해할 현상이 우리나라에서는 간만干滿의 차가 심한 서해 바다의 여러 곳에서 일어나고 있습니다. 특히 전라남도 진도 앞바다에서 매년 음력 3월 15일을 전후하여 일어나는 해할 현상은 그 규모가 가장 크다고 하여, 소위 '한국판 모세의 기적'으로 널리 알려져 있습니다. 그러나 사람들이 아무리 모세의 기적이라 불러도 그것이 결코 모세의 기적과 동일할 수 없는 것은, 해마다 그곳에 드러나는 것이 마른땅이 아니라 물에 젖은 갯벌이기 때문입니다. 모세가 막대기를 든 손을 내밀었을 때, 갈라진 홍해 가운데서 물에 젖은 땅이나 젖은 갯벌이 드러났다면 그것은 기적이 아니라 단순한 해할 현상일 수도 있었습니다. 그러나 홍해가 갈라지자마자 그곳에 드러난 것은 육지와 똑같은 마른땅이었습니다. 그것은 하나님께서 행하시지 않고서는 결코 있을 수 없는 기적이었습니다.

그렇다면 하나님께서 갈라진 홍해에서 마른땅이 드러나는 기적을 베푸신 이유가 무엇이었겠습니까? 홍해는 그 폭이 32킬로미터에 이릅니다. 만약 홍해 가운데 물에 젖은 땅이나 갯벌이 드러났다면, 건장한 남자 장정도 발이 푹푹 빠지는 젖은 습지를 32킬로미터나 걸어가는 것은 여간 힘든 일이 아니었을 것입니다. 출애굽한 이스라엘 백성은 남녀노소가 모두 한데 어우러져 있었으므로, 노약자나 연소자에게는 그것은 더없이 힘든 일이었을 것입니다. 그래서 하나님께서는 남녀노소 불문하고, 당신의 백성이 육지처럼 무난히 홍해를 건널 수 있게 해주시기 위해 마른땅이 드러나게 하신 것이었습니다.

생각해 보십시오. 홍해와 이집트 군대 사이에서 꼼짝없이 죽게 된 이스라엘 백성들이 자신들의 앞길을 가로막고 있는 홍해가 갈라지리라고 감히 상상인들 했겠습니까? 홍해가 갈라진다면 그 자체로 감격하고 감사하며 안간힘을 다해 홍해를 건널 일이지, 한가하게 마른땅 젖은 땅을 따질 여유가 있었겠습니까? 홍해가 갈라지리라고 상상치도 못한 판에, 갈라진 홍해 가운데 마른땅이 드러나리라고 누가 기대나 할 수 있었겠습니까? 그럼에도 하나님께서는 이스라엘 백성을 위하여 그들이 상상치도 못한 마른땅이 드러나게 하셨습니다. 이유는 한 가지, 하나님께서 그들을 정말 사랑하셨기 때문입니다. 그래서 이스라엘 백성들은 하나님을 이렇게 찬양하였습니다.

> 하나님이 바다를 변하여 육지가 되게 하셨으므로 무리가 걸어서 강을 건너고 우리가 거기서 주로 말미암아 기뻐하였도다(시 66:6).

보잘것없는 인간을 위해 바다가 마른땅이 되게 하시는 하나님이 우리의 하나님이시라는 것은, 생각하는 것만으로도 가슴이 벅차오릅니다.

하나님께서는 아무것도 먹을 것이 없는 광야에서 이스라엘 백성에게 만나와 메추라기를 내려 주셨습니다. 만나는 떡을 대신하고 메추라기는 고기를 대신하여 하나님께서 내려 주신 양식이었습니다. 출애굽기 16장 4절 말씀에 의하면, 하나님께서는 매일 양식을 비같이 내려 주셨습니다. 출애굽 당시 이스라엘 백성의 수는 남자 가장만 60여만 명이었습니다. 다시 말해 60여만 가구가 출애굽한 것입니다. 만약 한 가정당 부부와 두 자녀, 이렇게 네 식구로만 이루어졌더라도 이스라엘 백성의 총수는 240여만 명이 됩니다. 그 당시의 풍습이 대가족제도였으므로, 한 가정당 남편 혹은 아내의 부모 중 한 분만 더 모시고 살았어도 이스라엘 백성의 총수는 300여만 명이 됩니다. 하나님께서 그 거대한 인파를 아무것도 없는 광야라고 해서 대충 먹이신 것이 아니었습니다. 날마다 그들을 배불리 먹이시기 위하여 매일 하늘에서 양식을 비처럼 쏟아지게 하신 것이었습니다. 300여만 명이나 되는 인파 위에 매일 비처럼 쏟아지는 양식을 상상해 보십시오. 하나님 아니시고 어찌 그런 일이 가능할 수 있겠습니까?

광야에서 마실 물이 없어 이스라엘 백성들이 죽게 되었을 때 하나님께서 모세에게 말씀하셨습니다.

> 여호와께서 모세에게 이르시되 백성 앞을 지나서 이스라엘 장로들을 데리고 나일 강을 치던 네 지팡이를 손에 잡고 가라 내가 호렙산에 있는 그 반석 위 거기서 네 앞에 서리니 너는 그 반석을 치라 그것에서 물이 나오리니 백성이 마시리라(출 17:5-6).

모세는 하나님의 명령에 따라 막대기로 반석을 쳤고, 이스라엘 백성은 그 반석에서 터진 물을 마셨습니다.

오래전 김성일 선생의 희곡 〈건너가게 하소서〉가 무대 공연을 통해 많은 사람에게 큰 감동을 주었습니다. 출애굽한 이스라엘 백성이 광야를 거쳐 가나안에 이르기까지의 여정을 극화한 그 작품 속에도, 모세가 광야에서 반석을 치는 장면이 나옵니다. 모세로 분장한 임동진 장로님이 무대 한가운데에 있는 반석을 치는 순간, 무대 위로 진짜 물이 한 줄기 쪼르르 하고 솟아올랐습니다. 가정용 분수의 가느다란 물줄기였습니다. 물론 사실적으로 보여 주려는 연출자의 마음은 충분히 읽을 수 있었지만, 그러나 그 장면은 실제 상황과는 거리가 멀어도 너무 멀었습니다. 차라리 그 장면을 음향이나 영상으로 처리하는 편이 훨씬 나을 뻔했습니다.

만약 그 죽음의 광야에서 모세가 막대기로 친 반석으로부터 단지 한 줄기의 물이 쪼르르 하고 솟아났다면, 혹은 목욕탕 수도꼭지에서 흐르는 물처럼 솟았다면, 300여만 명에 달하는 그 거대한 군중이 어느 세월에 그 물을 다 마실 수 있겠습니까? 물을 마신 사람보다는 물을 마시지 못해 갈증으로 죽은 사람이 더 많았을 것입니다. 그래서 시편 78편 16절은, 그때 반석에서 물이 강처럼 터졌음을 밝혀 주고 있습니다. 순식간에 강이 터지지 않고서는 그 많은 인파가 동시에 갈증을 해소할 길이란 없습니다. 300여만 명에 이르는 숫자라면, 우리나라의 인천광역시나 대구광역시의 인구보다도 많은 숫자입니다. 그 두 도시의 인구가 매일 마시기 위해 얼마나 많은 양의 물이 소요되고, 또 얼마나 큰 저수지가 필요하겠습니까? 그렇다면 광야의 반석에서 강이 터졌다는 성경의 증언이 얼마나 정확한지 알 수 있습니다. 하나님께서는 물 한 방울 없는 죽음의 광야라고 해서 약간의 물만 주시고, 이스라엘 백성으로 하여금 한 모금씩 목만 축이게 하신 것이 아니었습니다. 반석에서 강이 터지게 하심으로 그 죽음의 광야에서 물 역시 매일 흡족하게 마시게 해주셨습니다.

그뿐 아니었습니다. 출애굽한 이스라엘 백성의 40년에 걸친 광야생활이 끝났을 때 모세가 이스라엘 백성에게 말했습니다.

이 사십 년 동안에 네 의복이 해어지지 아니하였고 네 발이 부르트지 아니하였느니라(신 8:4).

우리는 하나님께서 광야의 이스라엘 백성들에게 매일 흡족한 양의 양식과 물을 내리시는 기적을 베푸셨음을 잘 알고 있습니다. 아니, 그것만 알고 있습니다. 그러나 사람이 짐승이 아닌 바에야 어떻게 물과 양식만으로 살 수 있겠습니까? 입는 옷도 있어야 하고, 신는 신발도 있어야 하지 않겠습니까? 이스라엘 백성이 광야를 거친 기간은 무려 40년이었습니다. 그리고 그 숫자는 300여만 명에 달하는 엄청난 인파였습니다. 그렇다면 그들에게 대체 얼마나 많은 의복이 필요했겠습니까? 한 사람당 4년마다 한 벌씩의 옷이 필요했다면 40년 동안 한 사람이 필요한 의복은 10벌이요, 이스라엘 백성 모두를 위해서는 근 3천여만 벌이 필요하게 됩니다. 하지만 사람이 단벌로 밤낮을 지내면 그 옷은 4년은커녕, 1, 2년이 되기도 전에 해어지고 맙니다. 모세는 40년간 이스라엘 백성의 의복이 해어지지 않았다고 말했습니다. 그들의 옷이 해어지기 전에 하나님께서 늘 새 옷을 내려 주셨기 때문입니다. 그렇다면 40년 동안 하나님께서 이스라엘 백성들에게 실제로 내려 주신 의복의 수는 3천만 벌의 몇 배에 달하였을 것입니다. 그 많은 옷을 쌓거나 펼쳤을 때 그 높이와 넓이가 어느 정도나 될 것인지, 저로서는 상상하는 것 자체가 불가능합니다.

광야생활 40년 동안 이스라엘 백성의 유일한 교통수단은 보행이었습니다. 40년 동안 걸어 다닌 것입니다. 따라서 매일 땅과 마찰하는 신이 옷보다 훨씬 빨리 닳았을 것입니다. 하지만 이스라엘 백성 가운데 40년 동안 발이 부르튼 사람 또한 단 한 명도 없었습니다. 하나님께서 그들에게 광야에서 걷기에 가장 적합한 신을 매번 적기適期에 제공해 주셨기 때문입니다. 그렇다면 그 신발의 총수 역시 하늘의 별처럼 많지 않았겠습니까?

신명기 2장 7절 말씀이 다음과 같이 증언하고 있습니다.

> 네 하나님 여호와께서 이 사십 년 동안을 너와 함께하셨으므로 네게 부족함이 없었느니라.

광야의 특징은 아무것도 없다는 것입니다. 아무것도 없는 광야에서 어떻게 이스라엘 백성이 부족함이 없을 수 있었겠습니까? 하나님께서 바다에서 마른땅이 드러나게 하시고, 날마다 만나와 메추라기를 비처럼 쏟아지게 하시고, 반석에서 강물이 터지고, 의복과 신발을 필요할 때마다 필요한 만큼 내려 주시는 기적을 40년 동안, 날이면 날마다 하루도 거르지 않고 베풀어 주셨기 때문입니다. 중요한 것은 그 놀라운 기적을 누구를 통하여 베풀어 주셨느냐는 것입니다.

> 이 사람이 백성을 인도하여 나오게 하고 애굽과 홍해와 광야에서 사십 년간 기사와 표적을 행하였느니라(행 7:36).

나이 80세가 되어서도 가진 것이라곤 마른 막대기 하나뿐이던 그 빈털터리 모세, 그 자신이 마른 막대기처럼 아무 쓸모없어 보이던 그 팔십 노인 모세로 하여금 하나님께서는 그 모든 기적을 40년간이나 행하게 하셨습니다.

바꾸어 말하면 모세 한 사람으로 인해 이스라엘 백성은 아무것도 없는 광야에서 40년 동안이나 부족함이 없는 삶을 살 수 있었습니다. 그렇다면 참된 기적은 반석에서 강이 터지고, 40년 동안 이스라엘 백성의 의복이 해어지지 않고 발이 부르트지 않았다는 것이 아닙니다. 참된 기적은 그 모든 기적이 마른 막대기처럼 쓸모없던 모세를 통해 일어났다는 것입니다. 모세 한 사람으로 인해 이스라엘 백성이 죽음의 광야에서 부족함이 없었다는 것이 기적이었습니다.

한마디로 말해 모세 자신이 기적이었습니다. 그가 온갖 기적을 행하였기에 그 자신이 기적이 된 것이 아닙니다. 그 자신이 이미 기적이었기에 그를 통해 기적이 일어난 것입니다. 아무것도 없는 빈털터리 노인 모세가 하나님의 대책으로 부르심을 받은 것 자체가 하나님의 기적이었습니다. 게르솜, 나그네에 지나지 않던 모세가 미디안 광야에서 엘리에셀 하나님의 은총을 입은 것이 기적이었습니다. 나일 강에 던져진 모세를 이집트의 공주가 건져 올린 것이 기적이었습니다. 그가 하나님을 부정하는 이집트 파라오의 아들이 아니라, 비록 노예일망정 하나님을 경외하는 이스라엘인의 자식으로 태어난 것이 기적이었습니다. 단지 모세 자신만 그 사실을 모르고 있었습니다. 그러나 그의 나이 80세에 하나님의 명령에 순종하면서부터, 모세는 자기 자신이 하나님의 기적임을 무려 40년 동안이나 확인하는 기쁨을 누릴 수 있었습니다.

그렇다면 우리는 오늘도 황금보다 더 귀중한 교훈을 얻게 됩니다. 우리가 비록 마른 막대기처럼 쓸모없어 보이는 인간이라 할지라도, 예수 그리스도 안에서 하나님의 자녀 된 우리는 이미 하나님의 기적이라는 사실입니다. 한강이 갈라지는 것이 기적이 아닙니다. 로또 복권에 당첨되어 일확천금하는 것이 기적이 아닙니다. 기적은 거룩하신 하나님께서 더러운 죄인인 우리를 찾아오시어 우리 가운데 계신다는 것입니다. 죽을 수밖에 없는 우리가 예수 그리스도 안에서 영원한 생명을 얻었다는 것이 기적입니다. 오늘 이 시간 우리가 하나님의 자녀로 이 자리에 앉아 있다는 것이 기적입니다. 벌레만도 못한 우리를 하나님께서 이 시대를 위한 당신의 대책으로 믿어 주신다는 것이 기적입니다. 우리의 죄를 대속해 주시기 위해 십자가에서 돌아가신 예수 그리스도 안에서 우리 자신이 이미 기적 덩어리가 된 것입니다. 그러므로 우리에게 남은 것은, 이미 기적 덩어리가 된 사람답게 기적의 삶을 사는 것뿐입니다.

사랑하는 교우 여러분!

참회의 절기인 사순절 다섯 번째 주일을 맞이하여, 우리 자신이 하나님의 기적임을 깨닫지 못한 우리의 어리석음을 회개하십시다. 하나님의 기적인 우리 자신을 하나님의 기적답게 가꾸지 못한 우리의 죄를 회개하십시다. 우리 모두 우리의 중심을, 우리의 삶을, 예수 그리스도 안에서 우리를 구원해 주신 하나님께 드리십시다. 우리가 마른 막대기처럼 쓸모없어 보이는 인간이라 할지라도 우리로 인해 반드시, 광야와 같은 이 세상에서 뭇사람들이 하나님의 은혜를 부족함 없이 누리게 되는 기적이 일어날 것입니다. 하나님께서 마른 막대기 같은 우리를 당신의 기적 덩어리가 되는 기적을 베풀어 주신 이유가 바로 거기에 있기 때문입니다.

80세의 빈털터리 노인 모세, 그러나 그는 이미 하나님의 기적이었습니다. 하나님을 경외하는 이스라엘인의 자식으로 태어난 것이 기적이요, 나일 강에 버려진 그를 이집트의 공주가 건져 올린 것이 기적이요, 빈털터리 노인인 그를 하나님께서 당신의 대책으로 부르신 것이 기적이었습니다. 그리고 그가 80세의 나이에 자신의 중심을 온전히 하나님께 드림으로, 자신이 하나님의 기적임을 40년 동안이나 자신의 삶으로 확인하는 기쁨을 누렸습니다.

이 모든 사실을 통해 우리 자신이, 예수 그리스도 안에서 이미 하나님의 기적 덩어리임을 깨닫게 해주심을 감사합니다. 이제까지 우리 자신이 하나님의 기적임을 깨닫지 못한 채, 우리 자신을 하나님의 기적답게 소중히 가꾸지 못한 우리의 죄를 용서하여 주옵소서. 기적은, 기적을, 기적으로 아는 사람에게만, 기적일 수 있음을 잊지 말게 하옵소서.

우리 모두 우리 자신을 기적 되게 하신 하나님께, 우리의 중심을 온전히 드리기를 원합니다. 우리의 삶을 통하여 수많은 사람들이, 그들의 앞길을 가로막고 있는 인생의 홍해 한가운데서 생명의 마른땅을 발견하게 하옵소서. 우리를 통해 수많은 사람들이 비처럼 쏟아지는 생명의 양식과, 강처럼 터지는 진리의 생수를 맛보게 하옵소서. 우리로 인해 수많은 사람들의 영혼이, 해어지지 않고 부르트지 않는 기적을 체험하게 하옵소서. 그리하여 우리가 만나는 사람들 또한, 그리스도 안에서 기적 덩어리로 변하는 기적이 날마다 일어나게 하옵소서. 아멘.

21. 나와 같은 선지자를 _{고난 주일}

> 사도행전 7장 35-38절
> 그들의 말이 누가 너를 관리와 재판장으로 세웠느냐 하며 거절하던 그 모세를 하나님은 가시나무 떨기 가운데서 보이던 천사의 손으로 관리와 속량하는 자로서 보내셨으니 이 사람이 백성을 인도하여 나오게 하고 애굽과 홍해와 광야에서 사십 년간 기사와 표적을 행하였느니라 이스라엘 자손에 대하여 하나님이 너희 형제 가운데서 **나와 같은 선지자를** 세우리라 하던 자가 곧 이 모세라 시내산에서 말하던 그 천사와 우리 조상들과 함께 광야 교회에 있었고 또 살아 있는 말씀을 받아 우리에게 주던 자가 이 사람이라

우리는 스데반 집사가 산헤드린 법정에서 행한 설교 내용을 오늘로 18주째 살펴보고 있습니다. 하나님께서 예루살렘성전 안에만 계시는 것으로 그릇 알고 있는 유대교 지도자들의 편견을 깨뜨리기 위해, 스데반은 자신들의 믿음의 조상들이 어느 곳에 있든 언제나 그들과 함께하신 무소부재하신 하나님을 역설하였습니다. 그 설교 내용 가운데 모세와 관련된 내용을 우리는

지금 14주째 접하고 있습니다.

마치 한 편의 드라마처럼 극적인 모세의 인생 유전流轉을 자세히 들여다보면, 모세가 사람을 만날 때마다 그의 인생에 큰 변화가 있었음을 알게 됩니다. 크게 보아 모세에게는 네 번에 걸친 사람과의 만남이 있었습니다. 그가 이 세상에서 최초로 만난 사람은 그의 부모였습니다. 그의 아버지 아므람과 어머니 요게벳은 하나님을 경외하는 신실한 믿음의 사람이었지만, 그러나 그들의 신분은 이집트의 노예였습니다. 모세는 그 노예 부모의 아들로 태어났다는 이유만으로 태어나자마자 죽어야 할 판이었습니다. 이집트 왕이 노예가 사내아이를 낳으면 반드시 죽이라는 엄명을 내렸기 때문입니다.

모세가 두 번째 만난 사람은 이집트 공주였습니다. 모세의 부모는 이집트 왕의 명령을 어기고 모세를 몰래 숨겨 키웠습니다. 그러나 석 달이 지나 그것이 더 이상 불가능하게 되자, 아이의 부모는 갈대로 만든 상자 속에 아이를 담아 나일 강 갈대 사이에 내려놓았습니다. 마침 나일 강에 목욕하러 나온 이집트 공주가 그 상자를 발견하고 모세를 건져 올렸습니다. 이집트 공주와의 만남으로 죽어 마땅한 노예의 아들 모세는 한순간에 이집트의 왕자가 되었습니다. 이집트 공주가 그 불쌍한 모세를 자기 양자로 삼은 까닭이었습니다. 그것은 노예가 감히 상상조차 할 수 없는 기적적인 신분 상승이었습니다.

모세의 세 번째 만남은 자기 동족과의 만남이었습니다. 이집트 공주에 의해 나일 강에서 건져진 뒤에도 한동안 생모의 품속에서 생모의 젖을 빨며 양육된 모세는 자신이 이스라엘인임을 이미 알고 있었습니다. 이집트 왕궁에서 제왕 교육을 마친 모세는 그의 나이 40세가 되었을 때 자기 동족을 돌보기로 하고, 이스라엘 노예를 학대하는 이집트 사람을 쳐 죽여 버렸습니다. 이튿날에는 서로 싸우는 이스라엘 노예들을 뜯어말리며 적극적으로 이스라엘 백성의 삶을 간섭하려 하였습니다. 그러나 그들은 그런 모세에게 감사하기는커녕, '어제는 네가 이집트 사람을 죽이더니 오늘은 나를 죽이려 드느냐'고 도리어 모세에게 대들며 노골적으로 모세를 배척하였습니다. 그로 인해 이집트 왕자이던 모세는 졸지에 도망자 신세가 되고 말았습니다. 자신이 자기 동족을 위해 이집트 사람을 쳐 죽인 것을 자기 동족이 비밀로 묻어 주지 않고 발설한 이상, 그 사실을 알게 될 이집트 왕이 자신을 가만히 둘리가 없었기 때문입니다. 결국 자기 동족과의 만남 탓에 모세는 정처 없는 도망자로 전락하고 말았습니다.

모세가 만난 네 번째 사람은, 미디안 광야로 도망친 그가 그곳 우물가에서 만난 처녀 십보라였습니다. 그녀를 만났기에 그녀의 남편이 된 모세는 그곳에 정착하여, 80세가 되기까지 장인의 양을 치는 광야의 양치기가 되었습니다.

반드시 죽어야만 하는 노예의 아들로 태어나, 이집트 공주를 만나 세계 최강의 제국인 이집트 왕자가 되어 온갖 부귀영화를 누리다가, 동족의 배척으로 정처 없는 도망자로 전락하고, 끝내 미디안 광야의 양치기가 된 모세는 이처럼 사람을 만날 때마다 그 삶이 급변했고, 그 각각의 삶 사이에 그 어떤 연속성이나 의미는 없어 보입니다. 기구한 운명으로 태어나 태어나자마자 부모에게 버림받은 사람이, 누군가의 도움으로 일확천금하거나 천하의 권세를 장악하여 제왕처럼 살다가, 하루아침에 믿었던 사람의 배신으로 패가망신하여 이리저리 도망쳐 다니고, 결국 초라하기 짝이 없는 말년으로 인해 생을 비참하게 마감한 사람들이 우리 주위에 얼마나 많습니까? 또 동서고금을 통틀어서는 얼마나 많겠습니까? 만약 모세의 인생 유전이 미디안 광야의 양치기로 끝나 버렸더라면, 그의 인생은 유사 이래 그 많은 인생 유전중의 하나로 무의미하게 묻혀 버리고 말았을 것입니다.

그러나 무의미하게 끝나 버렸을 그의 인생 유전은 그가 하나님을 인격적으로 만남으로 참된 의미, 영원한 의미를 지니게 되었습니다. 3500여 년 전 지구 반대편에 태어났던 모세가 오늘날까지 우리 신앙의 표상이 된 것은, 그가 자신과 동행하시는 하나님을 인격적으로 만났기 때문입니다. 그리고 하나님을 만난 그의 삶은 우리에게 귀중한 교훈들을 일깨워 주고 있습니다.

첫째, 인간 간의 만남은 하나님과의 만남 속에서만 진정한 의미를 지닐 수 있다는 것입니다. 웬만한 사람이라면, 인간 간의 만남의 소중함을 잘 알고 있습니다. 좋은 사람을 만나 크게 흥할 수도 있고, 반대로 사람을 잘못 만나 패가망신할 수도 있습니다. 그래서 사람들은 자기에게 유익한 만남과 해로운 만남을 미리 가리려 하고, 또 그것은 당연한 일이라 할 수 있습니다. 그러나 하나님을 인격적으로 만난 사람에게는 그 어떤 사람과의 만남도 무의미한 만남은 없습니다. 유익한 만남이든 해로운 만남이든, 결과적으로 모든 만남이 하나님 안에서 합력하여 선으로 귀결되기 때문입니다.

3500년 전 이집트에서 태어난 모세가 지배자인 이집트 사람이 아닌 이스라엘 노예를 부모로 만났기에, 그는 모태에서부터 하나님을 경외하는 사람으로 태어났습니다. 그 노예 부모를 만났기에 나일 강에 버려진 뒤, 이집트 공주를 양모養母로 만나 왕궁에서 40년 동안 제왕 교육을 받았습니다. 만약 나일 강에 버려진 모세가 이집트 공주를 양모로 만나지 않았던들 이스라엘 노예 가운데 과연 누가, 미래에 출애굽의 지도자가 되기에 필요한 학식과 지도력과 행정력을 이집트 왕궁에서 제왕 교육을 통해 자기 몸에 익힐 수 있었겠습니까? 40세에 자기 동족에 대하여 눈뜬 모세가 자신이 도우려던 동족으로부터 배척당하여 하루아침에 도망자 신세로 전락함으로, 모세는 이 세상에서 아무리 많은 것을 지니고 있어도 세상의 것은 결코 영원할 수 없음을 통감하였습니다. 그리고 미디안 광야의 우물가에서 만난 처녀 십보라와 결혼하여 미디안 광야의 양치기가 됨으로써 모세는 인생이란 게르솜—나그네일 뿐이요, 오직 엘리에셀 하나님의 은총 속에서만 인생이 바로 세워질 수 있음을 고백하는 거듭난 신앙인이 되었습니다.

이처럼 모세의 지난 인생 속에서 각각 무관해 보이는 네 번에 걸친 사람과의 만남은, 하나님과의 만남 속에서 필연적인 연속성을 지니게 되었습니다. 그 모든 만남이 하나님 안에서 모세를 모세 되게 하기 위한 필연적인 만남으로 승화된 것이었습니다. 그 만남 가운데 어느 한 만남이라도 배제되었던들, 모세는 우리가 아는 성경의 모세가 될 수는 없었을 것입니다.

우리는 이 세상에 사는 동안 수많은 사람과의 만남을 갖고 살아갑니다. 그 가운데 자신에게 유익한 만남이 있는가 하면, 자신의 재산이나 명예 혹은 건강에 회복 불능의 치명적인 해를 끼치는 만남도 있습니다. 그러나 잊지 마십시오. 우리 자신이 하나님 안에 거하는 한, 그 모든 만남은 하나님께서 우리를 당신의 참된 대책으로 빚으시기 위한 필연적인 만남으로 그 의미가 승화됩니다. 바꾸어 말하면 지금 아무리 자신에게 큰 유익을 안겨 주는 만남일지라도 하나님 밖에 있을 경우, 오늘 얻는 바로 그 유익으로 인해 내일 파멸할 수도 있고, 정말 필요한 만남을 당장 해를 입는다는 이유만으로 외면해 버리는 어리석음을 범할 수도 있습니다.

하나님을 인격적으로 만난 모세의 삶이 우리에게 주는 두 번째 교훈은, 하나님을 인격적으로 만난 사람에게는 그의 여건이 아무 문제가 되지 않는다는 것입니다. 모세가 이스라엘 백성을 이집트의 노예살이에서 해방시키기 위한 하나님의 대책이 되라는 하나님의 명령에 순종할 때, 그에게는 세계 최강인 이집트의 군대와 맞설 군대가 없었습니다. 거사를 행하기에 필요한 군자금도 없었습니다. 그는 지닌 것이라고는 양치기용 마른 막대기 하나뿐인 빈털터리 팔십 노인에 지나지 않았습니다. 그러나 그것은 아무 문제가 되지 않았습니다. 오히려 아무것도 없는 빈털터리라는 것이 모세의 가장 큰 자산이었습니다. 빈털터리였으므로 그는 전적으로 하나님만을 의지할 수밖에 없었고, 그와 같은 모세를 하나님께서는 당신의 대책으로 마음껏 사용하셨습니다.

그래서 우리가 3주 동안 깊이 묵상했던 본문 36절이 이렇게 증거하고 있습니다.

> 이 사람이 백성을 인도하여 나오게 하고 애굽과 홍해와 광야에서 사십 년간 기사와 표적을 행하였느니라.

그 이후 모세는 이집트와 홍해와 광야에서 무려 40년 동안 기사와 표적을 행하였습니다. 천지를 창조하신 하나님께서 그를 통해 온전히 역사하신 까닭입니다. 아무 쓸모없어 보이던 그 빈털터리 노인 모세의 삶 자체가 하나님 안에서 기적 덩어리가 된 것이었습니다. 그러므로 하나님을 인격적으로 만난 사람에게는 그의 상황이 문제가 되지 않습니다. 하나님을 인격적으로 만났다는 것은 자신의 삶을 하나님께 온전히 의탁하는 것을 의미하기에, 그를 통한 하나님의 역사가 바로 그가 처해 있는 상황 속에서 일어나기 마련이기 때문입니다. 다시 말해 그를 둘러싸고 있는 상황 자체가 하나님의 역사가 가능케 하는 토대가 되는 것입니다.

더욱이 본문 37절은 그 빈털터리 노인 모세에 대해 이렇게 증언하고 있습니다.

> 이스라엘 자손에 대하여 하나님이 너희 형제 가운데서 나와 같은 선지자

를 세우리라 하던 자가 곧 이 모세라.

이것은 구약성경 신명기 18장 15절 말씀을 스데반이 인용한 것입니다. 40년에 걸친 광야생활이 끝났을 때 모세가 이스라엘 백성에게 말했습니다.

네 하나님 여호와께서 너희 가운데 네 형제 중에서 너를 위하여 나와 같은 선지자 하나를 일으키시리니 너희는 그의 말을 들을지니라(신 18:15).

모세가 언급한 "나와 같은 선지자"를 모세 이후에 등장한 모든 선지자들로 이해하는 사람도 있습니다. 그러나 모세는 분명히 '하나님께서 나와 같은 선지자 한 명'을 세우시리라고 단수로 말했습니다. 그 한 명의 선지자는, 하나님께서 죄와 사망으로부터 인간을 구원하시기 위해 이 땅에 보내실 예수 그리스도셨습니다. 모세가 예수 그리스도를 가리켜 '나와 같은 선지자'라고 말한 것은 자신이 성자 하나님이신 예수 그리스도와 본질상 동일한 존재라는 의미가 아니라, 4주 전에 말씀드린 것처럼 모세 자신의 역할상 '자신은 이 땅에 오실 예수 그리스도의 그림자'라는 말이었습니다. 빈털터리에 지나지 않던 팔십 노인 모세가 성자 하나님의 그림자가 된 것이었습니다. 대체 모세의 삶이 어떠했기에 모세 스스로 자신이 예수 그리스도의 그림자란 인식을 지니고 있었겠습니까? 오늘 본문 속에 그 해답이 들어 있습니다.

시내산에서 말하던 그 천사와 우리 조상들과 함께 광야 교회에 있었고 또 살아 있는 말씀을 받아 우리에게 주던 자가 이 사람이라(38절).

모세는 하나님을 인격적으로 만난 이후, 하나님으로부터 말씀을 받아 이스라엘 백성에게 전하는 말씀의 삶을 살았습니다. 그 말씀의 양이 얼마나 방대했던지 창세기, 출애굽기, 레위기, 민수기, 신명기로 기록된 그 모든 말씀은 구약성경의 4분의 1, 성경 전체의 약 5분의 1에 해당한다고 했습니다. 이런 의미에서 모세는, 말씀이 육신이 되어 당신의 삶으로 하나님의 말씀을 보여 주시고 들려주신 로고스—예수 그리스도의 그림자이기에 충분했습니다.

또 35절의 증언은 다음과 같습니다.

> 그들의 말이 누가 너를 관리와 재판장으로 세웠느냐 하며 거절하던 그 모세를 하나님은 가시나무 떨기 가운데서 보이던 천사의 손으로 관리와 속량하는 자로서 보내셨으니.

하나님께서는 자기 동족으로부터 배척당했던 모세를 단순히 관리 즉 지도자로만 세우신 것이 아니었습니다. 하나님께서는 그를 "속량하는 자"로 세우셨습니다. 우리말 '속량하는 자'로 번역된 헬라어 '뤼트로테스'는, 누군가를 구원하되 반드시 자기희생을 통해 상대를 구원하는 사람을 일컫는다고 했습니다. 모세는 하나님의 부르심을 받은 이후 이 세상을 떠나기까지 자신을 위해, 자신의 유익을 위해, 자신의 이득을 위해 살지 않았습니다. 그는 이스라엘 백성을 위한 하나님의 대책이 되라는 하나님의 명령에 순종하여 철저하게 하나님과 이스라엘 백성을 위해 살았습니다. 모세의 헌신 속에서 이스라엘 백성은 이집트의 노예살이로부터 하나님에 의한 구원을 얻을 수 있었고, 모세의 희생 위에서 이스라엘 백성은 40년에 걸친 광야생활을 마감할 수 있었습니다. 이런 관점에서도 모세는, 당신 자신을 십자가의 제물로 희생하심으로 우리를 죄와 사망으로부터 속량하시고, 죽음을 깨뜨리고 부활하시어 광야와도 같은 이 세상에서 우리 삶의 인도자가 되어 주시는 예수 그리스도의 그림자가 되기에 부족함이 없었습니다.

한 인간의 삶이 성자 하나님의 그림자로 엮어진다는 것은 얼마나 놀라운 일입니까? 그것은 그의 삶이 영원한 의미로 승화되었음을 의미하기 때문입니다. 그렇다면 모세는 어떻게 그와 같은 삶을 구현할 수 있었겠습니까? 그가 80세의 나이에 지닌 것이라고는 마른 막대기 하나뿐일 정도로 철저하게 빈털터리였기 때문입니다. 더 정확하게 표현하면, 그가 하나님께로부터 부여받은 사명을 완수하고 120세의 나이로 이 세상을 떠날 때에도 그가 지닌 것이라곤 마른 막대기뿐이었습니다. 다시 말하면 모세는, 인생이란 빈손으로 왔다가 빈손으로 떠나는 나그네에 지나지 않음을 바르게 알고 실천한 신앙인이었습니다.

80세에 출애굽의 지도자가 되었던 모세는 그 이후, 남자 가장의 수만 60여만 명에 달하는 이스라엘 민족의 지도자로 살았습니다. 그 기간이 무려 40년이었습니다. 40년간 한 민족의 지도자 자리를 지켰다면, 최고 지도자인 그에게 주어진 권력이 얼마나 막강했겠습니까? 시내 광야에서 이스라엘 백성은, 그들이 출애굽할 때 이집트 사람에게서 취한 은금 패물을 모두 모세에게 바쳤습니다. 하나님의 명령에 따라 그 은금 패물을 재료로 삼아 하나님께 제사드릴 성막을 만들기 위함이었습니다. 그렇다면 60여만 가구가 모세 앞에 갖다 바친 은금 패물은 또 얼마나 많았겠습니까? 만약 그때 모세가 자신에게 주어진 권력에 집착했더라면, 자기 주관하에 있는 그 엄청난 물질에 집착했더라면, 그는 결코 예수 그리스도의 그림자가 될 수 없었을 것입니다. 80세의 나이에 빈털터리로 이스라엘 민족의 지도자가 된 모세는, 철저하게 빈손으로 지도자의 사명을 완수하고, 빈손으로 생을 마감하였습니다. 막강한 권력을 지니고 엄청난 물질을 관리하면서도 권력과 물질의 청지기로 살았을 뿐, 결코 그것들의 노예가 되지 않았습니다. 빈손으로 왔다가 빈손으로 돌아가야 하는 나그네인 그에게 이 세상의 것이란, 하나님의 명령을 수행하기 위한 도구일 뿐, 삶의 목적이 아니었기 때문입니다. 미디안 광야에서 40년간이나 양을 치되, 자기 소유가 아닌 장인의 양을 치면서 모세가 깨달은 진리가 이것이었습니다. 그래서 그는 시편 90편을 통하여 이렇게 고백하였습니다.

주께서 사람을 티끌로 돌아가게 하시고 말씀하시기를 너희 인생들은 돌아가라 하셨사오니(시 90:3).

모세에게 인생은 하나님께서 돌아가라 하시면 이 세상 아무것도 가져가지 못하는, 바람처럼 날아가 버리는 티끌에 불과하였습니다. 그러므로 그는 이 세상 그 무엇에도 집착함이 없이 주어진 모든 것을 하나님을 위한 도구로 사용하는 빈손의 신앙으로 살 수 있었고, 그 빈손의 결과로 그는 예수 그리스도의 그림자로 승화되었습니다. 만약 80세의 빈털터리로 이스라엘 민족의 지도자가 된 모세가 빈털터리였기 때문에 자신에게 주어진 권력과 물질을 탐하고 섬겼던들, 노욕老慾으로 그 말년이 더렵혀졌을 것이 뻔한 그의 인생은 차라리 미디안 광야의 양치기로 끝나는 편이 훨씬 나았을 것입니다.

그렇다면 이제 우리는 하나님을 인격적으로 만난 모세의 삶이 우리에게 주는 마지막 교훈을 얻을 수 있습니다. 하나님을 인격적으로 만난 사람은 이 세상에서 아무리 많은 것이 주어져도 하나님의 선한 청지기가 되어, 빈손의 신앙으로 살아간다는 것입니다.

욕심이 잉태한즉 죄를 낳고 죄가 장성한즉 사망을 낳느니라(약 1:15).

모든 죄의 원인은 따지고 보면 인간의 욕심이고, 인간의 욕심은 자신이 빈손으로 돌아가는 티끌임을 깨닫지 못하는 무지에서 비롯됩니다. 영원히 소유할 수 없는, 영원하지 못한 것을, 영원히 소유하려는 어리석음으로부터 온갖 죄가 파생됩니다. 오직 영원한 것만, 영원히 소유할 수 있고, 영원한 것을 소유하는 사람만, 영원한 생명을 지닐 수 있습니다. 영원한 것은 두말할 것도 없이, 영원하신 하나님의 영원한 말씀입니다. 영원한 말씀을 지닌 사람에게 이 세상의 것은 목적이 아닌 수단에 지나지 않으므로, 그는 이 세상의 것을 아무리 많이 지녀도 그 모든 것의 청지기가 되어 빈손으로 살다가 빈손으로 떠날 수 있고, 결과적으로 그의 삶은 예수 그리스도의 그림자로 승화됩니다. 예수 그리스도께서 밤낮으로 그를 통해 역사하시는 까닭입니다.

오늘은 예수 그리스도께서 죄와 사망으로부터 우리를 속량하시기 위해 십자가 위에서 당하신 고난을 기리는 고난 주일입니다. 믿음의 눈으로 십자가의 예수 그리스도를 바라보십시오. 왜 주님의 손과 발에 못이 박히고, 옆구리가 창에 찔려 피를 쏟으셔야만 했습니까? 결코 영원히 소유할 수 없는, 영원하지 못한 것을 좇고 움켜쥐느라 우리의 사지백체가 지은 죗값을 치러 주시기 위함이었습니다.

여러분은 주님께서 십자가에서 흘리신 피로 우리의 그 모든 죄가 씻어졌음을 정말로 믿으십니까? 그렇다면 그 증거는 무엇으로 드러나야 하겠습니까?

> 그리스도 예수의 사람들은 육체와 함께 그 정욕과 탐심을 십자가에 못 박았느니라(갈 5:24).

사랑하는 교우 여러분!
결코 영원히 소유할 수 없는, 영원하지 못한 것에 우리를 눈멀게 하는, 우리의 정욕과 탐심을 예수 그리스도 안에서 십자가에 못박으십시다. 그 탐심과 정욕의 하수인 노릇 하던 우리의 육체를, 손과 발을 예수 그리스도 안에서 십자가에 못박으십시다. 그리고 부활하신 주님께서 제자들에게 못 자국이 선명한 빈손을 부활의 증거로 보여 주셨듯이, 우리 역시 십자가의 흔적이 새겨진 빈손으로 살아가십시다. 빈손의 신앙으로 살 때에만 하나님의 선한 청지기가 될 수 있고, 빈손의 마음으로 살 때에만 몸을 던져 불의와 맞설 수 있고, 빈손의 정신으로 살 때에만 온전히 하나님의 말씀만을 좇을 수 있음을 잊지 마십시다. 우리가 빈손의 신앙으로 살아갈 때, 모세가 예수 그리스도를 가리켜 '나와 같은 선지자'라 말한 것처럼, 우리 역시 예수 그리스도를 닮은 예수 그리스도의 그림자가 될 것입니다. 주님께서 우리의 빈손을 당신의 손으로 사용하실 것이기 때문입니다.

친히 십자가의 제물이 되어 고난을 당하심으로 우리를 죄와 사망으로부터 속량해 주시고, 우리에게 영원한 구원과 생명을 주신 주님! 오늘 주님께서 당하신 고난을 기리는 고난 주일을 맞아 우리의 모든 죄가, 인생이란 빈손으로 왔다가 빈손으로 가는 게르솜임을 깨닫지 못한 무지로부터 비롯되었음을 고백드립니다. 영원히 소유할 수 없는, 영원하지 못한 세상의 것을 움켜쥐느라, 우리의 손으로 주님을 붙잡지 못했음을 회개합니다. 그럼에도 오늘 또다시 우리를 불러 주시고, 주님께서 십자가에서 흘리신 보혈 속에서 우리의 죄가 이미 씻어졌음을 다시 한 번 확인시켜 주심을 감사드립니다.

이제 구원받은 그리스도인답게 우리의 탐욕과 정욕을, 예수 그리스도 안에서 십자가에 못박게 하여 주옵소서. 탐욕과 정욕의 도구였던 우리의 손과 발을, 예수 그리스도 안에서 십자가에 못박게 하옵소서. 못 자국이 새겨진 빈손으로 부활하게 하옵소서. 빈손의 신앙을 지닌 사람만 영원하신 주님의 말씀을 온전히 잡을 수 있고, 빈손의 마음을 지닌 사람만 이 세상에서 아무리 많은 것을 지녀도 주님의 청지기로 살 수 있고, 빈손의 정신을 지닌 사람만 불의에 맞서 자신의 삶을 던질 수 있으며, 빈손의 의지를 지닌 사람만 주님을 위해 기꺼이 세상의 고난과 핍박을 감수할 수 있으며, 빈손의 신념을 지닌 사람만 선과 악을 바르게 구별하여 행동으로 실천할 수 있으며, 빈손의 영혼을 지닌 사람의 빈손만 주님의 손으로 온전히 쓰임 받을 수 있음을 잊지 말게 하옵소서. 그리하여 못 자국이 새겨진 빈손으로 살아가는 우리 자신이 날로 예수 그리스도를 닮게 하시고, 우리의 삶 자체가 예수 그리스도의 그림자로 승화되게 하옵소서. 아멘.

22. 광야 교회 부활 주일

사도행전 7장 35-38절

그들의 말이 누가 너를 관리와 재판장으로 세웠느냐 하며 거절하던 그 모세를 하나님은 가시나무 떨기 가운데서 보이던 천사의 손으로 관리와 속량하는 자로서 보내셨으니 이 사람이 백성을 인도하여 나오게 하고 애굽과 홍해와 광야에서 사십 년간 기사와 표적을 행하였느니라 이스라엘 자손에 대하여 하나님이 너희 형제 가운데서 나와 같은 선지자를 세우리라 하던 자가 곧 이 모세라 시내산에서 말하던 그 천사와 우리 조상들과 함께 **광야 교회**에 있었고 또 살아 있는 말씀을 받아 우리에게 주던 자가 이 사람이라

제가 그동안 직접 찾아가 보았던 곳들 가운데에서 다시 가고 싶은 곳 한 곳만 선택하라면, 저는 주저 없이 유대 광야를 들겠습니다. 마음 같아서는 형편만 허락한다면 그곳에 텐트를 치고 최소한 한 달 정도 머무르고 싶을 만큼, 유대 광야는 제 마음을 강렬하게 끌어당기는 곳입니다. 그래서 사진 작가인 우리 교회 변승우 집사님이 찍어다 준 유대 광야 사진을 제 사무실

에 걸어 놓고, 사무실을 드나들 때마다 사진 속의 유대 광야를 들여다보곤 합니다. 유대 광야는 우리가 이 세상을 살아가면서 무엇을 지향해야 할 것인지를 일깨워 주고 있기 때문입니다.

2천 년 전에 인간의 모습으로 이 땅에 오셨던 예수님께서는 사탄의 유혹을 물리치시는 것으로 당신의 공생애를 시작하셨습니다. 40일 동안 금식하신 예수님에 대한 사탄의 첫 번째 유혹은, 지천으로 널려 있는 돌들로 떡덩이가 되게 하라는 것이었습니다. 그 유혹에 대한 예수님의 응답은 다음과 같았습니다.

> 기록되었으되 사람이 떡으로만 살 것이 아니요 하나님의 입으로부터 나오는 모든 말씀으로 살 것이라 하였느니라(마 4:4).

사탄은 이번에는 예수님을 성전 꼭대기에 세우고 뛰어내릴 것을 요구했습니다. 정말 하나님의 아들이라면 하나님께서 천사를 보내시어 안전하게 받아 주시지 않겠느냐고 부추기면서 말입니다. 그때 주님께서는 이렇게 답변하셨습니다.

> 기록되었으되 주 너의 하나님을 시험하지 말라 하였느니라(마 4:7).

그래도 사탄은 포기하지 않았습니다. 사탄은 예수님을 높은 산으로 인도하여 천하 만물을 보여 준 뒤, 만약 자신에게 엎드려 경배하면 그 모든 나라의 영광과 권세를 다 주겠노라고 유혹했습니다. 그러나 예수님께서는 다음과 같은 말씀으로 사탄의 마지막 유혹마저 일축해 버리셨습니다.

> 사탄아 물러가라 기록되었으되 주 너의 하나님께 경배하고 다만 그를 섬기라 하였느니라(마 4:10).

이상과 같은 세 번에 걸친 사탄의 유혹과 그에 대한 예수님의 대응을 주의 깊게 들여다보면, 매우 중요한 사실을 발견하게 됩니다. 사탄은 눈에 보이는 것으로 예수님을 유혹한 데 반해, 예수님께서는 눈에 보이지 않는 것으로 사탄의 유혹을 제압하셨다는 것입니다. 돌들로 떡이 되게 하기, 높은 곳에서 슈퍼맨처럼 뛰어내리기, 천하 만국의 영광과 권세—이렇듯 사탄의 관심사는 단지 눈에 보이는 것뿐이었습니다. 그러나 예수님은 그 반대였습니다. '하나님의 모든 말씀으로 살 것이라', '주 너의 하나님을 시험하지 말라', '주 너의 하나님께 경배하고 다만 그를 섬기라'—예수님의 관심사는 오직 눈에 보이지 않는, 영이신 하나님이었습니다. 이처럼 예수님과 사탄이 지향하는 것은 근본적으로 달랐고, 그것이 예수님과 사탄의 근본적인 차이였습니다.

그런데 예수님과 사탄의 이 근본적인 차이가 명백하게 드러난 곳이 유대 광야였습니다. 광야의 특징은 아무것도 보이는 것이 없다는 점이라고 했습니다. 유대 광야 역시 마찬가지입니다. 울퉁불퉁 끝도 없이 펼쳐진 황토빛 광야, 그리고 그 광야와 맞닿아 있는 하늘을 제외하곤 아무것도 보이지 않습니다. 물 한 방울 없는 곳이기에 풀 한 포기도 없습니다. 볼 것이라고는 아무것도 없는 그 광야에서 사탄은, 아무것도 보이지 않기에 가장 확실하게 눈에 보이는 것들만 추구하였습니다. 그러나 아무것도 보이지 않는 그 동일한 광야 위에서 예수님께서는, 아무것도 보이지 않기에 도리어 보이지 않는 하나님을 보며 하나님만 추구하셨습니다.

우리는 이와 똑같은 예를 오늘 본문 속에서도 만나게 됩니다. 모세는

40세가 되기까지 이집트 왕궁에서 왕자의 신분으로 살았습니다. 본래 왕궁이란 없는 것이 없는 곳입니다. 하물며 당시 세계 최고최대의 제국이었던 이집트 왕궁이라면 두말해 무엇하겠습니까? 이 세상에서 눈으로 볼 수 있는 진귀한 것은 모두 다 있지 않았겠습니까? 한마디로 이집트 왕궁은 눈으로 볼 수 있는 모든 것의 총체적 집합지였을 것입니다. 그러나 보지 못할 것이 없는 그 왕궁에서 모세는 하나님을 보지 못했습니다. 너무나 볼 것이 많았기에 하나님을 향한 시선을 가질 여유도, 필요도 없었습니다. 그러나 이집트 왕궁을 떠나 미디안 광야로 피신한 모세는 그곳에서 엘리에셀 하나님을 만났습니다. 현재 이집트의 시나이반도 남단에 위치한 미디안 광야 역시 유대 광야처럼 보이는 것이라고는 아무것도 없습니다. 그 광야의 끝자락에 버티고 있는 시내산—모세가 하나님으로부터 이스라엘 백성을 위한 하나님의 대책이 되라는 명령을 받은 시내산 역시 아무것도 보이지 않는 돌산일 뿐입니다. 모세는 아무것도 보이지 않기에, 아무것도 보이지 않는 그 미디안 광야와 시내산에서 보이지 않는 하나님을 보고 하나님의 말씀을 들을 수 있었습니다.

그리고 본문 38절은 이렇게 증거하고 있습니다.

> 시내산에서 말하던 그 천사와 우리 조상들과 함께 광야 교회에 있었고 또 살아 있는 말씀을 받아 우리에게 주던 자가 이 사람이라.

모세가 미디안 광야에서 양치기 생활을 할 때에만 하나님을 보고 하나님의 말씀을 들은 것이 아니었습니다. 지난 시간에 살펴본 것처럼, 이스라엘 백성을 이집트의 노예살이에서 출애굽시킨 모세는 그 이후 40년 동안 하나님으로부터 말씀을 받아 이스라엘 백성에게 전하는 말씀의 삶을 살았습니다. 그 말씀이 얼마나 많았던지, 창세기, 출애굽기, 레위기, 민수기, 신명기로 기록된 그 모든 말씀은 구약성경의 4분의 1, 성경 전체의 약 5분의 1에 해당하는 방대한 분량이라고 했습니다. 그런데 모세가 그 많은 말씀을 받은 장소가 대단한 곳이 아니라, 시나이반도의 광야와 모압 광야였습니다. 모세는 아무것도 보이지 않는 그 광야에서 40년 동안 날이면 날마다, 보이지 않는 하나님을 보고 하나님의 말씀을 들었습니다.

그러나 모세가 날마다 보이지 않는 하나님을 보고 하나님의 말씀을 듣던 바로 그 광야에서 이스라엘 백성들은, 다음 시간에 상세히 살펴보겠습니다만, 황금으로 송아지를 만들고 그 황금 덩어리를 하나님이라 경배하는 어처구니없는 짓을 행하였습니다. 그들은 그들이 처한 곳이 아무것도 보이지 않는 광야였기에, 가장 확실하게 보이는 황금을 삶의 목적으로 삼은 사람들이었습니다. 모세나 이스라엘 백성이나 똑같은 광야에 있었지만, 아무것도 보이지 않는 광야였기에 그 양자가 지향하는 것은 이처럼 극에서 극으로 갈라졌습니다.

특히 본문 38절에 "광야 교회"라는 용어가 등장하고 있습니다. 원문을 그대로 옮기면 '광야에 있는 교회'라는 말입니다. 교회는 건물이나 조직 혹은 제도가 아니라, 하나님의 부르심을 입은 사람을 의미함을 우리는 이미 알고 있습니다. 그러므로 본문이 언급한 광야 교회 역시 하나님의 부르심으로 출애굽하여 광야생활을 하던 이스라엘 백성을 칭하고 있습니다. 그러나 본문이 말하는 광야 교회란 단순히 교회의 위치가 광야라는 의미 이상의 심오한 뜻을 지니고 있습니다. 교회가 아무것도 보이지 않는 광야에 있기에 비로소 보이지 않는 하나님을 보고 하나님의 말씀을 듣는 진정한 교인, 진정한 교회가 될 수 있다는 뜻입니다. 바꾸어 말하면 광야 교회는 아무것도 보이지 않는 광야에 있음으로 인해 도리어 눈에 보이는 것만 추구하느라 전혀 교인답지 못한 교인, 교회답지 못한 교회가 될 수도 있습니다. 그리고 이것이 사실임은 극에서 극으로 갈라진 모세와 이스라엘 백성에 의해 입증되었습니다. 광야에서 보이지 않는 하나님을 지향한 모세나, 똑같은 광야에서 가장 확실하게 보이는 황금 덩어리를 추구한 이스라엘 백성이나, 모두 광야 교회로 하나님의 부르심을 받은 사람들이었기 때문입니다.

예수님과 사탄이 아무것도 보이지 않는 유대 광야에 서 있습니다. 그 동일한 광야에서 예수님께서는 보이지 않는 하나님만 보았고, 사탄은 눈에 보이는 떡과 명예와 권세만을 보았습니다. 모세와 이스라엘 백성이 40년 동안 시나이반도의 광야와 모압 광야를 거쳤습니다. 똑같은 그 광야 위에서 모세는 날마다 보이지 않는 하나님을 보고 하나님의 말씀을 들은 반면, 이스라엘 백성은 매일 눈에 보이는 것만을 추구하였습니다. 이것은 1400여 년의 시차를 두고 모두 광야에서 일어난 일이었습니다.

우리는 여기에서 중요한 깨달음을 얻게 됩니다. 보이는 것이라고는 아무것도 없는 광야에는 언제나 두 줄기의 흐름이 존재한다는 사실입니다. 보이는 것이 아무것도 없기에 오히려 보이지 않는 하나님을 또렷이 보는 흐름이 그 하나요, 그와는 반대로 보이는 것이 없음으로 인해 더더욱 확실하게 보이는 것에만 집착하는 것이 또 다른 흐름입니다.

그렇다면 오늘을 사는 우리에게 아무것도 보이지 않는 광야는 대체 무엇이겠습니까? 두말할 것도 없이 우리 인생이 곧 광야입니다. 인생이란 한 치 앞도 내다보이지 않기 때문입니다. 1년 후에, 한 달 후에, 오늘 밤에, 아니 1분 후에 우리에게 무슨 일이 일어날지 아무도 볼 수 없습니다. 1분 후는 고사하고, 지금 이 순간마저도 제대로 볼 수 없습니다. 지금 우리는 분명히 눈을 뜨고 있지만 우리의 머리 뒤를 볼 수는 없습니다. 바로 저 벽 너머에서 지금 일어나고 있는 일도 볼 수 없습니다. 어디 그뿐입니까? 분명히 우리 자신의 몸임에도 불구하고 우리는 지금 우리 몸속을 들여다볼 수 없습니다. 지금 우리 몸속 어디가 병들고 있는지, 어느 장기臟器가 허물어져 내리고 있는지 전혀 볼 수 없습니다. 기껏 이 순간 우리가 본다고 해봐야 저는 여러분을, 여러분은 저를, 그것도 고작 앞모습만을 볼 수 있을 따름입니다. 이것이 사실일진대 대체 우리가 무엇을 본다고 말할 수 있겠습니까? 생각하면 할수록 우리가 보는 것은 극히 제한적일 뿐이요, 중요한 것은 실은 아무것도 보지 못합니다. 이런 관점에서 인생이란 아무것도 보이지 않는 광야일 수밖에 없습니다. 여기에서 예외인 인생은 없습니다. 모든 인생은 광야입니다. 그리스도인의 인생 역시 마찬가지입니다. 그러므로 광야 인생을 사는 그리스도인들의 모임인 이 땅의 교회 역시 모두 광야 교회입니다.

 모든 인생이 광야 인생이요 모든 교회가 광야 교회이기에, 하나님의 부르심을 받은 사람의 모임인 교회 속에도 필연적으로 상반된 두 흐름이 있을 수밖에 없습니다. 인생이 한 치 앞도 보이지 않는 광야이기에, 그 광야에서 도리어 보이지 않는 영원하신 하나님을 또렷이 바라보며 하나님과 동행하는 참믿음의 흐름이 있습니다. 반면에 인생이 아무것도 보이지 않는 광야이기에, 하나님의 이름으로 확실하게 눈에 보이는 것만 추구하는 우상숭배의 흐름이 있습니다. 이 두 흐름 가운데 어느 흐름이 참되고 영원한 흐름인지는, 1400여 년의 시차를 두고 모세와 예수님에 의해 이미 증명되었습니다. 광야에서 보이지 않는 하나님만을 보고 좇았던 모세는 오늘날까지 우리 신앙의 푯대로 살아 있는 반면, 광야에서 오직 눈에 보이는 황금 덩어리에만 집착하던 이스라엘 백성은 하나님의 부르심을 받아 출애굽하였음에도 약속의 땅인 가나안을 얻지 못한 채 모두 광야에서 죽고 말았습니다. 그들이 광야에서 추구했던 것들이 그들을 광야로부터 건져 주지 못한 까닭이었습니다. 그리고 유대 광야에서 눈에 보이는 것만 추구하던 사탄은 오늘날에도 인간을 광야에서 파멸시키는 영원한 죽음의 사자使者인 반면, 바로 그 유대 광야에서 보이지 않는 하나님과 하나님의 말씀만을 좇던 예수님께서는 죽음을 깨뜨리시고 만인을 영원한 생명으로 인도하시는 생명의 구주, 부활의 구주가 되셨습니다.

그래서 주님께서 다음과 같이 말씀하고 계십니다.

> 내가 곧 길이요 진리요 생명이니 나로 말미암지 않고는 아버지께로 올 자가 없느니라(요 14:6).

광야에서 사탄을 제압하시고 죽음에서 부활하신 예수 그리스도 안에서만 우리가 이 광야 세상에서 보이지 않는 하나님을 볼 수 있고, 하나님께 나아갈 수 있기 때문입니다. 바꾸어 말하면 부활하신 예수 그리스도 안에 있지 않을 경우, 우리는 하나님을 믿는다면서도 어쩔 수 없이 보이는 세상의 것만 추구하는 우상숭배자가 될 수밖에 없습니다. 사탄은, 인생은 아무것도 보이지 않는 광야이므로 가장 확실하게 보이는 것만 우리를 지켜 줄 수 있다고 끊임없이 우리를 현혹하기 때문입니다. 목적은 하나, 우리를 광야에서 파멸시키기 위해서입니다.

오늘은 죄와 사망으로부터 우리를 속량해 주시기 위해 십자가에 못박혀 돌아가셨던 주님께서 죽음을 깨뜨리고 부활하신 부활절입니다. 예수 그리스도의 부활은 기독교의 핵심입니다. 주님께서 부활하셨기에 광야의 먼지로 사라질 수밖에 없었던 우리에게 죽음을 넘어 영원한 가나안—하나님 나라의 소망이 주어졌고, 주님께서 부활하셨기에 우리는 예수 그리스도 안에서 하나님을 보고 하나님께 나아갈 수 있습니다. 그래서 부활절은 성탄절과 더불어 기독교의 가장 큰 축제일입니다.

그러나 교회가 부활절을 축제일로 지킨다는 것과, 우리 개개인이 삶 속에서 그리스도인으로 살아간다는 것은 전혀 별개의 일입니다. 우리가 교회에서 아무리 부활절을 그럴듯하게 치른다 해도 우리에게 부활하신 주님과의 인격적인 만남이 없거나, 있더라도 우리의 삶이 주님 안에 거하지 않는다면, 하나님의 부르심을 받아 출애굽하고서도 광야에서 황금 숭배자로 전락한 이스라엘 백성처럼, 우리 역시 하나님을 믿는다면서도 세상의 보이는 것만 섬기는 우상숭배자가 될 뿐입니다. 우리가 살고 있는 이 세상이 광야요, 우리 인생이 광야요, 교회가 광야 교회이기에, 광야에서 사탄을 제압하신 예수 그리스도의 도움 없이는 이 광야에서 사탄의 현혹으로부터 벗어날 길이 없기 때문입니다.

이제 최근에 부활하신 주님을 인격적으로 만난 한 청년의 고백을 직접 들어 보겠습니다.

> 안녕하세요. 저는 511구역 이지연입니다.
>
> "내가 너를 지명하여 불렀나니 너는 내 것이라"(사 43:1)는 하나님의 말씀은 오랜 시간 동안 저에게 족쇄와 같았습니다. 기독교 집안에서 태어나 단 한 번도 교회의 테두리 밖으로 나가 본 적이 없지만, 어느 순간부터 교회를 다니는 것이 저에게 '가장 기본적이고 손쉬운 효도' 그 이상도 이하도 아니었기 때문입니다. 어렸을 때부터 교회에서 가르치는 것들에 의문이 많았지만, 마음으로부터 수긍할 수 있는 그런 대답은 누구에게서도 얻을 수 없었습니다. 무엇을 묻든 척척 답이 나오는 식의 문답을 교회 선생님이나 부모님과 하다 보면, 기독교는 너무 독선적이라는 느낌이 들어

말씀에 대한 반감만 더욱 커질 뿐이었습니다. 그나마도 철이 든 후에는 누군가에게 이런 저의 문제를 털어놓고 상담할 수도 없었습니다. '교회'라는 공간 안에서 저는 저 자신이기 이전에 어느 집사님의 딸, 어느 권사님의 딸이었기 때문입니다. 그렇게 저의 본모습은 하나님을 완전히 믿지 못하는 불신의 상태이면서도 기독교 집안의, 믿음 좋은 사람으로 살아야 하는 이중성으로 인해 저는 심하게 갈등할 수밖에 없었습니다. 이처럼 둘로 찢기는 듯한 갈등의 상태는 나이를 먹을수록 심해져서, 20대의 중반을 지난 후로는 전혀 수습할 수 없는 지경이 되었습니다. 마음으로는 전혀 딴 생각을 하면서도 남들 앞에서 기도를 할 때는 청산유수처럼 기도하는 저의 이중성이 괴로워, 오랫동안 해왔던 교사나 성가대 자리에서도 스스로 물러날 수밖에 없었습니다. 급기야 지난겨울에는, '이제 정말 이런 식의 비틀거림에는 진절머리가 난다, 이렇게 괴로워하며 살 바에야 차라리 하나님을 믿지 않는 것이 낫겠다'는 생각마저 하게 되었습니다.

그런데 그즈음 아빠가 "딱 50페이지까지만 읽어 봐라, 그러고도 더 읽고 싶지 않다면 그때 덮어 버려라" 하시며 이재철 목사님께서 쓰신 책을 한 권 권해 주셨습니다. 그 책을 읽으면서, 다시 한 번 하나님께 돌이키기 위해 매달려 보고 싶은 생각이 들었습니다. 마지막으로 한번 간절히 매달려 보고, 신앙의 문제에서 더 이상 부모님 핑계 대지 않고 '나의 하나님'으로 고백하든지, 아니면 '나와는 무관한 하나님'으로 결론을 짓든지 하자는 생각으로 고민 끝에, 섬기던 교회를 나와 100주년기념교회를 찾게 되었습니다. 나를 아는 사람이 아무도 없는 곳에 가서, 체면이고 뭐고 따질 것 없이 기탄없이 질문하고 의심하면서 정면으로 하나님의 말씀과 대면해 보고 싶었습니다. 교회를 옮기며 몇 가지 결심을 했는데, 첫째로는 사순절 기간 동안 저녁 금식을 하는 것, 둘째로는 그 기간 동안만큼은 주일예배와 수요 성경공부를 절대 빠지지 않는 것이었습니다. 교회에서 마침 3월부터 '새신자반'을 개강한다고 하기에, 그것도 나를 위한 기회로 생각하고 참여하기로 마음먹었습니다. 나의 신앙 문제를 놓고 진지하게 하나님과 만나려 애써 보겠지만, 결국 하나님을 만나지 못하게 된다면 정말 하나님과는 무관한 사람으로 간주하고 그냥 그렇게 살 작정이었습니다. 그런데, 언제든 도망칠 수 있도록 등록도 하지 않은 채 교회에 출석한 지 약 한 달이 넘은 지난 3월 20일, 새신자반에서 제3과 '예수님은 누구신가?'라는 강의를 들으며, 하나님, 이제는 정말 알겠습니다, 하는 고백이 마음에서 우러나왔습니다. 제가 이런 영적인 갈등을 겪는다는 것 자체가 곧, 제가 하나님께서 지으신 피조물이라는 증거임을 알았습니다. 하나님께 향하지 않고 도망치고만 싶어 하는, 어떻게든 뛰쳐나가려고 마음먹고 있던 그 마음의 상태가 바로 죄라는 것도 알았습니다. 저를 뒤흔드는 이 영적인 괴로움과 곤핍함을 제 힘으로는 도저히 해결할 수 없다는 고백도, 이 문제를 예수님 앞에 내려놓을 때에만 해결받을 수 있다는 인정도 하게 되었습니다. 남의 나라 다른 시대의 역사책을 읽듯이 무덤덤하기만 했던 2천 년 전 예수님의 십자가 사건이, 지금을 살고 있는 저를 위한 것이었음을 깨닫게 된 그 순간, 족쇄 같기만 했던 그 말씀, '너를 지명하여 불렀나니 너는 내 것이라'는 말씀 앞에 감사하지 않을 수 없었습니다.

영적으로 최악의 나락에서 맞았던 작년의 부활절은 저에게 가장 비참한 부활절이었습니다. 그러나 그 괴로움 끝에 하나님을 만난 후 이번 부활절을 기다리는 동안, 부활의 의미와 구원의 기쁨이 제 마음 깊은 곳에서부터 조용히 차오르는 것을 느낄 수 있었습니다. 그 오랜 시간 동안 믿어야 할 것을 믿지 못하고 마땅히 누려야 할 기쁨을 제 것으로 받아들이지 못한 채 괴로워하던 저를 끝끝내 포기하지 않으시고 붙드셔서 진정한 부활의 기쁨을 주신 주님께 감사드리며, 이제부터 부활의 생명을 얻은 그리스도인답게 주님만 바라보며 살아갈 것을 다짐드립니다. 감사합니다.

이지연 자매는 어머니 배 속에서부터 하나님의 부르심을 받은 모태 신앙인으로 태어났습니다. 그러나 부활하신 주님을 인격적으로 만나는 데 30년이 걸렸습니다. 그동안 한 번도 온 중심을 다해 진지하게 주님을 인격적으로 만나려 한 적이 없었던 탓입니다. 그러나 이번 사순절 기간 동안 주님을 만나기 위해 매일 저녁 금식하고, 교회의 모든 예배와 성경공부에 참석하여 말씀을 배우면서 이내 주님을 만났습니다. 이것은 너무나 당연한 이야기 아니겠습니까? 주님께서 부활하셨고, 부활하신 주님께서 언제나 현재진행형으로 우리와 함께하고 계시기 때문입니다. 주님께서 무엇이라 말씀하셨습니까?

볼지어다 내가 문밖에 서서 두드리노니 누구든지 내 음성을 듣고 문을 열면 내가 그에게로 들어가 그와 더불어 먹고 그는 나와 더불어 먹으리라 (계 3:20).

주님께서 항상 현재진행형으로 우리 가운데 계시기에, 온 중심을 다해 말씀과 기도로 주님을 만나기 원하는 사람은 언제든지 주님을 인격적으로 만날 수 있습니다. 그렇다면 이지연 자매가 하나님의 부르심을 받고서도 주님을 인격적으로 만나지 못했을 때의 삶과 만난 이후의 삶이 확연하게 달라질 것은 두말할 나위도 없지 않겠습니까? 이제부터 이 광야 세상에서 눈에 보이는 것이 아니라, 예수 그리스도 안에서 보이지 않는 하나님을 또렷이 보며 참생명의 삶을 사는 기쁨을 누리지 않으시겠습니까?

사랑하는 교우 여러분!

하나님께서 예수 그리스도 안에서 이미 우리를 불러 주셨고, 우리의 죄를 속량해 주시기 위해 십자가에서 돌아가신 주님께서 부활하셨음을 정말 믿으십니까? 그렇다면 말씀과 기도를 통해 우리에게 현재진행형으로 임해 계시는 주님을 인격적으로 만나십시오. 이미 만난 분이라면, 말씀과 기도를 통해 매일 그분 안에 거하십시오. 하나님께서 우리를 불러 주신 것이 하나님의 일방적인 은총이라면, 우리가 말씀과 기도를 통해 예수 그리스도를 만나고 그분 안에 거하는 것은 하나님의 부르심을 입은 우리의 책임입니다. 그 책임을 다할 때, 광야에서 사탄을 제압하신 예수 그리스도 안에서 비로소 우리는 보이지 않는 하나님을 날마다 보고 나아갈 수 있을 것이요, 광야 길을 걷는 우리의 인생은 영원한 가치를 지니게 될 것이며, 우리 모두 이 광야 세상에서 지향해야 할 것이 무엇인지를 세상에 밝히 보여 주는 진정한 광야 교회가 될 것입니다. 이 모든 일이 가능한 것은 오늘, 주님께서 부활하셨기 때문입니다.

3400여 년 전 보이지 않는 하나님을 좇던 모세와, 확실하게 눈에 보이는 것만을 추구하던 이스라엘 백성 가운데 누가 이미 파멸했고, 오늘날까지 누가 영원한 생명을 누리고 있는지 깨닫게 해주심을 감사합니다. 아무것도 보이지 않는 유대 광야에서 벌어졌던 주님과 사탄의 대결에서 누가 영원한 승리를 거두었는지를 다시 확인시켜 주심도 감사합니다.

우리의 죄를 씻어 주시기 위하여 십자가에 못박혀 돌아가셨다가, 죽음을 깨뜨리고 부활하시어 우리 가운데 영원한 현재진행형으로 계시는 주님! 주님께서 이미 우리를 불러 주셨사오니, 주님의 부르심을 받은 사람답게 말씀과 기도를 통하여 주님을 인격적으로 만나게 하여 주옵소서. 날마다 주님 안에서 살게 하여 주옵소서. 그리하여 아무것도 보이지 않는 인생 광야에서, 단지 눈에 보이는 것만 쫓아다니다가 결국엔 파멸하는 어리석은 불나방이 되지 않게 하여 주옵소서. 무엇이든 눈에 보이는 것은 영원하지 않은 것이요, 영원한 것은 보이지 않는 것임을 잊지 말게 하옵소서. 아무것도 보이지 않는 인생 광야를 걷는 동안, 오직 부활하신 예수 그리스도 안에서 보이지 않는 영원하신 하나님을 또렷이 보고 그 나라를 향해 나아가게 하옵소서. 비록 우리의 육체는 이 광야에 묻힐지라도 이 광야가 우리 삶의 종착지가 아니라, 영원하신 하나님의 나라를 향한 징검다리가 되게 하옵소서. 우리 모두 이 광야 길에서 인간이 궁극적으로 추구하고 지향해야 할 것이 무엇인지를 세상에 밝히 보여 주는, 이 시대의 진정한 광야 교회가 되게 하옵소서. 아멘.

23. 신들을 만들라

사도행전 7장 39-43절

우리 조상들이 모세에게 복종하지 아니하고자 하여 거절하며 그 마음이 도리어 애굽으로 향하여 아론더러 이르되 우리를 인도할 **신들을** 우리를 위하여 **만들라** 애굽 땅에서 우리를 인도하던 이 모세는 어떻게 되었는지 알지 못하노라 하고 그때에 그들이 송아지를 만들어 그 우상 앞에 제사하며 자기 손으로 만든 것을 기뻐하더니 하나님이 외면하사 그들을 그 하늘의 군대 섬기는 일에 버려두셨으니 이는 선지자의 책에 기록된바 이스라엘의 집이여 너희가 광야에서 사십 년간 희생과 제물을 내게 드린 일이 있었느냐 몰록의 장막과 신 레판의 별을 받들었음이여 이것은 너희가 절하고자 하여 만든 형상이로다 내가 너희를 바벨론 밖으로 옮기리라 함과 같으니라

자고로 인간은 항상 자신이 신이라 믿는 대상의 상像을 만들고 경배해 왔습니다. 세계적으로 널리 알려진 그리스나 로마의 신전은 차치하더라도, 인간이 살았던 곳에서는 어디서나 신상神像이 발굴됩니다. 일반적으로 신상은 제작될 당시로서는 모두 뛰어난 예술품에 해당되는 것으로, 신상을 만

든 사람들의 신앙심과 정성을 보여 주고 있습니다. 이런 관점에서 인간의 역사는 신상의 역사라고 해도 지나친 말이 아닐 것입니다. 인간은 끊임없이 신상을 만들고, 도리어 인간이 자신의 손으로 만든 신상의 지배를 받아 온 것입니다.

사람에 의해 나무나 돌, 금속으로 만들어진 신상을 통칭하여 우상이라 부릅니다. 인간이 아무리 섬세하고 정교하게, 혹은 웅장하게 만든 신상이라 할지라도, 과연 인간이 스스로 만든 우상이 인간의 경배 대상인 신이 될 수 있겠습니까? 이 질문에 대한 시편 115편 4-8절의 답변은 아주 명쾌합니다.

> 그들의 우상들은 은과 금이요 사람이 손으로 만든 것이라 입이 있어도 말하지 못하며 눈이 있어도 보지 못하며 귀가 있어도 듣지 못하며 코가 있어도 냄새 맡지 못하며 손이 있어도 만지지 못하며 발이 있어도 걷지 못하며 목구멍이 있어도 작은 소리조차 내지 못하느니라 우상들을 만드는 자들과 그것을 의지하는 자들이 다 그와 같으리로다.

인간이 눈과 귀와 입을 가진 우상을 만드는 것은 자기에게 눈과 귀와 입이 있기 때문입니다. 즉 자신이 보고 듣고 말하는 것처럼 자신이 만든 우상도 보고 듣고 말할 수 있으리라 믿는 것입니다. 그러나 인간의 손에 의해 만들어진 우상은 보거나 듣거나 말할 수 없습니다. 우상이 아무리 정교한 이목구비를 갖추고 있어도 본질상 그것은 무생물체인 나무 덩어리나 돌덩어리, 혹은 쇳덩어리에 지나지 않기 때문입니다. 다시 말해 인간이 우상을 만들 수는 있지만, 자신이 만든 우상 속에 생명을 넣어 줄 수는 없는 것입니다. 이것은 그 누구도 부인할 수 없는 사실입니다.

그런데도 인간이 끊임없이 우상을 만들고 경배하는 것은, 인간에 의해 만들어진 우상이 인간의 바람을 이루어 줄 것이란 인간의 생각으로 인함입니다. 그러므로 인간이 우상을 만들고 경배하는 것은 실은 우상을 숭배하는 것이 아니라, 그 우상이 자신의 원하는 바를 이루어 주리라 생각하는 자기 자신을 숭배하는 것입니다. 한마디로 이 세상의 모든 우상숭배자는 자기라는 우상을 숭배하는 '자기 숭배자'입니다. 그래서 시편 115편의 지적처럼 인간에 의해 만들어진 우상과 그 우상을 만든 인간, 그리고 그 우상을 섬기는 인간 사이에는 아무런 차이가 있을 수 없습니다. 인간에 의해 만들어진 우상이 눈과 귀와 입을 가지고 있다 한들 보고 듣고 말하는 생명체일 수는 없는 것처럼, 진리를 보고 듣지 못한 채 참생명에 무지한 인간이 우상을 만들고 경배하기 때문입니다.

반면에 시편 94편 8-9절은 하나님에 대해 이렇게 증언합니다.

> 백성 중의 어리석은 자들아 너희는 생각하라 무지한 자들아 너희가 언제나 지혜로울까 귀를 지으신 이가 듣지 아니하시랴 눈을 만드신 이가 보지 아니하시랴.

인간을 창조하신 하나님께서 인간에게 눈과 귀와 입을 지어 주신 것은 하나님께서 보고 듣고 말씀하시는 살아 계신 신이시기 때문입니다. 하나님에 의해 창조된 우리가 눈과 귀와 입을 우상처럼 단지 장식품으로 지니고 있는 것이 아니라 실제로 볼 수 있고 들을 수 있고 말할 수 있는 것은, 우리를 창조하신 하나님께서 우리에게 생명을 주셨기 때문입니다. 이것이 인간을 창조하신 하나님과 인간에 의해 만들어진 우상의 근본적인 차이입니다.

결국 믿음에는 두 종류의 믿음이 있습니다. 인간이 자기 스스로 만든 신을 믿는 '자기 숭배'가 있는 반면, 인간을 창조하신 하나님을 믿는 '하나님

숭배'가 있습니다. 하나님을 믿는 우리의 믿음이 후자여야 함은 두말할 나위도 없습니다. 문제는 수많은 사람들이 하나님을 믿는다면서도, 천지를 창조하신 하나님이 아니라 자신에 의해 만들어진 우상을 숭배하면서도 그 사실을 깨닫지 못한다는 사실입니다.

미디안 광야의 양치기였던 80세의 빈털터리 노인 모세가 시내산 가시나무 떨기 불꽃 가운데서 말씀하시는 하나님의 음성을 들었습니다. 이집트에서 노예살이하고 있는 이스라엘 백성을 위한 하나님의 대책이 되라는 명령이었습니다. 모세가 하나님께, 이스라엘 백성에게 나를 보내신 당신을 누구시라고 소개해야 하느냐고 여쭈었습니다. 그 질문에 대한 하나님의 답변을 출애굽기 3장 14절이 전해 주고 있습니다.

> 하나님이 모세에게 이르시되 나는 스스로 있는 자이니라 또 이르시되 너는 이스라엘 자손에게 이같이 이르기를 스스로 있는 자가 나를 너희에게 보내셨다 하라.

하나님께서는 '스스로 계시는 분' 즉 '자존자自存者'이십니다. 하나님께서 태초에 인간을 창조하시기 이전부터 하나님께서는 스스로 계시는 자존자이셨습니다. 하나님께서는 피조물인 인간에 의해 만들어진 우상이 아니라는 의미입니다.

이스라엘 백성을 이집트의 노예살이에서 해방시킨 모세가 홍해를 건너 시내 광야에 이르렀을 때였습니다. 백성들은 시내 광야에 머물고 모세는 다시 시내산으로 올랐습니다. 십계명을 포함하여 하나님의 말씀을 받기 위함이었습니다. 모세가 그곳에서 받은 십계명의 첫 계명은 '너는 나 외에는 다른 신들을 네게 두지 말지니라'는 내용이었습니다. 이것은 하나님 이외에 하나님께 필적할 만한 신들이 존재함을 하나님께서 인정하신 것이 아니라, 스스로 계시는 자존자이신 하나님만 유일신이시므로 인간 스스로 헛되이 신들을 만들려 하지 말라는 의미였습니다.

십계명의 두 번째 계명은 '너를 위하여 새긴 우상을 만들지 말라'는 것이었습니다. 많은 사람들이 이 두 번째 계명에 언급된 '우상'을 타 종교의 신상으로 이해합니다. 그래서 엉뚱하게도 타 종교의 신상을 훼손하는 어처구니없는 그리스도인도 간혹 있습니다. 만약 둘째 계명이 언급한 우상이 정말 타 종교의 신상을 의미한다면 하나님의 계명은 큰 모순에 빠지게 됩니다. 제1계명을 통해 자존자이신 당신이 유일신임을 밝히신 하나님께서 곧 이어진 제2계명에서 타 종교의 신상을 금하신다면 그 두 계명은 서로 상충할 수밖에 없기 때문입니다. 하나님께서 그런 이율배반을 범하실 리가 만무합니다. 그렇다면 제2계명에서 금하고 있는 우상의 실체는 무엇이겠습니까? 하나님께서 친히 밝혀 주셨습니다.

> 너희는 나를 비겨서 은으로나 금으로나 너희를 위하여 신상을 만들지 말고(출 20:23).

하나님께서는 제2계명을 통하여 어떤 모양으로든 하나님 당신의 신상을 만들지 말라고 명령하신 것이었습니다. 그 이유가 무엇이었겠습니까? 스스로 계시는 하나님은 영원하신 분이십니다. 하나님은 무한하신 분이십니다. 하나님은 시간과 공간을 초월하시는 영이십니다. 그 영원하시고, 그 무한하신 영이신 하나님은, 이 세상의 그 무엇으로도 표현될 수 없습니다. 이 세상의 그 무엇도 그분을 온전히 담을 수 없습니다. 그러므로 누구든지 하나님의 신상을 만드는 순간 그는 하나님과는 전혀 무관한 자기 숭배자로 전락하게 됩니다. 그가 만든 것은 스스로 계시는 하나님이 아니라 그 자신에 의해 만들어진 하나님의 우상일 뿐이요, 그것은 하나님을 믿는 것이 아니라 자신이 만든 우상을 하나님으로 여기는 자기 자신을 믿는 행위이기 때문입니다.

우리는 십계명의 두 번째 계명을 통해 매우 중요한 사실을 깨닫게 됩니다. 하나님의 우상은 하나님을 믿지 않는 사람이 아니라, 하나님을 믿는 사람에 의해 만들어진다는 사실입니다. 하나님을 믿지 않는 사람은 하나님의 우상을 아예 만들려 하지도 않을 것입니다. 하나님의 우상을 만드는 사람은 언제나 스스로 하나님을 믿는다는 사람입니다. 우리가 20주째 살펴보고 있는 사도행전 7장 스데반의 설교 가운데 오늘의 본문이 우리에게 주는 교훈이 바로 이것입니다.

본문 39-40절을 주목하시겠습니다.

> 우리 조상들이 모세에게 복종하지 아니하고자 하여 거절하며 그 마음이 도리어 애굽으로 향하여 아론더러 이르되 우리를 인도할 신들을 우리를 위하여 만들라 애굽 땅에서 우리를 인도하던 이 모세는 어떻게 되었는지 알지 못하노라 하고.

시내산에 올라간 모세가 하나님의 말씀을 받아 내려오는 데는 40일이 걸렸습니다. 하루 이틀 지나도 그들의 지도자인 모세가 내려오지 않자 이스라엘 백성의 마음은, 그들이 이미 떠나온 우상 천지 이집트로 되돌아갔습니다. 그들은 모세의 형인 아론에게 자신들을 인도해 줄 신들을 만들 것을 요구했습니다. 이집트 사람들처럼 그들이 직접 신을 만들기로 한 것이었습니다.

그때에 그들이 송아지를 만들어 그 우상 앞에 제사하며 자기 손으로 만든 것을 기뻐하더니(41절).

출애굽기 32장 2-4절에 의하면 아론은 백성들이 바친 금붙이로 금송아지를 만들었습니다. 소를 신으로 섬기던 이집트에서 익히 보아 온 금송아지 우상이었습니다. 이스라엘 백성은 그 우상 앞에 제물을 바치고 경배하면서, 그들의 손으로 만든 우상에 열광하였습니다.

이것은 우리에게는 참으로 난해한 이야기입니다. 그 이스라엘 백성이 대체 누구입니까? 하나님께서 모세를 보내어 자신들을 이집트에서 해방시켜 주시고, 자신들의 앞길을 가로막고 있는 홍해를 갈라 주시고, 죽음의 광야에서 반석으로부터 강처럼 생수가 터지게 해주시고, 하늘로부터 만나가 떨어지게 해주시는 하나님의 권능을 날이면 날마다 경험하던 사람들이 아니었습니까? 그날 아침에도 분명히 하나님께서 내려 주신 만나를 먹지 않았겠습니까? 그런데도 어떻게 그렇듯 한순간에 하나님을 외면하고 우상을 섬길 수 있는지, 우리로서는 선뜻 이해할 수 없습니다.

그러나 출애굽기 32장 4-6절이 그 모든 의문점을 일거에 해소해 주고 있습니다.

아론이 그들의 손에서 금 고리를 받아 부어서 조각칼로 새겨 송아지 형상을 만드니 그들이 말하되 **이스라엘아 이는 너희를 애굽 땅에서 인도하여 낸 너희의 신이로다** 하는지라. 아론이 보고 그 앞에 제단을 쌓고 이에 아론이 공포하여 이르되 **내일은 여호와의 절일節日이니라** 하니, 이튿날에 그들이 일찍이 일어나 번제를 드리며 화목제를 드리고 백성이 앉아서 먹고 마시며 일어나서 뛰놀더라.

이스라엘 백성은 소를 신으로 여겨 소를 섬기기 위해 금송아지를 만든 것이 아니었습니다. 그들은 그들에게 하나님의 대리인과 같았던 모세가 보이지 않자, 그들을 이집트에서 인도하여 내신 여호와 하나님의 형상을 그들이 이집트에서 늘 보아 왔던 금송아지 형상으로 만든 것이었습니다. 그들이 금송아지를 신으로 믿어 그 앞에서 제사를 드리며 열광한 것이 아니었습니다. 자신들이 만든 금송아지가 하나님의 형상이라 믿었던 그들 딴에는 하나님께 제사드리고 하나님께 열광한 셈이었습니다.

그러나 그들이 아무리 하나님의 이름으로 정성을 다해 제사를 드리고 열광해도 그들의 행위는 하나님과는 아무런 연관이 없었습니다. 그들이 자신들을 이집트에서 인도하여 낸 여호와 하나님의 형상이라 의심치 않았던 금송아지는 실제의 하나님이 아니라 황금 덩어리에 불과했기 때문입니다. 그들이 하나님의 형상을 유독 황금으로 만든 것은 욕망의 발로였습니다. 황금은 자고로 인간 욕망의 상징입니다. 그들은 욕망의 상징인 황금 덩어리로 하나님의 형상을 만듦으로, 하나님을 단순히 자신들의 욕망을 채워 주는 도구로 간주하고 있었습니다. 간단히 말해 그들은 하나님의 이름으로 자신을 믿는 자기 숭배자들이었습니다. 그들의 결국이 대체 어떻게 되었겠습니까?

하나님이 외면하사 그들을 그 하늘의 군대 섬기는 일에 버려두셨으니

(행 7:42상).

그들은 모두 하나님의 외면을 당하고 말았습니다. 더 정확하게 말하면, 그들이 무한하신 하나님의 우상을 만드는 순간 그들이 먼저 하나님을 외면해 버린 것이었습니다. 그 결과 그들은 "하늘의 군대" 섬기는 일까지 서슴지 않게 되었습니다. 본문을 자세히 보면 '하늘의 군대'라는 단어 앞에 각주 번호

가 붙어 있습니다. 그래서 아래쪽에 있는 주란을 보면 '하늘의 별들'이라고 설명하고 있습니다. 그들은 하나님의 이름으로 하늘의 별까지 섬기는 철저한 우상숭배자가 되고 말았습니다.

> 이는 선지자의 책에 기록된바 이스라엘의 집이여 너희가 광야에서 사십 년간 희생과 제물을 내게 드린 일이 있었느냐 몰록의 장막과 신 레판의 별을 받들었음이여 이것은 너희가 절하고자 하여 만든 형상이로다 내가 너희를 바벨론 밖으로 옮기리라 함과 같으니라(42하-43절).

이것은 스데반이 구약성경 아모스 5장의 일부 내용을 인용한 것입니다. 광야에서 하나님과 무관한, 자신들이 만든 하나님의 우상을 섬겼던 이스라엘 백성은 가나안에 입성한 이후에도 암몬의 우상 몰록을 섬기는가 하면, 앗수르인이 신으로 경배했던 하늘의 별 토성을 섬기기도 했습니다. 그리고 마침내는 앗수르와 바빌로니아에 의해 멸망당하고 말았습니다. 스데반이 광야에서 하나님의 우상을 만들어 경배한 이스라엘 백성에 관해 증언하면서 이처럼 아모스의 말씀을 인용한 것은, 누구든지 하나님의 우상을 만들어 섬기는 사람은 예나 지금이나 반드시 멸망당함을 강조하기 위함이었습니다. 결코 형상화할 수 없는 하나님의 우상을 만든다는 것은 스스로 하나님을 부정하는 행위인즉, 하나님의 구원이 임하려야 임할 수 없는 까닭이었습니다.

개신교 신자인 우리는 적어도 우리의 손으로는 하나님의 형상을 빚어내는 어리석은 짓을 자행하지 않습니다. 그렇다면 우리는 모두 우상숭배와는 전혀 무관합니까? 그렇지는 않다는 데 우리의 경각심을 필요로 합니다. 이스라엘 백성이 하나님의 형상을 금송아지 우상으로 만든 것은, 하나님은 금송아지 형상일 것이라는 그들의 마음속 생각이 빚어낸 결과였습니다. 이처럼 우상은 인간의 손에 의해 빚어지기 이전에 인간의 마음속에서 먼저 만들어집니다. 따라서 우리가 손으로는 하나님의 우상을 빚지 않아도 마음으로는 얼마든지 하나님의 우상을 만들어 섬기는 우상숭배자일 수 있습니다.

천주교에서 '성서대학'이란 강좌를 개설하고 있는 송봉모 신부님의 글을 읽어 드리겠습니다.

언젠가 하느님과 이야기하고 싶어 했던 사람이 있었다.
그가 하느님께 말씀드렸다.

모세에게 하셨던 것처럼 가시덤불을 태우소서, 하느님!
그러면 제가 당신을 따르겠습니다.
여호수아를 위하여 하셨듯이 성벽을 허무소서, 하느님!
그러면 제가 당신을 위해 싸우겠습니다.
갈릴리 호수에서 제자들을 위해 그렇게 하셨듯이
성난 파도를 잠잠케 하소서, 하느님!
그러면 제가 당신의 말씀을 듣겠습니다.

이렇게 기도한 다음 그 사람은 가시덤불 위에,
성벽 가까이에, 호수 근처에 앉아 있었다.
그리고 하느님께서 응답하시기를 기다렸다.

그의 기도를 들으신 하느님께서 응답하셨다.

하느님은 불을 보내셨다.
가시덤불이 아니라 교회 안에 불을 보내셨다.
하느님은 벽을 무너뜨리셨다.
성벽이 아니라 죄의 벽을 무너뜨리셨다.
하느님은 폭풍을 일으키셨다.
호수가 아니라 인간의 영혼 속에 폭풍을 일으키셨다.

그 후에 하느님은 그 사람이 응답하기를 기다리셨다.
기다리시고, 기다리시고, 또 기다리셨다.
그러나 그 사람은 교회가 아닌 가시덤불을 바라보고 있었다.
자기 양심이 아닌 성벽을 바라보고 있었다.
영혼이 아닌 호수를 바라보고 있었다.
그리고 마침내 그는
하느님께서는 아무것도 하시지 않는다고 결론을 내렸다.

그가 하느님께 물었다.
'하느님 당신은 힘을 잃었습니까?'

하느님께서 그에게 대답하셨다.
'너는 듣기를 잊었느냐……?'

　이 글 속의 주인공은 자기 나름대로는 하나님을 잘 믿는 사람이었습니다. 하나님께 간절히 기도할 줄도 알았고, 가시덤불 위에서, 성벽 앞에서, 호수 옆에서, 하나님의 응답을 기다릴 줄도 알았습니다. 그러나 그는 하나님을 믿는 것이 아니라, 자기 방식으로 빚어낸 하나님의 우상을 섬기는 우상숭배자였습니다. 혹 이 사람이 우리 자신의 모습인 것은 아닙니까?

하나님을 믿는다면서도 하나님의 말씀인 성경을 읽으려 하지는 않는다면, 우리가 지금 붙들고 있는 것이 과연 하나님이겠습니까, 아니면 우리 자신이 빚어낸 하나님의 우상이겠습니까? 하나님을 믿는다면서도 하나님의 존전에 무릎 꿇고 기도하려 하지 않는다면, 우리는 우리가 원하는 대로 하나님의 우상을 만들어 섬기는 우상숭배자가 아니겠습니까? 고작 주일예배 한 번만 참석하고서도 이 세상에서 하나님의 뜻대로 살 수 있다고 믿는다면, 우리는 우리의 방식으로 하나님을 단정하고 있는 자기 숭배자가 아니겠습니까?

사랑하는 교우 여러분!

하나님을 믿는다면서도 우리의 욕망과 편견과 단견을 좇아 스스로 하나님의 우상을 빚어내던 어리석음에서 벗어나십시다. 우리가 창조되기 전부터 스스로 계시는 영이신 하나님께서는 무한하시고도 영원하시기에 이 세상 무엇으로도 형상화할 수 없는 분이심을 잊지 마십시다. 하나님을 다 알았다고 속단하는 순간이, 실은 하나님과 가장 동떨어진 순간임을 언제나 기억하십시다. 하나님께서 무한하신 당신을 계시해 주신 성경 말씀을 통해 날마다 겸손하게 하나님을 더욱더 알아 가십시다. 더 이상 우리 자신이 하나님을 빚으려 하지 말고, 말씀 안에서 하나님에 의해 우리 자신이 날로 새롭게 빚어져 가십시다. 그때 80세의 빈털터리 노인 모세를 들어 쓰신 하나님께서 우리를, 이 시대를 위한 당신의 대책으로 쓰실 것입니다. 하나님은 인간에 의해 만들어진 우상이 아니라, 인간을 창조하신 살아 계신 하나님이시기 때문입니다.

하나님의 말씀인 성경을 읽지 않고서도 하나님을 다 아는 것처럼 행동해 온 우리는, 우리 자신의 마음으로 하나님의 우상을 빚어낸 우상숭배자였습니다. 기도하지 않고서도 하나님의 뜻대로 사는 것처럼 착각해 온 우리는, 하나님을 우리의 방식으로 단정해 온 자기 숭배자였습니다. 자신들이 만든 금송아지를 여호와 하나님이라 믿으며 그 앞에서 제사를 드리고 열광했던 어리석은 이스라엘 백성은, 고작 주일예배 한 번 참석하는 것으로 스스로 참된 그리스도인이라 믿어 온 우리 자신이었습니다. 비록 우리가 우리의 손으로는 하나님의 우상을 만들지 않았을망정, 우리의 마음으로는 우리의 욕망과 편견과 단견을 좇아 날이면 날마다 하나님의 우상을 수없이 빚어 왔습니다. 우리의 이 모든 잘못을 회개하오니, 주님, 용서하여 주옵소서. 그동안 우리가 만들어 온 하나님의 모든 우상들을, 진리의 빛 속에서, 우리 스스로 파괴하게 도와주옵소서.

스스로 계시는 자존자이신 하나님은 영이시요, 영원하시고 무한하신 하나님이시기에, 이 세상의 그 무엇으로도 형상화될 수 없는 분이심을 잊지 말게 하여 주옵소서. 유한하기 짝이 없는 내가 하나님을 다 알았다고 속단하는 순간이 실은 하나님과 가장 멀리 떨어져 있는 순간임을 늘 기억하게 하여 주옵소서. 하나님께서 당신을 계시해 주신 성경 말씀과 기도를 통하여, 날이면 날마다 겸손하게 하나님을 더욱더 알아 가게 하옵소서. 하나님을 나의 방식으로 속단하지 않고, 언제나 하나님을 향해 온전히 열려 있는 마음으로 살아가게 하옵소서.

그리하여 피조물에 불과한 내가 신을 만들려는 어리석음을 더 이상 범하지 않고, 나를 창조하신 하나님에 의해 모세처럼, 이 시대를 위한 하나님의 대책으로 날마다 새롭게 빚어져 가는 참생명의 기쁨을 누리게 하여 주옵소서. 아멘.

24. 증거의 장막 I

사도행전 7장 44-53절

광야에서 우리 조상들에게 **증거의 장막**이 있었으니 이것은 모세에게 말씀하신 이가 명하사 그가 본 그 양식대로 만들게 하신 것이라 우리 조상들이 그것을 받아 하나님이 그들 앞에서 쫓아내신 이방인의 땅을 점령할 때에 여호수아와 함께 가지고 들어가서 다윗 때까지 이르니라 다윗이 하나님 앞에서 은혜를 받아 야곱의 집을 위하여 하나님의 처소를 준비하게 하여 달라고 하더니 솔로몬이 그를 위하여 집을 지었느니라 그러나 지극히 높으신 이는 손으로 지은 곳에 계시지 아니하시나니 선지자가 말한바 주께서 이르시되 하늘은 나의 보좌요 땅은 나의 발등상이니 너희가 나를 위하여 무슨 집을 짓겠으며 나의 안식할 처소가 어디냐 이 모든 것이 다 내 손으로 지은 것이 아니냐 함과 같으니라 목이 곧고 마음과 귀에 할례를 받지 못한 사람들아 너희도 너희 조상과 같이 항상 성령을 거스르는도다 너희 조상들이 선지자들 중의 누구를 박해하지 아니하였느냐 의인이 오시리라 예고한 자들을 그들이 죽였고 이제 너희는 그 의인을 잡아 준 자요 살인한 자가 되나니 너희는 천사가 전한 율법을 받고도 지키지 아니하였도다 하니라

"위기는 곧 기회"라는 말이 있습니다. 물론 위기를 맞은 사람이 절망에 빠져 아예 자포자기하거나, 반대로 허세를 부리며 자기 몰락을 재촉하는 경우도 비일비재합니다. 그러나 반드시 창의적이고 도전적이며 미래지향적인 사람이 아니더라도 최소한 바른 이성을 지닌 사람이라면, 그에게 위기는 새로운 기회를 위한 발판이 됩니다. 위기는 사람으로 하여금 무엇이 잘못되었는지, 무엇을 버리고 취해야 할 것인지, 무엇을 향해 나아가야 할지를 깨닫게 해주므로, 자기 성찰과 자기 혁신 그리고 구조 조정의 긍정적인 동기를 부여해 주기 때문입니다.

이처럼 위기가 기회임은 삼척동자도 아는 데 반해, 위기가 기회이므로 거꾸로 기회는 위기일 수 있음을 인식하는 사람은 극히 드뭅니다. 사람이 성공이나 출세의 기회를 잡았다는 것은, 그가 성공 혹은 출세라고 여기는 것으로 인해 그 자신의 인생이 몰락하는 위기의 시작일 수도 있습니다. 기회는 기회를 잡은 사람의 눈과 귀를 멀게 합니다. 자신이 움켜쥔 기회 이외에는 그 누구도, 그 무엇도 보이거나 들리지 않는 것입니다. 위기가 사람의 눈과 귀를 열어 주는 것과는 정반대입니다. 위기가 사람을 살리는 기회가 되는 반면, 기회는 도리어 사람을 죽이는 위기의 시작이 될 수 있는 이유가 여기에 있습니다.

우리의 신앙도 이와 마찬가지입니다. 신앙의 위기는 보다 성숙한 신앙을 위한 기회의 발판일 수 있습니다. 반면에 신앙의 기회는 오히려 영적 위기의 시작일 수도 있습니다. 1945년 광복 이후 한국 교회에는 두 번의 큰 기회가 있었습니다. 기회는 위기라고 했습니다. 그러므로 한국 교회에 두 번의 큰 기회가 있었다는 것은 두 번의 큰 위기가 있었다는 말이기도 합니다.

첫 번째 큰 기회는, 1973년 여의도 광장에서 열렸던 빌리 그레이엄 목사 전도 집회였습니다. 한국 교회가 연합하여 세계적인 부흥사인 미국의 빌리 그레이엄 목사를 초청하여 전도 집회를 개최한 것입니다. 1973년 5월 30일부터 6월 3일까지 닷새 동안 매일 밤에 열렸던 그 집회에 참석한 인원은 첫째 날 51만 명, 둘째 날 46만 5천 명, 셋째 날 48만 5천 명, 넷째 날 65만 명, 그리고 마지막 날인 일요일 밤에는 110만 명이었습니다. 마지막 날에 110만 명이 운집한 것은, 그때까지 세계 전도 집회 역사상 한 집회에 가장 많은 인파가 모인 집회로 기록되었습니다. 그렇게 닷새 동안 참석한 인원의 총수는 무려 321만 명이었습니다. 당시 한국 개신교인의 총수가 300만 명이었으니 불과 닷새 동안에 321만 명이 모인 그 전도 집회가 얼마나 성공적이었는지, 그리고 그것이 한국 개신교에 얼마나 큰 기회였는지는 능히 짐작할 수 있습니다. 실제로 그 전도 집회 후 한국 개신교는 폭발적으로 성장하여, 얼마 지나지 않아 전 국민의 4분의 1이 그리스도인이라고 주장하기에 이르렀습니다.

그러나 그것이 큰 기회였던 만큼 동시에 그것은 큰 위기의 시작이었습니다. 그 이후부터 한국 교회는 행사 위주의 외적 성장과 물량주의에 빠져 교회의 본질을 상실하기 시작했습니다. 목사 스스로 담임목사라는 칭호 대신 당회장이란 칭호를 선호하면서 교회가 교회인지 기업인지, 목사가 목회자인지 기업의 총수인지 구별하기가 어렵게 되었습니다. 예수 그리스도의 이름 대신 특정인의 이름을 드러내는 플래카드와 기념비 그리고 명패의 전성시대가 도래하면서 교회의 주인이 주님에서 사람으로 바뀌어 버렸습니다. 신앙이 행사와 동일시되면서 교회의 주인이 주님이시라는 최소한의 신앙 원칙과 윤리마저 실종되어 버린 것입니다. 한마디로 한국 교회의 외형은 공룡처럼 비대해졌지만 그러나 실제로는 속 빈 강정이 되고 말았습니다.

한국 교회의 두 번째 큰 기회는 1990년대에 시작된 기독교 TV 시대의 개막이었습니다. 주님의 복음을 안방까지 직접 전달할 수 있다는 의미에서 기독교 TV 개국은 확실히 큰 기회였습니다. 그러나 미국에서 기독교 TV의 출현이 미국 그리스도인의 신앙에 역기능을 초래했다는 예를 굳이 들지 않더라도, 한국에서 기독교 TV의 개국은 그것이 큰 기회인 것과 정비례하여 또 다른 위기의 시작이었습니다. 텔레비전은 그 속성상 무엇이든 사람에게 보이기 위해 존재하는 매체입니다. 그러나 신앙은 사람에게 보이기 위함이 아닙니다. 그리스도인의 신앙이 남에게 보이기 위한 것이 될 때 그것은 주님께서 그토록 질타하셨던 외식外飾, 즉 위선과 구별되지 않습니다. 더욱이 텔레비전 방송국은 방송을 위한 독자적인 재정적 기반을 갖고 있지 못합니다. 모든 프로그램의 방송은 광고주나 특정 교회의 후원금으로 이루어집니다. 그리고 시청자들을 자기 채널에 묶어 두기 위한 시청률에 얽매이지 않을 수 없습니다. 따라서 기독교 TV는 그 구조적 한계상, 바른 말보다는 광고주와 후원 단체 그리고 시청자가 듣기 좋아하는 말을 전하게 됩니다. 그 결과 기독교 TV의 출현이 그 긍정적인 면과 함께 한국 기독교의 세속화, 신앙의 기복화를 가속화하는 위기를 초래한 것 또한 사실이었습니다.

한국 교회가 위에서 언급한 두 번의 큰 기회, 다시 말해 두 번의 큰 위기를 맞기 이전의 한국 그리스도인에게 신앙은 '변화'였습니다. 성경적인 용어로 표현하자면, 신앙은 곧 자기 부인이었습니다. 그들에게 그리스도인이 된다는 것은 여태까지 자신들의 삶이 그릇되었음을 인정하는 것이었습니다. 그러므로 지금까지 그릇되었던 삶을 부인하고, 그리스도를 좇는 새로운 삶의 변화가 그들에게 수반될 수밖에 없었습니다.

1885년 이 땅에 복음의 씨앗이 뿌려지기 시작한 이래 일제강점기와 광복을 거쳐 1960년대에 이르기까지 한국 교회가 사회 전반에 걸쳐 빛을 발할 수 있었던 것은, 단순히 초기 선교사들과 교회가 병원을 운영하고 학교를 세웠기 때문만이 아니었습니다. 18세기 이후에 서양 선교사들이 들어간 나라마다 어김없이 학교와 병원이 세워졌지만, 그러나 현지의 그리스도인에 의해 그 나라의 역사에 일대 변혁을 가져온 나라는 우리나라뿐입니다. 그것은 이미 말씀드린 바와 같이 복음을 받아들인 그리스도인들의 자기 부인, 변화된 삶이 초래한 결과였습니다. 우리나라에서 축첩蓄妾제도, 노비제도와 같은 구시대의 폐습을 앞장서서 타파한 사람들은 모두 그리스도인들이었습니다. 자기 아내 이외에 첩을 두는 것이 옳지 못함을 깨달은 그리스도인들이 자기 재산을 떼어 주며 첩을 내보내었고, 머슴을 부리던 그리스도인들은 노비 문서를 불태우며 머슴들에게 자유를 주었습니다. 고리대금업을 하던 사람은 그리스도인이 된 이후에 채무자들의 빚을 탕감해 주기도 했고, 소작농들에게 자기 소유의 농지를 무상으로 나누어 준 그리스도인들도 있었습니다. 자기 중심으로 살다가 주님을 주인으로 모신 그들에게 주님의 말씀을 좇는 이런 변화, 이런 자기 부인은 당연한 일이었고, 그런 그리스도인들에 의해 세상이 새로워지는 것 또한 당연한 결과였습니다.

그러나 한국 교회가 큰 기회로 시작된 두 번의 큰 위기를 겪는 동안, 불행하게도 한국 그리스도인의 삶 속에서 변화와 자기 부인이 실종되고 말았습니다. 첩을 내보내고 노비 문서를 불태우던 초기 그리스도인들처럼 현실적으로 자기 손해를 감수하면서도 지금까지의 그릇된 삶을 버리는 것이 아니라, 현재 자기 삶의 옳고 그름은 따지지 않고 단지 자신이 원하는 만큼 자기 삶을 확장하고 확대하기 위해 하나님을 믿는 것입니다. 믿음이 자기 변화에서 자기 고수固守로, 자기 부인에서 자기 강화로 변질된 것입니다. 자기 변화와 자기 부인이어야 할 믿음이 자기 고수와 자기 강화의 이기적인 도구로 전락할 때, 카를 마르크스의 지적처럼 "종교는 인민의 아편"이 되고 맙니다. 자기 고수와 자기 강화의 도구로 전락한 믿음은 당사자는 말할 것도 없고 그가 속해 있는 사회를 허무는 해악이 되는 데 반해, 정작 당사자는 그 폐해를 자각하지도 못하기 때문입니다.

만약 우리가 하나님을 믿는다면서도 도무지 변화하려 하지 않는다면, 하나님의 말씀과 위배된 우리의 그릇된 삶을 버리려 하지 않는다면, 하나님을 이용하여 우리 자신이 원하는 것을 성취하려고만 한다면, 우리는 영적으로 위기에 빠진 사람이요, 우리 자신이 오늘날 한국 교회를 위기로 몰아넣고 있는 장본인이 아닐 수 없습니다. 이 사실을 지금이라도 우리가 깨닫고 인정하는 한 우리에게는 소망이 있습니다. 문제는 아편 중독자처럼 자신이 위기에 빠져 있다는 것 자체를 자각하지 못하는 것이지, 자신의 위기를 자각한 사람은 이미 문제의 해결선상에 있음을 의미합니다. 위기를 위기로 깨닫는 사람에게 위기는 곧 기회이기 때문입니다.

우리가 21주째 살펴보고 있는 사도행전 7장은 스데반이 산헤드린 법정에서 행한 설교, 즉 진술입니다. 오늘 단락은 그 결론으로, 본문 44절은 이렇게 시작되고 있습니다.

> 광야에서 우리 조상들에게 증거의 장막이 있었으니 이것은 모세에게 말씀하신 이가 명하사 그가 본 그 양식대로 만들게 하신 것이라.

이집트에서 해방된 이스라엘 백성을 위하여 하나님께서는 광야에서 모세로 하여금 특별한 장막을 만들게 하셨습니다. 그것은 "증거의 장막"이었습니다. 여기에서 '증거'란 하나님께서 모세에게 주신 언약의 돌비, 즉 십계명이 새겨진 돌판을 의미합니다. 출애굽기 40장 20-21절은 그 돌판을 '증거판'이라 부르고, 그 증거판을 넣은 궤를 '증거궤'라 칭하고 있습니다. 그리고 하나님께서 모세에게 만들게 하신 장막의 지성소에 그 증거궤를 안치하게 하셨으므로 그 장막은 '증거의 장막'이라 불렸습니다. 또 사람들은 증거궤가 안치된 지성소에 거룩하신 하나님께서 임재해 계신다고 믿었으므로 그 장막을 성막聖幕이라 부르기도 하고(출 26:1), 사람과 하나님이 만나는 곳이라 해서 회막會幕이라 부르기도 했습니다(출 27:21).

그러나 그 장막이 어떤 이름으로 불리든 그 장막의 중요성은 이름이 아니라 이동성에 있었습니다. 하나님의 임재를 상징하는 그 증거의 장막을 사람들이 어디로든 옮겨 갈 수 있는 것이었습니다. 이것은 당시의 인간들로서는 상상조차 불가능한 일이었습니다. 당시의 인간들은 신은 반드시 특정 공간에만 머물러 있다고 생각하였습니다. 그 특정 공간을 찾아가지 않는 한, 인간이 신을 만날 길은 달리 있을 수 없었습니다. 그러나 하나님께서는 모세로 하여금 이동 가능한 장막을 만들게 하시고, 그 장막을 당신 임재의 상징으로 삼으셨습니다. 하나님께서는 시간과 공간의 지배를 받는 우상이 아니라, 인간이 어디로 가든 인간과 항상 동행해 주시는 살아 계신 하나님이심을 일깨워 주시기 위함이었습니다.

하나님께서 그 증거의 장막을 광야에서 만들게 하셨다고 해서 그 증거의 장막이 광야용이었던 것만은 아니었습니다. 본문 45절을 주목해 보십시오.

> 우리 조상들이 그것을 받아 하나님이 그들 앞에서 쫓아내신 이방인의 땅을 점령할 때에 여호수아와 함께 가지고 들어가서 다윗 때까지 이르니라.

40년에 걸친 광야생활이 끝나고 모세의 후계자였던 여호수아가 이스라엘 백성을 인도하여 요단강을 건너 가나안 땅으로 입성할 때, 이스라엘 백성은 그 증거의 장막을 메고 들어갔습니다. 그리고 그 이후 다윗 때까지 400여 년 동안 증거의 장막은 명실공히 이스라엘 백성의 신앙의 구심점이었습니다. 그리고 본문 46-47절이 그 이후의 일을 밝혀 주고 있습니다.

> 다윗이 하나님 앞에서 은혜를 받아 야곱의 집을 위하여 하나님의 처소를 준비하게 하여 달라고 하더니 솔로몬이 그를 위하여 집을 지었느니라.

누구보다도 하나님의 큰 은혜를 입은 다윗이 하나님의 은혜에 보답하기 위하여 하나님의 처소를 건축하고자 하였습니다. 초라한 이동식 장막을 대체하여 거대한 붙박이 성전을 짓기 원한 것이었습니다. 그러나 하나님께서 허락하지 않으셨습니다. 그 대신 다윗의 아들인 솔로몬이 성전 짓는 것을 허락하셨습니다. 이동식 장막을 통해 당신의 무소부재하심을 보여 주신 하나님께서 원하셨기 때문에, 인간이 하나님을 위한 붙박이 성전을 건축한 것이 아니었습니다. 인간이 먼저 이동식 장막 대신 붙박이 성전 건축을 간구하였고, 하나님께서는 그 간구를 허락하셨을 뿐이었습니다. 하나님께서 인간이 원하는 붙박이 성전을 허락하셨다는 것이, 앞으로 하나님께서 그 붙박이 성전 안에만 붙박이로 계시겠다는 의미는 결코 아니었습니다.

> 그러나 지극히 높으신 이는 손으로 지은 곳에 계시지 아니하시나니 선지자가 말한바 주께서 이르시되 하늘은 나의 보좌요 땅은 나의 발등상이니 너희가 나를 위하여 무슨 집을 짓겠으며 나의 안식할 처소가 어디냐 이 모든 것이 다 내 손으로 지은 것이 아니냐 함과 같으니라(48-50절).

이것은 솔로몬이 성전을 완공한 뒤 하나님께 봉헌하면서 드린 기도 내용의 일부로, 선지자 이사야가 이사야서 66장에 인용하기도 했습니다. 그렇지 않겠습니까? 시간과 공간을 초월하시는 무소부재의 하나님께서 어찌 당신이 창조하신 피조물 속에 갇혀 계시겠습니까? 성전을 건축한 솔로몬은 누구보다도 이 사실을 잘 알고 있었습니다. 그럼에도 솔로몬이 성전을 건축한 것은, 이스라엘 백성들이 그 성전을 통해 그들과 함께하시는 무소부재하신 하나님을 늘 확인하도록 해주기 위함이었습니다.

그렇게 해서 지어진 건물이 그 유명한 예루살렘성전이었습니다. 솔로몬은 성전에 필요한 모든 목재는 당시 최고의 품질이던 레바논 백향목을 사용하였는데, 그 벌목을 위해 동원한 군인의 수가 3만 명이었습니다. 석재를 채석하기 위한 채석공의 수는 8만 명이었고, 성전 공사 현장에 투입된 인부는 7만 명이었습니다. 그 모든 사람을 감독하는 감독관의 수만도 3,300명이나 되었습니다. 그 수를 모두 합쳐 무려 18만 3,300명이 장장 7년에 걸친 대역사 끝에 예루살렘성전은 완공되었습니다. 초라한 증거의 장막을 버리고 하나님을 위한 거대한 성전을 갖게 되었다는 것은 이스라엘 백성에게 신앙적으로 분명히 크나큰 기회였습니다. 그 웅장한 성전 속에서 격식을 갖추어 드리는 제사를 통해 이스라엘 백성은 증거의 장막을 통해서는 느껴 보지 못한 영적 은혜를 체험했을 것입니다.

그러나 그것이 기회인 만큼 그 기회는 곧 위기의 시작일 수 있음을 겸손하게 깨달아야만 했습니다. 하지만 불행하게도 그들은 그 기회 속에 안주하고 말았습니다. 그들은 이동식 증거의 장막 대신 붙박이 성전을 가짐으로 인해 무소부재하신 하나님을 붙박이 성전 안에 가두어 버리는 어리석음을 범하고 말았습니다. 하나님께서 실제로 예루살렘성전 안에 갇히셨다는 말이 아니라, 이스라엘 백성이 그렇게 착각하기 시작했다는 것입니다. 그들은 자신들의 삶 속에 임해 계시는 하나님을 깨닫지 못했고, 그 결과 성전 밖에서의 그들의 삶은 변화와는 무관하게 되었습니다. 예루살렘성전을 찾아 행하는 종교 행위만으로 종교적 의무를 다한 것으로 착각한 그들은 하나님 보시기에는 외식하는 사람들일뿐이었습니다.

> 목이 곧고 마음과 귀에 할례를 받지 못한 사람들아 너희도 너희 조상과 같이 항상 성령을 거스르는도다 너희 조상들이 선지자들 중의 누구를 박해하지 아니하였느냐 의인이 오시리라 예고한 자들을 그들이 죽였고 이제 너희는 그 의인을 잡아 준 자요 살인한 자가 되나니 너희는 천사가 전한 율법을 받고도 지키지 아니하였도다 하니라(51–53절).

스데반이 질타한 "너희"는 산헤드린 의회를 구성하고 있는 유대교 최고 지도자들임을 우리는 이미 알고 있습니다. 다음 시간에 상세하게 살펴보겠지만 그들의 조상은 자신들의 변화를 촉구하는 선지자들을 배척하였고, 이 땅에 오실 예수 그리스도를 예언하는 선지자들을 죽였습니다. 그리고 스데반 앞에 있는 유대교 최고 지도자들은 그들의 위기를 기회로 바꾸어 주시기 위해 강림하셨던 예수 그리스도마저 죽여 버렸습니다. 하나님을 예루살렘성전에 가두어 두고 있던 그들이었기에, 성전에서 이루어지는 종교 행위로 스스로 완전한 신앙인이라 착각한 까닭이었습니다. 그래서 그들의 위기는 새로운 기회의 발판이 되지 못한 채, 끝내 위기로 끝나 버리고 말았습니다.

그렇다면 우리는 본문을 통하여 오늘날 우리가 맞고 있는 신앙 위기의 본질이 무엇이며, 그 위기를 기회로 승화시킬 처방이 무엇인지 알게 됩니다. 오늘날 우리 역시 하나님을 예배당 안에 가두어 두고 있다는 것이 위기의 본질입니다. 하나님을 예배당에 가두어 두고 있기에, 주일에 한 번 예배당을 찾아 예배드리는 것으로 신앙의 의무를 완수했다고 생각하는 우리의 교회

밖 삶은 변화를 필요로 하지 않고, 변화와 무관한 우리의 삶은 믿음의 미명 하에 자기 고수와 자기 강화로 드러날 수밖에 없는 것입니다.

그러므로 이 위기를 기회로 승화시킬 처방은 우리 스스로 예배당 안에 가두어 둔 하나님의 우상을 버리고, 무소부재하신 하나님을 향해 눈을 뜨는 것입니다. 우리의 삶 속에 임해 계시는 하나님에 대한 바른 믿음을 회복하는 것입니다. 우리 자신이 이 세상 속에서 하나님을 모신 증거의 장막으로 살아가는 것입니다. 초기 한국 그리스도인들이 믿음을 자기 변화로 받아들이며 세상에 빛을 발할 수 있었던 것은, 그들은 교회 밖에서도 주님을 자신들의 주인으로 모신 사람들이요, 그들 자신이 움직이는 증거의 장막이었기 때문입니다.

이제 우리는 선택해야 합니다. 하나님을 계속 예배당에 가두어 두는 위기의 사람으로 살아갈 것입니까, 스스로 무소부재하신 주님을 모신 증거의 장막이 되어 기회의 사람으로 살아갈 것입니까? 그 선택의 결과에 따라 우리 자신은 물론이요, 우리 사회의 미래가 좌우될 것입니다. 잊지 마십시오. 진정한 그리스도인은 위기를 두려워하지 않고, 기회의 순간에는 더욱 겸손해집니다. 참된 그리스도인은 자기 삶 속에 임해 계시는 주님에 대하여 눈뜬 사람이요 그 주님을 자기 주인으로 모신 사람이기에, 그의 속에 좌정해 계시는 주님께서 언제나 그에게 바른길을 직접 증거해 주시기 때문입니다.

주님! 오늘날 우리가 빠져 있는 영적 위기의 실체를 깨닫게 해주셔서 감사합니다. 우리는 하나님을 믿기보다는, 우리 자신이 예배당 안에 가두어 둔 하나님의 우상을 섬겨 왔습니다. 그래서 우리는 주일에 한 번 예배당을 찾아 예배드리는 종교 행위만으로 신앙의 책임과 의무를 다하는 것으로 착각해 왔습니다. 그 결과 우리의 교회 밖 삶은 변화와 자기 부인을 결여한 채, 세상의 빛이 되기는커녕 도리어 세상의 어둠을 가중시켜 온 우리의 허물을 용서하여 주옵소서.

이제 우리 모두 우리의 삶 속에 임해 계시는, 무소부재하신 주님에 대해 눈뜨게 하여 주옵소서. 언제나 주님을 주인으로 모시고, 어디서나 주님과 동행하는 참된 그리스도인이 되게 하여 주옵소서. 우리가 입으로 아무 말을 하지 않아도, 우리 속에 주인으로 계시는 주님께서 우리의 삶을 통해 진리를 친히 증거해 주심으로, 우리 자신이 이 시대의 증거의 장막으로 살아가게 하여 주옵소서. 우리의 영적 위기가 주님 안에서 늘 영적 기회로 승화되게 하시고, 주님께서 주신 기회 앞에서 언제나 겸손하게 해주셔서, 주신 기회가 항상 보다 성숙한 기회로 이어지게 하여 주옵소서. 그리하여 한국 개신교의 시발점인 이곳 양화진으로 우리를 부르시어 100주년기념교회를 이루게 하신 하나님의 귀한 뜻이, 우리의 삶을 통해 이 민족의 역사 속에 아름답게 구현되게 하여 주옵소서. 아멘.

25. 증거의 장막 II

사도행전 7장 44-53절

광야에서 우리 조상들에게 **증거의 장막**이 있었으니 이것은 모세에게 말씀하신 이가 명하사 그가 본 그 양식대로 만들게 하신 것이라 우리 조상들이 그것을 받아 하나님이 그들 앞에서 쫓아내신 이방인의 땅을 점령할 때에 여호수아와 함께 가지고 들어가서 다윗 때까지 이르니라 다윗이 하나님 앞에서 은혜를 받아 야곱의 집을 위하여 하나님의 처소를 준비하게 하여 달라고 하더니 솔로몬이 그를 위하여 집을 지었느니라 그러나 지극히 높으신 이는 손으로 지은 곳에 계시지 아니하시나니 선지자가 말한바 주께서 이르시되 하늘은 나의 보좌요 땅은 나의 발등상이니 너희가 나를 위하여 무슨 집을 짓겠으며 나의 안식할 처소가 어디냐 이 모든 것이 다 내 손으로 지은 것이 아니냐 함과 같으니라 목이 곧고 마음과 귀에 할례를 받지 못한 사람들아 너희도 너희 조상과 같이 항상 성령을 거스르는도다 너희 조상들이 선지자들 중의 누구를 박해하지 아니하였느냐 의인이 오시리라 예고한 자들을 그들이 죽였고 이제 너희는 그 의인을 잡아 준 자요 살인한 자가 되나니 너희는 천사가 전한 율법을 받고도 지키지 아니하였도다 하니라 충청남도 아산시에는, 임진왜란 당시 왜적의 침입으로부터 나라를 구한 충무공 이순신 장군의 애국 충정을 기리는 현충사가 있습니다. 이순신 장군의 영정을 모신 사당 현충사는 건평 63평의 전통 건물입니다. 그런데 현충사 사당이 자리 잡고 있는, 이른바 성역으로 외부와 구분되어 있는 총 17만 2,600평에 달하는 전체 성역의 이름도 현충사입니다. 이를테면 사당 건물의 이름과 전체 성역의 이름이 구별되지 않는 것입니다.

3천 년 전 솔로몬이 건축한 예루살렘성전은 허허벌판에 성전 건물만 덩그러니 솟아 있는 것이 아니었습니다. 솔로몬은 헬라어로 '히에론ἱερόν', 우리말로 번역하여 '성전 구역temple area'을 조성하고, 그 성전 구역 가운데에 '나오스ναός' 즉 성전 건물을 건축하였습니다. 그러나 세월이 흘러가면서 사람들은 '히에론'과 '나오스'를 달리 구별하지 않았습니다. 성전 구역을 뜻하는 '히에론'으로 성전 건물을 일컫기도 하고, 성전 건물을 의미하는 '나오스'로 성전 구역을 칭하기도 하였습니다. 그래서 우리나라의 현충사처럼, 성전이란 용어는 성전 구역과 성전 건물을 동시에 일컫는 통칭이 되었습니다. 이 사실을 알고 나면 예루살렘성전은 일반적으로 생각하는 것보다 훨씬 큰 규모였음을 알게 됩니다.

지난 시간에 말씀드린 것처럼 무려 18만 3,300명이 장장 7년에 걸친 대역사 끝에 완공한 예루살렘성전은, 외벽으로 외부와 구분한 성전 구역이 가로 300미터에 세로 500미터의 크기였습니다. 평수로 따지면 약 4만 5,000평으로 현충사 전체 면적의 4분의 1에 해당하였습니다. 그 한가운데 세워진 성전 건물은 가로 120미터, 세로 180미터에 달하였습니다. 그 건물이 자리 잡고 있는 바닥 면적이 약 6,500평으로, 현충사 사당 건물보다 100배 이상 큰 건물이었습니다. 이스라엘 백성이 하나님께서 임재해 계시는 것으로 믿었던 지성소the Holy of Holies가 있는 성소 건물Sanctuary만도 15층 높이의 건물이었습니다. 예루살렘을 방문하여 자신의 눈으로 그 성전을 직접 목격했던 로마의 역사가 요세푸스가 자신의 생애에 그보다 더 웅장한 신전은 본 적이 없다고 기술하였을 정도였습니다. 그렇다면 그 성전을 찾은 사람은 누구든지 그 웅장한 성전의 규모와 분위기상 신적 거룩함에 압도당하였을 것을 능히 짐작할 수 있습니다.

그러나 예루살렘성전 건축 이후 400년이 지났을 때, 선지자 예레미야가 충격적인 선언을 하였습니다.

> 너희는 이것이 여호와의 성전이라, 여호와의 성전이라, 여호와의 성전이라 하는 거짓말을 믿지 말라(렘 7:4).

웅장한 예루살렘성전은 변함없이 그 자리에 있었고, 사람들은 여전히 그것을 여호와의 성전이라 불렀습니다. 그러나 예레미야는 그곳을 가리켜 여호와의 성전이라는 것은 새빨간 거짓말이므로, 그 거짓말을 믿지 말라고 선언하였습니다.

마가복음 13장에는 그 이후 600년이 지나 이 땅에 오신 예수님께서 예루살렘성전에서 제자와 나눈 대화의 내용이 소개되어 있습니다. 이스라엘 변방 갈릴리 빈민 출신인 제자들은 예루살렘성전의 위용 앞에서 벌어진 입을 다물 수가 없었습니다. 한 제자가 주님께 감탄을 연발하여 말했습니다.

> 선생님, 보십시오! 얼마나 굉장한 돌입니까! 얼마나 굉장한 건물들입니까!(막 13:1하, 새번역)

제자의 감탄사에 주님께서는 전혀 동의하시지 않았습니다. 그 대신 지극히 차분한 어조로 말씀하셨습니다.

> 너는 이 큰 건물들을 보고 있느냐? 여기에 돌 하나도 돌 위에 남지 않고 다 무너질 것이다(막 13:2, 새번역).

예루살렘성전이 하나님의 집이라면, 그 성전은 하나님의 독생자이신 주님의 집이기도 합니다. 그러나 주님께서는 그 웅대하고 화려한 성전을 기뻐하시거나 자랑스러워하시지 않았습니다. 주님께서는 도리어 그 성전이 있는 곳에 돌 위에 돌 하나도 남지 않을 것이라 예고하셨습니다. 흔적도 없이 사라져 버릴 것이란 의미였습니다.

그 이후 예수님께서 부활 승천하신 뒤 본문 속의 스데반은, 지난 시간에 살펴본 것처럼, 예루살렘성전과 관련하여 산헤드린 법정에서 유대교 지도자들을 향해 다음과 같이 진술하였습니다.

> 그러나 지극히 높으신 이는 손으로 지은 곳에 계시지 아니하시나니 선지자가 말한바, 주께서 이르시되 하늘은 나의 보좌요 땅은 나의 발등상이니 너희가 나를 위하여 무슨 집을 짓겠으며 나의 안식할 처소가 어디냐 이 모든 것이 다 내 손으로 지은 것이 아니냐 함과 같으니라(48-50절).

스데반은 이사야 선지자의 말을 인용하면서 무소부재하신 하나님께서는 예루살렘성전에 갇혀 계시는 분이 아니심을 밝혔습니다. 예루살렘성전과 하나님을 동일시하는 유대교 지도자들의 그릇된 생각을 정면으로 반박한 것이었습니다.

또다시 10여 년이 지난 뒤, 이번에는 사도 바울이 성전과 관련하여 혁명적인 선언을 하였습니다.

> 너희는 너희가 하나님의 성전인 것과 하나님의 성령이 너희 안에 계시는 것을 알지 못하느냐 누구든지 하나님의 성전을 더럽히면 하나님이 그 사람을 멸하시리라 하나님의 성전은 거룩하니 너희도 그러하니라 (고전 3:16-17).

사도 바울이 이 선언을 할 때에도 예루살렘성전은 건재하고 있었습니다. 그런데도 바울은 하나님을 믿는 우리를 가리켜 "하나님의 성전"이라 불렀습니다. 웅장한 예루살렘성전은 하나님의 성전이 아니라는 말이었습니다.

바울의 혁명적인 선언 이후 또 10여 년이 흘렀을 때, 예루살렘성전을 가리켜 돌 위에 돌 하나도 남지 않을 것이라 하셨던 예수님의 말씀이 역사적 사실로 입증되었습니다. 주후 66년부터 이스라엘 전역에서 로마제국의 식민 통치에 반발하는 유대인들의 봉기가 일어나기 시작했습니다. 주후 68년 네로 황제에 이어 로마 황제가 된 베스파시아누스는 아들 티투스를 보내 반란을 진압하게 했습니다. 로마군 2만 7천 명과 이보다 많은 원군을 이끈 티투스 장군은 유대인 100만 명 이상을 죽이면서 반란을 평정하는 가운데, 주후 70년 8월 29일 성전 구역에 진입하여 성전 건물을 돌 위에 돌 하나도 남기지 않고 완전 초토화시켜 버렸습니다. 오늘날 소위 '통곡의 벽'이란 이름으로 남아 있는 그 유명한 돌벽은 예루살렘성전 건물의 일부가 아닙니다. 그것은 성전 구역 아래쪽을 받치고 있던 서쪽 축대의 일부였습니다. 티투스 장군이 유독 그 축대의 일부만을 남겨 둔 것은 후세 사람들에게, 이 세상에서 아무리 웅대한 것이라 해도 로마제국의 힘 앞에서는 간단히 초토화될 수 있다는 증거로 보여 주기 위함이었던 것으로 알려지고 있습니다.

예수님께서 예고하신 바와 같이, 유대인들이 하나님과 동일시하던 예루살렘성전이 흔적도 없이 사라져 버림으로, 이제 성경이 성전이라고 부르는 것 가운데 이 지상에 남아 있는 것은 하나님을 믿는 우리 자신들뿐입니다. 우리가 예배드리는 이 건물은 단지 예배당일 뿐, 사도 바울이 말한 성전은 아닙니다. 사도 바울은 분명히 우리를 가리켜 "너희가 하나님의 성전"이라고 단정하였습니다. 그렇다면 이상 살펴본 것처럼 성전과 관련된 일관된 역사적 사실들이 우리에게 주는 메시지가 무엇이겠습니까? 하나님께서 그 웅장한 예루살렘성전을 왜 초토화시켜 버리셨으며, 그 대신 우리 자신을 성전으로 세우시는 이유가 무엇이겠습니까?

> 광야에서 우리 조상들에게 증거의 장막이 있었으니 이것은 모세에게 말씀하신 이가 명하사 그가 본 그 양식대로 만들게 하신 것이라(44절).

하나님께서는 모세로 하여금 성막 혹은 회막으로도 불리는 증거의 장막을 만들게 하시고, 그 장막을 당신 임재의 상징으로 삼으셨습니다. 장막의 특징은 이동성에 있다고 했습니다. 이스라엘 백성은 하나님 임재의 상징인 장막을 어디로든 옮겨 다님으로, 자신들의 삶 속에 임해 계시는 무소부재하신 하나님을 늘 확인할 수 있었습니다. 그러나 초라한 장막 대신에 화려한 붙박이 성전을 건축하려는 인간의 간구에 의해 붙박이 예루살렘성전이 지어진 이후, 이스라엘 백성은 무소부재하신 하나님께서 예루살렘의 붙박이 성전 안에만 계시는 것으로 단정해 버리고 말았습니다. 자신들의 손으로 지은 건물 속에 하나님을 가두어 버린 것이었습니다. 이것이 인간이 그토록 심혈을 기울여 만든 예루살렘성전을 하나님께서 돌 위에 돌 하나도 남기시지 않고 철저하게 쓸어버리신 이유였습니다. 그것은 인간이 하나님께 나아가는 통로가 아니라 하나님과 인간 사이를 가로막는 장벽이요, 무소부재하신 하나님을 왜곡하는 백해무익한 우상일 뿐이었습니다. 그 우상이 하나님의 이름으로 이 땅에 건재하는 한, 인간이 하나님과 온전한 관계를 갖기란 불가능했던 것입니다.

그렇다고 예루살렘의 붙박이 성전을 제거하신 하나님께서 옛날로 되돌아가, 인간으로 하여금 어디로든 옮겨 갈 수 있는 장막을 다시 복원케 하신 것은 아니었습니다. 만약 그렇게 하셨더라면, 오늘도 우리는 하나님께 예배드리기 위하여 가는 곳마다 장막을 옮겨 가며 세웠다 걷었다 하는 번거로움을 피할 수 없을 것입니다. 하나님께서는 붙박이 성전 대신에 우리 각자로 하여금 성전이 되게 하셨습니다. 우리 자신이 어디로든 이동할 수 있는 증거의 장막, 움직이는 성전이 되어야 한다는 의미였습니다. 이것은 우리를 위한 하나님의 사랑의 발로였습니다. 우리 자신이 움직이는 성전이 될 때에만 더 이상 성전이라는 우상에 빠지지 않고 우리가 어디로 가든, 어디에 있든, 하나님과 바른 관계를 맺을 수 있기 때문입니다.

그렇다면 우리 자신이 하나님을 모신 이동식 증거의 장막, 움직이는 성전이 된다는 것은 구체적으로 무슨 의미이겠습니까? 증거의 장막이든 예루살렘의 붙박이 성전이든, 그것이 하나님의 참된 전殿이 되기 위해서는 그 속에 반드시 네 가지가 갖추어져 있어야만 했습니다. 그 네 가지 중 단 한 가지만 결여되어도 증거의 장막이나 성전일 수가 없었습니다. 따라서 우리가 우리 자신을 이동식 증거의 장막, 움직이는 성전으로 우리 자신을 일군다는 것은 우리 속에 이 네 가지를 갖추는 것을 의미합니다.

그 첫째는 '증거궤 Ark of Testimony'입니다. 하나님께서 모세에게 주신 십계명의 돌판이 들어 있는 궤입니다. 그 돌판이 하나님의 증거판이라는 의미에서 사람들은 그것이 든 궤를 증거궤라고 불렀고, 그 돌판이 하나님의 언약이란 의미로 언약궤, 또는 그것이 하나님의 법이란 의미에서 법궤라고도 불렀습니다. 한마디로 말해 증거궤는 하나님의 말씀의 궤입니다. 우리 자신을 하나님의 움직이는 성전으로 일구기 위해서는 무엇보다도 우리 자신을 하나님의 말씀으로 채우지 않으면 안 됩니다. 부처님의 가르침을 알지 못하고는 불교 신자가 될 수 없듯이, 하나님의 말씀으로 채움 없이 움직이는 성전이 될 수 있는 길은 없습니다. 하나님께서 곧 말씀이시기에, 하나님의 말씀으로 우리를 채우는 것은 하나님을 우리 심령의 주인으로 모시어 들이는 것을 뜻합니다.

둘째는 '금촛대Lampstand of Pure Gold'입니다. 증거의 장막은 물론이요, 예루살렘의 붙박이 성전에도 항상 불이 켜진 금촛대가 놓여 있었습니다. 그것은 세상의 어둠을 물리치는 빛이신 하나님의 상징이었습니다. 오늘날 우리에게 그 금촛대의 의미는 성령님의 조명입니다. 우리 자신이 이동식 증거의 장막, 움직이는 성전이 되기 위해서는 우리의 심령이 빛이신 성령님의 조명아래 있지 않으면 안 됩니다. 우리의 심령 속에 아무리 하나님의 말씀이 가득 차 있어도, 성령님의 조명 없이는 그것은 단순한 정보나 지식 이상의 의미를 지닐 수는 없습니다. 주님께서 말씀과 성령님의 관계를 이렇게 밝혀 주셨습니다.

> 보혜사 곧 아버지께서 내 이름으로 보내실 성령 그가 너희에게 모든 것을 가르치고 내가 너희에게 말한 모든 것을 생각나게 하리라(요 14:26).

영이신 하나님의 말씀은 성령님의 조명 속에서만 하나님의 말씀으로 우리에게 역사하십니다. 그래서 우리는 성령님의 조명 속에서만 하나님의 말씀을 힘입어 이 세상의 어둠을 밝히는 빛일 수 있습니다.

셋째는 '분향단Altar of Incense'입니다. 제사장들은 증거의 장막이나 성전 속에 있는 분향단에서 항상 향을 피워 올렸습니다. 그렇게 함으로써 인간의 믿음과 마음과 정성이 하나님께 올려 바쳐진다고 생각한 것입니다. 오늘날 우리의 삶 속에서 분향의 의미가 무엇인지는 요한계시록이 밝혀 주고 있습니다.

> 그 두루마리를 취하시매 네 생물과 이십사 장로들이 그 어린 양 앞에 엎드려 각각 거문고와 향이 가득한 금 대접을 가졌으니 이 향은 성도의 기도들이라(계 5:8).
> 또 다른 천사가 와서 제단 곁에 서서 금향로를 가지고 많은 향을 받았으니 이는 모든 성도의 기도와 합하여 보좌 앞 금 제단에 드리고자 함이라(계 8:3).

오늘날 분향의 의미는 기도입니다. 우리의 기도는 하나님께서 흠향하시는 향입니다. 그래서 기도는 영이신 하나님과 우리를 이어 주는 영적 끈입니다. 오직 기도를 통해 우리가 날마다 성령님의 빛 속에 거할 수 있기에, 결과적으로 우리의 심령 속에 차 있는 하나님의 말씀은 기도를 통해 생명의 말씀으로 역사하게 됩니다. 하나님께서 우리의 기도를 향으로 흠향하시는 이유가 여기에 있습니다.

마지막으로는 '진설병Bread of the Presence'입니다. 진설병이란 하나님께 바치기 위해 증거의 장막이나 성전 안 진설대 위에 올려 둔 떡을 의미합니다(출 25:30). 하나님께 바치는 떡이라고 해서 하나님께서 직접 드시는 것은 아니었습니다. 하나님을 대신하여 사람인 제사장들이 그 떡을 먹었습니다. 하나님에 대한 인간의 사랑은 인간에 대한 사랑으로 이어져야 한다는 의미였습니다. 주님께서는 마태복음 25장 40절 말씀을 통해 "지극히 작은 자"와 하나님을 동일시하셨습니다. 따라서 우리의 심령 속에 하나님을 위한 진설병을 준비한다는 것은, 나보다 약하고 작은 자를 위한 공간을 우리의 마음속에 확보하는 것을 의미합니다. 그 공간이 크면 클수록 실은 하나님을 위한 더 큰 진설병을 갖춘 셈이 됩니다. 나는 세상에서 가장 작고 약하기에 타인의 사랑과 도움을 일방적으로 받아야만 된다고 생각하는 사람은 자선기관의 수혜 대상이 될 수는 있겠지만, 참된 그리스도인일 수는 없습니다. 내가 비록 작고 약할망정 나보다 더 작고 더 약한 사람을 위하는 마음을 지닌 사람이 성경이 말하는 그리스도인입니다. 그 사람이 마음속에 하나님을 위한 진설병을 갖춘 사람이기 때문입니다.

　이처럼 우리 자신을 움직이는 성전으로 일군다는 것은 우리의 심령 속에 하나님의 말씀인 증거궤, 성령님의 조명인 금촛대, 기도의 분향단, 타인을 위한 진설병을 구비하는 것을 의미합니다. 그 네 가지를 갖춘 사람은 자신이 의식하든 하지 못하든 상관없이 이동식 증거의 장막, 움직이는 성전이 될 수밖에 없습니다. 하나님께서 바로 그 사람을 통해 당신 자신을 친히 증거하실 것이기 때문입니다.

　이미 우리가 아는 바와 같이, 하나님의 명령을 받아 광야에서 증거의 장막을 처음으로 만든 사람은 모세였습니다. 모세가 광야에서 증거의 장막을 만들었다고 해서 그 장막이 광야용만이었던 것은 아니라고 했습니다.

　우리 조상들이 그것을 받아 하나님이 그들 앞에서 쫓아내신 이방인의 땅을 점령할 때에 여호수아와 함께 가지고 들어가서 다윗 때까지 이르니라(45절).

모세의 후계자였던 여호수아는 그 증거의 장막을 물려받아 가나안에 입성하였으며, 그 이후 400여년이 지난 다윗 때까지 그 장막은 이스라엘 백성의 신앙 구심점이었습니다. 그런데 증거의 장막과 관련하여 본문이 언급한 모세와 여호수아, 그리고 다윗의 삶을 가만히 들여다보면, 그들이 증거의 장막을 지키기만 한 것이 아니라 그들의 삶 자체가 움직이는 증거의 장막이었음을 알게 됩니다. 그들은 모두 그들의 심령 속에 하나님의 말씀을 담고 살았습니다. 그들은 날마다 성령님의 빛을 좇았습니다. 그리고 그것이 가능할 수 있도록 기도하는 기도의 사람들이었습니다. 그리고 자기 민족을 위한 크나큰 진설병을 품고 있었습니다. 그래서 그들은 언제나 무소부재하신 하나님과 동행하는 삶을 살았고, 하나님께서는 당신의 움직이는 성전인 그들을 통해 당신의 역사를 펼치셨습니다.

우리는 그 세 사람의 삶을 통하여 누가 이동식 증거의 장막, 움직이는 성전으로 살아갈 수 있는지 깨닫게 됩니다. 모세는 80세의 빈털터리 노인일 때 하나님의 부르심을 받고 출애굽의 지도자가 되었습니다. 모세의 후계자인 여호수아가 40년에 걸친 가나안 정복을 마치고 세상을 떠날 때 그의 나이가 110세였음을 여호수아 24장 29절이 밝혀 주고 있습니다. 그러므로 여호수아가 모세의 후계자로 세움을 입을 때, 거의 모든 그리스도인들이 오해하고 있는 것처럼, 그는 2,30대의 청년이거나 40대의 장년이 결코 아니었습니다. 그 역시 칠십 노인이었습니다. 아들이 아버지의 직을 계승하던 그 시대에 여호수아는 모세의 아들도 아니었습니다. 그는 "모세의 수종자"(수 1:1)였습니다. 우리말 '수종자'로 번역된 히브리어 '솨라트 מְשָׁרֵת'는 '몸종', '하인'이란 의미입니다. 젊고 유능하고 패기 있는 사람은 다 제쳐 놓고, 하나님께서는 그 늙은 모세의 몸종을 가나안 입성의 지도자로 부르신 것이었습니다. 이스라엘 초대 왕은 사울 왕이었습니다. 그에게는 여러 명의 아들들이 있었습니다. 그에 반해 다윗은 베들레헴의 양치기에 지나지 않았습니다. 그런데도 하나님께서는 사울 왕과 피 한 방울 섞이지 않은 다윗으로 하여금 사울의 왕위를 계승케 하시고, 족보상 예수님의 선조가 되게 하심으로, 다윗을 이 세상에서 가장 존귀한 사람 중의 한 사람으로 세워 주셨습니다.

이처럼 모세와 여호수아, 다윗이 먼저 하나님을 찾은 것이 아니었습니다. 하나님께서 먼저 그들을 찾으시고, 부르시고, 그들에게 은혜를 베풀어 주셨습니다. 그들은 하나님의 그 은혜로 인해 그들의 심령 속에 증거궤와 금촛대, 분향단과 진설병을 품지 않을 수 없었고, 그 결과 그들의 삶이 하나님께서 역사하시는 이동식 증거의 장막, 움직이는 성전으로 일구어지게 되었습니다. 이와 같이 하나님의 은혜를 알고, 하나님의 은혜 속에 거하는 사람이, 하나님의 은혜를 힘입어 자기 자신을 움직이는 성전으로 일구게 됩니다. 바꾸어 말하면 하나님의 은혜를 깨닫지 못하거나 망각한 사람은 자기도 모르게 하나님을 예배당 안에 가두어 두게 됩니다. 그래야 하나님이 계시지 않는 것으로 여겨지는 세상 속에서 자기 마음대로 살 수 있기 때문입니다.

이제 우리의 삶을 되돌아보십시다. 우리가 먼저 하나님을 찾았습니까? 아닙니다. 하나님께서 먼저 우리를 찾아 주시고, 먼저 우리의 죄를 용서해 주시고, 우리를 당신의 자녀 삼아 주시는 은혜를 먼저 베풀어 주셨습니다. 그 면에서 우리는 모세와 여호수아, 다윗과 동일합니다. 그러나 하나님의 그 은혜를 망각하고 우리 마음대로 산다는 데에 그들과의 차이가 있습니다. 그래서 결국엔 허망한 물거품으로 끝나 버릴 삶을 사느라 우리의 귀한 생명을 어처구니없이 갉아먹고 있습니다.

사랑하는 교우 여러분!

우리 모두 하나님의 은혜를 기억하십시다. 그 은혜 속에서 살아가십시다. 그 은혜를 힘입어 날마다 우리의 심령을 하나님의 말씀으로 채우십시다. 언제나 성령님의 빛 속에 거하십시다. 그것이 가능할 수 있도록 늘 기도하는 기도의 사람이 되십시다. 그리고 우리의 심령 속에 증거궤와 금촛대, 그리고 분향단이 갖추어져 있다는 증거로 타인을 위한, 이 민족을 위한 넉넉한 진설병을 품으십시다. 우리 자신이 이동식 증거의 장막, 움직이는 성전이 되십시다. 그것은 이 어둔 세상을 밝히는 길일 뿐 아니라 우리 자신을 모세와 여호수아, 다윗처럼 영원히 세우는 길이기도 합니다. 우리의 코끝에 호흡이 남아 있는 동안, 우리 자신을 움직이는 성전으로 일구는 것보다 우리 자신을 더 존귀하게 하는 길은 없습니다.

나를 증거의 장막으로 일구어 주시기 위해, 이 넓고 넓은 세상 속에서 이 시간 이곳 양화진에 있게 하심을 감사합니다. 움직이는 성전으로 나를 회복시켜 주시기 위해, 1년 9개월 전에 이곳에 100주년기념교회를 세워 주셨음을 감사합니다. 내가 하나님을 알기도 전에, 하나님을 알려고 하기도 전에, 나를 위하여 이곳에 묻힌 선교사님들을 이 땅에 보내 주시고, 오묘하신 하나님의 섭리에 따라 나를 하나님의 자녀로 지명하여 불러 주셨음을 감사합니다. 내가 주님을 만나기도 전에, 먹보다도 더 검은 나의 죄를 주님의 보혈로 깨끗이 씻어 주셨음을 감사합니다. 내가 하나님을 찾기도 전에, 내게 필요한 은혜를 날마다 베풀어 주시어 오늘의 내가 있게 하여 주심을 감사합니다. 하나님께서 내게 먼저 베풀어 주신 이 큰 은혜를 일평생 잊지 않게 도와주옵소서.

이제부터 하나님의 그 은혜를 힘입어, 나의 심령 속에 말씀의 증거궤와 성령님의 조명인 금촛대, 기도의 분향단과 사람을 위한 진설병을 품게 하여 주옵소서. 내가 어떤 모습으로 이곳을 찾아왔든 이동식 증거의 장막, 움직이는 성전이 되어 돌아가게 하옵소서. 그리하여 우리 모두 이 시대를 위한 모세와 여호수아, 그리고 다윗으로 쓰임 받게 하여 주옵소서. 우리가 우리 자신을 증거의 장막으로 일구는 것보다, 우리 자신을 더 귀하게 가꾸는 길이 있을 수 없음을 언제 어디서나 기억하게 하옵소서. 아멘.

26. 다윗이, 솔로몬이 가정 주일

사도행전 7장 44-53절

광야에서 우리 조상들에게 증거의 장막이 있었으니 이것은 모세에게 말씀하신 이가 명하사 그가 본 그 양식대로 만들게 하신 것이라 우리 조상들이 그것을 받아 하나님이 그들 앞에서 쫓아내신 이방인의 땅을 점령할 때에 여호수아와 함께 가지고 들어가서 다윗 때까지 이르니라 **다윗이** 하나님 앞에서 은혜를 받아 야곱의 집을 위하여 하나님의 처소를 준비하게 하여 달라고 하더니 **솔로몬이** 그를 위하여 집을 지었느니라 그러나 지극히 높으신 이는 손으로 지은 곳에 계시지 아니하시나니 선지자가 말한바 주께서 이르시되 하늘은 나의 보좌요 땅은 나의 발등상이니 너희가 나를 위하여 무슨 집을 짓겠으며 나의 안식할 처소가 어디냐 이 모든 것이 다 내 손으로 지은 것이 아니냐 함과 같으니라 목이 곧고 마음과 귀에 할례를 받지 못한 사람들아 너희도 너희 조상과 같이 항상 성령을 거스르는도다 너희 조상들이 선지자들 중의 누구를 박해하지 아니하였느냐 의인이 오시리라 예고한 자들을 그들이 죽였고 이제 너희는 그 의인을 잡아 준 자요 살인한 자가 되나니 너희는 천사가 전한 율법을 받고도 지키지 아니하였도다 하니라 하나님께서 출애굽한 이스라엘 백성을 위하여 모세로 하여금 광야에서 증거의 장막을 만들게 하시고, 그 장막을 당신 임재의 상징으로 삼으셨습니다. 장막의 특징은 이동성에 있다고 했습니다. 이스라엘 백성은 하나님 임재의 상징인 장막을 어디로든 메고 다니므로, 그들의 삶 속에 늘 임해 계시는 무소부재하신 하나님을 확인할 수 있었습니다. 하나님께서 그 장막을 광야에서 만들게 하셨다고 해서 그 장막이 광야용이었던 것만은 아니었습니다.

우리 조상들이 그것을 받아 하나님이 그들 앞에서 쫓아내신 이방인의 땅을 점령할 때에 여호수아와 함께 가지고 들어가서 다윗 때까지 이르니라 (45절).

모세의 후계자였던 여호수아가 요단강을 건너 가나안 땅으로 입성할 때, 그는 이스라엘 백성으로 하여금 그 장막을 메고 가나안 땅에 들어가게 하였습니다. 그리고 이스라엘 백성이 가나안에 정착한 이후 다윗 때까지 480년 동안 그 장막은 이스라엘 백성의 신앙 구심점이었습니다.

다윗이 하나님 앞에서 은혜를 받아 야곱의 집을 위하여 하나님의 처소를 준비하게 하여 달라고 하더니(46절).

누구보다도 하나님의 은혜를 크게 입은 다윗은 초라한 이동식 장막을 대신하여 "야곱의 집"을 위하여 하나님의 새로운 처소, 즉 성전을 건축하기 원했습니다. 여기에서 '야곱의 집'이란, 야곱의 열두 아들이 이스라엘 열두 지파의 선조였다는 의미에서 이스라엘 백성을 일컫는 말입니다. 다윗은 이스라엘 백성을 위하여 새로운 성전을 짓기 원했던 것입니다. 그런데 본문을 자세히 보면 '야곱의 집' 앞에 각주 번호가 붙어 있습니다. 그래서 아래쪽 주란을 보면, 다른 사본에는 '하나님을 위하여 처소를'이라고 기록되어 있음을 전해 주고 있습니다. 다윗이 이스라엘 백성을 위하여 성전을 건축하려 한 것은 이스라엘 백성으로 하여금 그 성전에서 살아 계신 하나님께 경배드리게 하기 위함이었습니다. 따라서 다윗이 이스라엘 백성을 위하여 성전을 건축하려 했다는 것은, 실은 하나님을 위한 성전 건축을 의미함을 알게 됩니다.

모세에 의해 광야에서 만들어진 이래 480년이나 이어져 온 장막 대신에, 왜 다윗이 성전을 건축하려 했는지 다윗 자신이 직접 밝혀 주고 있습니다.

> 여호와께서 주위의 모든 원수를 무찌르사 왕으로 궁에 평안히 살게 하신 때에 왕이 선지자 나단에게 이르되, 볼지어다 나는 백향목 궁에 살거늘 하나님의 궤는 휘장 가운데에 있도다(삼하 7:1-2).

다윗은 원래 베들레헴의 양치기였습니다. 그러나 하나님께서, 이스라엘 초대 왕 사울과 피 한 방울 섞이지 않은 그를 왕위에 오르게 하시고 그의 왕위를 견고하게 해주셨습니다. 그것은 다윗의 능력으로 인함이 아니라 전적으로 하나님의 은총이었습니다. 하나님의 은총 속에서 백향목으로 지어진 아름다운 왕궁에서 살던 다윗은, 어느 날 하나님께 송구한 마음을 금할 수 없었습니다. 자신은 화려한 왕궁에 사는 반면, 하나님 임재의 상징은 자기 왕궁과는 비교할 수 없을 정도로 여전히 초라한 장막이었기 때문입니다. 그래서 그는 하나님을 위해 자기 왕궁보다 더 큰 성전을 짓기 원했습니다. 하나님을 누구보다 사랑했던 다윗으로서는 당연히 품을 수 있는 생각이었습니다. 이처럼 다윗이 성전 건축을 원한 것은 지극히 아름답고도 순수한 믿음의 동기에 의해서였습니다.

그러나 하나님께서는 다윗의 성전 건축을 허락하시지 않았습니다. 그 이유는 두 가지였습니다. 첫째 이유는 하나님 임재의 상징으로는 붙박이 성전보다 이동식 장막이 훨씬 나았기 때문입니다. 하나님께서 성전을 건축하기 원하는 다윗에게 이렇게 말씀하셨습니다.

> 네가 나를 위하여 내가 살 집을 건축하겠느냐 내가 이스라엘 자손을 애굽에서 인도하여 내던 날부터 오늘까지 집에 살지 아니하고 장막과 성막 안에서 다녔나니, 이스라엘 자손과 더불어 다니는 모든 곳에서 내가 내 백성 이스라엘을 먹이라고 명령한 이스라엘 어느 지파들 가운데 하나에게 내가 말하기를, 너희가 어찌하여 나를 위하여 백향목 집을 건축하지 아니하였느냐고 말하였느냐(삼하 7:5하-7).

만약 하나님께서 당신을 위하여 화려한 붙박이 성전을 필요로 하셨다면, 하나님께서 먼저 인간에게 성전 건축을 명령하셨을 것입니다. 그러나 하나님께서 단 한 번도 그런 적이 없으셨던 것은, 이동식 장막이야말로 언제 어디서나 인간과 함께하시는 무소부재하신 당신을 인간에게 보여 주는 최적의 상징물이었기 때문입니다. 이것은 다윗 때라고 해서 예외일 수 없었습니다. 그래서 하나님께서는 다윗의 성전 건축 계획을 받아들이시지 않았습니다.

하지만 이스라엘 백성이 광야에서처럼 더 이상 이리저리 옮겨 다니지 않고 가나안 땅의 정착민이 된 지 400년이 경과한 이상, 언젠가는 이스라엘 백성이 붙박이 성전을 건축할 것임을 하나님께서도 알고 계셨습니다. 그럼에도 그 일을 자원한 다윗에게 성전 건축을 허락하시지 않은 또 다른 이유가 있었습니다. 그 이유를 다윗 스스로 밝히고 있습니다.

여호와의 말씀이 내게 임하여 이르시되, 너는 피를 심히 많이 흘렸고 크게 전쟁하였느니라 네가 내 앞에서 땅에 피를 많이 흘렸은즉 내 이름을 위하여 성전을 건축하지 못하리라(대상 22:8).

다윗이 어린 나이에 이스라엘을 유린한 골리앗을 격파한 이래, 그는 평생을 전쟁터에서 살아온 군인이었습니다. 외부의 침입으로부터 이스라엘을 지키고 자기 왕국을 공고히 하기 위한 숱한 전쟁에서 그는 많은 사람으로 하여금 피를 흘리게 했습니다. 이것이 하나님께서 그의 성전 건축 계획을 수용하시지 않은 두 번째 이유였습니다. 거룩하신 하나님을 위한 성전이 인간의 피 묻은 손으로 건축될 수는 없었기 때문입니다.

하나님께서 비록 다윗의 성전 건축 계획은 물리치셨지만, 인간 가운데 가장 먼저 하나님을 위해 성전을 지어 바치려 했던 다윗의 순수하고도 신실한 믿음만은 기쁘게 받으셨습니다. 그래서 하나님께서는 다윗에게, 다윗 대신 다윗의 몸에서 태어날 아들로 하여금 당신을 위한 성전을 건축게 하실 것임을 약속하셨습니다. 다윗은 그 이후부터 자신을 대신하여 성전을 건축할 아들을 위하여 성전 건축에 필요한 자금과 물자를 비축하기 시작했습니다. 하나님께서 영감을 통해 보여 주신 예루살렘성전의 설계도도 자신이 직접 만들었습니다. 나아가 성전 안에서 사용될 기구와 그릇의 양식까지도 도면으로 남겼습니다. 그리고 이 세상을 떠나기 전, 자신을 대신하여 성전을 건축할 아들에게 유언을 남겼습니다.

내가 환난 중에 여호와의 성전을 위하여 금 십만 달란트와 은 백만 달란트와 놋과 철을 그 무게를 달 수 없을 만큼 심히 많이 준비하였고, 또

재목과 돌을 준비하였으나 너는 더할 것이며, 또 장인이 네게 많이 있나
니 곧 석수와 목수와 온갖 일에 익숙한 모든 사람이니라 금과 은과 놋
과 철이 무수하니 너는 일어나 일하라 여호와께서 너와 함께 계실지로다
(대상 22:14-16).

아버지 다윗으로부터 아버지를 대신하여 예루살렘성전을 건축할 것을 명령받은 아들은, 본문 47절의 증언처럼 솔로몬이었습니다. 자식이라고 해서 돌아가신 부모의 뜻을 반드시 이어받는 것은 아닙니다. 부모의 뜻을 아예 묵살해 버리는 자식도 있고, 자기 뜻을 앞세우며 부모 뜻의 순위를 뒤로 미루어 버리는 자식도 얼마든지 있습니다. 그러나 솔로몬은 자신의 왕권이 안정되는 즉시 무엇보다도 먼저 아버지의 뜻을 좇아 예루살렘성전 건축에 자신의 총력을 기울였습니다.

2주 전에 말씀드린 것처럼 솔로몬은 성전 건축에 필요한 목재로 당시 세계 최고의 품질이던 레바논 백향목을 사용하였는데, 그 벌목을 위해 동원한 군인의 수가 3만 명이었습니다. 석재를 채석하고 다듬기 위한 채석공의 수는 8만 명이었고, 성전 공사 현장에 투입된 인부의 수는 7만 명이었습니다. 그 많은 사람을 감독하는 감독관의 수만도 3,300명이었습니다. 그 모든 수를 합치면 무려 18만 3,300명에 달했습니다. 그 많은 사람을 동원한 솔로몬은 장장 7년의 대역사 끝에, 마침내 아버지가 그토록 원했던 예루살렘성전을 완공하였습니다.

인간이 하나님을 위하여 최초로 건축한 예루살렘성전은 이렇듯 아버지 다윗에서부터 아들 솔로몬으로 이어지는, 대를 이은 신앙의 합작품이었습니다. 아버지 다윗의 믿음이 고스란히 아들 솔로몬에게 이어진 것입니다. 아들에게 자신의 신앙을 물려준 신앙의 아버지 다윗도 위대했지만, 아버지의 신

앙을 물려받은 신앙의 자식 솔로몬 역시 위대하였습니다. 그러나 그 부자지간의 신앙은 어느 날 갑자기 생긴 것이 아니었습니다. 아버지 다윗 역시 선대로부터 신앙을 물려받은 신앙의 자식이었습니다.

신약성경의 첫 장인 마태복음 1장은 다윗의 이름이 기록되어 있는 족보로 시작되고 있습니다.

> 아브라함이 이삭을 낳고 이삭은 야곱을 낳고 야곱은 유다와 그의 형제들을 낳고 유다는 다말에게서 베레스와 세라를 낳고 베레스는 헤스론을 낳고 헤스론은 람을 낳고 람은 아미나답을 낳고 아미나답은 나손을 낳고 나손은 살몬을 낳고 살몬은 라합에게서 보아스를 낳고 보아스는 룻에게서 오벳을 낳고 오벳은 이새를 낳고 이새는 다윗 왕을 낳으니라 다윗은 우리야의 아내에게서 솔로몬을 낳고(마 1:2-6).

다윗은 믿음의 조상인 아브라함의 14세손, 그리고 그의 아들 솔로몬은 아브라함의 15세손이었습니다. 믿음의 조상 아브라함으로부터 시작된 믿음이 이삭과 야곱을 포함한 선대를 거쳐 다윗에게 이어졌고, 다윗에게 이어진 믿음이 또다시 그의 아들 솔로몬에게 이어진 것입니다.

우리는 이 믿음의 족보와 관련하여, 하나님을 믿는 우리 개개인의 역할이 무엇인지 깨닫게 됩니다. 만약 자신이 자기 가문에서 하나님을 처음으로 믿은 사람이라면, 자기 신앙을 자손 대대로 물려줄 수 있게끔 자신을 확고한 신앙의 선조로 확립해야 합니다. 부모로부터 신앙을 이어받은 사람이라면, 이어받은 신앙을 자기 자식에게 분명하게 넘겨주는 분명한 신앙의 연결 고리가 되어야 합니다. 그렇게 함으로써 대를 이어 가는 우리의 신앙 역시 아름다운 믿음의 족보를 이루게 되는 것입니다.

중요한 사실은 마태복음 1장에 나타나 있는 아브라함과 다윗의 족보가, 인간을 구원하시기 위해 이 땅에 오신 성자 하나님—예수 그리스도의 족보가 되었다는 사실입니다. 이것은 우리로 하여금, 하나님께서는 인간의 믿음으로 이어져 가는 믿음의 족보를 통하여 역사하신다는 귀중한 교훈을 일깨워 줍니다. 보다 구체적으로 말하면, 하나님께서는 어느 시대든 믿음의 족보를 시작하거나 이어 가는 믿음의 가정을 통하여 역사하신다는 것입니다.

하나님께서 태초에 아담과 하와를 창조하시고 인류 최초의 가정을 이루게 하셨습니다. 그러나 그 가정은 죄로 인해 몰락했고, 당연한 결과로 그의 후손들은 죄와 사망의 족보를 이어 갈 뿐이었습니다. 하나님께서는 죄로 가득한 이 세상을 물로 심판하시면서, 하나님을 경외하던 신실한 노아의 가정을 통해 인류의 역사가 새롭게 시작되게 하셨습니다. 하나님께서 아브라함을 부르시고, 아브라함의 가정을 인류를 위한 하나님 구원의 출발점으로 삼으셨습니다. 야곱의 열두 아들을 이스라엘 열두 지파의 선조가 되게 하심으로, 야곱 가정을 통해 당신의 선민인 이스라엘 백성의 역사를 시작하셨습니다. 아들을 낳으면 반드시 죽이라는 이집트 왕의 명령을 거역하고 하나님께서 주신 아들 모세를 숨겨 살려 낸 아므람 가정을 통해, 하나님께서는 이집트에서 노예살이하던 당신의 백성을 해방시키셨습니다.

오늘 본문에서 확인한 것처럼 하나님께서는, 아버지 다윗의 뜻을 아들 솔로몬이 이어받은 다윗 가정으로 하여금 당신을 경배하는 예루살렘성전을 건축하게 하셨습니다. 그리고 자신의 약혼자인 처녀 마리아가 자신과 무관하게 혼전 임신을 하였지만, 그것이 불륜의 결과가 아니라 하나님의 섭리를 위한 성령님의 역사임을 믿음으로 받아들였던 요셉 가정을 통로로 삼아 인간을 위한 구세주 예수 그리스도께서 태어나게 하셨습니다.

하나님께서는 이렇듯 어느 시대든 가정을 통해 역사하십니다. 그 이유가 대체 무엇이겠습니까? 이 세상에 태어나는 모든 인간의 출발점이 가정이요, 모든 인간의 역사가 가정에서부터 시작되기 때문입니다. 따라서 한 사회가 건강하다는 것은 그 사회를 이루고 있는 각 가정이 건강하다는 말이요, 병든 사회란 그 사회의 기본 단위인 각 가정이 병들었다는 의미입니다. 그러므로 하나님께서 개개인의 출발점인 동시에 한 사회의 기본 단위인 가정을 통해 역사하시는 것은 너무나도 당연한 일이 아닐 수 없습니다.

이 사실을 알고 나면 우리는 성경과 관련된 한 가지 의문점을 해소할 수 있습니다. 성경에는 육체를 지닌 채로 승천한 사람이 세 사람 등장하고 있습니다. 에녹, 엘리야, 그리고 예수님이십니다. 예수님께서는 성자 하나님이시기에 육신을 지니신 채 승천하신 것이 조금도 이상한 일일 수 없습니다. 엘리야는 구약시대에 가장 위대한 선지자 중 한 명이었기에, 하나님께서 그로 하여금 죽음의 관문을 거치지 않고 하나님의 나라에 직접 들어가게 하신 것 역시 얼마든지 이해할 수 있는 일입니다. 그러나 에녹은 딱히 한 일이 없었습니다. 그가 한 일이라고는 창세기 5장 22절에 이르면, 300년 동안 하나님과 동행하며 자녀를 낳은 것뿐입니다. 그러나 이제 우리는 그 의미를 알게 됩니다. 에녹은 300년 동안 하나님과 동행하며 자녀를 키운 사람이었습니다. 다시 말해 그는 오직 믿음으로 믿음의 가정을 구축한 사람이었습니다. 그의 아들 므두셀라가 인간 중에 가장 오래 살았고, 그의 증손자 노아가 하나님에 의해 인간의 중시조中始祖로 세움 받은 것은, 에녹이 믿음으로 가정을 세우고, 믿음으로 가정을 지키고, 믿음으로 자녀를 양육하면서, 믿음의 족보를 일군 결과였습니다. 그래서 하나님께서는 그를 육신을 지닌 채 승천하는 최초의 인간이 되게 하셨습니다. 하나님 당신께서는 믿음의 가정을 통해 역사하는 분이심을 이 세상에 친히 보여 주시기 위한 하나님의 섭리였습니다.

오늘은 가정 주일입니다. 가정은 하나님께서 우리에게 주신 최고의 선물입니다. 우리의 생명과 역사가 가정에서 시작되고, 우리 부모님의 믿음이 가정을 통해 우리에게 전수되고, 우리의 믿음이 가정을 통해 우리의 자식에게 이어질 뿐 아니라, 하나님께서 우리의 가정을 통해 이 시대 속에 당신의 섭리를 펼치시기 때문입니다.

오늘 가정 주일을 맞아 3부 예배 시간에 열두 명 어린이에 대한 유아세례식이 계획되어 있습니다. 유아세례식은 믿음의 부모가 사랑하는 자식에게 자신의 신앙을 물려주겠다는 결단의 예식입니다. 지난 주중에 세례 받을 아이들의 부모들이 신앙고백서를 제출하였습니다. 자신들이 자식을 위한 바른 신앙의 부모가 되기를 결단하면서 자기 자식이 참된 그리스도인으로 성장하기를 바라는 내용들은 예외 없이 감동적이었습니다. 그 가운데 한 아빠의 고백 내용 일부를 당사자의 허락하에 읽어 드리겠습니다.

제 기억에 제가 5, 6세쯤 되었을 때였던 것 같습니다. 그곳이 교회였는지, 아니면 구역 예배 시간이었는지는 잘 모르겠지만, 찬송가 199장을 부르시던 아버지와 어머니의 모습을 생생하게 기억하고 있습니다.
나의 사랑하는 책 비록 해어졌으나 어머니의 무릎 위에 앉아서
재미있게 듣던 말 그때 일을 지금도 내가 잊지 않고 기억합니다.
귀하고 귀하다, 우리 어머니가 들려주시던
재미있게 듣던 말 이 책 중에 있으니 이 성경 심히 사랑합니다.
제 아버지와 어머니는 이 찬송을 부르셨고, 저는 어머니의 무릎 위에 앉아 있었습니다. 그 이후 저는 이 찬송을 부르거나 들을 때마다 그때의 그 짧은 기억을 떠올리며, 주님께서 주시는 잔잔한 감동을 느끼곤 합니다. 사랑하는 제 아들 역시 이런 감동을 느끼는 날이 속히 오기를 간절히 기도드립니다.

어머니의 무릎에 앉아 찬송을 듣던 아이가 커서, 이제 부모로부터 물려받은 자신의 신앙을 사랑하는 자기 아들이 이어받기를 간구하고 있습니다. 할아버지와 할머니의 신앙이 자식을 거쳐 손자에게 이어져 가는 이 가정은 얼마나 아름다운 믿음의 가정입니까? 이렇게 계속 이어져 갈 믿음의 족보 역시 얼마나 아름답겠으며, 그 믿음의 족보를 통해 하나님께서 이루실 일은 또 얼마나 아름답겠습니까?

사랑하는 성도 여러분!

아브라함과 같은 믿음의 조상이 되십시다. 다윗과 같은 믿음의 부모가 되십시다. 솔로몬과 같은 믿음의 자식이 되십시다. 부모의 믿음을 이어받아 자식에게 전해 주는 믿음의 가정, 믿음의 족보를 이루십시다. 인간이 이 세상에 남길 수 있는 것 가운데 가장 아름다운 것은 믿음의 가정이요, 믿음의 족보입니다. 하나님께서는 어느 시대든, 믿음의 족보를 이루어 가는 믿음의 가정을 통해 역사하시기 때문입니다. 복음서의 첫 페이지가 믿음의 족보로 시작되는 이유가 바로 여기에 있습니다.

〈특송〉
나의 사랑하는 책 비록 해어졌으나 어머니의 무릎 위에 앉아서
재미있게 듣던 말 그때 일을 지금도 내가 잊지 않고 기억합니다
귀하고 귀하다 우리 어머니가 들려주시던
재미있게 듣던 말 이 책 중에 있으니 이 성경 심히 사랑합니다

그때 일은 지나고 나의 눈에 환하오 어머니의 말씀 기억하면서
나도 시시때때로 성경 말씀 읽으며 주의 뜻을 따라 살려 합니다
귀하고 귀하다 우리 어머니가 들려주시던
재미있게 듣던 말 이 책 중에 있으니 이 성경 심히 사랑합니다

오늘 우리에게 가정 주일을 주시고, 가정의 중요성을 다시 한 번 일깨워 주셔서 감사합니다. 우리 모두 아브라함과 같은 믿음의 조상이 되게 하옵소서. 다윗처럼 믿음의 부모가 되게 하옵소서. 솔로몬 같은 믿음의 자식이 되게 하옵소서. 우리의 가정이, 부모의 믿음을 이어받아 자식에게 전하는 믿음의 가정이 되게 하옵소서. 대를 거듭하며 믿음의 족보가 계속 이어지는 믿음의 명문名門, 믿음의 명가名家가 되게 하여 주옵소서. 그리하여 우리의 가정이, 이 세상에 복음의 시대를 개막하는 복음의 출발점이 되게 하옵소서. 아멘.

27. 지키지 아니하였도다

사도행전 7장 44-53절

광야에서 우리 조상들에게 증거의 장막이 있었으니 이것은 모세에게 말씀하신 이가 명하사 그가 본 그 양식대로 만들게 하신 것이라 우리 조상들이 그것을 받아 하나님이 그들 앞에서 쫓아내신 이방인의 땅을 점령할 때에 여호수아와 함께 가지고 들어가서 다윗 때까지 이르니라 다윗이 하나님 앞에서 은혜를 받아 야곱의 집을 위하여 하나님의 처소를 준비하게 하여 달라고 하더니 솔로몬이 그를 위하여 집을 지었느니라 그러나 지극히 높으신 이는 손으로 지은 곳에 계시지 아니하시나니 선지자가 말한바 주께서 이르시되 하늘은 나의 보좌요 땅은 나의 발등상이니 너희가 나를 위하여 무슨 집을 짓겠으며 나의 안식할 처소가 어디냐 이 모든 것이 다 내 손으로 지은 것이 아니냐 함과 같으니라 목이 곧고 마음과 귀에 할례를 받지 못한 사람들아 너희도 너희 조상과 같이 항상 성령을 거스르는도다 너희 조상들이 선지자들 중의 누구를 박해하지 아니하였느냐 의인이 오시리라 예고한 자들을 그들이 죽였고 이제 너희는 그 의인을 잡아 준 자요 살인한 자가 되나니 너희는 천사가 전한 율법을 받고도 **지키지 아니하였도다** 하니라 우리가 24주째 살펴보고 있는 사도행전 7장은 스데반이 산헤드린 법정에서 행한 설교 내용, 더 정확하게 표현하면 진술 내용입니다. 이제 마지막으로 그 진술 내용의 결론을 다루기 위해서는, 스데반이 왜 산헤드린 법정에서 이처럼 길고도 긴 진술을 해야만 했었는지 그 동기와 이유를 다시 한 번 짚어 볼 필요가 있습니다.

스데반 집사는 2천 년 교회 역사상 최초의 집사로 선출된 일곱 명 가운데 한 사람이었습니다. 성령 충만한 스데반은 유대인이 십자가에 못박아 죽인 예수님께서 부활하셨고, 그분이 하나님께서 인간을 구원하기 위해 이 땅에 보내신 구세주이심을 전파하였습니다. 그러자 예수님을 신성모독죄로 죽여 버렸던 유대인들이 가만있지 않았습니다. 스데반이 예수님께서 부활하신 구세주라고 설교하는 것은, 예수님을 죽인 자신들을 부정하는 행위와 같았기 때문입니다. 그래서 그들은 거짓 증인을 내세우면서까지 스데반을 죽여 버리기 위해, 예수님에게 사형을 선고했던 산헤드린 법정에 그를 고발하였습니다. 고발 내용은 다음과 같았습니다.

> 이 사람이 이 거룩한 곳과 율법을 거슬러 말하기를 마지 아니하는도다 그의 말에 이 나사렛 예수가 이곳을 헐고 또 모세가 우리에게 전하여 준 규례를 고치겠다 함을 우리가 들었노라(행 6:13하-14).

"이 거룩한 곳"이란 예루살렘성전을 의미합니다. 유대인의 고발 내용인즉 스데반이 예루살렘성전과 율법을 모독하였다는 것이었습니다. 더 구체적으로 말하면 스데반이, 예수님께서 예루살렘성전을 허시고 또 모세가 전하여 준 규례도 뜯어고치실 것이라고 백성들에게 말하였다는 것입니다. 유대인들은 하나님께서 예루살렘성전 안에만 계시는 것으로 믿어 왔습니다. 이미 우리가 알고 있는 바와 같이 붙박이 성전 건축 이래, 유대인들은 하나님을 예루살렘성전 안에 가두어 두고 있었습니다. 그러므로 하나님과 예루살렘성전을 동일시하는 그들에게는 성전을 헐려 했다는 것만으로도 그 말을 했다는 예수님이나, 그 말을 전한 스데반이나 모두 죽여 마땅한 신성모독범들이었습니다. 게다가 그들이 1400년 동안이나 금과옥조로 삼아 온 모세의 규례마저 부정했다면 더 말할 나위가 없었습니다.

그러나 예수님께서 예루살렘성전을 헐려 하셨다는 것은 진실이 아니었습니다. 요한복음 2장에 의하면, 예수님께서 공생애를 시작하신 직후 예루살렘성전을 찾으셨습니다. 성전 안은 장사꾼들로 가득 차 있었습니다. 예수님께서는 장사꾼들을 다 몰아내신 뒤, 유대인들에게 말씀하셨습니다.

너희가 이 성전을 헐라 내가 사흘 동안에 일으키리라(요 2:19).

그 말을 들은 유대인들이 즉각 예수님께 반발하였습니다.

이 성전은 사십육 년 동안에 지었거늘 네가 삼 일 동안에 일으키겠느냐 (요 2:20).

유대인들이 이렇게 반발한 데는 충분한 이유가 있었습니다. 주전 1천 년 솔로몬이 심혈을 기울여 건축한 예루살렘성전은 주전 586년, 예루살렘 멸망과 함께 바빌로니아제국에 의해 파괴되고 말았습니다. 그 이후 70년이 지나, 바빌로니아에 끌려갔던 유대인들이 예루살렘으로 귀환하여 무너진 성전을 재건하였습니다. 그러나 주전 65년 이스라엘을 정복한 로마제국의 폼페이우스 장군에 의해 성전은 다시 파괴되었습니다. 그리고 헤롯 대왕에 의해 세 번째 성전 재건이 시작되었습니다. 정복자인 로마제국의 허락하에 주전 37년 헤롯 왕조를 창시한 헤롯 대왕은 본래 유대인이 아닌 이두매인 Idumean이었습니다. 따라서 로마제국의 비호 아래 이방인으로 유대인의 왕이 된 만큼, 헤롯은 유대인의 환심을 사기 위하여 주전 20년부터 유대인이 절대시하는 성전을 재건하기 시작하였습니다. 그런데 성전 재건 공사는 주후 4년 그의 사후에도 계속되어, 공생애를 시작하신 예수님께서 예루살렘성전을 찾으셨을 때 성전 공사는 46년째를 맞고 있었습니다. 그 사실을 누구보다 잘 알고 있는 유대인들이었기에 '너희가 성전을 헐면 내가 사흘 동안에 일으킬 것'이란 예수님의 말씀에, '이 성전은 46년 동안 지어졌거늘 네가 3일 동안에 일으키겠느냐'고 즉각 반발한 것이었습니다.

그러나 예수님께서 말씀하신 성전의 의미를 요한복음 2장 21-22절이 전해 주고 있습니다.

> 그러나 예수는 성전 된 자기 육체를 가리켜 말씀하신 것이라 죽은 자 가운데서 살아나신 후에야 제자들이 이 말씀하신 것을 기억하고 성경과 예수께서 하신 말씀을 믿었더라(요 2:21-22).

예수님께서 유대인들에게 '너희가 헐라'고 말씀하신 성전은 예루살렘성전 건물이 아니라, 유대인들에 의해 십자가에 못박혀 돌아가실 당신 자신이었습니다. 그리고 '너희가 헌 성전을 사흘 동안에 일으키리라'고 하신 것은, 돌아가신 지 사흘째 되는 날 죽음을 깨뜨리고 부활하실 것을 의미하신 것이었습니다. 예수님께서는 단 한 번도 당신의 손으로 예루살렘성전을 헐리라고 말씀하시지 않았습니다. 예수님께서는 단지 예루살렘성전의 무용론無用論을 말씀하셨을 뿐이었습니다. 주님께서 이 땅에 오신 이상, 참된 성전은 주님 당신이셨기 때문입니다.

　인간에 의해 건축된 예루살렘성전은 무소부재하신 하나님 임재의 상징적 처소로, 이 땅에 오실 예수 그리스도의 예표豫表에 지나지 않았습니다. 유대인들은 예루살렘성전에서 드려지는 제사를 통하여 하나님께 나아갈 수 있었습니다. 그러나 예수 그리스도께서 이 땅에 오신 이상, 인간의 죗값을 대신 치르신 예수 그리스도 안에서 그 어떤 죄인도 하나님 앞에 나아갈 수 있게 되었습니다. 예수 그리스도야말로 그분 안에서 모든 인간이 하나님을 만나고 하나님께 나아갈 수 있는 진정한 성전이셨습니다. 그러므로 모세가 전하여 준 제사의 형식도 바뀔 수밖에 없었습니다. 더 이상 짐승을 잡아 짐승의 피로 인간의 죄를 속죄할 필요가 없어진 것입니다. 예수님께서 당신 자신을 제물 삼아 우리가 받아야 할 죽음의 형벌을 대신 받으시는 영원한 제사를 드리셨기 때문입니다. 따라서 예수 그리스도 안에서 성전의 의미와 모세가 전하여 준 모든 규례의 의미가 비로소 완성된 것이었습니다.

　부활하신 주님께서 승천하신 뒤에는 주님의 영이신 성령님께서 강림하시어 주님을 믿는 사람들의 마음에 임해 계십니다. 이제 예수 그리스도를 믿는 모든 사람들이 그리스도 안에서 하나님의 성전이 된 것입니다. 주님을 믿는 사람들의 마음속에 임해 계시는 성령님께서 삼위일체 하나님이시요, 어디든 하나님께서 임해 계시는 곳이 성전인 까닭입니다. 그래서 2주 전에 살펴본 것처럼, 예수님께서 예루살렘성전이 돌 위에 돌 하나 남지 않고 흔적도 없이 사라져 버릴 것임을 예고하셨습니다. 하나님께서 쓸어버리실 것이란 의미였습니다. 참성전이신 예수 그리스도를 외면하고 예루살렘성전과 하나님을 동일시하는 한, 그 건물은 도리어 하나님과 인간 사이를 가로막는 백해무익한 장벽에 지나지 않기 때문이었습니다.

그렇다면 유대인들은 주님의 말씀을 믿고 좇아야만 했습니다. 하나님을 예루살렘성전 안에 가두어 두고 예루살렘성전을 하나님과 동일시하던 우상숭배에서 벗어나, 참성전이신 예수 그리스도 안에서 자신들을 성전으로 일구어 가는 바른 믿음을 회복해야만 했습니다. 그러나 예수님을 신성모독죄로 죽여 버린 유대인들이 이번에는 똑같은 죄목으로 스데반마저 죽이기 위해, 예수님께 사형을 언도했던 산헤드린 법정에 그를 고발한 것이었습니다.

이와 같은 연유로 스데반은 유대교 최고 지도자들이 모인 산헤드린 법정에서 그들의 그릇된 성전관을 질타하기 시작했습니다. 믿음의 조상인 아브라함이 메소포타미아에 있을 때 하나님께서 아브라함과 함께 그곳에 계셨고, 이삭과 야곱이 가나안에 있을 때 그들과 함께 가나안에 계셨고, 형들에 의해 이집트에 종으로 팔려 간 요셉과 함께 이집트에 계셨고, 나일 강에 버려진 모세를 건져 올리셨으며, 이집트 공주의 양자로 입적된 모세와 함께 이집트 왕궁에 계셨고, 광야의 양치기가 된 모세와 함께 미디안 광야에 계셨으며, 80세 빈털터리 노인 모세를 도구 삼아 이스라엘 백성을 이집트의 노예살이에서 해방시키셨고, 해방된 이스라엘 백성이 홍해를 건널 때 홍해에서 함께하셨으며, 그들이 그 이후 40년 동안 광야생활을 할 때 그들이 가는 곳마다 하나님께서 항상 동행하셨음을 스데반은 역설하였습니다. 하나님께서 특정 공간에 갇혀 계시는 분이 아니라, 시간과 공간을 초월하는 무소부재하신 분이심을 그들의 조상이 걸어온 역사를 통해 입증하기 위함이었습니다.

스데반은 또 하나님께서 당신 임재의 상징으로 광야의 모세에게 만들게 하신 것은 붙박이 건물이 아니라 이동 가능한 장막이었음을 강조했습니다. 사람들이 어디로든 옮겨 갈 수 있는 장막이야말로 무소부재하신 하나님을 보여 주는 최적의 상징물이었기 때문입니다. 모세의 후계자였던 여호수아가 요단강을 건너 가나안 땅에 입성할 때 그 장막을 메고 갔으며, 그 이후 다윗의 시대에 이르기까지 그 장막은, 장막이 만들어진 이래 480년 동안 이스라엘 백성의 신앙의 구심점이었음을 설파했습니다. 그리고 스데반은 다윗과 솔로몬이 대를 이어, 이동식 장막 대신에 붙박이 성전을 건축하게 된 이유도 밝혔습니다. 그것은 하나님을 자신들이 건축하는 성전 안에 가두어 두려함이 아니었습니다. 하나님의 은혜 속에서 아름다운 왕궁에 살게 된 다윗이 하나님을 위해 자신이 사는 왕궁보다 더 아름다운 성전을 지어 바치려는 순수한 믿음의 동기에서였습니다. 그래서 아버지 다윗을 대신하여 예루살렘성전을 완공한 솔로몬은 성전 봉헌식 때 이렇게 기도하였습니다.

하나님이 참으로 땅에 거하시리이까 하늘과 하늘들의 하늘이라도 주를 용납하지 못하겠거든 하물며 내가 건축한 이 성전이오리이까(왕상 8:27).

성전을 건축한 솔로몬 자신이 하나님께서 성전 안에 갇혀 계시는 분이 아님을 분명히 밝혔습니다. 그 이후 선지자 이사야 역시 이사야서 66장 1절을 통하여 이 사실을 재천명하였고, 스데반은 산헤드린 법정에서 이사야서의 말씀을 인용하였습니다. 무소부재하신 하나님을 예루살렘성전 안에 가두어 두고 예루살렘성전을 하나님과 동일시하는 것이 얼마나 어리석은 짓인지, 그것이야말로 살아 계신 하나님과는 전혀 무관한 우상숭배일 뿐임을 유대인들에게 일깨워 주기 위함이었습니다.

그리고 스데반은 마침내 이렇게 결론짓고 있습니다.

목이 곧고 마음과 귀에 할례를 받지 못한 사람들아 너희도 너희 조상과 같이 항상 성령을 거스르는도다(51절).

하나님께서 이스라엘 백성에게 사내아이가 태어나면 8일 만에 할례를 받게 하셨습니다. 남자 생식기의 포피包皮를 잘라 내는 할례는, 하나님의 언약을 받은 하나님의 백성이 되었다는 표지標識였습니다. 그러나 이스라엘 백성은 출애굽 이후 광야에서부터 하나님의 언약인 하나님의 말씀은 외면하면서도, 단지 몸에 할례를 받았다는 것만으로 하나님의 백성이라는 영적 교만에 빠져 있었습니다. 그래서 모세는 그들에게 "너희는 마음에 할례를 행하고 다시는 목을 곧게 하지 말라"(신 10:16)고 경고하였습니다. 육적 할례가 마음을 다해 하나님의 말씀을 섬기겠다는 결단의 예식인 만큼, 마음을 드리지 않을 경우 육적 할례는 하나님과 아무런 관련이 있을 수 없기 때문이었습니다. 그래서 스데반 역시 하나님을 예루살렘성전에 가두어 두고 있는 유대인과 유대교 지도자들을 향해, 모세의 말을 인용하여 '목이 곧고 마음과 귀에 할례받지 못한 사람들'이라고 단정했습니다. 그들이 마음으로 하나님의 말씀에 조금이라도 귀 기울이면 자신들의 생각과 행위가 얼마나 어리석은지 쉽게 알 수 있음에도, 그들은 전혀 그렇게 하려 하지 않았습니다.

스데반은 또 그들을 향해 '너희도 너희 조상과 같이 항상 성령을 거스른다'고 질타했습니다. 하나님을 예루살렘성전 안에 가두어 둔다는 것 자체가 그들의 마음에 임하시는 성령님을 부정하는 행위인 까닭이었습니다.

스데반의 결론은 본문 52절에서 다음과 같이 계속되고 있습니다.

> 너희 조상들이 선지자들 중의 누구를 박해하지 아니하였느냐 의인이 오시리라 예고한 자들을 그들이 죽였고 이제 너희는 그 의인을 잡아 준 자요 살인한 자가 되나니.

여기에서 "의인"이란 예수 그리스도를 의미합니다. 유대인의 조상들은 하나님을 예루살렘성전 안에 가두어 두었기에, 하나님께서 계시다고 믿는 성전 안과 계시지 않는 것으로 여기는 성전 밖에서 표리부동할 수밖에 없는 자신들의 그릇된 잘못을 지적하는 선지자들을 배척하였고, 예수 그리스도께서 이 땅에 오시리라 예언한 선지자들을 아예 죽여 버리기도 했습니다. 그리고 그것도 모자라 그들의 후손들은, 바로 지금 스데반을 고발하고 재판하는 유대인들은 참성전이신 예수 그리스도까지 신성모독죄로 죽여 버렸습니다. 그래서 스데반의 결론은 다음과 같이 대단원의 막을 내리고 있습니다.

너희는 천사가 전한 율법을 받고도 지키지 아니하였도다(53절).

우리가 6주 전에 스데반의 진술 중 37절 말씀을 통해 확인한 바와 같이 하나님의 율법을 이스라엘 백성에게 전한 모세는 신명기 18장 15절을 통해, 하나님께서 이 땅에 예수 그리스도를 보내실 것을 예언하면서 그분의 말씀을 들을 것을 명령하였습니다. 만약 그 말씀에 귀 기울였던들 유대인들이 예수님을 죽이지도 않았을 것이요, 예수님을 전하는 스데반마저 죽이려 하지도 않았을 것입니다.

유대인들은 유대교의 전통과 관습을 철저하게 지켰습니다. 안식일도 철저하게 지켰습니다. 그들은 예루살렘성전을 지키기 위해 참성전이신 예수 그리스도마저 신성모독죄로 서슴없이 죽였습니다. 그렇게 함으로써 그들은 자신들이야말로 누구보다도 투철한 신앙인임을 믿어 의심치 않았습니다. 그러나 스데반이 보기에 그들은 전혀 말씀을 지키려는 사람들이 아니었습니다. 그들이 지키려는 것은 믿음과 하나님의 이름으로 포장된 자신들의 편견과 이기심과 욕망과 기득권이었을 뿐, 하나님의 말씀이 아니었습니다. 그래서 누구보다 종교적 열심을 지녔으면서도, 정작 말씀을 지키려 하지는 않았던 그들은 어리석기 짝이 없는 인간들이었습니다. 그들 자신이 하나님의 말씀을 지키려 하지 않았기에 하나님의 말씀이 그들을 지켜 줄 수 없었기 때문입니다.

하나님께서 인간에게 하나님의 말씀을 지키라 하시는 것은 결코 하나님을 위함이 아닙니다. 그것은 인간 자신을 위함입니다. 인간이 하나님의 말씀을 지킨다는 것은 살아 계신 하나님의 말씀이 자신의 삶 속에서 역사하시게 하는 것이므로, 인간이 하나님의 말씀을 지키는 것은 천지를 창조하신 하나님의 말씀으로 자기 자신을 지키는 것을 의미합니다. 그래서 하나님의 말씀을 지키려 하지는 않았던 유대인들은, 하나님의 말씀 곁에 살면서도 그 말씀으로 자신을 지키지 못한 불쌍한 인간들이었습니다.

그렇다면 오늘의 본문 앞에서 우리 자신은 지금 과연 무엇을 지키고 있는지 되돌아보지 않을 수 없습니다.

아프리카 탄자니아에서 10년에 걸친 선교 사역을 마친 조남설 선교사님이 지난 1년간 한국에서 안식년을 가졌습니다. 그리고 금년 3월 12일 새로운 사역지인 아프리카 잠비아로 출국하였습니다. 그곳에서 조 선교사님이 보낸 메일 내용 중 일부를 읽어 드리겠습니다.

> 지난 1년간 한국에서 안식년을 보내면서, 주위 환경과 분위기에 동요되어 제 가치관이 그토록 흔들려 보기는 처음이었습니다. 안락한 환경과 조건 속에서 그리스도인들의 무뎌진 신앙과 공허하리만치 관념적이고도 추상적인 믿음을 보면서, 진정 구원받은 그리스도인답게 살기에는 이곳 아프리카가 오지가 아니라, 대한민국이 오지 중의 오지라는 생각이 들었습니다. 말씀 묵상과 기도가 드라마에 밀려나고, 육체의 건강은 지나칠 정도

로 꼼꼼히 챙기면서도 영적으로는 초기 암 환자처럼 자각증세조차 없고, 정년퇴직 후 고작 20~30년에 불과할 노후 대책에는 놀랄 만큼 계산적이면서도 죽음 이후의 영혼의 대책에 대해서는 무관심한 그리스도인들이 어쩌면 그리도 많은지요? 그래서 이 세상에 땅 한 평 집 한 채 없는 저희 부부는, 오직 열린 하늘과 하나님만이 노후 대책인 이곳 아프리카가 고향처럼 더없이 푸근하기만 합니다.

우리는 모두 아프리카를 오지라 생각합니다. 그러나 1인당 국민소득 350달러에 지나지 않는 아프리카 최빈국 잠비아에 살고 있는 조남설 선교사님은, 우리가 살고 있는 대한민국이 오지 중의 오지라 했습니다. 저는 개인적으로 조 선교사님의 지적에 100퍼센트 동의합니다. 교회가 세속에 물들 대로 물든 대한민국의 그리스도인들은, 이 세상에서 지킬 것이 너무나도 많아 하나님의 말씀을 지킬 겨를도 여유도 없어 보이기 때문입니다.

대체 우리는 그동안 무엇을 지켜 왔고, 지금 무엇을 지키기 위해 애쓰고 있습니까? 혹 재산은 지켰는데 가정이 깨어진 것은 아닙니까? 건강은 지켰는데 영적으로 중병에 걸려 있지는 않습니까? 주일은 철저하게 지켰는데 정작 삶 속에서 말씀을 잃어버린 것은 아닙니까?

사랑하는 교우 여러분!

우리의 코끝에서 호흡이 멎는 순간에 우리를 영원히 지켜 줄 수 없는 것을 지키느라, 그때 우리를 영원히 지켜 줄 말씀을 잃어버리는 어리석음을 더 이상 범치 마십시다. 우리 모두 영원하신 하나님의 말씀을 지키십시다. 그 말씀이 우리의 삶 속에서 살아 역사하게 하십시다. 그때 4천 년 전의 아브라함을, 3천 5백 년 전의 모세를, 2천 년 전의 스데반을 지금까지 지켜 주고 있는 하나님의 말씀이 우리 또한 영원히 지켜 줄 것입니다.

오늘 주신 말씀을 통해 우리가 지금 지키고 있는 것이 무엇인지, 무엇을 지키기 위해 안간힘을 쓰고 있는지, 우리 자신을 되돌아보게 해주심을 진심으로 감사드립니다. 외적 형식과 관습과 전통을 지키는 것을 믿음이라 착각하고, 정작 중요한 하나님의 말씀을 지키지는 않았던 유대인의 어리석음에서 벗어나게 하여 주옵소서. 우리를 영원히 책임져 줄 수 없는 유한한 것을 지키느라, 영원하신 말씀을 상실하는 미련함을 버리게 하옵소서.

언제 어디서나 오직 하나님의 말씀을 지키게 하여 주옵소서. 하나님의 말씀이 우리의 삶 속에서 역사하시게끔, 하나님의 말씀에 온전히 우리를 맡기게 하여 주옵소서. 하나님께서 우리에게 말씀을 지키라 하시는 것은 하나님을 위해서가 아니라, 유한한 삶을 살아가는 우리를 영원히 지켜 주시기 위함임을 잊지 말게 하옵소서. 그리하여 하나님께서 당신의 말씀으로 아브라함과 모세와 스데반을 오늘 이 순간까지 지켜 주고 계시는 것처럼, 우리의 삶 또한 하나님의 영원한 말씀으로 영원히 지켜 주옵소서. 아멘.

28. 그들이 그에게

사도행전 7장 54-60절

그들이 이 말을 듣고 마음에 찔려 그를 향하여 이를 갈거늘 스데반이 성령 충만하여 하늘을 우러러 주목하여 하나님의 영광과 및 예수께서 하나님 우편에 서신 것을 보고 말하되 보라 하늘이 열리고 인자가 하나님 우편에 서신 것을 보노라 한대 **그들이** 큰 소리를 지르며 귀를 막고 일제히 **그에게** 달려들어 성 밖으로 내치고 돌로 칠새 증인들이 옷을 벗어 사울이라 하는 청년의 발 앞에 두니라 그들이 돌로 스데반을 치니 스데반이 부르짖어 이르되 주 예수여 내 영혼을 받으시옵소서 하고 무릎을 꿇고 크게 불러 이르되 주여 이 죄를 그들에게 돌리지 마옵소서 이 말을 하고 자니라

저는 해외여행 시 호텔 방에 들어가면, 제일 먼저 방문 안쪽에 부착되어 있는 '비상시 주의 사항' 내용을 확인합니다. 비상구는 어디에 있는지, 비상시 대피 요령은 무엇인지 숙지함으로, 혹 있을지도 모르는 만일의 사태에 대비하기 위함입니다. 뉴질랜드의 오클랜드에는 지구 남반구에서 가장 큰 건

축물인 높이 328미터의 '스카이타워Sky Tower'가 있고, 그 옆에 스카이타워의 소유주가 운영하는 '스카이시티 호텔Sky City Hotel'이 있습니다. 작년에 오클랜드를 방문하여 그 호텔에 투숙하였을 때에도, 늘 하던 대로 비상시 주의 사항 내용을 먼저 확인했습니다. 그런데 화재 발생 시 주의 사항을 알리는 내용 가운데 세계 어느 나라 호텔에서도 접해 보지 못한 내용이 들어 있었습니다.

첫 번째 내용은 'Do not use lift', 즉 '승강기를 이용하지 말라'는 것이었습니다. 이것은 세계 어느 나라든 승강기가 가설되어 있는 건물에는 예외 없이 부착되어 있는 내용입니다. 화재가 발생하면 승강기의 오르내리는 통로가 화통 구실을 하기에 가장 위험하기 때문입니다. 두 번째 내용은 'Walk, don't run', '뛰지 말고 걸으라'였습니다. "서두르면 늦어진다"는 말이 있습니다만, 서두르면 늦어지는 정도를 넘어 아예 일을 망치는 경우도 허다합니다. 화재 발생 시 뛴다는 것은 서두른다는 말이요, 화염과 연기가 자욱한 건물 속에서 서두르다 보면, 갈팡질팡하느라 오히려 비상구를 찾지 못해 낭패를 당할 수도 있습니다. 따라서 '뛰지 말고 걸으라'는 것은, 위급한 상황일수록 침착하게 대응하라는 의미일 것입니다. 이 내용 역시 흔치는 않지만, 가끔 다른 나라 호텔에서도 접할 수 있는 내용이었습니다.

그러나 세 번째 내용은 제가 1972년 처음으로 해외여행한 이래, 그동안 제가 묵었던 어느 나라, 어느 도시, 어느 호텔에서도 보지 못한 내용으로, 'Do not go back', '뒤돌아 가지 말라'였습니다. 언뜻 평범해 보이는 말 같지만, 실제로 화재가 발생했을 경우를 생각해 보면 더없이 중요한 말임을 알게 됩니다. 갑자기 화재가 발생하여 비상구를 찾아 대피하던 투숙객들 중에 누가 느닷없이 자기 방으로 되돌아가겠습니까? 무엇인가 귀중한 것을 방에 두고 왔음이 불현듯 생각난 사람일 것입니다. 바로 그 경우에, 두고 온 귀중품을 가져오기 위해 절대로 방으로 되돌아가지 말라는 것입니다. 화재는 참으로 무서운 재앙입니다. 화염 자체의 무서움은 말할 것도 없고, 화재 현장에서 발생하는 유독가스로 인해 불과 1~2초 사이에, 0.1초 사이에 생사가 엇갈릴 수 있습니다. 방으로 되돌아가지만 않았으면 살 수 있었던 사람이, 되돌아갔기 때문에 참변을 당하는 일은 얼마든지 있을 수 있습니다.

그러므로 화재 발생 시 절대로 방으로 되돌아가지 말라는 것은 방에 두고 온 귀중품이 아무리 값비싼 것이라 해도, 그보다는 자기 생명이 더 귀중함을 잊지 말라는 의미일 것입니다. 0.1초 상관에 생사가 엇갈리는 비상 상황에서 자기 생명 이외에 대체 무엇이 더 귀중할 수 있겠습니까? 그 상황에서 귀중품을 가져오기 위해 방으로 되돌아가는 사람은, 자신이 귀중하다고 여기는 물건보다 자기 생명을 하찮게 여기는 어리석은 사람 아니겠습니까? 결국 그 위급 상황에서 귀중품을 위해 방으로 되돌아가는 것은, 그것이 자기 생명보다 더 귀하다고 생각하는 자기 자신에게 되돌아가는 것을 의미합니다. 0.1초를 다투는 화재 현장에서 비상구로 향하지 않고 자기 자신에게 되돌아가는 사람이 어떻게 살아 나올 수 있겠습니까? 지혜로운 사람이라면 방에 두고 온 것이 아무리 귀해도 되돌아가서는 안 됩니다. 오직 생명의 비상구를 향해 앞만 보고 나아가야 합니다. 이 세상에서 유일회적인 생명보다 더 귀한 것은 없기 때문입니다.

위기의 순간에 유한한 육체의 생명을 지키기 위해서도 되돌아가서는 안 된다면, 하물며 영원한 생명을 얻고 지키기 위해서야 두말할 나위가 있겠습니까? 믿음은 되돌아가는 것이 아닙니다. 믿음은 자기 회귀를 뜻하지 않는다는 말입니다. 믿음은 자기를 넘어 오직 예수 그리스도를 향해 앞만 보고 나아가는 것입니다. 유한한 인간에게는 영원한 생명보다 더 귀한 것이 없고, 인간을 창조하신 하나님의 영원한 생명은 인간의 죗값을 대신 치르신 예수 그리스도를 통해서만 주어지기에, 예수 그리스도만이 영원한 생명을 향한 비상구이시기 때문입니다.

스데반은 2천 년 교회 역사상 최초로 세움 받은 집사 일곱 명 가운데 한 사람이었습니다. 성령 충만한 그는 유대인이 못박아 죽인 예수님께서 부활하셨고, 그 예수님이 하나님께서 인간을 구원하시기 위해 이 땅에 보내신 구세주—그리스도이심을 전파하였습니다. 그러자 예수님을 못박아 죽인 유대인들이 가만히 있지 않았습니다. 그들은 거짓 증인들을 내세워, 스데반과 스데반이 전하는 예수님이 성전과 율법을 모독했다는 거짓 모함으로 스데반을 산헤드린 법정에 끌고 갔습니다. 예수님을 신성모독죄로 죽일 것을 결의했던 바로 그 법정이었습니다.

스데반은 법정에 모인 유대교 지도자를 포함한 유대인들을 향해, 하나님께서는 인간의 손으로 만들어진 예루살렘성전 안에 갇혀 계시는 분이 아니라 무소부재한 분이심을 역설하였습니다. 돌과 나무로 지어진 예루살렘성전과 하나님을 동일시하면서, 예루살렘성전이라는 우상을 숭배하고 있는 그들의 잘못을 질타한 것이었습니다. 스데반은, 성전 안과 밖에서 표리부동한 자신들의 삶을 책망하는 선지자들을 박해한 유대인들의 잘못을 질책했고, 나무와 돌로 지어진 예루살렘성전을 고수하기 위해 참성전이신 예수 그리스도를 살해한 그들의 죄과도 질책했습니다. 그리고 믿음이라는 미명하에 자신들의 종교적 관행과 전통, 이기심과 욕망, 기득권은 철저하게 지키려 하면서도 정작 하나님의 말씀을 지키려 하지는 않는 그들의 이중성을 통렬하게 꾸짖었습니다.

예수 그리스도를 못박아 죽인 유대인들로서는, 스데반의 지적을 받은 그 때야말로 죄와 사망의 덫에서 벗어나 영원한 생명의 비상구이신 예수 그리스도를 향해 나아갈 때였습니다. 그러나 본문은 정반대의 사실을 전해 주고 있습니다.

그들이 이 말을 듣고 마음에 찔려 그를 향하여 이를 갈거늘(54절).

유대인들은 자신들의 잘못을 지적한 스데반의 말을 듣고 마음에 찔림을 받았습니다. 이것은 그들의 양심이 싱싱하게 살아 있어, 자신들의 잘못을 깨닫고 양심의 가책을 받았다는 말이 아닙니다. 헬라어 '디아프리오διαπρίω'는 마음이 온통 분노로 이글거렸다는 말입니다. 그래서 그들은 스데반을 향해 이를 갈았습니다. 우리말 '갈다'로 번역된 헬라어 '브뤼코βρύχω'는 본래 '물어뜯다'라는 의미로, 사람이 아니라 짐승에게 사용하는 단어입니다. 유대인들이 스데반의 설교에 분기탱천하여 짐승처럼 이를 갈며 으르렁거렸던 것입니다. 그들이 진리를 전하는 스데반의 말에 그토록 짐승처럼 거부감을 보인 이유가 무엇이었겠습니까? 이것은 오늘날의 이스라엘 성지를 생각해 보면 쉽게 해답을 얻을 수 있습니다.

현재 이스라엘에 있는, 예수님과 관련된 대부분의 성지는 아랍 상인들이 장악하고 있습니다. 예수님을 믿지 않는 유대교 신자들로만 구성된 이스라엘 정부가, 만약 예수님과 관련된 성지를 모두 폐쇄하기로 결정한다면 전 세계에 흩어진 그리스도인들 외에, 이스라엘 현지에 살고 있는 사람들 가운데 누가 그 결정에 가장 격렬하게 반발하겠습니까? 두말할 것도 없이 성지를 장악하고 있는 아랍 상인들일 것입니다. 그들이 예수님을 구세주로 믿기 때문이겠습니까? 결코 아닙니다. 성지가 폐쇄된다면 전 세계에서 성지를 찾던 순례객의 발길이 완전히 끊어질 것이므로, 그들은 자신들의 이권과 상권을 지키기 위해 누구보다 격렬하게 반발할 것입니다.

2천 년 전 본문 속 유대인들 역시 마찬가지였습니다. 그들에게 예루살렘성전은 거대한 이권의 원천이었습니다. 날이면 날마다 각처에서 예루살렘성전을 찾는 유대인 순례객이 줄을 이었고, 그들이 예루살렘에 머물거나 성전에 바칠 제물을 구입하기 위해 지출하는 금액은 해마다 천문학적인 액수에 달했습니다. 따라서 예루살렘성전을 하나님과 동일시하여 절대화하면 할수록, 그들의 이권은 더욱 확고하게 보장되는 셈이었습니다. 그런데 스데반이 예루살렘성전의 절대성을 부정한다는 것은, 결과적으로 성전과 관련된 그들의 이권이 위태로울 수 있음을 의미했습니다. 이것이 스데반의 설교에 그들이 분기탱천하여 짐승처럼 이를 갈며 으르렁거렸던 이유였습니다. 그들은 영원한 생명이신 예수 그리스도께 나아가기보다는 자신들의 이권으로 되돌아가고 말았습니다. 결국 이 세상에서 자신들의 이권이 가장 중요하다고 여기는 자기 자신들에게 되돌아가 버린 것이었습니다. 고작 백 년도 못 사는 인간이 자기 자신에게 되돌아간들, 그 인생의 결국이 공동묘지밖에 더 되겠습니까? 이런 의미에서 그들은 참으로 어리석은 인간이었습니다.

  반면에 스데반의 입장에서 본다면, 그 순간 스데반의 목숨은 풍전등화와도 같았습니다. 지금 스데반 앞에 있는 사람들이 누구입니까? 예수 그리스도를 못박아 죽였던 사람들이었습니다. 그들이 스데반을 향해 분기탱천하여 짐승처럼 이를 갈고 있다는 것은 스데반마저 죽이겠다는 결단의 표시였습니다. 그렇다면 그 순간이야말로 스데반은 자기 생명을 지키기 위해 자기에게 되돌아가, 자기와 타협하며, 자기 안일을 꾀해야 할 때였습니다. 그러나 본문 55절은 다음과 같이 증언하고 있습니다.

  스데반이 성령 충만하여 하늘을 우러러 주목하여 하나님의 영광과 및 예수께서 하나님 우편에 서신 것을 보고.

성령 충만한 스데반은 하늘을 우러러 성부 하나님과 성자 하나님이신 예수 그리스도를 보았습니다. 스데반은 그의 생명이 경각에 달린 그 절체절명의 순간에 자기 자신에게 되돌아가지 않았습니다. 그는 그 순간 성부, 성자, 성령—삼위일체 하나님만 바라보았습니다. 그는 썩어 문드러질 자기 육체의 생명보다, 삼위일체 하나님으로부터만 비롯되는 영원한 생명이 더 귀중함을 아는 지혜로운 사람이었습니다. 그래서 그는 그 죽음의 순간에 영원한 생명의 원천이신 삼위일체 하나님을 우러러 뵌 것입니다. 그리고 그는 이렇게 외쳤습니다.

보라 하늘이 열리고 인자가 하나님 우편에 서신 것을 보노라(56절).

여기에서 "인자"란 예수 그리스도이십니다. 스데반의 이 외침은, 주님을 향해 나아가야 할 결정적인 순간에 자기 이권을 지키기 위해 자신에게 회귀해 버린 유대인들에게, 그들 앞에 계신 예수 그리스도를 바라볼 것을 촉구하는 선언이었습니다. 그러나 본문 57-58절의 증언은 다음과 같습니다.

그들이 큰 소리를 지르며 귀를 막고 일제히 그에게 달려들어 성 밖으로 내치고 돌로 칠새 증인들이 옷을 벗어 사울이라 하는 청년의 발 앞에 두니라.

유대인들은 스데반의 말을 들으려 하지 않았습니다. 그들은 아예 귀를 막고 일제히 스데반에게 달려들어 그를 성 밖으로 끌어내었습니다. 그리고 돌로 치기 시작했습니다. 로마제국의 통치하에 있는 그들에게는 사형 집행권이 없었음에도 그들의 분노가 얼마나 크고 얼마나 급했으면, 그들은 스데반에 대해 즉결 사형을 집행하기 시작했습니다. 그 순간 스데반이 보인 반응을 본문 59절이 전해 주고 있습니다.

> 그들이 돌로 스데반을 치니 스데반이 부르짖어 이르되 주 예수여 내 영혼을 받으시옵소서 하고.

스데반은 돌에 맞아 죽는 순간에도 자기에게로 돌아가지 않았습니다. 십자가에 못박히신 예수님께서 운명하시기 직전 성부 하나님께 당신의 영혼을 맡기셨던 것처럼, 스데반은 자신의 영혼을 예수 그리스도께 부탁했습니다. 그분만이 영원한 생명을 향한 비상구이심을 스데반은 분명히 알고 있었던 것입니다. 그리고 본문 60절은 이렇게 끝나고 있습니다.

> 무릎을 꿇고 크게 불러 이르되 주여 이 죄를 그들에게 돌리지 마옵소서 이 말을 하고 자니라.

스데반이 운명하기 직전 이 세상에서 마지막 남긴 말은, "주여, 이 죄를 그들에게 돌리지 마옵소서"였습니다. 진리를 전하는 자신을 돌로 쳐 죽이는 그들의 죗값을 그들 자신들로 하여금 치르게 하시지 말라는 탄원의 기도였습니다. 어떻게 해야 그들이 자신들의 죗값을 치르지 않을 수 있습니까? 방법은 하나밖에 없습니다. 자신들의 죄를 회개하고 예수 그리스도 앞에 나아가는 것입니다. 인간의 죗값을 대신 치르신 예수 그리스도 안에만 죄사함이 있고, 구원이 있으며, 영원한 생명이 있습니다. 스데반은 자신을 쳐 죽이는 유대인들의 죄를 묵과하거나 방치하지 않았습니다. 스데반은 그것은 씻을 수 없는 죄임을 분명히 지적했습니다. 그러나 지적하는 것으로 그치지 않고, 그들이 예수 그리스도 안에서 회개하고 구원받기를 간구했습니다. 그것이 그가 이 땅에 마지막으로 남긴 말이요, 기도였습니다. 만약 스데반이 결정적인 순간에 자기에게 되돌아가 버리는 사람이었다면, 어떤 상황에서든 오직 예수 그리스도만 바라보는 사람이 아니었다면, 돌에 맞아 죽는 그 위기의 순간에 결코 드릴 수 없는 기도였습니다.

한 사람의 믿음이 얼마나 참되고 신실한지는 평상시에는 잘 드러나지 않습니다. 그러나 결정적인 순간에는 믿음의 진위 여부를 구별하려 하지 않아도 절로 구별되기 마련입니다. 참된 믿음의 사람은 결정적인 순간에서마저도 자기에게 되돌아가 자기와 타협함이 없이 오직 주님만을 향해 나아가지만, 그렇지 못한 사람은 주님을 따르는 것처럼 보이다가도 결정적인 순간에는 주님을 외면하고 자기에게 되돌아가 버리기 때문입니다. 스데반이 이 세상 무엇보다 영원한 생명이 더 귀함을 알아 죽음의 순간에서마저 영원한 생명의 비상구이신 주님을 향해 나아간 믿음의 사람이라면, 본문 속 유대인들은 결정적인 순간에 자기에게 되돌아가 버린 불신앙의 인간들이었습니다.

바로 여기에 우리가 간과해서는 안 될 중요한 사실이 있습니다. 57절을 다시 주목해 보시겠습니다.

그들이 큰 소리를 지르며 귀를 막고 일제히 그에게 달려들어.

'그들'이 '그'를 죽이기 위해, '그들'이 '그'에게 달려들었습니다. 스데반을 죽이기 위해 달려든 유대인들 ― '그들'은 복수이고, '그들'의 돌에 맞아 죽은 스데반은 '그'—단수입니다. 복수가 단수를 죽인 것입니다. 단수는 단수이기에 역부족으로 복수에게 참변을 당한 것입니다.

그때나 지금이나 세상은 늘 이와 같습니다. 결정적인 순간에서마저 자신과의 타협 없이 주님만 바라보고 나아가는 사람은 언제나 소수요, 절대다수는 주님을 믿는다면서도 결정적인 순간에는 주님을 외면하고 자기에게 회귀해 버립니다. 주님을 믿기는 하지만, 주님 안에 있는 영원한 생명보다는 세상의 것을 더 귀하게 여기는 사람이 훨씬 많기 때문입니다. 그래서 결정적인 순간에서마저 주님만 바라보고 나아가는 소수가 불이익을 당하기도 하고, 시대에 뒤떨어진 사람으로 치부되기도 합니다.

오늘날 우리 시대는 민주주의 시대입니다. 민주주의의 요체는 다수결 원칙에 있습니다. 민주 정부가 항상 여론에 민감한 것은 여론을 통해 다수의 의사를 좇기 위함입니다. 만약 다수결의 원칙이 성경과 믿음의 세계에도 적용된다면, 믿음의 정통성은 소수의 상징인 단수—'그'가 아니라, 다수의 상징인 복수—'그들'에게 주어짐이 마땅할 것입니다. 그러나 실제로는 정반대였습니다. 성경과 믿음의 정통성은 복수인 '그들'이 아닌, 단수인 '그'에게 주어졌습니다. 다수였던 유대인들은 단 한 사람도 살리지 못했습니다. 오히려 진리를 전하는 스데반을 죽였고, 자신들의 생명마저 갉아먹고 말았습니다. 그러나 그들의 돌에 맞아 죽은 단수—스데반은 죽으면서도, 죽은 이후에도 사람을 살렸고, 또 살리고 있습니다. 다음 시간에 살펴보겠지만 죽음마저 두려워 않는 스데반의 마지막 모습은, 나중에 바울이 된 청년 사울의 회심에 결정적인 영향을 미쳤습니다. 어디 그뿐이겠습니까? 비록 육체는 다수에 의해 죽었을망정 그가 믿은 예수 그리스도 안에서 영원한 생명을 얻은 스데반은, 2천 년이 지난 지금까지 참된 믿음의 이정표가 되어 우리 가운데 살아 있습니다.

참된 삶은 사람의 머릿수에 의해 결정되지 않습니다. 참된 신앙은 다수결에 의해 판가름 나지도 않습니다. 결정적인 순간에 주님을 외면하고 자기에게 회귀한 절대다수가 우리를 향해 돌팔매질을 해도, 차라리 그들의 돌을 맞을지언정 우리는 결정적인 순간에서마저 주님만 바라보고 나아가는 고독한 소수가 되십시다. 어떤 경우에도 자기 회귀와 자기 타협 없이, 예수 그리스도만을 의지하는 믿음의 소수가 되기를 두려워하지 마십시다. 그것만이 우리 자신을 살리는 길이요, 타인을 살리는 길이요, 어둔 이 시대를 살리는 길입니다.

사랑하는 교우 여러분!

혹 살아가다가 화재를 당하면, 절대로 되돌아가지 마십시오. 비상구를 향해 계속 앞으로 나아가십시오. 방에 두고 나온 그 무엇도 여러분의 생명보다 귀하지는 않습니다. 아비규환의 화재 현장과 같은 죄와 사망의 이 세상을 살아가는 동안, 결정적인 순간일수록 주님을 외면하고 자기에게 되돌아가는 어리석음을 범치 마십시오. 오직 영원한 생명의 비상구이신 예수 그리스도를 바라보며 앞으로 나아가십시오. 이 세상에서 아무리 귀한 것이라도, 예수 그리스도 안에 있는 영원한 생명 앞에서는 하찮은 물거품에 지나지 않습니다.

죄와 사망의 덫인 이 세상은, 마치 아비규환의 화재 현장과도 같습니다. 그 죽음의 화재 현장에서 오직 비상구를 향해 앞으로만 나아가 생명을 얻은 사람이 스데반이었다면, 유대인들은 비상구를 등지고 되돌아갔다가 스스로 목숨을 잃은 어리석은 사람들이었습니다. 화재 현장에서는 유대인들이 절대다수였기에 그들의 삶이 옳은 것처럼 보였지만, 그 죽음의 현장에서 생명을 얻은 사람은 단수인 스데반뿐이었습니다. 그동안 우리는 하나님을 믿는다면서도 비상구를 향해 나아가는 스데반이 되기보다는, 가장 결정적인 순간에 자기 자신에게 회귀하는 유대인들처럼 살아왔습니다. 그러고서도 우리가 절대다수에 속해 있다는 이유만으로, 우리의 선택이 옳은 양 항상 우리 자신을 합리화해 왔습니다. 우리의 이 어리석은 죄과를 용서하여 주옵소서.

참된 믿음은 사람의 머릿수나 다수결에 의해 결정되지 않음을 잊지 말게 하여 주옵소서. 믿음은 결코 자기 회귀나 자기 타협이 아님을, 예수 그리스도 안에 있는 영원한 생명보다 더 귀한 것은 결코 없음을, 언제 어디서나 기억하게 하옵소서. 결정적인 순간일수록 더더욱, 영원한 생명의 비상구이신 예수 그리스도를 바라보며 앞으로만 나아가게 하여 주옵소서. 결정적인 순간에 자기에게 회귀하는 절대다수로부터 돌팔매질을 당할지언정, 주님만을 향해 나아가는 고독한 소수로 살아가는 용기와 기쁨을 누리게 하여 주옵소서. 그리하여 우리의 삶이, 우리가 이 세상을 떠난 후에도, 영원한 생명의 이정표로 남게 하여 주옵소서. 아멘.

29. 사울이라 하는 청년 성령강림 주일

사도행전 7장 54절-8장 3절
그들이 이 말을 듣고 마음에 찔려 그를 향하여 이를 갈거늘 스데반이 성령 충만하여 하늘을 우러러 주목하여 하나님의 영광과 및 예수께서 하나님 우편에 서신 것을 보고 말하되 보라 하늘이 열리고 인자가 하나님 우편에 서신 것을 보노라 한대 그들이 큰 소리를 지르며 귀를 막고 일제히 그에게 달려들어 성 밖으로 내치고 돌로 칠새 증인들이 옷을 벗어 **사울이라 하는 청년**의 발 앞에 두니라 그들이 돌로 스데반을 치니 스데반이 부르짖어 이르되 주 예수여 내 영혼을 받으시옵소서 하고 무릎을 꿇고 크게 불러 이르되 주여 이 죄를 그들에게 돌리지 마옵소서 이 말을 하고 자니라 사울은 그가 죽임 당함을 마땅히 여기더라 그날에 예루살렘에 있는 교회에 큰 박해가 있어 사도 외에는 다 유대와 사마리아 모든 땅으로 흩어지니라 경건한 사람들이 스데반을 장사하고 위하여 크게 울더라 사울이 교회를 잔멸할새 각 집에 들어가 남녀를 끌어다가 옥에 넘기니라

예수님을 십자가에 못박아 죽였던 유대인들은, 예수님의 부활과 그리스도 되심을 증언하는 스데반마저 죽이고자 했습니다. 그들은 거짓 증인을 매

수, 스데반을 거짓 모함하여 산헤드린 법정으로 끌고 갔습니다. 산헤드린 법정은 유대교 최고 의결기구로, 예수님을 신성모독죄로 죽일 것을 결의한 바로 그 법정이었습니다. 그러나 스데반은 유대교 최고 지도자들 앞에서 전혀 주눅 들지 않았습니다. 스데반은 그들이 무엇을 잘못 생각하고 있고, 무엇을 그릇 행하여 왔는지를 거침없이 지적하고 질타했습니다. 스데반은 정치 연설이나 교양 강의를 한 것이 아니었습니다. 스데반은 영적으로 눈먼 유대인들에게 진리의 말씀을 전했습니다. 그곳에 모인 유대인들로서는 자신들의 잘못을 뉘우치며 주님께로 나아갈 결정적인 기회였습니다. 그러나 그들은 스데반의 진술에 분기탱천하여 짐승처럼 이를 갈며 으르렁거렸습니다. 그릇된 자신을 버리고 주님께 나아가야 할 결정적인 순간에, 도리어 자신들의 이권과 기득권을 지키기 위해 그들 자신들에게 회귀해 버린 것이었습니다.

예수님을 신성모독죄로 죽인 그들이 짐승처럼 이를 갈았다는 것은 스데반을 죽이겠다는 의미였습니다. 그렇다면 스데반은 그 순간이야말로 자기 목숨을 지키기 위해 자기에게 되돌아가 자기 안일을 도모해야만 했습니다. 그러나 스데반은 그 위급한 순간에도 자신과 타협하지 않았습니다. 그는 "보라, 하늘이 열리고 인자가 하나님 우편에 서신 것을 보노라"고 외쳤습니다. 그는 그 결정적인 순간에, 결정적인 순간이기 때문에, 오히려 영원한 생명의 비상구이신 주님을 바라보고 있었습니다. 그리고 그것은 유대인들이 그들 앞에 서 계신 주님을 바라보기를 촉구하는 선언이기도 했습니다. 그에 대한 유대인들의 반응을 본문 57-58절이 밝혀 주고 있습니다.

그들이 큰 소리를 지르며 귀를 막고 일제히 그에게 달려들어 성 밖으로 내치고 돌로 칠새 증인들이 옷을 벗어 사울이라 하는 청년의 발 앞에 두니라.

그들은 짐승처럼 큰 소리를 지르며 일제히 달려들어 스데반을 성 밖으로 끌고 갔습니다. 신성모독죄로 돌로 쳐 죽이기 위함이었습니다. 유대인들은 죄인을 처형할 때, 반드시 죄인을 성 밖으로 끌어내어 죽였습니다. 그렇게 함으로써 죄인의 부정으로부터 예루살렘성의 거룩함을 지킬 수 있다고 믿었던 것입니다. 그래서 그들은 예수님도 예루살렘성 밖 골고다에서 못박아 죽였고, 스데반도 성 밖으로 끌고 간 것입니다. 유대인들의 관습에 의하면, 죄인을 돌로 쳐 죽일 때 그 죄인의 죄를 고발한 증인들이 가장 먼저 돌로 쳐야 했습니다. 그래서 본문 속에서도 증인들이 먼저 등장하고 있습니다. 그들은 유대인들이 매수한 거짓 증인들이었습니다. 그들은 스데반을 돌로 치기 전에 자신들의 겉옷을 벗어 사울이라는 청년의 발 앞에 두었습니다.

율법의 해석서인 《미쉬나 *Mishinah*》는 죄인을 돌로 쳐 죽이는 방법을 상세하게 소개해 주고 있습니다. 먼저 첫 번째 증인이 왼손으로 죄인의 뒷머리를 잡고 오른손으로 죄인의 머리를 돌로 쳐서 쓰러트리면, 두 번째 증인이 쓰러진 죄인의 가슴을 돌로 칩니다. 그다음으로 주위에 모여 있는 사람들이 죄인을 향해 일제히 돌을 던집니다. 결국 죄인은 날아오는 돌 세례 앞에서 피투성이가 되어 처참하게 죽고 맙니다. 스데반 역시 이렇게 처형되었을 것임은 두말할 나위도 없습니다.

거짓 증인들이 스데반을 돌로 치기 전에 자신들의 겉옷을 벗어 사울이라는 청년의 발 앞에 두었다는 것은, 사울이 그곳에 모인 유대인들 가운데 제일 앞쪽에, 다시 말해 스데반과 가장 가까운 곳에 있었음을 의미합니다. 따라서 사울은 첫 번째 증인이 스데반의 머리를 돌로 쳐서 쓰러뜨리고, 두 번째 증인이 스데반의 가슴을 돌로 치자, 무리들이 기다렸다는 듯이 돌 세례를 퍼붓는 전 과정을 누구보다도 똑똑히, 그리고 정확하게 목격하였을 것입니다. 그리고 지난 시간에 살펴본 것처럼 마지막 숨이 넘어가는 순간 영원한 생명의 비상구이신 주님께 자신의 영혼을 부탁드리며, 자신을 돌로 치는 유대인들도 예수 그리스도 안에서 회개하여 죄사함 받기를 탄원하는 스데반의 최후의 모습도 끝까지 생생하게 지켜보았을 것입니다.

스데반은 사울의 눈앞에서 그렇게 돌에 맞아 죽었고, 그의 죽음에 대하여 본문 8장 1절의 증언은 다음과 같습니다.

사울은 그가 죽임 당함을 마땅히 여기더라.

사울은 스데반이 그렇게 당한 죽음 그 자체에 대해 아무 이의가 없었습니다. 누구보다도 열렬한 유대교 신봉자였던 사울에게 율법과 성전을 모독한 사람은 죽어 마땅한 죄인이었기 때문입니다. 그래서 본문 8장 3절은 다음과 같이 전해 주고 있습니다.

사울이 교회를 잔멸할새 각 집에 들어가 남녀를 끌어다가 옥에 넘기니라.

그는 계속하여 그리스도인들을 핍박하였습니다.

이로써 우리가 26주째 살펴보고 있는 사도행전 7장은 대단원의 막을 내렸습니다. 그런데 우리는 여기에서 대단히 이상한 점을 하나 발견하게 됩니다. 사도행전 7장은 총 60절에 달하는 긴 내용으로 이루어져 있습니다. 좀 더 구체적으로 말씀드리면 사도행전 7장은 총 28장으로 구성되어 있는 사도행전 가운데 가장 긴 장이고, 성경 전체를 통틀어서도 가장 긴 장 중의 하나로 분류되고 있습니다. 내용이 긴 만큼 사도행전 7장에는 등장인물도 많습니다. 스데반을 죽이려 거짓 모함으로 그를 산헤드린 법정에 고발한 유대인 무리가 있었습니다. 그들에게 매수당한 거짓 증인들이 있었습니다. 스데반을 심문한 산헤드린 법정은 71명의 의원으로 구성되어 있었습니다. 물론 그 법정에는 방청객도 들어갈 수 있었습니다. 따라서 사도행전 7장에는 최소한 1백여 명의 사람들이 등장하고 있습니다. 그들은 모두 한마음으로 스데반을 죽인 사람들이었습니다.

희한한 것은, 스데반을 죽인 그 많은 사람들이 모두 익명으로 처리되어 있는 것입니다. 스데반을 고발한 사람들의 이름도, 거짓 증인들의 이름도, 재판자들과 방청객들의 이름도, 사도행전 7장은 철저하게 침묵하고 있습니다. 그런데 더 희한한 것은 그 가운데 딱 한 명, 사울만은 이름이 밝혀져 있습니다. 그는 산헤드린 법정의 의장인 대제사장이 아니었습니다. 제사장도 아니었습니다. 노련한 경륜을 지닌 유대교의 원로도 아니었습니다. 그는 새파랗게 젊은 청년에 지나지 않았습니다. 유대교의 최고 지도자들이 다 한데 모여 있는 사도행전 7장에서 유독 그 청년의 이름만 거명된 이유가 무엇이겠습니까? 본문의 사울은 사도행전 9장에서 주님의 부르심을 받아, 나중에 사도 바울이 된 바로 그 사울입니다. 이를테면 사울에 대한 본격적인 이야기는 사도행전 9장에서부터 시작됩니다. 그런데도 모든 사람을 익명으로 처리한 사도행전 7장이 구태여 그의 이름만 밝히고 있는 이유가 무엇이겠습니까?

사울의 이름이 성경에 처음 등장하는 사도행전 7장과 사울의 회심 장인 사도행전 9장 사이에는 사도행전 8장이 자리 잡고 있습니다. 8장은 사도행전의 카메라가 잠시 사마리아에 초점을 맞춘 이야기입니다. 만약 사울이라는 청년 개인의 행적을 추적하면 오늘의 본문은 사도행전 9장, 즉 사울의 회심 장과 직결됩니다. 그렇다면 이제 우리는 사도행전 7장이 다른 사람은 모두 익명으로 처리하면서 유독 사울의 이름만 거명한 것은, 스데반의 죽음이 사울의 회심에 결정적인 동기가 되었음을 강조하기 위함임을 알게 됩니다.

스데반의 죽음을 가장 가까운 거리에서 직접 목격한 것은 사울에게는 엄청난 충격이었습니다. 돌에 맞아 피투성이가 되어 죽으면서까지 예수 그리스도에 대한 믿음을 철회하지 않고 오히려 예수 그리스도에게 자신의 영혼을 맡기는 스데반의 최후의 모습은, 예수 그리스도를 부정하는 사울에게는 충격 그 자체였습니다. 자신이 부정하는 예수 그리스도를 위해 누군가가 그렇듯 장렬하게 죽으면서까지 신앙의 정절을 지킨다는 것은, 사울로서는 전혀 상상치도 못한 일이었습니다. 그래서 본문 8장 1절과 3절의 증언처럼, 사울이 유대교 열혈 신봉자로서 스데반의 죽음을 마땅히 여기고 관성의 법칙에 따라 그리스도인을 계속 핍박했을망정, 스데반의 순교 모습은 사울의 가슴에 이 세상 그 무엇으로도 지울 수 없는 영상으로 깊이 새겨졌습니다. 그리고 그것이 다마스쿠스로 향하던 길 위에서, 분명히 일행과 함께 있었음에도 오직 사울 홀로 주님의 부르심을 듣고 회심하는 결정적 동기가 되었습니다.

그러므로 우리는 스데반의 죽음과 관련된 사람들 가운데 유독 사울의 이름만 언급한 사도행전 7장이 우리에게 주고자 하는 궁극적 메시지를 알 수 있습니다. 사울이 주님을 만나기도 전에, 아니 그가 주님을 대적하던 그때에, 성령님께서는 이미 그에게 구원의 손을 내미시고 그를 위해 치밀하게 역사하고 계셨다는 것입니다.

우리는 이와 같은 예를 사도행전 4장에서도 이미 확인한 바가 있었습니다. 사도행전 4장 32-37절은, 초대교회 교인들이 자신의 재물을 조금이라도 자신의 것으로 여기지 않고 모두 유무상통의 삶을 살았음을 증언하고 있습니다. 그런데 그 아름다운 삶을 살았던 교인들이 전원 익명으로 처리되어 있는 가운데 단 한 사람, 바나바의 이름만 밝혀져 있습니다. 우리는 그 까닭을 해당 본문을 살펴볼 때, 이미 상세하게 생각해 보았습니다.

다마스쿠스 도상에서 주님을 만난 사울은 다마스쿠스에 입성하여 예수님께서 그리스도이심을 증언하기 시작했습니다. 자신이 부정하던 예수님께서 부활하신 그리스도이심을 직접 확인했기 때문입니다. 그러자 다마스쿠스에 있는 유대교 신자들이 사울을 죽이려 했습니다. 그들의 입장에서 보면 사울은 유대교를 배신한 배교자였습니다. 가까스로 목숨을 건진 사울은 아라비아 광야에서 홀로 3년간의 경건 훈련을 거친 뒤 예루살렘으로 올라갔습니다. 그곳에 있는 사도들을 만나 함께 복음을 전하기 위함이었습니다. 그러나 예루살렘의 교인들 중 사울을 환영하는 사람은 없었습니다. 그리스도인을 핍박하던 그의 전력을 알고 있는 예루살렘 교인들은 그의 회심의 진정성을 믿지 않았습니다. 이를테면 사울의 회심을, 교회를 일망타진하기 위한 위장 전술로 의심한 것입니다.

그때 사울의 회심을 보증해 준 사람이 바나바였습니다. 당시 초대교회에서 주요 역할을 담당하고 있던 바나바의 신원 보증에 의해 사울은 비로소 예루살렘 교회의 문턱을 넘어설 수 있었습니다. 그러나 예루살렘에 있는 유대교 신자들도 배교자 사울의 목숨을 노리기는 매한가지였습니다. 어쩔 수 없이 고향 다소로 낙향한 사울은 그곳에서 무려 13년간이나 칩거해야만 했습니다. 전도유망하던 청년이 갑자기 낙향하여 13년이나 칩거한다면, 그의 인생은 그것으로 끝난 것이나 다름없었습니다. 인생 실패자와 같았던 그 사울을 새로운 인생길, 즉 목회자의 길로 인도해 준 사람도 바나바였습니다. 안디옥교회 담임목사가 된 바나바가, 목회에 관한 한 전혀 무경력자인 사울을 자신의 동역자로 불러 준 것이었습니다. 그뿐 아니었습니다. 사울이 주님의 명령을 좇아 기독교 역사상 최초로 세계 선교의 첫발을 내디딜 때, 그 선교팀의 팀장 역시 바나바였습니다.

이처럼 바나바는 사울의 인생에서, 그것도 인생의 가장 중요한 길목에서

마다, 사울에게는 없어서는 안 될 절대적인 존재였습니다. 만약 사울의 인생 무대에 바나바란 인물이 등장하지 않았더라면, 사울은 우리가 성경을 통해 만나게 되는 위대한 사도 바울이 되지는 못했을 것입니다. 따라서 사도행전 4장의 해당 본문이 바나바의 이름만 언급하고 있는 것도 오늘 본문과 같은 이유에서였습니다. 사울이 예수 그리스도를 믿기도 전에, 믿기는커녕 예수 그리스도를 부정하며 대적하고 있을 때, 그때 성령님께서는 이미 그의 앞길에 그를 위한 바나바를 예비해 두셨음을 일깨워 주시기 위함이었습니다. 이상과 같은 사실들은 성령님께서 사울이라는 한 인간을 위하여 얼마나 오래 전부터, 얼마나 치밀하게 역사하셨는지를 여실히 보여 주고 있습니다.

나중에 주님을 만난 뒤에야 이 모든 사실을 알게 된 사울의 심정이 어떠했겠습니까? 누구보다도 악랄하게 예수 그리스도를 부정하고 그리스도인들을 핍박할 때 성령님께서 자신을 위해 이미 바나바를 예비해 두셨을 뿐 아니라, 예수 그리스도를 향한 신앙을 지키기 위하여 돌에 맞아 죽는 스데반의 최후를 가장 가까이에서 목격하게 하심으로 결국 자신을 주님 앞에 굴복하게 하신 성령님의 은총을 깨달았을 때, 어찌 그가 주님께 자신의 삶을 송두리째 바쳐 드리는 사도 바울이 되지 않을 수 있었겠습니까? 오직 주님을 위해 살아가는 그에게, 이 세상 무엇이 위협이 될 수 있었겠습니까? 세상의 가난도, 환난도, 기근도, 핍박도, 고난도, 심지어 참수형마저 그에게는 위협이 되지 못했습니다. 그와 함께하시는 성령님의 빛 속에서 그 역시 영원한 생명의 비상구이신 예수 그리스도만 바라보며 사는 사람이 되었기 때문입니다.

중요한 사실은, 사울을 위해 이렇듯 치밀하게 역사하신 성령님께서 바로 우리가 믿는 성령님이시요, 그 성령님께서 우리와 함께하고 계신다는 것입니다.

오늘은 2천 년 전 초대교회에 임하신 성령님을 기리는 성령강림 주일입니다. 그때 강림하신 성령님께서는 대체 어디에 계십니까? 바로 우리 속에 임해 계십니다. 그 증거가 어디에 있습니까? 우리가 이 자리에 그리스도인으로 앉아 있다는 것이 그 증거입니다. 성령님께서 사울을 위해 그렇게 하셨듯이, 성령님께서는 우리가 주님을 알기도 전부터 우리를 구원하시기 위해 우리 인생 길목에 수많은 바나바들을 예비해 주셨고, 우리를 이 자리로 불러 주시기 위해 우리 삶 속에 수많은 사건들을 연출해 주셨습니다. 그러지 않으셨던들, 우리가 이 시간 그리스도인으로 이 자리에 앉아 있을 턱이 없습니다.

이 사실을 깨달은 사람은 자신의 삶이 신비롭기 그지없음을 알게 됩니다. 아침마다 눈부시게 동트는 태양이 신비하고, 저녁 하늘을 붉게 물들이는 황혼이 신비하고, 봄이면 어김없이 온갖 꽃이 피고, 하늘에 각종 새가 날아다니기에 우리의 삶이 신비한 것이 아닙니다. 우리가 주님을 알기도 전에 당신의 신비한 섭리로 우리를 구원하신 성령님께서 우리와 함께 계시기에 해가 떠오르지 않고 폭풍이 불어도, 꽃 한 송이 새 한 마리 없는 사막에서도 우리의 삶은 신비스러울 수밖에 없습니다. 비록 우리가 보잘것없다 할지라도, 성령님께서 우리의 삶을 통해 당신의 신비스러운 섭리를 날이면 날마다 펼쳐 가심을 알기 때문입니다. 그래서 본문 속 사울은, 후에 사도 바울이 되어 이렇게 고백하였습니다.

> 깊도다 하나님의 지혜와 지식의 풍성함이여, 그의 판단은 헤아리지 못할 것이며 그의 길은 찾지 못할 것이로다(롬 11:33).

여기에서 우리말 "깊도다"로 번역된 헬라어 '바도스$\beta\alpha\theta o\varsigma$'는 '신비'라는 의미입니다. 하나님의 신비로운 지혜와 지식과 판단과 능력을 이 세상 어느 인간이 감히 헤아릴 수 있겠습니까? 그 신비로운 하나님의 영이신 성령님께서 자신과 함께 계심을 믿는 사람의 삶이 어찌 매일 신비롭지 않을 수 있겠습니까?

자신의 삶이 성령님 안에서 신비로움을 아는 사람은, 한 걸음 더 나아가 자기 삶에는 어떤 경우에도 실패가 있을 수 없다는 사실 또한 알게 됩니다. 세상과 사물과 사건을 보는 관점이 달라지기 때문입니다. 2천 년 교회 역사상 최초의 집사로 세움 받았던 스데반이 한 일이 대체 무엇입니까? 그는 가시적인 업적이나 성과를 남긴 것이 아무것도 없습니다. 그는 고작 예수 부활을 외치다가, 산헤드린 법정에 끌려가 심문받고, 처참하게 돌에 맞아 피투성이가 되어 죽었을 뿐입니다. 세상적인 관점에서 본다면 이룬 것이라고는 아무것도 없는 실패자 중의 실패자였습니다. 그러나 과연 그것이 사실입니까? 그의 인생은 정말 실패로 끝나 버리고 말았습니까? 결코 아닙니다. 그의 죽음은 사울이라는 청년의 회심에 결정적인 영향을 미쳤습니다. 사울이 누구입니까? 신약성경을 3분의 1이나 기록한, 기독교 역사상 가장 위대한 사도 중 한 명이었습니다. 스데반—그로 인해 사울의 회심이 가능했고, 위대한 사도 바울이 있을 수 있었습니다. 어디 그뿐입니까? 자신이 믿은 예수 그리스도 안에서 영원한 생명을 얻은 스데반은 오늘도 우리를 참된 신앙의 자리로 인도해 주고 있습니다. 그는 결코 실패자가 아니었습니다. 그는 그리스도 안에서 복음의 영원한 승리자가 되었습니다.

스데반이 죽음을 두려워하지 않고 복음의 영원한 승리자가 될 수 있었던 것은, 본문 55절에 의하면 마지막 순간까지 성령 충만했기 때문입니다. 그는 성령님의 조명 아래에서 성령님의 관점으로 사는 사람이었습니다. 성령님의 관점에서 볼 때 세상의 성공은 성공이 아니요, 세상의 실패는 실패가 아니며, 육체의 죽음은 끝이 아님을 그는 알았던 것입니다. 참수형을 당한 사도 바울에 의해 로마제국이 새로워졌던 것 역시 같은 이유에서였습니다.

　사랑하는 교우 여러분!

　세상이 성공이라 하는 것에 속지 마십시다. 세상이 실패라고 하는 것을 두려워하지 마십시다. 성령강림 주일을 맞아, 우리와 함께 계시는 성령님에 대해 깨어 있는 사람이 되십시다. 성령님의 조명 아래에서 성령님의 관점으로 살아가십시다. 그때 우리의 삶은 결코 실패가 없는, 영원한 신비의 샘이 될 것입니다.

　오늘 성령강림 주일을 맞이하여, 2천 년 전 이 땅에 강림하신 성령님께서 지금 우리와 함께 계심을 재확인시켜 주심을 감사드립니다. 시간과 공간을 초월하는 신비한 섭리로 우리를 구원하신 성령님께서 우리와 함께 계심에, 우리의 삶 자체가 신비의 샘이 되게 해주심을 감사합니다.

　세상이 성공이라 부르는 것에 현혹되지 말게 하시고, 세상이 실패라고 부르는 것으로 인해 두려워하거나 좌절하지 말게 하옵소서. 성령님과 함께 하는 사람에게는 결코 실패가 있을 수 없음을, 언제 어디서나 기억하게 하옵소서. 스데반을 돌로 쳐 죽이고 바울을 참수형에 처한 사람들이 보기에는 스데반과 바울이 비참한 실패자에 지나지 않았지만, 실제로는 그들이 영원히 죽은 영원한 실패자요, 스데반과 바울은 영원한 생명을 누리는 영원한 승리자가 되었음을 잊지 말게 하옵소서.

　성령님의 조명 아래에서 우리의 관점이 바뀌게 해주시고, 우리의 생각과 판단이 달라지게 하여 주옵소서. 그리하여 매일 신비의 샘으로 엮어지는 우리의 삶을 통해, 이 세상 많은 사람들이 영원한 생명수를 맛보아 알게 하옵소서. 아멘.

부록

신년 0시 예배 **야긴과 보아스**

2007년 1월 1일

성탄 축하 예배 **말씀대로 이루어지이다**

2007년 12월 25일

2007년 1월 1일
야긴과 보아스 <small>신년 0시 예배</small>

역대하 3장 15-17절
성전 앞에 기둥 둘을 만들었으니 높이가 삼십오 규빗이요 각 기둥 꼭대기의 머리가 다섯 규빗이라 성소같이 사슬을 만들어 그 기둥머리에 두르고 석류 백 개를 만들어 사슬에 달았으며 그 두 기둥을 성전 앞에 세웠으니 왼쪽에 하나요 오른쪽에 하나라 오른쪽 것은 **야긴**이라 부르고 왼쪽 것은 **보아스**라 불렀더라

드디어 2007년이 시작되었습니다. 해마다 이때가 되면 늘 같은 마음이지만, 올해는 정말 우리 모두에게 예년과는 전혀 다른 새해가 되었으면 좋겠습니다. 올해는 그 어느 해보다 여러분의 가정과 일터에, 그리고 세상의 빛과 소금인 우리 그리스도인들로 인해 이 사회에 주님의 더 크신 은총이 충만하기를 바라는 마음 간절합니다. 이 바람이 단순히 바람으로 그치지 않고 올해 우리의 삶 속에서 현실로 이어지기 위해서는, 2007년을 맞는 이 새해 벽두에 우리 심령 속에 두 개의 기둥을 먼저 확립하지 않으면 안 됩니다.

이스라엘 백성에게 신앙의 구심점이었던 예루살렘성전은, 3천 년 전 솔로몬 왕에 의해 건축되었습니다. 솔로몬은 성전 건축에 필요한 목재로 당시 세계 최고 품질의 레바논 백향목을 사용하였는데, 그 벌목을 위해 동원한 군인의 수가 무려 3만 명이었습니다. 석재를 확보하고 가다듬기 위한 채석공의 수는 8만 명이었고, 성전 건축 공사 현장에 투입된 인원은 7만 명이었습니다. 그 모든 인부를 통솔하는 감독관의 수만도 3,300명이나 되었습니다. 따라서 예루살렘성전 건축은 무려 18만 3,300명의 인원이 장장 7년에 걸쳐 완공한 대역사였습니다. 한마디로 당시 이스라엘의 온 국력을 총집중한 국책 공사였습니다.

솔로몬 왕이 예루살렘성전 건축에 그토록 심혈을 기울인 것은, 자신이 건축한 그 거대한 성전 자체를 하나님과 동일시했기 때문이 아니었습니다. 예루살렘성전이 완공된 다음 솔로몬은 하나님께 다음과 같은 기도를 드렸습니다.

> 내가 참으로 주를 위하여 계실 성전을 건축하였사오니 주께서 영원히 계실 처소로소이다(왕상 8:13).

이 내용만을 놓고 본다면 솔로몬은, 하나님께서 앞으로 자신이 건축한 예루살렘성전 안에만 거하실 것으로 인식한 것처럼 보입니다. 그러나 솔로몬의 기도는 그것으로 끝나지 않았습니다.

> 하나님이 참으로 땅에 거하시리이까 하늘과 하늘들의 하늘이라도 주를 용납하지 못하겠거든 하물며 내가 건축한 이 성전이오리이까(왕상 8:27).

솔로몬은 분명히 알고 있었습니다. 무소부재하신 하나님, 하늘과 하늘들의 하늘이라도 감히 수용할 수 없는 하나님께서 자신이 건축한 성전 안에 갇혀 계실 분이 아니심을 그는 분명하게 알고 있었습니다. 그럼에도 그가 그 거대한 성전을 온 국력을 집중하여 건축한 것은, 성전이라는 특정 공간 속에서 이루어지는 하나님과의 만남을 통하여 이스라엘 백성들이 한 가지 사실을 분명하게 깨닫기를 바랐기 때문입니다. 그것이 무엇이었는지는 오늘의 본문이 설명해 주고 있습니다.

솔로몬은 예루살렘성전 전면에 두 개의 놋 기둥을 세웠습니다. 각 기둥의 높이는 35규빗이었습니다. 1규빗은 약 45.6센티미터에 해당하므로 35규빗은 15.96미터입니다. 그리고 각 기둥 윗부분에는 5규빗, 즉 2.28미터의 기둥머리를 얹었습니다. 따라서 각 기둥의 총 높이는 머리 부분을 합쳐 18.24미터에 이르렀습니다. 그리고 기둥머리 부분은 사슬과 석류 조각으로 장식하였습니다. 이 거대한 두 놋 기둥을 머릿속에 한번 그려 보십시오. 해가 떠오르면 눈부시게 빛날 그 거대한 놋 기둥이 얼마나 화려하고도 웅장해 보였겠습니까? 그러나 그 두 기둥의 중요성은 거대한 높이나 화려함, 혹은 아름다운 장식에 있지 않았습니다. 그 두 기둥의 중요성은 기둥의 이름에 있었습니다.

> 그 두 기둥을 성전 앞에 세웠으니 왼쪽에 하나요 오른쪽에 하나라 오른쪽 것은 야긴이라 부르고 왼쪽 것은 보아스라 불렀더라(17절).

솔로몬은 두 기둥 가운데 오른쪽 기둥을 '야긴'이라 부르고, 왼쪽 기둥은 '보아스'라 명명했습니다. '야긴'은 '그분이 세우신다'는 의미였습니다. 그분이란 두말할 것도 없이 하나님이셨습니다. 그리고 '보아스'는 '그분에게 능력이 있다'는 뜻이었습니다. 솔로몬이, 이스라엘 백성들이 예루살렘성전에서 하나님을 경배하면서 분명히 깨닫기를 원한 것이 바로 이것이었습니다. 이것은 또 솔로몬 자신의 신앙고백이었습니다. 한 인간의 인생도, 한 가정도, 한 국가도 오직 하나님께서만 바로 세우실 수 있고, 하나님께만 그와 같은 능력이 있다는 고백이었습니다. 이것은 성경의 핵심이기도 합니다.

하나님께서 이스라엘 백성을 당신의 선민으로 삼으신 것은, 애당초 이스라엘 백성이 위대하거나 강하기 때문이 아니었습니다. 하나님께서 그 이유를 친히 다음과 같이 밝히셨습니다.

> 여호와께서 너희를 기뻐하시고 너희를 택하심은 너희가 다른 민족보다 수효가 많기 때문이 아니니라 너희는 오히려 모든 민족 중에 가장 적으니라(신 7:7).

하나님께서 이스라엘 백성을 당신의 선민으로 선택하신 것은 그들이 가장 작고 보잘것없는 민족이기 때문이었습니다. 그럼에도 그들을 선택하신 것은, 이스라엘처럼 보잘것없는 민족일지라도 하나님께서는 당신의 선민으로 그들을 세우실 수 있으며, 오직 하나님께만 그와 같은 능력이 있음을 천하 만민에게 보여 주시기 위함이었습니다.

이스라엘 초대 왕은 사울이었습니다. 그러나 하나님께서는 사울 왕과는 피 한 방울 섞이지 않은 다윗에게 왕위를 물려주시고, 이스라엘 왕국이 아예 다윗 왕국이 되게 하셨습니다. 사울 왕이 자신의 능력으로 이스라엘을 굳건하게 세울 수 있고 또 자신에게 그만한 능력이 있다고 착각하는 교만한 인간이었던 데 반해, 베들레헴의 비천한 양치기 출신이었던 다윗은 인간과 인간 세상을 바로 세우시는 분은 하나님 한 분뿐이시요, 하나님께만 그 능력이 있음을 믿는 겸손한 인간이었기 때문입니다.

  솔로몬은 다윗 왕의 아들로 태어났습니다. 그의 어머니는 유부녀이면서도 다윗 왕과 불륜의 관계를 맺은 여인이라는 불명예를 안고 사는 밧세바였습니다. 더욱이 그가 태어났을 때 그의 위로 이복형이 아홉 명이나 있었습니다. 따라서 다윗 왕의 열 번째 아들이었던 솔로몬은 서열상으로나 여건상으로나, 도저히 아버지의 왕위를 이어받을 처지가 아니었습니다. 그럼에도 그가 왕위를 계승한 것은 다윗의 아들들 가운데 오직 그만이 야긴과 보아스의 신앙을 지니고 있었기 때문입니다. 다시 말해 인간과 인간 세상을 바로 세우시는 분은 하나님뿐이시요, 오직 하나님에게만 그 능력이 있음을 솔로몬만 믿었던 것입니다. 그러므로 예루살렘성전을 건축한 솔로몬이 성전 전면에 두 개의 대형 기둥을 세우고 그 이름을 야긴과 보아스라 지은 것은 지극히 당연한 일이었습니다. 그 성전은 야긴과 보아스의 하나님을 경배하기 위한 집이었고, 이스라엘 백성의 심령 속에 야긴과 보아스의 하나님을 각인시켜 주기 위한 집이었기 때문입니다. 그리고 야긴과 보아스의 하나님을 믿는 솔로몬 왕국이 이스라엘 역사상 가장 강하고 번성하였음은 두말할 나위도 없습니다.

  그러나 솔로몬의 불행은, 그의 인생 최전성기에 그만 야긴과 보아스의 신앙을 잃어버렸다는 것이었습니다. 탄탄대로를 걷고 있는 이스라엘 왕국이 마치 자신에 의해 세워진 것처럼, 왕국의 번영이 자신의 능력으로 이루어진 것처럼 착각하는 교만에 빠져 버린 것이었습니다. 그 결과 그의 왕국은 내부의 분열과 외부의 도전에 의해 쇠약해지기 시작했고, 결국 그의 사후에 나라 자체가 분단되고 말았습니다. 성경의 역사서는 일관되게 이 관점으로 기록되어 있습니다. 인간이 겸손하게 야긴과 보아스의 하나님을 믿을 때 인간 세상에는 언제나 하나님에 의한 새 역사가 이루어졌지만, 인간이 야긴과 보아스의 신앙을 버리는 자기 교만에 빠졌을 때 인간 세상은 항상 분열과 대립, 어둠과 혼돈의 나락으로 떨어졌다는 것입니다.

2007년은 유례를 찾기가 불가능할 정도로 수많은 국가적 난제를 안고 시작되었습니다. 정치, 경제, 안보, 교육 등 사회 모든 부문에 걸쳐 수많은 문제들이 난마처럼 얽혀 있습니다. 무책임한 정치인들의 선동과 편 가르기, 그리고 때늦은 이념 논쟁으로 인한 국민 분열과 계층 간 대립 상태는 이미 심각한 수준입니다. 4,800만 국민의 생존과 직결되어 있는 북핵 문제는 앞으로 어떻게 전개될지 아무도 예측할 수 없습니다. 더욱이 올해는 대통령 선거가 실시되는 해입니다. 정치인들의 무분별한 선심 공세와 상호 비방, 온갖 모함과 유언비어 등으로 인해 가중될 경제난과 사회적 혼란, 그리고 국민 간의 증오심을 생각하면, 그저 모든 것이 암울할 뿐입니다. 그 어디를 둘러보아도 올해가 새해가 될 만한 조짐은 보이지 않습니다.

그럼에도 불구하고 하나님을 믿는 우리는 절망하지 않습니다. 우리는 2007년이 분명 새해가 될 것이라는 믿음과 소망 속에서 2007년을 맞고 있습니다. 우리는 야긴과 보아스의 하나님을 믿기 때문입니다. 우리의 현실이 아무리 암울하다 해도 하나님께서는 우리의 인생과 가정, 우리의 일터와 이 나라를 바로 세우실 수 있는 야긴의 하나님이시요, 오직 하나님만 그 능력을 지니신 보아스의 하나님이심을 믿기 때문입니다. 그래서 올해 우리 교회의 표어를 '야긴과 보아스'로 정했습니다. 야긴과 보아스의 믿음 속에서만, 올해가 진정 새해가 될 수 있을 것이기 때문입니다.

하나님을 믿지 않는 사람이라면 모르되, 하나님을 믿는 우리는 다 알고 있지 않습니까? 5천 년 유사 이래 가난의 멍에에서 벗어나지 못하던 이 나라가 세계 10대 경제 대국의 반열에 설 수 있게 된 것은, 야긴과 보아스의 하나님께서 이 땅에 있는 당신의 백성을 긍휼히 여기시고 당신의 능력의 손으로 이 민족을 세워 주셨기 때문임을 말입니다. 그럼에도 근래 우리 사회가 총체적으로 위기 국면을 맞고 있는 것은 하나님을 믿는 우리가 야긴과 보아스의 신앙을 버리고, 그 모든 것이 우리 능력의 결과인 양 착각하는 교만에 빠졌기 때문이 아니겠습니까?

그렇다면 우리 모두 우리의 자만과 교만을 회개하는 것으로 2007년을 맞이하십시다. 그리고 우리의 심령 속에 우리의 교만으로 상실했던 야긴과 보아스의 두 기둥을 복원하십시다. 하나님께서는 야긴과 보아스의 두 기둥을 품은 우리 자신을 당신의 성전으로 삼아 우리 자신을, 우리의 가정과 일터를, 우리의 사회와 이 시대를 새롭게 세우실 것이요, 2007년은 우리 모두에게 진정한 새해가 될 것입니다. 하나님께서는 한 개인과 한 민족과 한 국가를 바로 세우시는 야긴의 하나님이시요, 하나님만 그 능력을 지니신 보아스의 하나님이시기 때문입니다.

우리에게 또다시 2007년의 기회를 허락해 주심을 감사드립니다. 사방을 둘러보면 모든 상황은 그저 암담할 뿐입니다. 그럼에도 하나님을 향한 믿음과 소망 속에서 2007년을 맞게 해주심을 더욱 감사드립니다. 우리 자신의 힘과 능력으로 우리의 인생과 이 사회를 바로 세울 수 있다고 착각했던, 우리의 교만과 어리석음을 용서하여 주옵소서.

2007년을 맞는 이 순간, 우리의 심령 속에 야긴과 보아스의 두 기둥을 굳게 세웁니다. 우리의 현실이 아무리 절망스럽다 할지라도, 하나님께서 야긴과 보아스의 하나님이심을 믿음으로, 우리 모두 하나님의 말씀을 좇아 사는 2007년도가 되게 하옵소서. 야긴과 보아스의 믿음을 회복한 우리 자신이, 이 시대를 위한 하나님의 성전이 되게 하옵소서. 우리를 통로로 삼아 우리의 가정과 일터, 그리고 우리나라를 바로 세워 주시옵소서. 그리하여 올해가 우리 모두에게 진정한 새해로 엮어지게 하옵소서. 아멘.

2007년 12월 25일

말씀대로 이루어지이다
성탄 축하 예배

누가복음 1장 26-38절

여섯째 달에 천사 가브리엘이 하나님의 보내심을 받아 갈릴리 나사렛이란 동네에 가서 다윗의 자손 요셉이라 하는 사람과 약혼한 처녀에게 이르니 그 처녀의 이름은 마리아라 그에게 들어가 이르되 은혜를 받은 자여 평안할지어다 주께서 너와 함께하시도다 하니 처녀가 그 말을 듣고 놀라 이런 인사가 어찌함인가 생각하매 천사가 이르되 마리아여 무서워하지 말라 네가 하나님께 은혜를 입었느니라 보라 네가 잉태하여 아들을 낳으리니 그 이름을 예수라 하라 그가 큰 자가 되고 지극히 높으신 이의 아들이라 일컬어질 것이요 주 하나님께서 그 조상 다윗의 왕위를 그에게 주시리니 영원히 야곱의 집을 왕으로 다스리실 것이며 그 나라가 무궁하리라 마리아가 천사에게 말하되 나는 남자를 알지 못하니 어찌 이 일이 있으리이까 천사가 대답하여 이르되 성령이 네게 임하시고 지극히 높으신 이의 능력이 너를 덮으시리니 이러므로 나실바 거룩한 이는 하나님의 아들이라 일컬어지리라 보라 네 친족 엘리사벳도 늙어서 아들을 배었느니라 본래 임신하지 못한다고 알려진 이가 이미 여섯 달이 되었나니 대저 하나님의 모든 말씀은 능하지 못하심이 없느니라 마리아가 이르되 주의 여종이오니 **말씀대로** 내게 **이루어지이다** 하매 천사가 떠나가니라 여섯 살과 일곱 살 된 두 아들을 둔 집사님 댁의 이야기입니다. 12월이 시작되자마자 아이들이 집사님 부부에게 자기들이 원하는 크리스마스 선물을 사달라고 졸랐습니다. 집사님 부부는 아빠 엄마 말을 잘 들으면 원하는 선물을 사준다고 아이들과 약속했습니다. 그날부터 둘째 아이는 눈에 띄게 아빠 엄마 말을 잘 들었습니다. 아빠 엄마가 무엇을 시키든 거절하거나 불평하는 일이 없었습니다. 확연하게 달라진 동생의 모습을 며칠 동안 지켜보던 형이 동생에게 이렇게 충고했습니다.

"야! 벌써부터 그럴 필요 없어! 20일부터만 말 잘 들어도 돼!"

자신이 원하는 크리스마스 선물을 받기 위하여 12월 초부터 아빠 엄마 말을 잘 듣기 시작한 동생이나, 크리스마스 닷새 전인 20일부터 아빠 엄마 말을 잘 들어도 된다고 생각하는 형이나, 그 두 아이들 모두 한 가지 공통점을 지니고 있습니다. 두 아이들 모두 아빠 엄마의 약속을 조금도 의심하지 않았다는 사실입니다. 아빠 엄마 말을 12월 한 달 내내 잘 듣든, 혹은 크리스마스가 이르기 닷새 전부터만 잘 듣든, 아빠 엄마가 자신들이 원하는 크리스마스 선물을 사줄 것이라는 사실에 대해서는 두 아이들 모두 확신하였습니다.

아이들의 이 확신은 대체 어디에 기인하고 있겠습니까? 이 굳센 믿음이 아이들 자신들로부터 유래되었겠습니까? 아닙니다. 아이들이 전폭적으로 아빠와 엄마를 믿는 것은, 지금까지 아빠와 엄마가 아이들이 믿게끔 행동해 왔기 때문입니다. 아빠와 엄마에 대한 아이들의 믿음은 저절로 생겨난 것이 아니라, 아빠와 엄마로부터 유래된 것입니다.

하나님에 대한 우리의 믿음도 이와 같습니다. 하나님께서는 우리에게 일방적으로 당신을 믿을 것을 요구하시지 않습니다. 하나님께서는 당신의 택한 백성들에게 하나님을 믿을 수밖에 없게끔 당신의 손길을 먼저 펴주십니다. 그래서 하나님을 믿는 사람에게 하나님은 언제나 은혜와 사랑의 하나님이 되십니다.

하나님께서는 아브라함으로 하여금 자신의 독자마저도 하나님께 바치는 믿음의 조상으로 세워 주시기 위하여 그의 나이 100세 때, 이미 오래전에 생리마저 끊어진 90세의 아내 사라와의 사이에서 아들 이삭을 얻게 하심으로 하나님을 믿지 않을 수 없도록 은총을 베풀어 주셨습니다. 모세로 하여금 오직 하나님을 향한 믿음으로 이스라엘 백성을 광야를 거쳐 가나안까지 인도할 수 있도록, 그의 앞에 가로막혀 있던 폭 32킬로미터의 홍해를 갈라 주셨습니다. 여호수아에게는 단지 행진과 함성만으로 철옹성 같은 여리고성이 무너지는 것을 체험케 하심으로, 그가 믿음으로 가나안 정복의 대업을 이룰 수 있게 해주셨습니다. 맨손의 어린 다윗으로 하여금 사자와 곰과 싸워 이기게 해주셨기에, 다윗은 만군의 여호와 하나님께서 함께해 주시기만 하면 천하의 골리앗도 물맷돌 하나로 능히 이길 수 있음을 믿었습니다. 유대교의 열혈 신봉자였던 청년 사울의 경우에는, 다마스쿠스 도상에서 그를 꺾으심으로 그가 예수님께서 성자 하나님이심을 믿지 않을 수 없도록 해주셨습니다.

이처럼 아브라함과 모세, 여호수아와 다윗, 그리고 나중에 사도 바울이 된 사울이 위대한 믿음의 역군이 될 수 있었던 것은 그들 자신들의 공로가 아니었습니다. 그들로 하여금 오직 하나님만 온전히 믿도록 하나님께서 그들에게 베풀어 주신 은총의 결과였습니다. 그래서 그들은 위대한 믿음의 삶을 살고서도 누구도 자신의 믿음을 자랑하지 않았습니다. 그들의 믿음은 자신들로부터가 아니라, 하나님으로부터 유래되었기 때문입니다.

오늘 본문은 천사 가브리엘이 나사렛에서 살던 동정녀 마리아에게 나타나 하나님의 아들을 잉태할 것을 예고하는 내용으로서, '성수태고지'(聖受胎告知, the Annunciation)라 불리고 있습니다. 그런데 누가복음 1장을 자세히 살펴보면 마리아에 대한 '수태고지' 이전에, 가브리엘 천사는 먼저 제사장 사가랴에게 나타났습니다. 사가랴는 하나님 앞에서 흠 없이 행하는 의인 중의 의인이었습니다. 그뿐만 아니라 그의 아내 엘리사벳 역시 하나님께서 기뻐하시는 의인이었습니다. 그런데 누가복음 1장 7절이 이렇게 증언하고 있습니다.

> 엘리사벳이 잉태를 못하므로 그들에게 자식이 없고 두 사람의 나이가 많더라.

사가랴와 엘리사벳 부부는 이미 노년에 접어들었지만 그때까지 그들에게 자식이 없었습니다. 아내 엘리사벳이 의학적으로 잉태할 수 없는 여자였기 때문입니다. 따라서 아내가 아이를 가질 수 없는 데다 나이마저 이미 노년에 접어든 남편 사가랴는, 아이를 갖고 싶다는 생각 자체를 아예 포기했을 것으로 생각할 수도 있습니다. 그러나 실상은 그렇지 않았습니다.

> 천사가 그에게 이르되 사가랴여 무서워하지 말라 너의 간구함이 들린지라 네 아내 엘리사벳이 네게 아들을 낳아 주리니 그 이름을 요한이라 하라(13절).

사가랴에게 나타난 천사 가브리엘이 그에게 '너의 간구함이 들렸으므로 네 아내가 아들을 낳을 것이라'고 말했습니다. 사가랴는 그 상황 속에서도 자식 얻기를 하나님께 간구하고 있었던 것입니다. 그렇다면 천사를 통해 자기 기도에 대한 하나님의 응답을 전해 듣게 된 사가랴는 기뻐 어쩔 줄 몰라 해야 할 것입니다. 그러나 그의 반응은 전혀 뜻밖이었습니다.

> 사가랴가 천사에게 이르되 내가 이것을 어떻게 알리요 내가 늙고 아내도 나이가 많으니이다 (18절).

사가랴는 늙어서도 자식을 갖고 싶어 하나님께 간절히 기도는 했지만, 막상 자신의 기도가 응답되리라는 천사의 말에 기뻐하며 감사하기는커녕 도리어 천사의 말을 불신하였습니다. 자신도, 아내도 이미 노인인데 어떻게 그 말을 믿을 수 있느냐는 것이었습니다. 사가랴의 모습이야말로 입으로는 믿는다고 고백하고 밤낮으로 기도하기는 하면서도, 막상 자신의 기도조차 믿지 못하는 나약한 우리 자신의 모습이 아닐 수 없습니다.

천사 가브리엘은, 가장 결정적인 순간에 도리어 불신하는 사가랴가 하나님의 응답을 믿고 늙은 아내와 동침하지 않을 수 없도록 그에게 표적을 주었습니다. 아이가 태어나기까지 사가랴의 입을 봉해 버린 것입니다.

> 보라 이 일이 되는 날까지 네가 말 못하는 자가 되어 능히 말을 못하리니 이는 네가 내 말을 믿지 아니함이거니와 때가 이르면 내 말이 이루어지리라 (20절).

사가랴는 선천성 벙어리가 아니었습니다. 조금 전까지 말을 하는 데 전혀 지장이 없는 사람이었습니다. 그런 사람이 갑자기 벙어리가 되었으니, 노년의 석녀石女인 자신의 아내가 아들을 낳으리라는 믿을 수 없는 사실을 믿을 수밖에 없게 된 사가랴는 아내와 동침하였고, 바로 그날 밤에 평생 아이를 가질 수 없었던 엘리사벳이 잉태하였습니다.

　이렇게 해서 노년의 사가랴와 엘리사벳이 낳은 아들이 그 유명한 세례 요한이었습니다. 그리고 아들을 낳은 뒤에야, 벙어리가 된 사가랴의 입이 열리고 혀가 풀어져 다시 말할 수 있게 되었습니다. 늙은 사가랴와 석녀 엘리사벳이 믿음으로 믿음의 아들을 낳을 수 있었던 것은, 그들이 믿을 수밖에 없도록 하나님께서 베풀어 주신 은총의 결과였습니다. 그렇다 하더라도 이 이야기가 예수님의 탄생을 전해 주는 누가복음의 첫머리를 장식하고 있는 이유는 무엇이겠습니까? 다시 말해 마리아에 대한 천사의 수태고지 이전에 이 이야기가 먼저 등장하는 까닭이 무엇이겠습니까?

　본문 26절에 의하면 천사 가브리엘이 나사렛의 동정녀 마리아에게 나타난 것은 엘리사벳이 하나님의 은총으로 잉태한 지 여섯 달 되었을 때였습니다. 천사 가브리엘은 처녀 마리아에게 엄청난 말을 했습니다. 처녀인 마리아가 하나님의 아들을 낳으리라는 것이었습니다. 마리아가 천사에게 질문했습니다.

　　　나는 남자를 알지 못하니 어찌 이 일이 있으리이까(34절).

　처녀인 자신이 어떻게 홀로 아이를 낳을 수 있느냐는, 처녀로서는 당연한 질문이었습니다. 천사가 대답했습니다.

　　　성령이 네게 임하시고 지극히 높으신 이의 능력이 너를 덮으시리니 이러므로 나실바 거룩한 이는 하나님의 아들이라 일컬어지리라(35절).

마리아가 비록 남자를 알지 못하는 처녀이기는 하지만, 그러나 성령님의 능력으로 하나님의 아들을 낳게 되리라는 것이었습니다. 성령님은 사람의 눈에 보이지 않는 하나님의 영이시지 않습니까? 아무리 마리아가 성령님의 능력으로 잉태해도, 누가 그것을 성령님의 역사로 간주해 주겠습니까? 외간 남자의 아이를 밴 부도덕한 처녀로 보기밖에 더하겠습니까? 더욱이 그때 마리아는 요셉이라는 청년과 약혼한 사이였습니다. 마리아가 성령님의 능력으로 잉태했다는 것을 과연 그녀의 약혼자인들 의심 없이 믿어 주겠습니까? 게다가 당시의 율법으로는 정혼한 처녀가 남의 아이를 밸 경우 돌에 맞아 죽어야만 했습니다. 따라서 마리아에 대한 천사의 수태고지는 마리아에게는 약혼자와의 파혼을 의미하는 것이요, 나아가 동네 사람들의 돌팔매질에 자신을 내던지는 것을 뜻했습니다. 처녀 마리아가 감수하기에는 너무나도 엄청난 일이었습니다.

물론 성령님의 능력으로 마리아가 잉태하게 되리라는 천사의 말은, 처녀인 마리아가 아이를 잉태해도 성령님께서 그 이후의 일까지도 모두 책임져 주실 것이라는 의미였습니다. 그렇더라도 처녀인 마리아가, 약혼자가 있는 마리아가, 칼날보다 더 무서운 율법이 시퍼렇게 살아 있는 이스라엘 땅에서 살고 있는 마리아가, 천사의 그 말을 믿음으로 받아들이기는 쉬운 일이 아니었습니다. 그러나 천사의 말은 다음과 같이 이어졌습니다.

> 보라 네 친족 엘리사벳도 늙어서 아들을 배었느니라 본래 임신하지 못한다고 알려진 이가 이미 여섯 달이 되었나니(36절).

천사는 마리아에게, 임신할 수 없는 노년의 엘리사벳이 임신한 지 여섯 달이 되었음을 일깨워 주었습니다. 마리아는 엘리사벳과 친척 간이었습니다.

그래서 엘리사벳이 노년에 이르기까지 아이를 가질 수 없는 석녀임을 마리아는 잘 알고 있었습니다. 그리고 그 엘리사벳이 하나님의 은총으로, 기적적으로 잉태한 지 여섯 달이 되었음도 물론 알고 있었습니다. 바로 그 사실을 천사가 마리아에게 다시 상기시켜 준 것입니다.

그렇다면 이제 우리는 해답을 알게 됩니다. 노년의 사가랴와 엘리사벳이 하나님의 은총으로 아이를 가졌다는 이야기가 왜 예수님의 탄생을 예고하는 누가복음의 첫머리를 장식하고 있습니까? 마리아에 대한 천사의 수태고지 이전에 늙은 석녀 엘리사벳이 잉태한 이야기가 먼저 등장하는 까닭이 무엇이겠습니까? 나사렛의 처녀 마리아를 찾아간 천사 가브리엘이, 임신할 수 없는 엘리사벳이 아들을 잉태한 지 여섯 달이 되었음을 강조한 이유가 무엇이겠습니까? 그것이야말로 나이 어린 처녀 마리아로 하여금 자신이 성령님의 능력으로 하나님의 아들을 잉태해도 하나님께서 자신을 온전히 책임져 주실 것임을 믿게 해주시려는 하나님의 예비하심, 하나님의 배려, 하나님의 은총이었습니다. 그리고 천사는 이렇게 말을 맺었습니다.

> 대저 하나님의 모든 말씀은 능하지 못하심이 없느니라(37절).

그렇다. 노년의 나이에 임신 불가능한 나의 친척 엘리사벳이 하나님의 은총으로 잉태한 것을 내가 보았다. 하나님께서 늙은 엘리사벳이 아들을 잉태하리라 말씀하신 대로 이루어진 것이다. 그것은 하나님의 능력이었다. 과연 하나님의 말씀은 능하지 못하심이 없다. 그 하나님께서 성령님의 능력으로 처녀인 내가 하나님의 아들을 낳으리라 하신 그 말씀인들 왜 이루어지지 않으리오? 하나님께서 내 약혼자의 마음을 어찌 감동시켜 주시지 않으리오? 하나님께서 세상 사람들의 돌팔매질로부터 어찌 나를 지켜 주시지 않으리오? 설령 누군가가 내게 돌멩이를 던진다 한들, 하나님께서 그 돌멩이를 반드시 솜처럼 부드럽게 만드시리라. 마침내 마리아가 천사에게 대답했습니다.

주의 여종이오니 말씀대로 내게 이루어지이다(38절).

마리아는 처녀의 몸으로 하나님의 아들을 낳으라는 하나님의 말씀에 순종하였습니다. 그 결과 하나님의 말씀이 마리아에게 잉태되었습니다. 마리아를 통해 하나님의 말씀이 '육화incarnation', 하나님의 말씀이 육신을 입게 된 것입니다. 그래서 이 땅에 태어나신 분이 우리의 구원자이신 예수님이셨습니다. 어린 나이에 하나님의 말씀에 자신의 생명을 건 처녀 마리아의 믿음은 참으로 위대합니다. 그러나 마리아로 하여금 하나님의 말씀을 믿고 성모 마리아가 될 수 있게끔 역사해 주신 하나님과 하나님의 은혜는, 마리아의 믿음과는 비교 자체가 불가능할 정도로 위대합니다.

이 하나님께서 바로 우리의 하나님이심을 알고 계십니까? 우리는 지금 성탄 축하 예배를 드리기 위해 이 자리에 나와 있습니다. 성탄 축하 예배가 무엇입니까? 2천 년 전 이 땅에 오신 예수님의 탄생을 축하하는 예배입니다. 그 예배를 우리가 왜 드리고 있습니까? 그분이 우리의 구원자이심을 믿기 때문입니다. 그러나 우리 가운데 누가 그분을 직접 뵈었습니까? 2천 년 전 그분이 이 땅에 오셨을 때 우리 중에 누가 그분을 만나 보았습니까? 2천 년 전이라면 대체 언제입니까? 신라의 시조 박혁거세가 알을 까고 태어났다는 때입니다. 그때 지구 반대편 이스라엘에서 남자 없이 처녀가 혼자 아이를 낳았답니다. 그 아이가 자라나 2천 년 후에 태어날 나의 죄를 위해 죽었답니다. 그리고 사흘 째 되는 날, 그의 시신이 살아났답니다. 잠시 살아난 것이 아니라 영원히 살아났답니다. 그가 바로 성자 하나님이시랍니다. 생각하면 할수록, 따지면 따질수록, 도저히 믿을 수 없는 황당한 이야기입니다. 그렇지만 우리는 그 황당한 이야기를 믿고, 그분의 성탄을 축하하기 위해 이 자리에 모여 있습니다. 우리가 도저히 믿을 수 없는 것을 대체 어떻게 믿게 되었습니까? 우리의 의지를 다해 노력한 결과입니까? 아닙니다. 우리는 아무 노력을 기울이지 않았음에도, 우리가 믿지 않을 수 없도록 주님께서 은혜를 베풀어 주셨기 때문입니다. 사도 바울의 표현처럼, 하나님께서 우리에게 믿음이란 선물을 주셨기 때문입니다.

이 사실을 깨닫는다면 우리에게 남은 것은 "말씀대로 내게 이루어지이다"라는 마리아의 고백처럼, 주님의 말씀에 우리 자신을 맡기는 것입니다. 마리아처럼 우리의 삶으로 주님의 말씀을 잉태하는 것입니다. 우리의 구원자이신 예수님께서는 우리가 죽은 뒤에나 우리의 영혼을 천국으로 인도해 주시기 위해 이 땅에 오신 분이 아닙니다. 주님께서는 이 땅에서부터 우리의 삶을 책임져 주시기 위해 오셨습니다. 그 주님께서 말씀하십니다.

> 너희는 마음에 근심하지 말라 하나님을 믿으니 또 나를 믿으라(요 14:1).
> 너희는 먼저 그의 나라와 그의 의를 구하라 그리하면 이 모든 것을 너희에게 더하시리라(마 6:33).
> 너희가 악한 자라도 좋은 것으로 자식에게 줄 줄 알거든 하물며 하늘에 계신 너희 아버지께서 구하는 자에게 좋은 것으로 주시지 않겠느냐(마 7:11).
> 평안을 너희에게 끼치노니 곧 나의 평안을 너희에게 주노라 내가 너희에게 주는 것은 세상이 주는 것과 같지 아니하니라 너희는 마음에 근심하

지도 말고 두려워하지도 말라(요 14:27).

세상에서는 너희가 환난을 당하나 담대하라 내가 세상을 이기었노라(요 16:33하).

볼지어다 내가 세상 끝 날까지 너희와 항상 함께 있으리라(마 28:20하).

이런 주님께 우리를 맡기지 못한다면, 그보다 더 어리석은 사람이 어디에 있겠습니까? 주님의 말씀에 우리의 삶을 의탁하십시다. 주님의 말씀을 우리의 삶으로 잉태하십시다. 주님의 말씀이 우리의 삶으로 'incarnation', 육신을 입게 하십시다. 그때 우리의 매일이 성탄절이 될 것입니다. 우리가 잉태한 말씀—바로 그 말씀이 로고스, 예수 그리스도이시기 때문입니다.

우리를 구원해 주시기 위해 2천 년 전 오늘, 예수님께서 이 땅에 오셨음을 감사드립니다. 그리고 이 시간 우리가 함께 모여 성탄 예배를 드리기까지, 우리가 주님을 믿을 수밖에 없도록 은총을 베풀어 주신 것을 감사합니다. 이 귀한 믿음을 선물로 주셨사오니, 우리 모두 온전한 믿음의 사람이 되게 하여 주옵소서. 주님의 말씀에 우리 자신을 온전히 의탁하게 하여 주옵소서. 우리의 삶으로 주님의 말씀을 잉태하게 하옵소서. 주님의 말씀이 우리의 삶 속에서 육신을 입게 하여 주옵소서. '말씀대로 내게 이루어지이다'라는 마리아의 고백이, 지금부터 일평생 우리 삶의 고백이 되게 하여 주옵소서. 그리하여 우리의 매일이 성탄절이 되게 하시고, 매 순간 성탄의 기쁨과 소망 속에 살아가게 하옵소서. 아멘.